경희대학교 인문학연구원 여성문화총서

여성문화의 새로운 시각 10

김진영 · 연점숙 편

월인

책머리에

연점숙 (인문학연구원 여성문화센터장, 영어학부 교수)

세계문학 정전에서 가장 유명할 『햄릿』은 도대체 무엇 때문에 그렇게 특별한 것인가에 대한 연구 분석은 셰익스피어처럼 시대를 뛰어넘어 존재했다. 햄릿을 청바지나 록음악처럼 글로벌한 대중문화 아이콘으로 명명한 비평대가인 해롤드 블룸(Harold Bloom) 교수는 햄릿의 통시성을 인간의 존재론적 물음인 '자아정체성 추구 의지'(will-to-identity)를 각성하게끔 한 것으로 보았다. 햄릿은 우리로 하여금 그 어떤 철학자보다도 세계를 깊이 있게 보게 만들었다는 것이다. 어찌 보면 요즘 우리사회에서 유행하고 있는 인문학 캐치프레이즈인 '나는 누구인가'라는 질문을 '살 것이냐 죽을 것이냐, 그것이 문제로다'에 담아 던진 장본인이 햄릿일 수도 있다. 후기산업시대 끝자락의 21세기 초반, 대학캠퍼스를 나서 불안정한 고용시장 문을 두드리는 이땅의 젊은이들도 불안한 햄릿의 존재론적 질문을 수없이 되뇌게 될지 모를 일이다. 그러나 그 존재론적 질문의 결에도 젠더정치학의 그늘은 자리한다.

"스펙 중에 가장 중요한 스펙이 대한민국에서는 남자로 태어난 것이더군요!" 물론 이 말의 주인공은 취업준비와 시도로 지칠 대로 지친 대졸 여성이다. 대졸남자 취업준비생에 뒤지지 않을 '빵빵한 스펙'과 남학생들 보다 더 우수한 졸업성적임에도 서류통과조차도 되지 않는 경우가 부지기수라는 것이다. 남성문화중심의 '약한 자여, 그대의 이름은 여자!'라는 암묵적인 규율을 간파한 수많은 대졸여성취업희망자들은 적어도 젠더정치학이 관여할 수 없는 취업문으로 향한다. 정량적 평가인 시험성적에 따라 선발되는 공무원·교원 임용고사에 여성합격자가 일반 대기업이나 공기업에 비해 압도적으로 많음이 이를 증명한다.

해마다 이맘때(10월 말)면 발표되는 세계경제포럼(WEF)의 '2014년 세계 성 격차 보고서'(Global Gender Gap Report in 2014)에서 한국은 조사대상국 142개국 중에서 117위를 차지하였다. 성별 간 사회적 · 정치적 · 경제적 격차 자료로 추출된 이 최하위에 가까운 '성 격차 지수'(GGI · Gender Gap Index) 결과는 여성대통령을 배출한 나라답지 않은 점수이다. 한국사회가 여성의 노동 · 임금 · 고용 · 승진 등에서 실질적인 평등을 보장하지 않았다는 반증이다. 그러나 세부항목인 문자해독률(교육)과 기대수명에서 한국여성이 세계 1위를 했다는 당연한 사실의 함의는 무엇일까. 무식한 왕자라면 하지 않았을 존재론적 고뇌를 했던 햄릿처럼 교육은 받을 대로 받은 한국여성이기에 존재론적 정체성의 고뇌의 깊이가 더 한 것 아닐까.

얼마만큼의 세월이 흘러야 '해부학적인 것인 운명이다(Anatomy is destiny' 라는 프로이트의 단언이 인류사회에 그리 큰 변수가 되지 않을 것인가. WEF는 근무지에서 성 격차가 해결되어 남녀평등을 이루려면 83년의 세월이 필요한 것으로 예측했다. 그러나 이 83년이라는 숫자는 훨씬 앞당겨 질 수도 있는 것 아닐까. 전 지구적으로 진행되는 저출산 · 고령화 사회는 가정의 형태를 변화시킬 수밖에 없을 것이며 따라서 전통적 성별노동분리의 필연적 붕괴는 남성성과 여성성의 이분법을 더 빨리 해체할 수 있을 것이다. 그렇게 되면 '경단녀'라는 용어를 가져온 일·가정 양립의 부담은 여성만의 것이 아닌 '경단남'도 있는 양성 모두가 겪는 영역이 될 것이다. 진정한 남녀평등이 가져 올 휴매니티의 해방, 페미니즘이나 페미니스트는 과거의 역사가 되는 그 지점을 소망한다. 그때까지는 모든 형태의 지배를 비판적으로 점검하는 여성주의 이론과 실천은 그 의미를 지닐 것이다. 문화생산물인 텍스트를 비판 성찰적으로 읽고 해석하는 것도 여성과 남성사이의 억압적인 성격차를 해소하는 작지만 의미 있는 작업일 수 있다.

그 작업의 결실로 『여성문화의 새로운 시각』이 드디어 10권을 발간하게 되었다. 귀한 원고를 주신 교수님들, 그리고 소장 학자들에게 깊은 감사를 드리는 바이다. 아무런 물적, 인적 뒷받침이 없었던 가운데 책이 계속 나올 수 있도록 도와주신 김진영 교수님, 편집을 도와주신 차충환 교수님, 인기 있는 도서도 아닌 데 출판해 주시는 도서출판 월인 관계자님께도 깊이 감사드린다.

2014년 11월

차례

제3부 동심, 여성, 아동문학

제1부

모성, 여성주의, 서양문학

여성의 목소리, 그 불손함에 대하여

-제임스 조이스의 「어떤 어머니」("A Mother") 읽기-

김 문 숙*

Ⅰ. 서론

제임스 조이스는 인간의 의식과 언어 그리고 이 둘의 상관성을 철저하게 해부한 모더니즘의 대표주자이다. 이는 작가 조이스의 분신이라고 할 수 있는 스티븐 디덜러스(Stephen dedalus)가 예술가의 의식을 다져나가는 과정이 그의 언어의 발전 과정과 병행하는 모습에서 분명하게 확인된다. 하지만 그의 이러한 모더니스트로서의 면모, 즉 언어의 형식에 대한 부단한 실험 등이 전면에 부각되면서 그의 작품에 담긴 당대의 사회상에 대한 비평은 자칫 뒷전으로 밀려나기도 했다. 그가 만년의 대부분을 식민의 굴레에 놓여 있던 조국을 떠나 외국에서 생활했다는 사실 또한 그를 정치와 여성 문제 등의 현실에 등한한 탈정치적이고 반여성적인 작가로 자리매김하는 데 큰 몫을 했다.

「죽은 사람들」("The Dead")의 게이브리얼 콘로이(Gabriel Conroy)는 조국 아일랜드의 식민지적 현실에 무심하다는 이유로 자신의 문학관이 질타를 받게 되자 "예술은 정치 위에 존재하는 것"[1]이라며 정치와 예술의 분리를 주장하는데, 이 또한 조이스를 탈정치적 작가로 평가할 때 자주 인용되는 대

* 명지대학교

1) *James Joyce, Dubliners: Text, Criticism, and Notes*. eds. Roberts Scholes & A Walton Litz (Harmondsworth: Penguin, 1977), 188. 이후의 텍스트 인용은 *D*란 약자와 함께 쪽수만 기입함.

목이다. 아울러 조이스는 "뭔가 알고 있다는 여성을 증오한다"(Ellmann 634)고 했던 그의 대화 내용, 그리고 스티븐이나 리오폴드 블룸(Leopold Bloom) 등 뚜렷하게 부각되는 그의 작품 속 남성인물들과는 달리 미미할 정도로만 재현되는 여성인물들 때문에 종종 반여성적 작가로 평가되기도 한다.

하지만 조이스가 천착한 현란한 언어적 실험은 이미 그 안에 정치적 의미를 담고 있다. 새로운 언어에 대한 부단한 탐구는 기존의 언어로 이루어진 지배담론에 내재된 권위의 타당성에 의문을 제기하고 그 담론이 강요하는 사고의 틀을 흔들어대는 일종의 혁명적 도전이 될 수도 있기 때문이다. 『율리시즈』(*Ulysses*)의 집필 기간(1914～22)이 영국에 대한 아일랜드의 독립전쟁 기간(1916～22)과 거의 맞물려 있다는 시대적 상황에 비추어볼 때, 『율리시즈』는 "영국의 가장 오래된 식민지의 식민행정에 대한 철저한 기소장"(Duffy 190)이라고 했던 더피도 이런 맥락에서 이해할 수 있다. 그에 따르면 조이스는 오랜 식민 경험에서 비롯된 아일랜드인들의 하위주체(subaltern) 의식을 『율리시즈』를 통해 꼼꼼하게 분석하면서 동시에 이를 극복할 방향도 모색하고자 했던, 말하자면 독립 이후 조국 아일랜드가 보여줘야 할 청사진을 자신의 텍스트로 재현하려는 일종의 "탈식민 소설"을 기획했다는 것이다.2)

같은 맥락에서 반여성적 작가라는 조이스에 대한 평가 역시 재고될 여지가 충분하다. 제국주의의 식민담론은 남성이 여성보다 우월하다는 가부장적 담론과 맞물려 작동되는 경우가 허다했다. 그래서 제국주의자들은 인종의 신체적 특징에 남성/여성의 수직적 관계, 즉 남성이 여성보다 우월하다는 기존의 생각을 접목시킨 다음에, 이를 근거로 '성별화된 인종이론(gendered racialism)'이라는 허구적 논리를 생산・유포시키면서 그들의 야만적인 식민지배를 은폐하고 합리화하려는 경향을 보였다. 가령, 여성의 두뇌는 그 크기에 있어서 어린아이 또는 열등한 인종과 유사하고(McClintock 56), 그래서 여성은 남성에 비해 열등한 존재라는 등의 성과 인종 사이에 존재한다고 '가

2) 아일랜드의 식민지적 현실과 접목시켜 조이스를 읽어내려는 비평가들 중에는 식민주체(a colonial subject)의 관점에서 식민지 작가로서의 조이스의 면모를 부각시킨 빈센트 쳉(Vincent J. Cheng), 『율리시즈』를 "영국의 식민통치에 대한 조이스의 적의"를 보여준 텍스트로 파악했던 이머 놀란(Emer Nolan), 그리고 조이스의 작품에 드러난 정치성에 주목한 도미닉 맹개니엘로(Dominic Manganiello) 등이 있다.

정된' 연관성이 보편적인 '진리'로 제도화되는 추세를 보였던 것이다. 커티스(L. P. Curtis)에 따르면 영국 제국주의자들은 영국과 아일랜드의 지배/종속의 관계를 고착시키기 위해서 인종과 성이라는 두 축을 이용해 앵글로색슨 민족은 "남성적"(virile)으로 켈트 민족은 여성적으로 분류(Cheng 24에서 재인용)하는 일이 유독 잦았다고 한다. 그러니까 영국은 기존의 가부장적 담론에 기대어 식민지배에 필요한 담론을 생산해냈고, 다시 이 담론은 식민지배의 불의를 은폐하는데 이용되었다는 것이다. 조이스는 『율리시즈』에서 '새로운 여성형의 남성'으로서 헝가리계 아일랜드인이자 유태인인, 말하자면 성과 민족을 서열화했을 때 그 어디에도 온전하게 소속될 수 없는 모호한 정체성의 블룸을 '현대적 영웅의 표본'으로 등장시키는데, 이는 인간관계를 위아래로 줄 세우려는 모든 위계적 구분의 허상과 불의를 날카롭게 파고든 조이스의 의도가 반영된 것으로 볼 수 있다.

이 논문의 목적은 앞서 살펴본 제국의 위계적 논리가 식민지인들에게 그대로 답습되는 상황, 다시 말해서 제국의 불의를 은폐하고 식민지배를 영속화하려는 지배/종속의 허구적 논리가 은연중에 식민지인들의 의식에 젖어들면서 그들 사이에서도 그대로 답습되는 상황을 『더블린 사람들』의 열세 번째 이야기인 「어떤 어머니」를 통해 살펴보려는 것이다. 식민지인들이 제국이 만들어놓은 이런 논리를 스스로 답습하는 모습은 프란츠 파농(Frantz Fanon)이 정신과 의사로 근무하면서 앙띨레스(Antilles) 흑인들의 심리를 분석한 그의 『검은 피부 하얀 가면』에서도 살펴볼 수 있다. 파농은 이 책에서 이들 흑인이 백인 지배자들이 정해 놓은 위계적 차이를 받아들이는 순간, 그 흑인들은 "백인의 지위로의 신분 상승"과 자신이 "유색인의 영역에서 위계질서를 부여하는 지배자의 위치"에 서게 되기를 꿈꾸게 된다(Fanon 81-2)고 강조했다. 이렇듯 지배자의 위계적 가치를 무비판적으로 받아들여 그들의 관행을 내면화한 식민지인들은 '남성적' 제국이 '여성적' 식민지에 가하는 억압의 행태를 여성으로 대변되는 자국의 사회적 약자들에게 고스란히 되풀이하면서 스스로 지배자의 반열에 올랐다는 심리적 충족감으로 식민지인이라는 열등감을 상쇄시키려 든다. 식민지에 대한 제국의 지배와 착취 그리고 식민지 여성에 대한 식민지 남성의 억압 행위가 병행되는 이유는 바로 여기에 있다.

Ⅱ. 작품의 시대적 상황과 작품 속 여성인물들

조이스의 활동 시기는 민족문화의 부흥을 통하여 타민족의 지배로 퇴색된 민족의 정기를 되찾고 이를 발판으로 독립을 쟁취하자는 취지의 민족부흥운동이 펼쳐지던 때였다. 「어떤 어머니」의 키어니 부인(Mrs Kearney)은 바로 이러한 민족주의 흐름에 편승해서 자신이 이루지 못한 꿈을 딸을 통해 추구하려다가 좌절된 인물로서, 다분히 물질적인 그녀의 이런 성향 때문에 뭇 평자들로부터 부정적인 평가를 받아온 인물이다. 예를 들어 헨크(Suzette Henke)는 더블린의 문화를 관장하고 있다는 "에이레 독립협회"의 실상은 가히 "개탄스러울" 지경이지만, 키어니 부인이 "탐욕과 금전적 야심"에 눈이 멀어 "자신의 자아를 만족시키고 독선적인 원칙을 고수"하느라고 딸의 음악경력을 그르치게 했다고 주장한다(Henke 41). 레너드(Garry M. Leonard) 역시 남성과 여성에게는 모두 라깡이 "남근"으로 지칭한 초월적 기표가 없음에도 불구하고 남성에게 이 기표가 있다고 "가장"하게 만드는 이데올로기의 역할에 초점을 두어 논지를 펼쳐나간다. 그의 설명에 따르면 키어니 부인은 남성의 "추상적 가치"에 대해 무한한 경외심을 가지고 있었고, 결국 그녀는 이 경외심 때문에 지배 집단인 "위원회"의 남성들이 그 가치에 상응하는 기준에 미달된다고 생각되자 그들을 공격하게 되었다는 것이다(Leonard 134-5). 이렇듯 키어니 부인에 대한 일반적인 평가는 다소 부정적으로 기우는 경향이 있는 것이 사실이지만, 다른 한편으로 생각하면 그녀가 "위원회"로 상징되는 부조리한 남성권위에 과감하게 의문을 제기했다는 것만으로도 일단 긍정적인 평가를 내릴 수 있다. 그 이유를 『더블린 사람들』에 등장하는 여타 여성인물들과 비교해 보자. 키어니 부인은 "열아홉 살이 넘은 지금도 아버지에게 얻어맞을 것 같은 위험"(*D* 37-8)에 빠져있는, 즉 남성지배 구조에 꼼짝없이 갇혀 "먼지"로 상징되는 숨 막히는 현실에서 빠져나오지 못하고 있는 「이블린」("Eveline")의 무력한 이블린과는 다른, 그리고 「진흙」("Clay")의

머라이어(Maria)가 눈가리개 놀이에서 진흙과 기도책을 잡은 행위가 상징적으로 말해주듯이 자신이 처해 있는 죽음과도 같은 '노예적 상황'을 제대로 인식할 능력도 그 원인을 추적할 용기도 없었던 머라이어와는 사뭇 다른 인물로 평가될 수 있다는 것이다. 키어니 부인은 '피지배자의 피지배자', 즉 영국의 지배를 받는 아일랜드 남성들에게 연이어 억압당하며 무력하게 순응하는 여성들과는 달리 적어도 남성 중심 체제가 자행하는 불의에 맞설 수 있는 용기 있는 여성이었던 것이다. 여성의 접근을 불허하는 남성들만의 '허구적' 단체인 "위원회"에 맞서 대거리했다는 것만으로도 그녀는 『더블린 사람들』에서는 좀처럼 보기 힘든 유형의 여성이라고 할 수 있다. 키어니 부인이 도저히 접근할 수 없었던 남성 권위의 상징적 단체인 "위원회"는 그 '묘연한' 실체 덕분에 '간신히' 권위를 지탱해 나가는 단체인데, 여기에서 우리는 이렇듯 권위 주체들의 허구성이 노출되지 않을 때 더욱 공고하게 다져지는 권위라는 추상적 개념의 속성을 간파할 수 있다. 이제 키어니 부인이 "위원회"의 남성들과 갈등을 빚는 과정에서 본색이 드러나는 한 예술가 단체의 한심한 실상과 여성의 본분 다시 말해 여성에게 허락된 성 담론의 범위를 벗어났다는 이유로 그 사회에서 축출되는 키어니 부인의 모습을 살펴보도록 하자.

Ⅲ. 여성의 목소리 / 흔들리는 "위원회"의 실체

"에이레 독립협회 사무차장 홀로헌(Mr Holohan) 씨는 일련의 연주회를 준비하느라고 거의 한 달 동안 손이며 호주머니에 너저분한 종이쪼가리들을 잔뜩 지니고서 더블린 시내 곳곳을 걸어 다녔다"(*D* 136)로 시작해서 "하지만 결국 모든 것을 주선한 것은 키어니 부인이었다"(*D* 136)로 끝맺음하는 이 작품의 처음 부분은 홀로헌의 무능함과 키어니 부인의 유능함이 분명하게 대조되는 대목이다. 키어니 부인은 모든 일에 '무능한' 홀로헌을 도와 광고문안 작성이며 프로그램 항목 배열 등, 많은 일을 도맡아 처리했던 '유능한' 여성이었다. 그녀의 주도면밀함은 민족문예부흥운동이 일어날 조짐이 보이자 예이츠의 「호울리안의 딸 캐슬린」의 주인공과 동명인 "딸의 이름을 이용하기로"(*D* 137) 작정하고 일찌감치 딸에게 게일어를 배우게 하고 민족주의적 성향의 친구들과 사귀게 하는 등의 치밀한 행동에서 드러나기도 했다. 그런 와중에 딸이 연주회에 참여하기로 계약을 맺으면서 키어니 부인은 여성에게 '허락된' 가정이라는 사적 영역에서 연주회로 상징되는 남성들의 공적 영역에 조금씩 발을 들여놓게 되었고, 그 과정에서 민족주의운동을 표방하고 있는 한 단체의 무능하기 이를 데 없는 실상을 들여다보게 된다. 이제 그녀는 연주회의 방만한 운영을 주시하면서 이들의 능력에 의문을 품게 되었고 드디어 그 책임 소재를 규명하려고 한다.

하지만 남성과 여성의 영역을 엄격히 구분하는 사회에서 여성이 자신에게 주어진 영역을 이탈했다는 것은 그 자체로 지탄의 대상이 될 수도 있다. 삶의 영역을 남성/여성에게 배타적으로 배정하는 가부장제 사회에서는 논리적이고 이성적이라고 추정되는 남성에게는 공적 영역의 역할이, 다분히 감성적이어서 논리성이 결여되었다고 생각되는 여성에게는 가정이라는 사적 영역의 역할이 주어졌던 탓이다. 이제 이러한 성별 영역 구분에 근거하여 키어니 부인의 딸 캐슬린(Kathleen)이 네 번의 연주회에서 반주를 맡기로 계약이 체결되는 과정을 살펴보도록 하자.

홀로헌이 캐슬린에게 연주회의 반주를 의뢰했을 때 키어니 부인은 "그를 거실로 들어오게 해서 의자에 앉히고 마개병과 은제 비스킷 통을 내오는"(*D* 138) 등 "아주 친하게"(homely *D* 138) 조언도 하며 네 차례의 연주회에서 8기니를 받는다는 조건의 계약을 성사시킨다. 여기서 주목할 점은 연주회라는 공적 관계의 계약이 '거실'이라는 사적 공간에서 이루어졌다는 사실인데, 다시 말해서 연주회를 기획하고 추진하는 남성 소관의 일이 가정이라는 사적 영역에서 더구나 그것도 여성과 체결되었다는 것이고, 그렇다면 그 계약은 암묵적인 기존 관행에 비추어볼 때 처음부터 구속력이 없는 것으로 치부될 수 있다는 것이다. 연주회를 주관하는 남성들의 무능함을 보충하기 위해 키어니 부인의 "요령"(*D* 138)이 필요했을 때는 어쩔 수 없이 여성에게 주어진 영역을 이탈하는 그녀의 행동을 묵인하고 넘어갔지만, 일단 그녀가 직접 연주회의 진행과정에 개입해서 계약의 이행을 재촉하기에 이르자 연주회의 남성 관계자들은 '숙녀'의 범주를 벗어나는 행동을 저질렀다는 이유로 일제히 그녀에게 비난의 화살을 퍼붓기 시작한다. 그러니까 가부장제 사회에서 발휘될 수 있는 키어니 부인의 유능함은 '숙녀'로 행동하는 범위에 국한되었던 것이다.

이러한 성 역할의 엄격한 구분은 그들이 움직이는 공간을 통해서도 자명해진다. 네 번의 연주회가 일방적으로 세 번으로 축소되었다는 사실을 접한 키어니 부인은 사무국장 피츠패트릭(Fitzpatrick)과 홀로헌을 각각 "스크린 뒤로" 그리고 "인적이 뜸한 복도"로 불러내 자초지종을 물어보고 원 계약의 이행을 촉구한다. 이렇듯 키어니 부인이 자신의 목소리를 낼 수 있는 공간은 건물의 '중심'을 차지하는 넓은 홀이나 사람들이 북적거리는 분장실보다는 '주변'으로 밀려난 곳이었다. 그리고 이런 양상은 작품의 말미에 이르러 "위원회"의 최종 권위자로 밝혀진 오매든 버크(O'Madden Burke)가 "분장실"이라는 '중심' 공간을 당당하게 차지하고 키어니 부인의 '숙녀'답지 못한 행동 때문에 이제 딸의 음악 인생도 끝장났노라고 마치 판사가 판결문을 선고하듯 말하는데 반해, 키어니 부인은 방의 한 "구석"에서 주위 사람들의 동조를 구하며 "애원하는" 모습에서도 분명하게 드러난다.

> 이러는 내내 분장실은 흥분의 벌집이었다. (…) 오매든 버크는 이렇게 엉망진창인 음악회는 처음 봤노라고 말했다. 그는 캐슬린 키어니 양의 음악 경력은 그 날로 더블린에서는 끝장난 것이라고 말했다(*D* 147).
>
> (…)
>
> 방의 다른 한 구석에는 키어니 부인과 그 남편, 벨 씨, 힐리 양, 그리고 애국시를 낭송했던 젊은 여자가 있었다. (…) 키어니 부인은 제 2 테너에게 하소연했고 (…) 그런 다음 그녀는 힐리양에게 하소연했다(*D* 148).

이처럼 조이스는 연주회장의 공간 배치를 성차별 담론을 보여주는 메타포로 바꾸어 제시한다(Joseph Valente 54). 다음으로 여성의 접근을 불허하는 남성 권위의 '무능한' 실체를 건물의 공간적인 구성과 접목시켜 살펴보도록 하자.

연주회 시작 시간이 무려 30분이나 지나서 연주회장에 온 많지도 않은 청중들이 불만을 토로하기 시작해서야 사무국장 피츠패트릭은 "멍해 보이는 얼굴"에 "멍하게"(*D* 139) 웃음을 흘리면서 연주회를 시작하라고 지시한다. 사무처장 홀로헌 역시 공연 횟수가 줄어든 경위를 묻는 키어니 부인에게 모든 것은 "위원회"의 결정이니 피츠패트릭에게 물어보라며 책임을 회피한다. 하지만 피츠패트릭 또한 다음의 예문에서 드러나듯이 책임을 전가하는데 급급할 뿐이다.

> 현안의 요점을 그다지 빨리 파악하지 못한 피츠패트릭 씨는 그 어려운 문제를 해결할 능력이 없는 것 같았고, 그래서 그 문제를 위원회와 의논해보겠노라고 했다(*D* 141).

홀로헌에서 피츠패트릭으로 그리고 다시 '위원회'라는 곳으로 책임이 계속 전가되자 키어니 부인은 "도대체 그 위원회인지 뭔지가 누구요?"(*D* 141)라며 답답한 마음을 토로하는데, 바로 여기에 권력에 함축된 상당히 중요한 속성이 존재한다. 바로 그것은 권력이란 그 실체가 모호하면 모호할수록, 권력 밖에 존재하는 사람들의 접근을 불허하면 불허할수록 그 체제가 더욱 굳건해진다는 사실이다.

연주회의 '중심'적인 공간이라고 할 수 있는 분장실은 『프리맨지』(*Freeman*)의 기자로서 "그럴듯한 목소리"와 "조심스러운 태도"(*D* 144)를 지닌 핸드릭(Mr Hendrick) 씨와 출세지향형의 예술가 힐리(Miss Healy) 양, 그리고 "스핑크스 같은 얼굴"의 오매든 버크가 차지하고 있다. 연주회에 별로 관심이 없는 핸드릭은 연주회에 대한 기사를 누가 '대신' 써서 보내주기만 하면 신문에 실어주겠노라며 주최측이 베푸는 후한 대접에만 눈독을 들이는데, 이는 민족주의라는 명분으로 방만하게 운영되었던 문예부흥운동과 부패 언론의 결탁관계를 보여주는 중요한 대목이 아닐 수 없다. 그리고 캐슬린의 친구인 힐리는 자신의 성적 매력까지 동원해 '힘 있는' 남성에게 접근하려고 한다. 이렇듯 이 '중심'적인 공간은 본분을 망각한 신문기자, 출세를 위해서라면 온갖 수단을 가리지 않을 예술가, 그리고 그 실체가 대단히 의심스러운 "위원회"의 권위자가 장악하고 있으며, 이는 더블린의 한 예술가 단체의 실상을 넘어서서 아일랜드 전반의 마비 상태가 비유적으로 드러나는 대목이라고 할 수 있다. 다음의 예문은 홀로헌과 핸드릭 등 소위 연주회를 주관했다는 남성들이 그들만의 "외딴 방"(a secluded room)으로 모여드는 모습을 보여주고 있다.

> 두 사내는 약간 구불구불한 통로를 따라가서 어두운 계단을 올라가 외딴 방에 도착했다. 그 방에서는 안내인 한 명이 몇몇 신사들에게 병을 따주고 있었다. 이 신사들 중에는 오매든 버크도 있었는데, 그는 본능적으로 그 방을 발견한 터였다(*D* 145).

키어니 부인이 "위원회"의 실체를 도저히 찾을 수 없었던 이유가 바로 "구불구불한 통로", "어두운 계단", 그리고 "외딴 방"이라는 표현에 숨어있다. 권력은 이렇듯 권력 밖에 있는 존재들의 접근을 치밀하게 차단할 때 그 체제가 온전하게 유지될 수 있다는 권력의 중요한 속성이 미로와도 같은 공간의 메타포로 제시되어 있는 것이다. 오매든 버크 같은 권력의 실세는 "본능적으로" 찾을 수 있었던 그들만의 "외딴 방"은 "도대체 위원인지 뭔지가 뭐냐"며 그 실체를 찾을 수 없어 안타까워했던 키어니 부인의 절규와 극명하게 대비되면서 남성 권력의 여성 배제라는 코드를 말해준다. 이와 동일한 예를 『더블린 사람들』의 다른 단편에서 찾자면 「이블린」의 이블린은 끝내 "부서진 발풍금 위의 벽에 걸려있는 노랗게 퇴색된 사진 속 주인공인 사제의 이름을 알아내지 못한"(*D* 37)채, 그저 이 존재하지도 않는 권위자(absent authority)의 사진에 쌓인 먼지만 털어낸다. 이 또한 이블린의 아버지가 사진 속 사제와 자신의 관계에 대한 설명을 생략한 채 단지 그들 남성간의 동지애를 신비화하는 방식으로 이블린이 남성들의 세계를 들여다볼 수 없게 했기 때문이다. 또한 위의 예문에서 알 수 있듯이 권력을 쥐고 있는 이 "신사들"이 "외딴 방"에 모여 한다는 '일'이 고작 술이나 마셔대는 '일'이라는 것은 밖에서 들려오는 청중들의 불만에 찬 소리와 겹쳐지면서 이들이 누리고 있는 권위가 과연 정당한 것인지 되묻지 않을 수 없게 만든다. 오매든 버크를 설명하는 다음의 예문을 보도록 하자.

> 그는 유순한 초로의 남자로서 쉴 때는 자신의 육중한 몸을 커다란 비단 우산으로 중심 잡았다. 그의 거창한 서부 지방식 이름은 그가 자신의 심각한 재정문제를 상쇄시키는 도덕적인 우산이었다. 그는 두루 존경받았다(*D* 145).

오매든 버크가 자신의 육중한 몸의 중심을 잡아주는 "비단우산"처럼 자신의 "거창한 서부 지방식 이름"에 기대 본인의 "심각한 재정문제"를 상쇄시키려 한다는 사실에서 그가 누리고 있는 권위의 허상이 오롯이 드러난다. 깨끗하지 못한 금전관계에도 불구하고 그가 사람들에게 "두루 존경받고 있다"는 사실에서도 "비단 우산"으로 상징되는 남성 중심 사회의 지배 기표가 누리는 불의를 읽어낼 수 있다. 이런 허구적 권위는 키어니 부인처럼 그 권위에 감히 의문을 제기하려는 여성의 위협적인 목소리를 차단할 때 비로소 그 존속이 가능해지는데, 이때 동원되는 억압 수단이 바로 그 사회의 성 담론이었던 것이다. 키어니 부인은 앞에서 "도대체 위원인지 뭔지가 뭐냐"라고 따지고 싶은 것을 꾹 눌러 참는다. 그것은 그녀 역시 성 담론이 체화된 여성으로서 그런 행동이 "숙녀답지 않다는 걸 알고 있었기"(*D* 141) 때문이었다. "숙녀"가 지켜야 할 행동 범주를 넘어섰다는 이유로 이들이 '일제히' 그녀를 비난하는 행태는 바로 성 담론을 어긴 여성에 대한 남성들의 노여움이 표출된 것이다.

> "난 당신이 점잖은 부인인줄 알았어요." 홀로헌이 그녀에게서 급히 발걸음을 떼면서 말했다. 그 후로 키어니 부인의 행동은 온통 비난을 받았다. 누구나 다 위원회의 조치에 찬성을 표했다(*D* 149).

"점잖은 부인", 즉 '숙녀'가 아니라는 홀로헌의 말이 떨어지자마자 모든 사람이 일제히 그녀의 행동을 잘못된 것으로 판단했다는 사실에서 그들의 의식에 각인된 성 차별 이데올로기의 깊이를 가늠하게 된다. 하지만 위에서 말했듯이 키어니 부인 역시 사회의 성 담론을 내면화하고 있는 인물이라는 사실은 결혼연령을 넘긴 그녀가 사람들의 입방아에 오르내리자 "홧김에"(*D* 136) 결혼했고 "중앙 우체국을 존경하는 것과 같은 방식으로 남편을 크고 안전하고 고정된 어떤 것으로서 존경했으며, 남성으로서의 추상적 가치를 높이 샀다"(*D* 141)는 사실에서 엿볼 수 있다. 다시 말해서 그녀 역시 가부장적 질서의 위력을 인식하고 그것으로부터의 이탈을 꺼려했던 인물이었던 것이다.

마침내 "위원회"의 남성들은 그들의 존립을 불안하게 했던 키어니 부인을 몰아내는데 일단 성공한다.

> 홀로헌 씨는 살갗이 타는 것 같았으므로 분을 삭이려고 방안을 이리저리 왔다갔다했다. "까다로운 여자야!" 그가 말했다. "아, 까다로운 여자야!"
>
> (…)
>
> "잘했어 홀로헌". 흡족한 듯 우산으로 중심을 잡으며 오매든 버크 씨가 말했다(*D* 149).

"살갗이 타는 것 같은" 홀로헌의 분노는 감히 여성이 남성 단체에 대해 의문을 제기할 거라고는 전혀 예상하지 못했던 자의 당혹감일 터이고, "거창한 서부 지방식 이름"의 허상으로 불안한 금전문제를 간신히 해결해오고 있던 오매든 버크의 흡족함은 남근 기표로 기능하는 "비단 우산"에 기댄 채 권위의 실추를 모면해 왔던 자가 느끼는 아슬아슬한 안도감과 다르지 않다. 이렇듯 한 여성의 뜻밖의 공격에 잠시 흔들렸던 "남성 질서는 이야기의 결말에 이르러 모두 제 자리를 잡게 된다."(Leonard 147)

Ⅳ. 결론

지금까지 조이스의 『더블린 사람들』의 열세 번째 이야기인 「어떤 어머니」를 분석하면서 남성들의 영역에 관여하려고 했던 한 여성이 어떻게 그들에게서 밀려나는지 그 과정을 살펴보았다. 키어니 부인이 아일랜드의 독립을 지향하는 민족문예부흥운동의 본 취지를 망각하고 물질적 이익에 연연했다는 비판에는 분명히 일리가 있다. 하지만 그녀가 사회에서 요구하는 '여성가면'을 벗어버리고 "위원회"라는 허구적인 남성 권위 체제에 의문을 제기하고 공격을 가했을 때, 그 허구적인 권위 체제의 위상이 흔들리면서 '남성가면'을 쓰고 있는 자들의 불안감이 증폭되는 현상을 볼 수 있었다. 그렇다면 키어니 부인은 아일랜드의 문화적 마비를 초래한 주범인 지배 집단에 무비판적으로 순종했던 조이스의 여타 여성 인물들과는 달리, 껍데기뿐인 그 집단을 향해 자신의 목소리를 냈다는 그 자체만으로도 긍정적인 평가를 받을 수 있다고 본다. 비록 그 사회를 지배하는 막강한 남성 중심의 논리에 밀려 물러날 수밖에 없었지만, 적어도 그녀는 비판의 목소리를 낼 수 있었고 이러한 그녀의 태도는 허약하기 그지없는 남성 집단의 기저를 흔들어댔다는 점에 있어서 가히 고무적이었다고 평가할 수 있을 것이다. 대체로 조이스의 여성인물들은 남성인물들과 비교할 때 그 재현의 정도도 미미한 수준에 그칠 뿐만 아니라 거의 자신의 목소리를 내지 못하는 존재들로서 작품에 등장한다. 그리고 이것은 조이스를 반여성적 작가로 자리매김하게 만든 주된 이유가 되어온 것이 사실이다. 하지만 다른 시각으로 볼 때 그의 이런 경향은 그 자체로 끊임없이 여성을 억압하고 여성의 목소리를 배제시켜왔던 남성 중심의 권력 체제가 빚어낸 결과를 충실하게 있는 그대로 반영한 것으로써, 오랜 식민 경험에서 비롯된 아일랜드 전반의 마비적 상황을 보다 철저하게 재현하려는 작가의 의도가 반영된 것으로 파악될 수도 있다. 조이스에게 있어서 식민지적 상황에서 비롯된 아일랜드 여성들의 이중 소외의 질곡, 다시 말해 제국의 지배를 받으면서 동시에 자국 남성들에게도 억압을 받는 식민지 여성들의 왜곡된 현상은 그 자체로 제국의 지배로 인한 식민지의 마비된 현실을 가감 없이 드러내 보여줄 뿐만 아니라, 동시에 그 마비를 풀 수 있는 단서도 함께 내포하고 있었던 것이다. 제국의 식민지 착취와 남성의 여성 억압 모두 허구적인 위계질서에 그 근간을 두고 있는 것이라면, 이 허구성을 직시해서 이를 불식시키려는 노력은 곧 인간에 의한 인간의 지배라는 모든 제국주의적 사고를 지양하려는 노력으로 이어질 수 있을 것이다. 페미니즘 문학을 반가부장적 질서에 근거한 새로운 질서의 지향이라고 정의 내린다면, 그런 의미에서 조이스의 「어떤 어머니」는 페미니즘 작품의 대열에 놓일 수 있을 것이다.

참고문헌

Cheng, Vincent J. *Joyce, Race, and Empire*. Cambridge: Cambridge University Press, 1995.

Duffy, Enda. *The Subaltern Ulysses*. Minneapolis: University of Minnesota Press, 1994.

Ellmann, Richard. James Joyce 2nd Ed. New York: Oxford University Press, 1982.

Fanon, Frantz. *Black Skin, White Masks*, Trans. Charles Lam Markmann. New York: Grove Weidenfeld, 1967.

Henke, Suzette A. *James Joyce and the Politics of Desire*. New York: Routledge, 1990.

Joyce, James. *Dubliners: Text, Criticism, and Notes*. Eds. Robert Scholes and A Walton Litz. Harmondsworth: Penguin Books, 1979.

Leonard, Garry M. "The Masquerade of Gender: Mrs. Kearney and the 'Moral Umbrella' of Mr. O'Madden Burke." Jolanta W. Wawrzycka et al eds. 133-49.

MacClintock, Anne. *Imperial Leather: Race, Gender and Sexuality in the Colonial Context*. New York: Routledge, 1995.

Manganiello, Dominic. *Joyce's Politics*. London: Routledge, 1990.

Tindall, William York. *A reader's Guide to James Joyce*. New York: Farrar, Straus & Giroux, 1959.

Valente, Joseph. *James Joyce and the Problem of Justice: Negotiating Sexual and Colonial Difference*. Cambridge: Cambridge University Press, 1995.

Wawrzycka, Jolanta W. et al eds. *Gender in Joyce*. Gainesville: University Press of Florida, 1997.

여성과 남성은 부가의문문을 어떻게 다르게 사용하는가?*
-사회적 변인간 상호작용에 기반한 연구-

김 혜 숙**

Ⅰ. 서론

영어 부가의문문의 사용 빈도가 성에 따라 다르며, 이것이 남성과 여성의 차이를 드러내는 주요한 특성이라는 Lakoff(1975)의 주장은 현재까지도 남녀간의 차이를 나타내는 대표적 언어 현상으로 인용되고 있다. 그러나 이러한 주장이 과연 타당한가에 대한 논쟁은 Lakoff의 주장이 나온 시점부터 반복적으로 제기되어 왔다(Dubois & Crouch 1975; O'Barr & Atkins 1980; Cameron 1992).

Lakoff(1975)는 여성이 남성에 비해 부가의문문을 많이 사용하고 있다는 주장의 근거를 남성은 어려서부터 자신을 강하게 표현하도록 배우는 반면, 여성은 어릴 때부터 자신의 의견을 표현하기보다는 남의 이야기에 귀를 기울여야하고, 자신의 의견을 표현할 경우에는 공손하게 해야 한다고 배우는 교육에 둔다. 그래서 남성은, 예를 들어, "That's the right button"이라고 단정적으로 말하고, 여성은 부가의문문을 사용하여 "That's the right button, isn't it?"이라고 비단정적으로 말하는 경향이 있다고 말한다.

이러한 Lakoff(1975)의 주장은 Coates(2004: 90) 등이 지적한 바와 같이 대부분 자신의 직관에 의거하고 있다. 이에 대해 Lakoff 자신도 "정확한 통계

---

* 이 논문은 『사회언어학』 제18권 1호(2010)에 게재되었던 논문을 약간 수정하였음.

** 건양대학교 영미영어문화학과

적 증거”(1975: 16)가 없다는 점을 인정하고 있다. Lakoff(1975)가 성과 언어 관련 후속 연구에 끼친 영향이 지대함을 고려해 볼 때, 그녀의 주장에 대한 진위 여부의 검증은 사회언어학적 관점에서 필요하다고 할 수 있다. 즉 Lakoff(1975)의 주장이 구체적인 사실을 통해 입증이 가능한가 하는 문제는 매우 중요하다고 볼 수 있다.

Lakoff의 주장을 구체적인 자료로 검증하고자 하는 노력이 없었던 것은 아니다. Dubois와 Crouch(1975)는 학술대회 토론 시간에 이루어진 대화에서 여성은 부가의문문을 전혀 사용하지 않은데 비해, 남성은 부가의문문을 33회 사용했다는 자료를 근거로 Lakoff의 주장이 틀렸음을 입증하고자 했다. 그런가 하면 McMillan 외(1977)는 미국 대학생들에 대한 연구를 통해, 과업 지향적 대화에서는 여학생이 남학생보다 부가의문문을 더 사용한다고 보고하고 있다. Cameron(1992)의 경우에는 부가의문문이 성별에 따라 차이가 있는 것이 아니라, 성별에 관계없이 힘의 차이에서 비롯된다고 보고한다. 또한 Holmes(1995)는 부가의문문을 기능에 따라 범주화한 후, 여성과 남성이 서로 기능이 다른 부가의문문을 사용하고 있다고 주장한다.

그러나 이러한 일련의 검증 노력은 대체로 단편적이거나 자료가 충분치 못하다는 점에서 문제가 있다. 다시 말해서, 연구의 대상이 소규모에 한정되어 있어 Lakoff(1975)의 주장에 대한 종합적인 검증이 될 수 없다는 한계를 안고 있다.

최근에 이루어진 Tottie와 Hoffmann(2006)의 연구는 바로 이러한 문제에 대한 신뢰할만한 답을 주고 있다. Tottie와 Hoffmann(2006)은 British National Corpus 구어 자료(BNC-S)[1]와 Longman Spoken American Corpus(LSAC) 등의 대규모 자료를 바탕으로 부가의문문의 사용을 조사하여, 사회언어학적 변인들이 부가의문문 사용과 어떤 상관관계를 갖고 있는가에 대한 보다 객관적이고 종합적인 연구를 시도했다. 그러나 이들의 자료는 영국 영어와 미국 영어의 차이에 주 초점을 맞추고 있어서, 성에 따른 차이는 부분적으로만 언급되어 있다. 부분적이지만 이들의 자료에 따르면, 부가의문문의 사용에

1) BNC-S: the spoken component of the British National Corpus

서 의미 있는 남녀간 차이가 발견되지 않았다. 영국 영어와 미국 영어 모두에서 여성이 남성보다 부가의문문을 조금 더 많이 쓰는 것으로 나타났다(영국 영어: 여성 4,647 pmw[2] vs. 남성 4,209 pmw; 미국 영어: 여성 489 pmw vs. 남성 453 pmw).

본 연구는 남녀 성 차이를 포함하여 나이, 학력, 공적/사적 상황 등 주요 사회적 변인의 관점에서 영어 부가의문문의 사용을 종합적으로 분석하고자 한다. 특히 이러한 변인의 개별적 특성 파악뿐만 아니라, 변인간의 상호작용에 따른 특성을 중점적으로 살펴보는 것이 본 논문의 목적이다. 방법론적인 관점에서 본 연구는 종합적이고 객관적인 방법론을 활용하기 위하여 최근 구축된 British component of the International Corpus of English(ICE-GB) 및 ICECUP 검색 도구를 이용하였다.

Ⅱ. 부가의문문에 대한 선행 연구

사회언어학적인 관점에서 부가의문문에 대한 연구가 남녀의 차이에 집중하게 된 것은 아마도 Lakoff(1975)의 연구가 나오게 되었던 사회·정치적인 배경과 밀접한 관련이 있다고 보여진다. 즉, 폭넓게는 인권 문제, 좀 더 구체적으로는 남녀 차별에 대한 문제 제기가 사회 전반적으로 확산되던 시기와 맞물리면서 Lakoff의 연구가 사회·이념적 함의에 관심이 쏠리게 되었고, 학자들의 관심도 객관적인 검증을 포함한 사회언어학적 탐구에는 상대적으로 소홀해진 것으로 볼 수 있다.

남성 우의의 차별이 언어 표현에 깊숙이 반영되었다는 자신의 주장을 뒷받침하기 위해 Lakoff(1975)가 제시한 여러 현상 중에서 특히 부가의문문이 관심의 핵심으로 떠올랐다. 특히 성별에 따른 부가의문문의 빈도수에 초점을 맞춘 연구가 많이 있다. Sachs(1987), McMillan 외(1977) 등은 여성이 남성보다 부가의문문을 더 많이 사용한다는 연구 결과를 보여주고 있는 반면,

2) pmw = per million words

Dubois와 Crouch(1975) 등은 남성이 여성보다 부가의문문을 더 많이 사용한다는 연구 결과를 보여주고 있다. Cameron 외(1989) 등은 부가의문문을 사용하는데 성별의 차이가 없다고 주장한다.

또한 여성이 남성보다 부가의문문을 많이 사용한다는 고정관념에 대한 연구도 있다. Siegler와 Siegler(1976), Newcombe과 Arnkoff(1979) 등은 여성과 남성이 실제로는 부가의문문을 동일하게 사용했음에도 불구하고, 사람들은 여성이 부가의문문을 더 많이 사용했다고 생각한 연구 결과를 보여주었다. Bernard(1982)는 부가의문문이 행위 중심으로 표현하는 남성보다는 감정과 정서 위주로 표현하는 여성에게 더 적당하다고 보고한다.

부가의문문을 기능면에서 분석하려는 시도도 있었다. 예를 들어, Holmes (1983, 1992, 1995), Algeo(1988, 1990), Coates(1996, 2004), Coates와 Cameron (1988), Eckert와 McConnell-Ginet(2003), Tottie와 Hoffmann(2006) 등은 남성과 여성이 부가의문문 사용시 기능이 서로 다른 부가의문문을 사용한다고 주장한다. Holmes(1992: 290), Coates와 Cameron(1988: 82) 등에 따르면, 남성은 불확실성을 나타내기 위해 부가의문문을 많이 사용하는 반면, 여성은 의사소통을 촉진시키고 활성화하기 위해 부가의문문을 많이 사용한다고 한다.

특히 주목할 만한 논문으로 BNC-S와 LSAC의 대규모 코퍼스를 사용하여 종합적이고 객관적으로 부가의문문을 살펴본 Tottie와 Hoffmann(2006)이 있다. Tottie와 Hoffmann(2006)은 영어를 우선 영국 영어와 미국 영어로 나눈 뒤, 부가의문문의 담화기능별, 남녀별, 나이별 특성을 각각의 항목별로 통계치를 추출하여 영국 영어와 미국 영어를 비교하고 있다. Tottie와 Hoffmann (2006)은 기존에 제기된 문제들에 대하여 명확한 수치를 제시하고 있는 장점이 있다. 그러나 각각의 변인별 분포 외에 변인들간의 상호작용에 따른 분포는 다루고 있지 않아, 본 연구에서는 이를 중점적으로 살펴보고자 한다. 하나의 현상에 여러 요인들이 함께 작용한다고 가정할 때, 이러한 요인들이 서로에게 어떤 영향을 주고 있는지에 대한 문제도 종합적으로 검토해 보아야 할 필요가 있다. 예를 들어, 성별 변인과 나이 변인은 어떤 상호작용을 하고 있는가, 성별 변인에 학력 변인 또는 사적/공적 상황 변인을 더해서 검토할 경우에 어떤 분포가 그려지는가 등의 의문이 제기될 수 있다. 변인의 개별적 분포뿐만 아니라 변인간 상호작용의 결과로 나타나는 분포까지도 종합적으로 검토해 볼 필요성이 있다. 그래야만 비로소 부가의문문의 사용에 대한 사회적 변인들의 종합적이고 완결성 있는 연구가 이루어질 수 있다고 본다.

Ⅲ. 연구 자료 및 방법

1. 연구 자료

1) ICE-GB

본 연구에서는 약 100만 어휘의 영국 영어를 담은 대규모 코퍼스 ICE-GB (British component of the International Corpus of English)가 영어 부가의문문의 사용 실태를 파악하는 데 매우 적합한 코퍼스라고 판단되어 연구 자료로 선택하였다. ICE-GB는 중등 교육 이상을 받은 18세 이상의 영국 사람을 대상으로 1990년부터 1993년까지 3년 동안 녹음되고 편찬된 구어 및 문어의 영국 영어를 자료로 삼고 있다. ICE-GB는 검색 프로그램인 ICECUP 3.0과 함께 1998년 배포되었다.[3)]

ICE-GB의 구성은 <표 1>과 같다. ICE-GB에 포함된 총 어휘 수는 정확하게 1,061,264개이다. 100만여 개의 어휘 중에서 63만여 개는 구어 영어이고 42만 여개는 문어 영어로 구어 영어의 비중이 좀 더 많다. ICE-GB에는 500개의 '텍스트'(texts)가 포함되어 있으며, 각 텍스트는 하위 텍스트(subtexts)라고 불리는 여러 개의 '샘플'(samples)로 구성되어 있다. 전체 샘플 수는 1,001

3) 전 세계에서 사용하고 있는 지역별 영어의 특성을 비교 분석하기 위하여 International Corpus of English(ICE) 프로젝트가 1988년 런던대학교의 Sidney Greenbaum에 의해 발기되어, 현재 26개 지역(예컨대, 호주, 바하마, 캐나다, 동아프리카, 피지, 가나, 지브롤터, 영국, 홍콩, 인도, 아일랜드, 자메이카, 말레이시아, 몰타, 나미비아, 뉴질랜드, 나이지리아, 파키스탄, 필리핀, 스코틀랜드, 싱가포르, 남아프리카 공화국, 스리랑카, 트리니다드 토바고, 우간다, 미국)의 ICE 프로젝트 연구팀이 이들 지역에서 산출된 구어 및 문어 영어에 대한 지역 변이어 코퍼스를 준비하고 있다. 코퍼스간의 호환성을 높이기 위해 이들은 동일한 코퍼스 틀과 문법 주석 형식을 따르고 있다(http://ice-corpora.net/ICE/ INDEX.HTM).

개이다. 각각의 텍스트는 평균 2,122개의 어휘(words)로 구성되어 있으며, 각 샘플 당 평균 어휘 수는 1,060개이다.

	구어	문어	합계 / 평균
어휘 수	637,562	423,702	1,061,264
텍스트 수	300	200	500
샘플(하위 텍스트) 수	447	554	1,001
텍스트 당 평균 어휘 수	2,125	2,118	2,122
샘플(하위 텍스트) 당 평균 어휘 수	1,426	764	1,060
수형도 수	59,460	23,934	83,394
텍스트 당 평균 수형도 수	198	119	166
샘플(하위 텍스트) 당 평균 수형도 수	133	43	83

〈표 1〉 ICE-GB 구성 체계 (Nelson, Wallis와 Aarts 2002)

본 연구에서 ICE-GB를 택한 구체적인 이유는 크게 세 가지이다. 첫 번째 이유는 ICE-GB의 자료들이 모두 통사 분석이 되어 있다는 점이다. 앞에서 소개된 Tottie와 Hoffmann(2006) 연구에서는 연구 대상으로 삼은 코퍼스가 통사 분석이 되어 있지 않아, 코퍼스에서 부가의문문을 추출하는 것 자체가 주요 문제로 등장하였다. 반면 ICE-GB는 애초부터 완벽한 구문 분석을 목표로 하고 구축되었기 때문에, 비교적 용이하게 ICECUP을 이용하여 관련 구문들을 추출할 수 있다. 구분 분석이 되어 있지 않은 코퍼스로부터 관련 구문을 추출할 경우, 방법론에 따라 추출되는 자료에 차이가 생길 수밖에 없는 점과 비교된다.

ICE-GB를 선택한 두 번째 이유는 ICE-GB에 발화별로 중요한 사회적 변인이 표시되어 있다는 점이다. <그림 1>에 나와 있는 것처럼 발화별로 화자의 나이, 성, 학력 등이 표시되어 있으므로 이러한 정보를 추출하여 연구의 기초 자료로 활용할 수 있다.

세 번째 이유로는, ICE-GB 자료들이 영어의 전반적인 균형성을 염두에 두고 구축된 것이라는 점이다(Mair & Hundt 2001). 그렇기 때문에 각 개별적 특정 상황의 자료를 추출하기가 용이하다. 예를 들어, 구어 또는 문어 상황, 대화 또는 독백 상황, 공적 또는 사적 상황, 면대면 대화 또는 전화 대화 상황, 학교 수업 또는 방송 토론 상황 등에서 사용된 부가의문문이 필요할 경우, 각 개별 상황에 해당되는 부가의문문을 수월하게 추출할 수 있다.

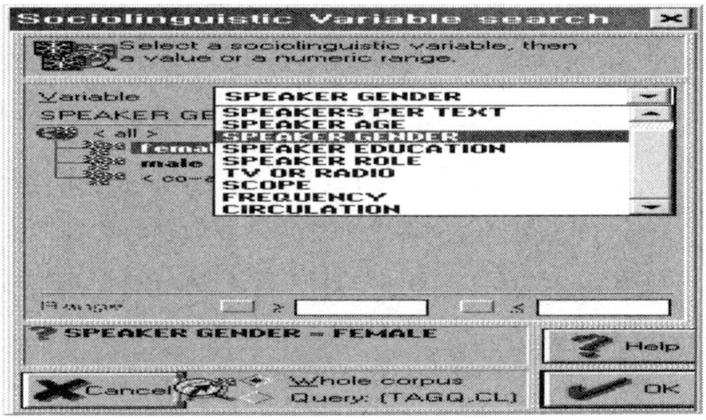

〈그림 1〉 ICE-GB에 표시된 사회적 변인

ICE-GB와 관련하여 한 가지 아쉬운 점은 부가의문문의 단골 주제인 영국 영어와 미국 영어의 차이에 대한 정확한 비교 연구가 현재로는 불가능하다는 점이다. 이는 ICE-USA가 아직 구축되지 않았기 때문이다. 그런데 기존의 연구에 나타난 부가의문문의 사용 빈도를 보면, 영국 영어가 미국 영어에 비해 5~10배 많은 것으로 나와 있다(Tottie & Hoffmann 2006: 288). 따라서 영국 영어를 1차 자료로 선정할 경우, 상대적으로 충분한 양의 기초 자료가 확보될 수 있다는 점은 ICE-GB의 장점이 될 수 있을 것이다.

2) ICE-GB에서 추출한 부가의문문

ICE-GB에서 추출된 부가의문문은 총 753개이다. 이 중 대부분인 718개(95%)는 구어이고, 35개(5%)는 문어이다. 구어에는 직접 대화(direct conversations), 전화 통화(telephone calls), 수업(classroom lessons), 방송 토론(broadcast discussions), 방송 인터뷰(broadcast interviews) 등이 포함되었으며, 문어에는 사교 편지(social letters), 소설(novels and short stories) 등이 포함되어 있다. 문어 부가의문문을 살펴보면, "I can write, can't I?"와 "Oops, now I have to think, don't I?"(일상적 사교 편지) 또는 "You're lying, Edward, aren't you?"와 "You like Christmas, don't you?"(소설) 등과 같이 대화체가 대부분이어서, 본 연구에서는 구어와 문어를 구분하지 않고 모두 연구 자료로 사용하였다.

ICE-GB에서 추출한 부가의문문 753개를 본고에서는 성, 나이, 학력, 공적/

사적 상황 등의 사회적 변인의 관점에서 검토하였다. 처음에는 성별에 따른 부가의문문 사용을 살펴본 다음, '성별과 나이', '성별과 학력', '성별과 사적/공적 상황' 등 두 가지 변인에 따른 부가의문문 사용을 살펴보았다. 이어 세 가지 변인(예컨대, '성별, 나이, 학력', '성별, 나이, 사적/공적 상황')에 따른 부가의문문의 사용 양상을 살펴본 후, '성별, 나이, 학력, 사적/공적 상황'의 네 가지 변인에 따른 부가의문문의 사용 양상을 검토하였다.

연구 자료의 추출은 검색 도구인 ICECUP에 의존하여 그 프로그램에 들어 있는 기능을 활용했으며, 또한 엑셀 등 기존 응용 프로그램을 보조적으로 사용하여 변인 상호간의 역학 관계를 도표 형식으로 정리하였다.

2. 연구 방법: 추출 모집단을 고려한 가중치 부여

추출된 자료를 양적으로 비교하기 위해서는 단순히 추출된 숫자에만 의존할 수는 없다. 예를 들어 ICE-GB에서 추출한 753개의 부가의문문 중에서 여성이 313개, 남성이 440개를 사용하는 것으로 나타났다.

ICE-GB에서 추출된 부가의문문의 개수만 보면, 남성이 여성보다 많이 사용한 것처럼 보인다. 이는 남녀 각각의 전체 분량이 동일하다는 전제 하에서만 성립되는 것이다. 그러나 실제로 그 두 집단별 전체 분량에는 큰 차이가 있다. 이를 남녀별로 비교해 보면 <그림 2> 및 <그림 3>과 같다.

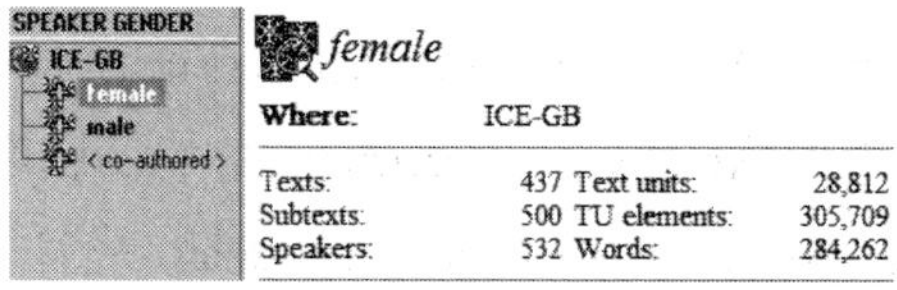

〈그림 2〉 ICE-GB 전체 자료에 따른 여성 사용 관련 정보

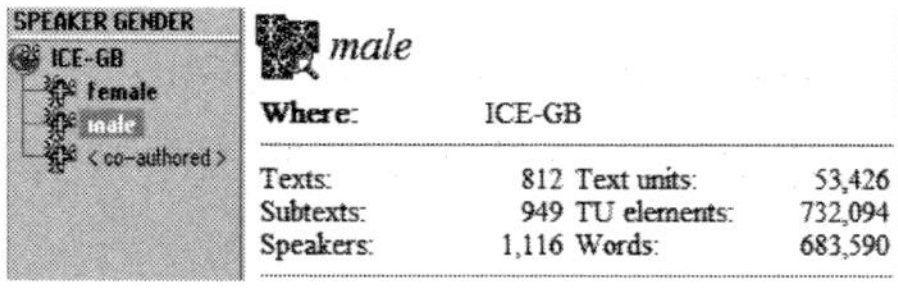

〈그림 3〉 ICE-GB 전체 자료에 따른 남성 사용 관련 정보

<그림 2>와 <그림 3>이 보여주듯이, 남녀별로 구축된 자료의 양이 현격한 차이를 보이고 있다. 이러한 차이를 도외시하고 남녀별로 추출된 숫자만 고려할 경우, 실제 현상을 왜곡하는 분석이 나올 수밖에 없다. 따라서 왜곡을 피하기 위해서는 남녀별로 현격한 차이를 보이는 전체 자료의 양에 따라 가중치를 부여해야 한다. 전체 양으로 볼 때 남성의 자료가 여성의 자료에 비해 두 배 정도 된다는 점을 반영할 경우, 한 가지 방법은 남성 부가의문문의 숫자 440개를 그의 절반에 해당하는 수치로 변환해 주는 것이다.[4] 이를 좀 더 정확한 식으로 표현하기 위해서는 위의 <그림 2>와 <그림 3>에 제시된 여러 수치 중에서 어느 것을 가중치 계산의 기본으로 삼아야할 지를 결정해야 한다. 코퍼스 규모를 비교할 때 기준점으로 흔히 사용하는 방법인 '어휘'(words)(여성 284,262개 vs. 남성 683,590개)를 선택할 수도 있고, 또는 문장에 해당하는 '텍스트 단위'(text units)(여성 28,812개 vs. 남성 53,426개)를 선택할 수도 있다. 부가의문문은 일반적으로 문장의 특성이라는 점을 감안하여 본고에서는 '텍스트 단위'를 비교의 기준점으로 택했다(최재웅 2009).

따라서 앞으로의 논의에서는 '원'(raw) 자료와 함께 '가중치 부여'(weighted) 자료를 제시하여 남녀 사이의 사용상 차이를 드러내도록 한다.

Ⅳ. 연구 결과

앞서 언급한 바와 같이 ICE-GB에서 753개의 부가의문문이 추출되었다. 이 중에서 여성이 313개, 남성이 440개의 부가의문문을 사용하고 있다. ICE-GB의 전체 모집단을 살펴보면 여성이 사용한 문장(<그림 2>의 text units 28,812개)에 비해 남성이 사용한 문장(<그림 3>의 text units 53,426개)이 두 배 가까이 되므로, 앞서 설명한 바와 같이 본 연구에서는 가중치를 둔 수치(여성 313개, 남성 237개[5])를 사용한다(<표 3> 참조). 본 연구는 먼저 사회적 변인

4) 여성 부가의문문의 개수를 2배로 늘리는 방법도 있다. 이 둘은 결과적으로는 동일하다.

5) 남성 부가의문문 빈도 × (여성 전체 문장 수 ÷ 남성 전체 문장 수) = 440 × (28,812 ÷ 53,426) = 237. (소수점 이하 반올림했음.)

별(예컨대, 성별, 나이, 학력, 사적/공적 상황) 자료를 재추출해 가면서 남녀별 부가의문문 사용 빈도수를 살펴본 다음, 사회적 변인간 상호관계를 살펴본다.

1. 성별에 따른 부가의문문 사용

여성과 남성이 사용한 부가의문문의 빈도에 가중치를 부여하여 비교하였을 때, 여성(56.9%)이 남성(43.1%)에 비해 부가의문문을 좀 더 많이 사용하고 있다는 점을 확인할 수 있다(<표 3> 참조). BNC를 기반으로 비슷한 연구를 한 Tottie와 Hoffmann(2006)에서도 비슷한 결과(여성 4,209 pmw, 남성 4,647 pmw)가 나와 ICE-GB에서 추출된 자료의 타당성을 뒷받침한다고 볼 수 있다.

	여성(raw)	남성(raw)	합계
부가의문문 문장 사용 수	313	440	753

〈표 2〉 성별 기준 (원 자료)

	여성(weighted)		남성(weighted)		합계	
부가의문문 문장 사용 수	313	56.9%	237	43.1%	550	100%

〈표 3〉 성별 기준 (가중치 자료)

2. 변인간 상호작용에 따른 부가의문문 사용

1) 두 가지 변인에 따른 부가의문문 사용

다음에서는 두 가지 변인(예컨대, '성별 및 나이', '성별 및 학력', '성별 및 사적/공적 상황')을 함께 살펴볼 경우, 영어 부가의문문 사용에 어떤 양상이 나타나는지를 분석한다.

(1) 성별 및 나이

Tottie와 Hoffmann(2006)의 BNC 자료에 따르면 젊은 사람에 비해 나이 든 사람이 부가의문문을 더 많이 사용하는 것으로 나타났다(예컨대, 24세 이하는 3,000 pmw, 25세 이상은 5,000 pmw). Tottie와 Hoffmann(2006) 연구에서는 여성과 남성을 구분하여 조사하지 않았기 때문에, 나이에 따라 여성과 남성 중 누가 더 부가의문문을 많이 쓰고 있는 지는 조사되지 않았다.

본 연구에서도 나이에 따라 부가의문문의 사용 양상이 다르게 나타났는데, 특히 성에 따라 사용 양상이 반대로 나타났다. 가중치를 부여하여 나이에 따른 여성과 남성의 부가의문문 사용을 살펴본 결과, 40대 중반을 기점으로 남녀간 부가의문문의 사용 빈도가 서로 교차하는 양상을 보였다(<표 5> 및 <그림 4> 참조). 40대 중반 이전에는 여성의 부가의문문 사용 빈도가 남성보다 많지만, 40대 중반 이후에는 남성의 사용 빈도가 여성보다 많다. 즉 나이가 많아질수록, 여성의 부가의문문의 사용은 점점 줄어들고 남성의 부가의문문 사용은 점점 늘어나, 40대 중반부터는 역전하게 된다. 다만 이러한 점은, <표 4>에서 보여주듯이, 66세 이상의 여성이 5명(전체 여성 부가의문문 사용자의 1.7%), 66세 이상의 남성이 23명(전체 남성 부가의문문 사용자의 6.0%)으로 이들이 사용하는 언어 자료가 매우 적다는 점을 감안해야 하긴 하지만, 남녀간 부가의문문 사용이 나이에 따라 서로 반대 방향으로 가고 있다는 사실은 매우 흥미롭다.[6]

나이	여성(raw)		남성(raw)		합계
18~25	125	41.9%	71	18.6%	196
26~45	111	37.2%	128	35.5%	239
46~65	57	19.1%	160	41.9%	217
66+	5	1.7%	23	6.0%	28
합계	298	100%	382	100%	680

〈표 4〉 성별 및 나이 기준 (원 자료)

6) 본고에서 사용한 ICE-GB의 부가의문문은 모두 표준(canonical) 부가의문문으로 구성되어 있다. 만일 *yeah*, *eh*, *innit*과 같은 불변(invariant) 부가의문문이 코퍼스 자료에 포함된다면, 남녀간 사용 양상이 다르게 나타날 가능성도 있다. Stenstrom 외(2002)에 따르면, 런던 지역에 사는 십대 아이들은 불변 부가의문문을 많이 사용하지만, 그 사용이 나이가 들어감에 따라 급격하게 줄어들었다고 보고한다(Tottie와 Hoffmann 2006 재인용). 본고의 남성도 어렸을 때는 불변 부가의문문을 사용하다가, 나이가 들어 표준 부가의문문으로 바꾸어 사용하기 시작했을 가능성도 생각해 볼 수 있다.

나이	여성(weighted)		남성(weighted)		합계	
18~25	125	76.7%	38	23.3%	163	100%
26~45	111	61.7%	69	38.3%	180	100%
46~65	57	39.9%	86	60.1%	143	100%
66+	5	29.4%	12	70.6%	17	100%
합계	298		205		503	

〈표 5〉 성별 및 나이 기준 (가중치 자료)

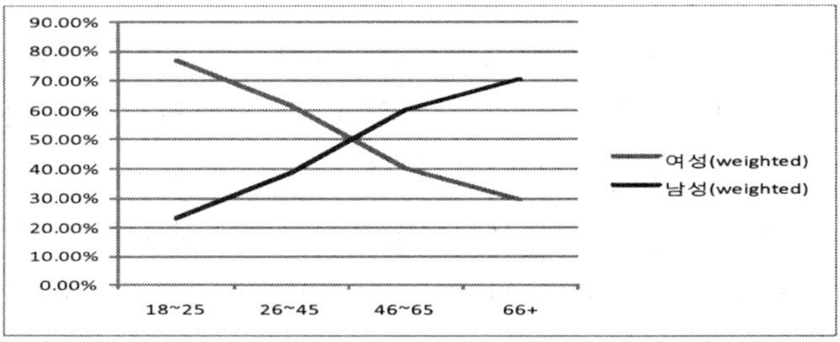

〈그림 4〉 성별 및 나이 기준 (가중치 자료)

(2) 성별 및 학력

앞서 여성은 나이가 어릴수록 그리고 남성은 나이가 많을수록 부가의문문을 많이 사용했는데, 학력에 따라서도 남녀간의 차이가 있는지를 조사하였다. 조사 결과, 고졸자 및 대졸자 모두 여성이 남성보다 부가의문문을 더 많이 사용하고 있었다(<표 7> 참조). 학력이 낮은 경우에는 남녀의 차이가 39.0%로 매우 큰 편이었다. 그러나 학력이 높은 경우에는 1.4%로 남녀의 차이가 아주 미미하였다. 다시 말해, 저학력자의 경우에는 부가의문문을 사용하는 여성이 남성보다 훨씬 많았으나, 고학력자의 경우에는 여성(50.7%)과 남성(49.3%)이 거의 비슷한 정도로 사용하고 있었다.

학력	여성(raw)		남성(raw)		합계
고졸	87	32.5%	70	17.8%	157
대졸	181	67.5%	323	82.2%	504
합계	268	100%	393	100%	661

〈표 6〉 성별 및 교육 기준 (원 자료)

학력	여성(weighted)		남성(weighted)		합계	
고졸	87	69.5%	38	30.5%	125	100%
대졸	181	50.7%	176	49.3%	357	100%
합계	268		214		482	

〈표 7〉 성별 및 교육 기준 (가중치 자료)

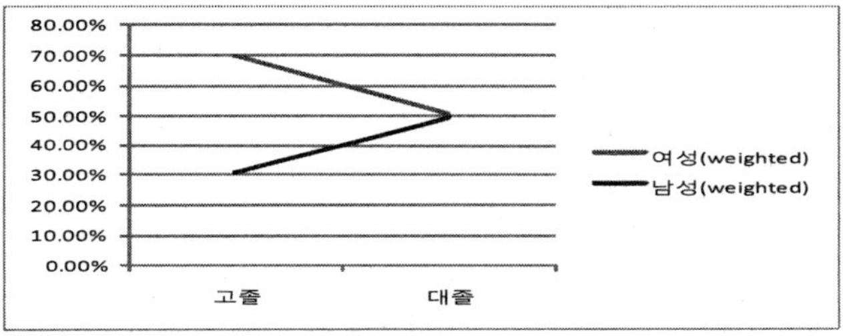

〈그림 5〉 성별 및 학력 기준 (가중치 자료)

(3) 성별 및 사적/공적 상황

사적 상황인지 아니면 공적 상황인지에 따라서도 성별 차이가 있는 것으로 나타났다. 여성은 "You can't blame her for that really, can you?" 등과 같이 사적 상황(예컨대, 면대면 대화 또는 전화 대화)에서 부가의문문을 많이 사용하고 있는 반면, 남성은 "This is another memorandum of yours, isn't it?" 등 공적 상황(예컨대, 방송 토론, 방송 인터뷰, 비즈니스 교류, 학교 수업, 법정 교차 심문, 또는 의회 토론)에서 부가의문문을 많이 사용하고 있었다.

가중치를 부여한 <표 9>에 따르면, 사적 상황에서 여성(69.0%)이 남성(31.0%)보다 두 배 이상 많이 쓰는 것으로 나타났으나, 공적 상황에서는 남성(73.3%)이 여성(26.7%)보다 3배 가까이 많이 쓰는 것으로 나타났다. 즉 여성은 사사로운 이야기를 할 때 남성보다 부가의문문을 더 많이 쓰지만, 공적인 상황에서는 남성보다 부가의문문을 훨씬 적게 사용한다.

상황	여성(raw)		남성(raw)		합계
사적	256	86.8%	215	51.9%	471
공적	39	13.2%	199	48.1%	238
합계	295	100%	414	100%	709

〈표 8〉 사적/공적 상황 기준 (원 자료)

상황	여성(weighted)		남성(weighted)		합계	
사적	256	69.0%	115	31.0%	371	100%
공적	39	26.7%	107	73.3%	146	100%
합계	295		222		517	

〈표 9〉 사적/공적 상황 기준 (가중치 자료)

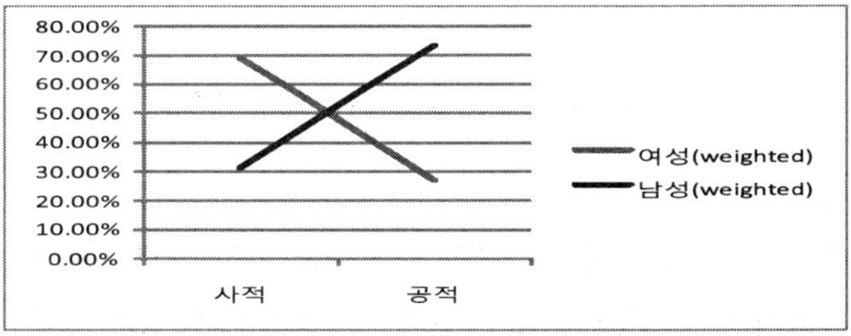

〈그림 6〉 성별 및 사적/공적 상황 기준 (가중치 자료)

2) 세 가지 이상의 변인에 따른 부가의문문 사용

앞서 두 가지 변인을 함께 살펴본 결과, 나이·학력·사적/공적 상황에 따라 성별 부가의문문 사용 양상이 다르게 나타났다. 특히 나이와 사적/공적 상황에 따라서는 여성과 남성의 부가의문문 사용 양상이 서로 역전되고 있었다. 학력은 높을수록 남녀 차가 줄어들었다.

다음에서는 세 가지 변인(예컨대, '성별, 나이 및 학력', '성별, 나이 및 사적/공적 상황') 및 네 가지 변인(예컨대, '성별, 나이, 학력 및 사적/공적 상황')을 함께 살펴볼 경우, 부가의문문 사용이 어떤 양상을 띠게 되는지를 분석한다.

(1) 성별, 나이 및 학력

성별, 나이 및 학력을 기준으로 살펴본 결과, 비교적 젊은 나이(18세~45

세)에서는 학력에 상관없이 여성이 남성에 비해 부가의문문을 큰 폭으로 많이 사용하고 있었다(<표 11> 참조).

그런데 사회에서 중책을 맡게 된다고 여겨지는 46세부터는 학력이 높은 경우, 남성이 여성보다 부가의문문을 많이 사용하고 있다. 즉 46세~65세의 경우, 대졸 남성(74.7%)은 대졸 여성(25.3%)보다 거의 3배에 가까운 부가의문문을 사용하고 있다. 66세 이상의 경우에는 대졸 남성이 대졸 여성에 비해 10배 정도 되는 부가의문문을 사용한다.

그러나 고졸자의 경우에는 나이에 상관없이 여성이 남성보다 부가의문문을 많이 쓰고 있다. 45세~65세의 경우 고졸 여성(66.7%)은 고졸 남성(33.3)보다 2배 이상의 부가의문문을 쓰고 있으며, 66세 이상의 경우에는 고졸 여성(57.1%)이 고졸 남성(42.9%)보다 부가의문문을 약간 더 많이 쓰고 있어, 성별, 나이 및 학력이 부가의문문 사용에 미치는 영향은 크다고 볼 수 있다.

(2) 성별, 나이 및 사적/공적 상황

앞서 46세 이상 된 대졸자 중에서 남성이 여성보다 부가의문문을 3배~10배 정도 많이 쓰는 것으로 나타났는데, 그렇다면 이러한 결과가 사적 또는 공적 상황과 관련이 있는지 살펴볼 필요가 있다.

나이	학력	여성(raw)		남성(raw)		합계
18~25	고졸	43	16.0%	34	9.4%	77
	대졸	68	25.4%	35	9.7%	103
26~45	고졸	22	8.2%	10	2.8%	32
	대졸	87	32.5%	105	29.1%	192
46~65	고졸	18	6.7%	16	4.4%	34
	대졸	25	9.3%	138	38.2%	163
66+	고졸	4	1.5%	5	1.4%	9
	대졸	1	0.4%	18	5.0%	19
	합계	268	100.0%	361	100.0%	629

〈표 10〉 성별, 나이 및 학력 기준 (원 자료)

나이	학력	여성(weighted)		남성(weighted)		합계	
18~25	고졸	43	70.5%	18	29.5%	61	100%
	대졸	68	78.2%	19	21.8%	87	100%
26~45	고졸	22	81.5%	5	18.5%	27	100%
	대졸	87	60.4%	57	39.6%	144	100%
46~65	고졸	18	66.7%	9	33.3%	27	100%
	대졸	25	25.3%	74	74.7%	99	100%
66+	고졸	4	57.1%	3	42.9%	7	100%
	대졸	1	9.1%	10	90.9%	11	100%
	합계	268		195		463	

〈표 11〉 성별, 나이, 학력 기준 (가중치 자료)

가중치가 부여된 <표 13>을 살펴보면, 나이에 상관없이 여성은 남성보다 사적 상황에서 그리고 남성은 여성보다 공적 상황에서 부가의문문을 더 많이 쓰고 있다. 18세~25세의 경우, 여성은 공적 상황에서 부가의문문을 쓴 경우가 한 번도 없었으나, 남성은 공적 상황에서 100% 부가의문문을 사용하고 있었다. 26세부터는 나이가 많아질수록 공적 상황에서 여성의 부가의문문 사용은 점차 감소(40.9% →20.3% →0%)하고 있는 반면 남성의 부가의문문 사용은 점차 증가(59.1% →79.7% →100%)하고 있어, 성별간의 차이가 점점 벌어지고 있음을 알 수 있다.

나이	사적/공적	여성(raw)		남성(raw)		합계
18~25	사적	116	42.2%	60	16.3%	176
	공적	0	0.0%	8	2.2%	8
26~45	사적	83	30.2%	75	20.4%	158
	공적	18	6.5%	49	13.4%	67
46~65	사적	41	14.9%	59	16.1%	100
	공적	13	4.7%	94	25.6%	107
66+	사적	4	1.5%	5	1.4%	9
	공적	0	0.0%	17	4.6%	17
		275	100.0%	367	100.0%	642

〈표 12〉 성별, 나이, 사적/공적 상황 기준 (원 자료)

나이	사적/공적	여성(weighted)		남성(weighted)		합계	
18~25	사적	116	78.4%	32	21.6%	148	100%
	공적	0	0%	4	100%	4	100%
26~45	사적	83	67.5%	40	32.5%	123	100%
	공적	18	40.9%	26	59.1%	44	100%
46~65	사적	41	56.2%	32	43.8%	73	100%
	공적	13	20.3%	51	79.7%	64	100%
66+	사적	4	57.1%	3	42.9%	7	100%
	공적	0	0%	9	100%	9	100%
		275		197		472	

〈표 13〉 성별, 나이, 사적/공적 상황 기준 (가중치 자료)

(3) 성별, 나이, 학력 및 사적/공적 상황

성별, 나이, 학력 및 사적/공적 상황 등의 네 가지 사회적 변인을 모두 고려해 볼 때, 대체적으로 젊은 나이인 18세~25세에는 학력, 사적/공적 상황에 관계없이 여성이 남성에 비해 부가의문문을 압도적으로 많이 쓰는 것으로 나타났다(<표 15> 참조).

26세~45세의 경우, 사적 상황에서 학력에 상관없이 여성이 남성보다 부가의문문을 더 많이 사용했으나, 공적 상황에서는 대졸 남성이 대졸 여성보다 부가의문문을 더 많이 사용하고 있다. 이 시점부터 공적 상황에서 남성의 부가의문문 사용은 나이가 많아질수록 증가하고 있다. 공적 상황에서 26세~45세에는 대졸 남성이 56.4%의 부가의문문을 썼는데, 46세~65세에 들어서는 85.0%로 부가의문문 사용이 큰 폭으로 늘었다. 66세 이상의 자료가 적기는 하지만, 남성은 100% 부가의문문을 사용하고 있었다.

사적 상황에서도 대졸 남성의 경우, 나이가 많아질수록 부가의문문 사용이 점점 증가하고 있다. 예를 들어, 18세~25세에서는 22.1%, 26세~45세에서는 35.1%, 46세~65세에서는 58.8%, 66세 이상에서는 100%이다. 앞서 나타난 결과와 마찬가지로 학력이 남성의 부가의문문 사용에 큰 변수로 작용하고 있다.

나이	사적/공적	학력	여성(raw)		남성(raw)		합계
18~25	사적	고졸	35	13.8%	23	6.6%	58
		대졸	67	26.4%	35	10.1%	102
	공적	고졸	7	2.8%	8	2.3%	15
		대졸	1	0.4%	0	0.0%	1
26~45	사적	고졸	21	8.3%	10	2.9%	31
		대졸	61	24.0%	61	17.5%	122
	공적	고졸	1	0.4%	0	0.0%	1
		대졸	17	6.7%	41	11.8%	58
46~65	사적	고졸	13	5.1%	16	4.6%	29
		대졸	14	5.5%	38	10.9%	52
	공적	고졸	4	1.6%	0	0.0%	4
		대졸	9	3.5%	94	27.0%	103
66+	사적	고졸	4	1.6%	4	1.1%	8
		대졸	0	0.0%	1	0.3%	1
	공적	고졸	0	0.0%	1	0.3%	1
		대졸	0	0.0%	16	4.6%	16
			254	100.0%	348	100.0%	602

〈표 14〉 성별, 나이, 사적/공적 상황, 학력 기준 (원 자료)

나이	사적/공적	학력	여성(weighted)		남성(weighted)		합계	
18~25	사적	고졸	35	74.5%	12	25.5%	47	100%
		대졸	67	77.9%	19	22.1%	86	100%
	공적	고졸	7	63.6%	4	36.4%	11	100%
		대졸	1	100%	0	0%	1	100%
26~45	사적	고졸	21	80.8%	5	19.2%	26	100%
		대졸	61	64.9%	33	35.1%	94	100%
	공적	고졸	1	100%	0	0%	1	100%
		대졸	17	43.6%	22	56.4%	39	100%
46~65	사적	고졸	13	59.1%	9	40.9%	22	100%
		대졸	14	41.2%	20	58.8%	34	100%
	공적	고졸	4	100%	0	0%	4	100%
		대졸	9	15.0%	51	85.0%	60	100%
66+	사적	고졸	4	66.7%	2	33.3%	6	100%
		대졸	0	0%	1	100%	1	100%
	공적	고졸	0	0%	1	100%	1	100%
		대졸	0	0%	9	100%	9	100%
			254		188		442	

〈표 15〉 성별, 나이, 사적/공적 상황, 학력 기준 (가중치 자료)

V. 결론 및 제언

부가의문문의 사용 실태는 Lakoff(1975)의 논문이 발표된 후부터 지난 30여년 동안 특히 여권 운동과 관련하여 큰 이론적 논쟁의 불씨가 되어왔다. 어떤 연구는 여성이 남성보다 부가의문문을 더 많이 사용하고, 또 어떤 연구는 남성이 여성보다 부가의문문을 더 많이 사용하는 것을 보이고자 하였다. 또 다른 연구는 여성과 남성이 부가의문문을 쓰는 데 차이가 없다고 주장하기도 했다. 기존의 논문들이 주관적 통찰력 또는 소규모 자료에 바탕을 두고 있는데 비해, Tottie와 Hoffmann(2006)은 대규모 자료인 BNC 및 LSAC를 바탕으로 조사를 하여 신뢰할 만한 결과를 보이고 있다. 그러나 영국 영어와 미국 영어의 차이에 주 초점을 두고 있어, 남녀간의 차이에 대해서는 여성이 남성보다 부가의문문을 약간 더 많이 사용하고 있다는 정도로만 간략하게 언급하고 있을 뿐이다. 본고는 대규모 코퍼스인 ICE-GB를 바탕으로 성별간의 차이에 주 초점을 맞추었다. 여성과 남성이 나이, 학력, 사적/공적 상황에 따라 차이를 보이고 있는지를 조사하였다.

우선 성별로 볼 때, Tottie와 Hoffmann(2006)과 마찬가지로 여성이 남성보다 부가의문문을 좀 더 많이 사용하는 것으로 나타났다. 가중치를 부여하면 여성은 56.9% 그리고 남성은 43.1%를 사용하고 있다. 나이에 따라서는 남녀가 정반대의 양상을 보이고 있다. 여성은 젊었을 때 부가의문문을 많이 쓰지만, 남성은 나이가 들어서 부가의문문을 많이 쓴다. 즉 40대 중반을 기점으로, 40대 중반 이전에는 여성이 부가의문문을 더 많이 쓰고, 40대 중반 이후에는 남성이 여성보다 더 많이 쓰는 것으로 나타났다. 학력도 남녀의 부가의문문 사용에 영향을 미치고 있었다. 고졸자의 경우, 여성이 남성보다 2배 이상의 부가의문문을 쓰는 것으로 나타났으나, 대졸자의 경우에는 여성과 남성이 거의 비슷한 정도로 사용하는 것으로 나타났다. 특히 남성 대졸자의 경우, 부가의문문 사용이 나이가 들수록 꾸준히 증가하고 있다. 또한 사적인 상황에서는 여성이 남성보다 2배 이상의 부가의문문을 사용한 반면, 공적인 상황에서는 남성이 여성보다 거의 3배 정도의 부가의문문을 사용하고 있었다.

이렇게 여성과 남성이 부가의문문을 사용하는 상황이 뚜렷하게 대비되고 있는 점은 매우 흥미롭다. 남성은 공적 상황에서 고학력 중장노년층이 부가의문문을 많이 쓰는 점으로 미뤄보아, 남성의 부가의문문은 상대적으로 높은 사회적 지위와 관련이 있을 것이라고 추정해 볼 수 있다. 그렇지만 여성은 사적 상황에서 저학력 젊은층이 부가의문문을 많이 쓰고 있어서, 여성의 부가의문문을 높은 사회적 지위와 관련짓는 것은 어려워 보인다. 그렇다면 Holmes(1983, 1984, 1995), Algeo(1988, 1990, 2006), Coates(1996, 2004), Tottie와 Hoffmann(2006) 등이 지적하였듯이, 여성과 남성이 서로 다른 기능을 가진 부가의문문을 사용하기 때문에 이러한 결과가 나왔는지를 검토해 볼 필요가 있다. Holmes(1983)에 따르면, 남성은 지시적(referential) 부가의문문(61%)을 가장 많이 쓰나, 여성은 촉진적(facilitative) 부가의문문(59%)을 가장 많이 쓴다고 보고한다. 화자가 주장하고 있는 진술의 정확성 여부에 초점을 맞추고 있는 지시적 부가의문문은 공적 상황에 적합하다고 볼 수 있다. 그리고 상대방을 대화에 참여하도록 유도하는 데 초점을 맞추고 있는 촉진적 부가의문문은 사적 상황에 적합하다고 볼 수 있다. 추후 연구에서 여성과 남성이 서로 다른 기능을 가진 부가의문문을 사용하고 있기 때문에 본고에서처럼 뚜렷이 대비되는 결과가 나타났는지를 조사하면, 남녀간의 부가의문문 사용 패턴에 대해 좀 더 명확하게 알 수 있으리라 생각한다.

또한 본고에서 사용한 ICE-GB 부가의문문은 앞서 언급한 바와 같이 모두 표준(canonical) 부가의문문이다. 남성의 부가의문문 사용 빈도가 나이가 젊었을 때 저조한 것은 코퍼스 자료에 불변(invariant) 부가의문문(예컨대, *yeah*, *eh*, *innit* 등)이 포함되지 않았기 때문일 수도 있다. 런던 지역의 십대 아이들이 젊었을 때는 불변 부가의문문을 많이 사용하나, 나이가 들어감에 따라 불변 부가의문문 사용이 감소한다고 보고한 Stenstrom 외(2002)처럼(Tottie와 Hoffmann 2006 재인용), 본고의 남성도 어렸을 때는 불변 부가의문문을 사용하다가 나이가 들어가면서 표준 부가의문문으로 바꾸어 사용하기 시작했을 가능성도 배제할 수 없다. 그래서 젊은 남성층에서 부가의문문의 사용이 적은 것으로 나타났을 수 있다.

코퍼스 구축으로 인해 외국어로서의 영어를 연구하는 한국인 학자에게 새로운 가능성의 장이 생겼다고 볼 수 있다. 영어를 연구하는데 있어 직관에 의존하는 경우, 영어 모어 화자들에 비해 비모어 화자들은 절대적으로 불리하나, 코퍼스를 활용하면 1차 자료 추출시 어느 정도 대등한 입장이 될 수 있기 때문이다. 또한 김용진(2007: 51)이 지적하듯이, 영어를 가르치는 비모어 화자 교육자에게 코퍼스는 중요한 정보의 참고가 될 수 있다. 영국인 화자를 대상으로 조사한 본고의 코퍼스 결과를 앞으로의 연구에서 한국인이 사용하는 영어 부가의문문과 비교하면 흥미로운 결과가 도출되리라 예상된다. 그리고 그 비교 결과는 한국인을 대상으로 하는 영어 교육에 도움을 줄 수 있으리라 생각한다.

참고문헌

김용진 (2007). 사회언어학적 코퍼스 분석의 실제. 서울: 도서출판 올린책상.

최재웅 (2009). 언어자원 활용: 핵심어 추출 및 응용. 한국영어교육연구학회 · 영어학학회 가을학술대회 발표논문. 경북대학교 우당교육관.

Algeo, J. (1988). The tag question in British English: It's different i'n'it? *English World-Wide 9*, 171-191.

Algeo, J. (1990). It's a myth, innit? Politeness and the English tag question. *The State of the Language*. 443-450.

Bernard, J. (1982). *The Female World*. New York: The Free Press.

Cameron, D. (1992). *The Feminist Critique of Language*. London and New York: Routledge.

Cameron, D., McAlinden, F., & O'Leary, K. (1989). Lakoff in context: The social and linguistic functions of tag questions. In D. Cameron and J. Coates (eds.). (1989). *Women in Their Speech Communities*. 74-93. London: Longman.

Coates, J. (1996). *Women Talk*. Cambridge, MA: Blackwell.

Coates, J. (2004). *Women, Men and Language: A Sociolinguistic Account of Gender Differences in Language* (3rd ed.). Harlow: Pearson Longman.

Coates, J. & Cameron, D. (eds.). (1988). *Women in Their Speech Communities: New*

Perspectives on Language and Sex. London: Longman.

Dubois, B. L. & Crouch, I. (1975). The question of tag questions in women's speech: They don't really use more of them, do they? *Language in Society 4*, 289-294.

Eckert, P. & McConnell-Ginet, S. (2003). *Language and Gender*. Cambridge.: Cambridge University Press.

Holmes, J. (1983). The functions of tag questions. *English Language Research Journal 3*, 40-65.

Holmes, J. (1992). *An Introduction to Sociolinguistics: Learning about Language*. London: Longman.

Holmes, J. (1995). *Women, Men and Politeness*. White Plains, NY: Longman.

Lakoff, R. (1975). *Language and Woman's Place*. New York: Harper and Row.

Mair, C. & Hundt, M. (eds.) (2001). *Corpus Linguistics and Linguistic Theory*. Amsterdam: Rodopi.

McMillan, J. R., Clifton, A. K., McGrath, D., & Gale, W. S. (1977). Woman's language: Uncertainty or interpersonal sensitivity and emotionality? *Sex Roles 3*(6), 545-549.

Nelson, G., Wallis, S., & Aarts, B. (2002). *Exploring Natural Language: Working with the British Component of the International Corpus of English*. Amsterdam/Philadelphia: John Benjamins.

Newcombe, N., & Arnkoff, D. B. (1979). Effects of speech style and sex of speaker on person perception. *Journal of Personality and Social Psychology 37*, 1239-1303.

O'Barr, W. M., & Atkins, B. K. (1980). 'Women's language' or 'powerless language'? In S. McConnell-Ginet, R. Borker and N. Furman (eds.), *Women and Language in Literature and Society*, 93-110. New York: Praeger.

Sachs, J. (1987). Preschool boys' and girls' language use in pretend play. In S. U. Philips, S. Steele and C. Tanz (eds.), *Language, Gender and Sex in Comparative Perspective*, 178-188. Cambridge: Cambridge University Press.

Siegler, D. M., & Siegler, R. S. (1976). Stereotypes of males' and females' speech. *Psychological Reports* 39, 167-170.

Tottie, G., & Hoffmann, S. (2006). Tag questions in British and American English. *Journal of*

English Linguistics 34, 283-311.

International Corpus of English. (2014). Retrieved August 22, 2014, from the World Wide Web: http://ice-corpora.net/ICE/INDEX.HTM.

“여성은 왜 가난한가?”*

-버지니아 울프의 『3기니』에 나타난 근원적 질문-

연 점 숙**

I. 머리말: 기니란 무엇인가?

영국인이 아닌 사람들 특히 동양인에게 버지니아 울프(Virginia Woolf)의 『3기니』(*Three Guineas*)는 책제목의 표피적 이해부터 주석을 요한다. 영국의 구화폐 단위였던 기니는 21실링으로 20실링인 1파운드보다 약간 많기 때문에 주로 고급계층들이 승마 경주와 같은 고급한 것의 지불에 사용되었다고 한다. 그러므로 “교육받은 계층의 딸”인 『3기니』의 여성 화자는 엘리트여성답게 실용적 물건을 구매할 때 사용하는 화폐단위인 파운드가 아닌 기니를 기부금으로 사용한다. 한 변호사 신사가 “어떻게 하면 전쟁을 방지할 수 있다고 생각하십니까(How in your opinion are we to prevent war?)”라고 질문하는 가상의 편지에 답하며 세 개의 기니를 사용하는 서한 형식으로 씌여진 『3기니』는 울프의 독창적 페미니즘과 함께 서구남성중심 사회, 문화정치에 대한 문명비판을 담고 있다. 이 책이 씌여진 연도인 1930년대는 스페인의 내란, 히틀러의 나치즘의 등장, 영국의 경기침체와 대량실업으로 불안감과 긴장감이 팽배한 때였다. 이런 위급한 시대에 이 작품이 기본적으로 노정하는 ‘페미니즘의 신념’은 당시의 많은 평론가에게 시대와 동떨어진 것으로 받아

---

* 이 논문은 『젠더와 사회』 제6권 1호(2007)에 게재되었던 논문을 수정, 보완한 논문임.

** 경희대학교

들여졌다.

『3기니』는 지금은 페미니즘 입문을 위한 텍스트로 확고한 정전의 반열에 오른 『자기만의 방』(*A Room of One's Own*)의 후속편인 셈이다. 그러나 비교적 비평가와 독자들에게서 우호적인 반응을 보인 1929년의 『자기만의 방』과 달리 『3기니』는 영국의 훌륭한 대작가로 평가되는 1938년 당시의 버지니아 울프의 위상에 어울리지 않는 작품으로 폄하되었다. 뿐만 아니라 이 작품은 오해를 넘어 조롱과 공격의 대상이 되기도 했다. 세련되고 우아한 은유로 독자 특히 남성비평가들의 신경을 거슬리지 않으며 여성의 문제를 차분히 짚어간 작품이 『자기만의 방』이라면 『3기니』는 남성중심 문화정치의 폐해를 살고 있는 여성화자의 분노의 목소리가 은폐되지 않은 채 깔려나간 작품이다. 화자는 자신의 언술이 주관적 감정에 치우친 것이 아니라는 것을 뒷받침하기 위해 역사, 전기, 이론서, 보고서, 편지, 신문, 잡지, 통계자료, 사진 등과 같은 수많은 자료를 끌어 남성문화를 공격한다. 특히 책의 말미 43페이지에 걸쳐 124개나 되는 긴 주석을 달아 남성중심의 현실사회에 분석의 초점을 맞춘다.

『3기니』를 가장 거칠고 간단하게 요약한다면 "여성은 왜 가난한가"라는 것에 대한 천착이다. 그 이유로 남자들만의 놀이인 전쟁을 고발하며 나아가 파시즘과 전쟁을 유발하는 요인은 여성을 교육과 직업에서 배제하고 억압해 온 가부장중심문화와 별개가 아니라는 것이다. 울프는 전쟁을 즐겨해 온 남성문화에 내재한 파시즘적 요소와 원시적이고 이기적인 현시욕을 분석하며 이러한 결과를 초래한 영국의 남성중심적 가치체계의 사회, 특히 교육제도를 완전한 실패로 선언한다. 그녀가 전쟁을 방지할 수 있는 대안으로 제시하는 것은 기존의 제도에 오염되지 않은 여성의 교육과 그 교육으로 얻을 수 있는 여성의 경제적 독립을 보장할 수 있는 여성직업의 강화제도이다. 즉 교육받은 경제적 주체일 수 있는 여성만이 전쟁방지에 영향을 끼칠 수 있는 존재가 될 수 있다는 것이다.

이 글은 수많은 전쟁과 테러가 지구상에서 끊이지 않는 21세기 초반인 오늘 날, 약 76여 년 전 두 세계대전 사이에 집필된 『3기니』에서 버지니아 울프의 페미니즘의 이념들을 짚어보고 그 시의성을 발견하려는 시도이다. 『3

기니』는 작품의 분류상 소설이 아니라는 것만 확실하고 팸플릿, 정치적 에세이, 논픽션, 명상록, 성명서(manifesto) 등으로 간주되기도 했다. 난삽할 수 있는 작품을 이해하기 위해 우선 간략한 울프의 생애와 아이콘적인 현대의 위상, 『3기니』가 씌여진 시대 배경의 이해 그리고 『3기니』에 대한 상반되는 평가를 살펴보기로 하자.

Ⅱ. 페미니즘 문화정치학 관점에서 본 『3기니』

1. 페미니스트 대모의 아이콘이 된 작가 버지니아 울프

버지니아 울프의 부모는 각각 첫 번 배우자를 사별한 사람들이었으며 이들이 결혼했을 때 양쪽에서 네 명의 자녀가 이미 있었다. 영국의 저명한 문인인 그녀의 아버지 레즐리 스테픈(Leslie Stephen)에게는 로라라는 병약한 딸이 있었으며 우아한 어머니 쥴리아 잭슨 덕워스(Julia Jackson Duckworth)는 1녀 2남(죠지, 스텔라, 제랄드)을 두고 있었다. 이 둘이 이룬 새 가정에서 다시 2녀 2남의 자녀가 태어나는 데 1882년에 태어난 버지니아는 세 번째 자녀이다. 버지니아의 언니 바네사는 화가가 되어 미술평론가 클라이브 벨과 결혼하였다. 막내동생 에이드리언은 의사가 되었으며 프로이트의 제자이기도 했다. 버지니아가 가장 좋아했던 오빠 토비는 케임브리지대학의 재사들의 모임인 ‘사도’(Apostles)를 후일 ‘불름즈버리 그룹’(Bloomsbury Group)이라고 불리는 영국지성의 산실로 발전시킨 인물이었으나 스물여섯의 나이에 요절한다.

극도로 총명하고 예민한 성격의 버지니아는 부모를 포함한 가족구성원의 갑작스런 죽음으로 트라우마를 겪으며 정신질환을 앓게 된다. 그녀가 13세에 조우한 첫 번째 죽음은 어머니의 죽음이며 어머니의 뒤를 이어 가족들이 어머니처럼 여겼던 맏언니 스텔라가 사망한다. 그녀가 스물 두 살 되던 해에는 아버지 레즐리 스테픈이 갑작스럽게 사망한다. 뒤따른 오빠 토비의 요절은 그녀의 정신질환을 가중시켰다. 한편 어머니의 사망 후 의붓오빠들의 잇따른 성추행 역시 그녀가 이 세상에 생존해 있는 동안 괴롭혔던 그녀의 신경쇠약증을 가중시켰으리라는 추론을 낳는다. 독일 나치군의 런던 공습을 피하여 교외로 은둔해 있던 그녀는 정신병의 재발을 두려워하여 1941년 우스 강물로 걸어 들어가 자살한다.

버지니아는 어린 시절부터 글에 대한 관심과 재능을 보였지만 당대의 유명한 지식인인 그녀의 아버지의 남녀차별적 교육관으로 인해 오빠들과 달리 학교교육을 받지 못한다. 향학열이 가득한 명석한 딸에게 학교교육이 제한된 경험은 깊은 소외감과 박탈감을 갖게 했다고 후일 그녀의 전기 작가가 된 조카 퀜틴 벨(QuentinBell)은 말한다(Bell, 28).

그녀는 그 시대 최고의 지성인들의 모임인 불름즈버리 그룹의 명실상부한 일원이었으며 가정교사와 독학을 통해 충분한 지식을 쌓았음에도 불구하고 자신은 남성회원들과 달리 정규 학교교육을 받지 못했다는 콤플렉스가 일생동안 그녀를 괴롭혔다고 한다(Gordon 68). 20세기 후반의 대표적 페미니스트학자들인 길버트와 구바도 울프가 런던 문학계의 중심인물임이었음에도 불구하고 자신이 여자이기 때문에 '아웃사이더'인 주변인이라는 의식에 사로잡혔다고 보고 있다(Gilbert and Gubar 1343). 버지니아의 어머니 쥴리아 역시 빅토리아시대가 강조한 가부장적 가치를 내면화한 전형적인 부인이어서 당대에 불고 있는 여성참정권운동을 반대하는 탄원서에 오히려 싸인을 한 반페미니스트였다.

이러한 배경에도 불구하고 1915년부터 그녀는 첫소설 『출항』(*The Voyage Out*)을 시작으로 하여 수많은 소설과, 평론, 에세이와 전기들을 출판하여 영국문단에서 확고한 위치를 차지하게 된다. 또한 평론집 『일반 독자』(*The Common Reader*) 등을 위시하여 400여 편이 넘는 평론을 발표한 비평가가 된다. 1912년에는 불름즈버리 그룹의 일원인 레너드 울프(Leonard Woolf)와 결혼한다. 레너드 울프는 버지니아의 신경과민에 도움이 될 수 있다고 생각하여 취미삼아 호가스(The Hogarth)라는 출판사를 설립한다. 이 출판사는 취미로 시작하였으나 버지니아의 작품은 물론이며 이후 세계적으로 유명하게 된 T. S. 엘리엇(T. S. Eliot), E. M. 포스터(E. M. Foster), 프로이트(Sigmund Freud), 캐서린 맨스필드(Katherine Mansfield), 막심 고르키(Mixim Gorky) 등의 작품을 출판하게 되었다.

작가로 활동했던 30여 년 동안 울프는 20세기 최고의 소설로 평가받은 두 세편의 소설을 비롯하여 총 9편의 소설을 남겼으며 이밖에도 수많은 평론, 서평, 그리고 방대한 일기와 편지들을 남겼다. 그녀의 사후에 6권에 이르는 서한집과 5권에 이르는 방대한 일기문의 출판은 20세기의 굵직한 문학사적 성과로 간주된다. 이 방대한 일기와 서한집은 레너드 울프에 의해 일부 출간되었고 그가 1969년 타계한 후에는 버지니아의 조카들인 퀜틴 벨과 앤젤리카 벨 가아넷(Angelica Bell Garnett)에 의해 계속 출판되었다. 특히 퀜틴 벨이 출간한 자신의 숙모 버지니아 울프에 관한 전기는 1972년에 '올해의 10대 우수 도서'(Ten Best Books of the Year)에 선정됨으로써 관심을 끌었다.

이렇듯 1960년대 이후로 버지니아 울프에 대한 증폭된 관심은 대중성, 인지도, 시장성에 있어서도 울프를 더욱 탁월한 작가의 위치에 올려 놓게 하였다. 브렌다 실버(Brenda R. Silver)는 1999년 발행된 그녀의 책 『버지니아 울프 아이콘』(*Virginia Woolf Icon*)에서 버지니아 울프를 하나의 '아이콘'(icon)인 전설적 작가라고 명명하였다. 실버는 에드와드 앨비(Edward Albee)의 극, 『누가 버지니아 울프를 두려워하랴』(*Who's Afraid of Virginia Woolf?*)의 영화 버전에서 엘리자베스 테일러와 리차드 버튼이 캐스트됨으로써 버지니아 울프의 이름을 친근한 이름으로 바꾸어 놓았다(Albee's play, especially the film version starring Richard Burton and Elizabeth Taylor, transformed Virginia Woolf a household name)고 말한다(Silver 9). 21세기 들어서는 울프의 생애와 소설 『댈로웨이 부인』(*Mrs. Dalloway*)을 바탕으로 한 마이클 커닝햄(Michael Cunningham)의 퓰리쳐수상작인 소설 『디 아워스』(The Hours)의 영화버전에 인기 여배우 세 명(니콜 키드만, 메릴 스트립스, 쥴리언 무어)이 기용됨으로써 버지니아 울프가 지속적인 아이콘이 되는 데 기여했다. 물론 또 다른 이유는 페미니즘의 도래와 함께 찾아온 여성작가에 대한 관심과 재평가이다. 분명한 것은 오늘날 울프를 페미니즘의 대모적 존재로 보는 것을 부인하는 이는 별로 없다는 것이다.

2. 『3기니』 집필배경

울프는 1930년대 후반의 유럽의 정치적 분위기를 신변의 위협을 느낄 만큼 불안하게 보고 있었다. 레너드 울프와 버지니아는 나치하의 독일과 파시스트 이탤리를 잠시 방문했던 적이 있었기 때문에 이러한 불안은 더욱 실제적이었다. 남편 레너드 울프가 유대인이기 때문에 나치가 영국을 점령하게 되면 버지니아 역시 유대인으로 간주될 것은 자명한 사실이었다. (실지로 울프부부는 나치에게 체포될 경우를 대비하여 자살용으로 몰핀과 휘발유를 준비했다고 한다.) 대부분의 유럽 사람들은 나치가 영국을 포함한 전 유럽을 점령하는 것을 시간문제로 보고 있었으며 울프는 나치가 성차별주의에 근거하여 여성을 혹독하게 억압하고 있다는 것을 알았다. 울프는 이러한 파시즘은 1차적으로 그 씨앗이 가정과 사회에 있는 성차별적 가부장문화에 깃들여 있다고 보았기 때문에 『3기니』 초반에서 제기된 전쟁방지라는 대의명분의 방향을 여성의 교육과 그리고 교육의 결과인 직업이 부여하는 여성의 경제적 독립에서 찾고 있다.

두 개의 세계대전 사이에 낀 1936년부터 집필하여 1938년에 발표된 『3기니』는 원래는 1931년 '여성공직을 위한 런던/국립협회'에서 '여성의 전문직'(Professions for Women)이라는 제목으로 강연한 내용을 기초로 한 것이다 (*Woolf, Women and Writing*, 57) 울프는 『3기니』라는 최종제목을 정하기 전에 다양한 제목들을 궁리한 것으로 드러난다. 그 제목가운데는 '멸시받는 것에 대하여(On Being Despised)', '차기 전쟁(The Next War)', '열린 문(The Open Door)' 등도 있었는데 울프는 그 제목들이 너무 지나치게 페미니스트적이라 주저했다(Anne Oliver Bell 77). 『3기니』라는 제목은 아주 현혹적이어서 제목만 가지고는 '책의 혁명적 폭탄성'(a revolutionary bomb of a book) 을 알 수가 없는 것이었다고 허마이온 리(Hermion Lee)는 『3기니』 서문에서 말하고 있다 (Lee vii). 제목에 대한 이러한 궁리는 다시 말하면 당시의 반(反)페미니즘 분위기를 반증하는 것이기도 하다.

그러나 울프가 태어난 19세기 말은 격변하는 사회였다. 1867년의 2차 선거개정법은 대다수의 남성에게 선거권을 허락했다. 남성과 여성 모두에게 투표권이 거부되던 시절에는 선거권은 의회의 의원들에게나 가능한 특별한 것이라고 간주되었었다. 그러나 여성은 배제한 채 대다수의 성인남성에게만 허락된 선거권은 여성에게는 모욕이었다. 정치, 사회, 문화적 배제에서 오는 소외는 의식 있는 여성의 분노를 자아내기에 충분했다. 자격이 있던 없던 대부분의 남성들은 투표할 수 있지만 여성은 투표할 수 없다는 성차별주의는 납득하기 힘든 것이 되었다.

1880년대의 영국은 제국주의적 정점에 올라 지구 4분의 1에 해당하는 면적과 인구를 지닌 거인이었다(Willinsky, 1998.2). 지구 여러 곳의 수많은 식민지는 옥스퍼드와 케임브리지대학 출신 엘리트 남성의 확장된 직업무대의 연장일 수 있었다. 개인적으로 식민주의는 울프에게 추상적인 것이 아니었다. 버지니아와 결혼하기 전 식민지에서 근무했던 레너드 울프는 영국의 식민지에서 아프리카인을 다루는 영국제국주의에 관한 신랄한 글들을 결혼 후에 썼었다. 레너드와 버지니아 모두 대영제국의 식민주의 비망록을 인식하고 있었다. 그들만의 고유한 문화와 언어를 말살하고 교육을 통하여 통제, 억압, 식민화 하는 것이 그 전략인 것이다. 버지니아는 영국의 여성에게도 이 전략이 적용되고 있음을 간파했다. 여성에게서 교육의 기회를 박탈함으로써 여성의 종속을 유도한 것은 가부장적 전략의 하나인 것이다. 후일 어쩔 수 없이 여성에게 교육의 기회가 허용되었을 때는 직업을 가질 기회를 차단함으로써 자연스럽게 경제적 기회의 결핍을 유발하여 계속적인 여성의 종속을 유지시킬 수 있는 것이다. 이러한 생각들은 『3기니』를 형성하는 디딤돌이 되었다. (울프는 이러한 주제를 그녀의 마지막 소설인 『세월』(*The Years*)에서도 사용했다.)

버지니아 울프 연구학자인 나오미 블랙(Naomi Black)은 울프의 어느 날 일기에서 그녀가 『3기니』를 쓰기위해 여러 가지 자료들을 수집하던 차 울프가 남성권력의 횡포에 절망하고 분노했던 구체적인 한 에피소드가 『3기니』 집필 개진에 윤활요소가 되었으리라 추정한다(Black 2-3). 1935년 4월 9일 일기는 대영박물관에서 우연히 마주친 블룸즈베리 회원이기도 한 그녀의 소설가친구 E. M. 포스터가 방금 열렸던 도서관위원회에서 여성위원 영입건에서 성차별적 발언으로 여성 진입을 거부한 사람이 다름 아닌 울프의 아버지 레즐리 스테픈이라는 것을 전해들은 다음의 심경을 피력하고 있다. 그녀는 남성중심 문명에 대해 다음과 같이 비판한다.

> 성전의 베일은-대학이든 성당이든 학교인지 교회인지 내가 잊긴 했지만-걷혀져야만 한다. 그리고 출입이 제한되었던 여성들에게도 허용되어야만 한다. 그러나 나의 문명은 어떠한가? 2,000년간이나 우리는 하는 일에 대해 보수도 받지 않고 일을 하고 있는 것이다.
>
> The veil of the temple-which, whether university or cathedral, was academic or ecclesiastical I forget-was to be raised, & as an exception she was to be allowed to enter in. But what about my civilization? For 2,000 years we have done things without being paid for doing them.(*Diary* 4, 297-98)

울프는 이 일기에서 남성중심 문명이 여성에게 적용시키는 배제와 독점의 원리, 주변화와 침묵화의 전략을 성찰적으로 드러내고 있다. 울프가 자신에게 던지는 "그러나 나의 문명은 어떠한가?" 하는 절박한 물음은 가부장 문화에서 희생되어 온 여성대변자로서의 화두라고 할 수 있다.

3. 『3기니』에 대한 엇갈린 평가

『3기니』는 일정 부분 울프자신의 자전적 요소도 포함한다. 1937년 3월 2일 일기에서 울프는 『3기니』가 상당한 논란을 야기할 것이라는 불안감을 토로하고 있다.

> 나는 채찍질 당할 것이다. 그리고 비웃음 받고 조소되고, 경멸받고 조롱될 것이다. 나는 지금 이러한 말을 내뱉고 있는 나 자신을 알았다. 그러나 나는 오전 내내 『3기니』의 자전적 부분을 쓰느라고 몰두해 있었다. 그리고 그 몰두는 순전한 것이었다.
>
> I'm going to be beaten, I'm going to be laughed at, I'm going to be held up to scorn & ridicule-Found myself saying those words just now. yet I've been absorbed all the morning in the autobiography part of 3Gs. And the absorption is genuine...(*Letters* 64)

울프의 우려 섞인 예상대로 『3기니』는 출판당시부터 상반된 반응을 불러왔다. 많은 여성과 소수의 남성은 이 책이 상정한 페미니즘 이슈를 환영하였다. 그러나 긍정적 반응보다는 부정적 반응이 압도적이었다. 제2차 세계대전 전야에 출판된 이 책이 시의 적절한 전쟁과 평화에 대한 책인 줄 알았는데 실상은 페미니즘을 노정하는 책이어서 평론가들을 비롯하여 그녀의 친구나 친척들은 이 책에 대해 실망해 마지 않았다. 그녀의 남편 레너드와 조카 퀜틴 벨도 이 책의 의미를 이해하지 못했다. 울프의 최초 전기 작가인 벨은 여성 고통의 비이성적인 외침이며 이상한 상태에서 쓰여진 "슬프고 분노에 찬 산물'이라고 이 책을 평가했다(Bell, *Critical Inquiry* 6.2 249-50). 남성들은 이 책에 수록된 사진들에 당혹해 했으며 장황한 주석을 경박한 것으로 받아들였다. 특히 이 책의 중심적 논점인 여성의 열악한 위치와 파시즘을 같은 맥락으로 연결한 것에 대해 많은 공격을 받아 왔다. 히틀러와 무솔리니를 제지하기를 갈망하는 사람들에는 이 책은 아무 소용이 없는 것이어서 더욱 실망스럽다는 반응을 불러오기도 했다. 여성참정권 운동에 활발히 참여했던 많은 사람들도 여성을 위한 현장에서 발 벗고 뛴 경험도 없는 울프가 이러한 책을 썼다는 것을 부적절하게 보며 백안시 했다.

제2차 세계대전 이후에는 F. R. 리비스(Leavis)나 레이먼드 윌리암스(Raymond williams)가 주도하는 영문학 비평계의 분위기에 따라, 사회 문제에 대해 책임의식이 전혀 없는 특권층인 불름즈버리 그룹 같은 것을 주도했던 울프와 그녀의 작품들은 관심의 대상이 아니었다. 그녀는 복잡하고 세련된 언어로 소설쓰기를 했던 모더니즘 계열의 작가일 뿐이었다. 그러나 1970년대의 페미니스트 비평의 등장은 울프를 '재발견, 재평가'하는 계기가 되었다. 허마이언 리는 울프의 페미니즘 이해에 중심이 되는 『3기니』가 그간 "오해되고 평가절하된 작품"이라고 두둔하고 나섰다(Lee 681). 울프의 전기를 쓴 또 다른 비평가 니젤 니콜슨(Nigel Nicolson)은 울프의 연인이며 친구였던 비타 웨스트 새크빌(Vita West Sackville)의 아들이기도 했는데 그는 『3기니』가 비이성적이며 비정상적인 상태에서 씌여진 산물이라는 견해를 반박하여 이 작품이야말로 "울프의 일생을 통한 중심주제에 대한 심오한 신념"이 깃든 작품이라고 평하였다(Nicolson, 132).

반면에 맨하탄에서 발행되는 『시티 저널』(*City Journal*) 2002년 여름호의 "버지니아의 분노"(The Rage of Virginia Woolf)라는 글에서 티어도로 다알림플(Theodore Dalrymple)은 '경멸과 조롱'으로 울프와 『3기니』를 싸잡아서 혹평하고 있다. 그는 『3기니』라는 제목 대신"어떻게 특권에 푹 빠져있으면서도 극심하게 분노를 느끼기"(How to Be Privileged and Yet Feel Extremely Aggrieved)로 바꾸어 불러야 한다고 조롱한다. 그는 또한 울프는 "그녀보다 앞서 갔던 모든 것들을 증오하는 사람"(a great hater of all that had gone before her)일 뿐이며 대공황 때 겪은 노동자 여성과 남성들의 곤경을 상기하면 그녀가 일컫는 "교육받은 계층의 딸들의 고통'은 거의 구토를 느낄 지경"(For those who actually know anything about the hardships endured by the British working class during the years of the Depression are little short of nauseating.)`이라고 혹평하고 있다. 이러한 혹평에 대해 엘리자베스 시이는 다알림플이 "의도적으로 작가의 의도를 왜곡한 결과"이며 "인신공격"에 지나지 않는다고 반박하였다(Shih, 3)

이처럼 『3기니』에 대한 엇갈린 평가가 계속 등장한다는 것은 이 작품이 상이한 각도에서 다양한 논의를 끌어낼 수 있다는 복합적 성격을 반증하는 것이라 하겠다. 울프의 작품 특히 『3기니』는 자유와 권력, 정치와 예술, 남성과 여성에 대한 다각적 대화를 유도하며 새로운 해석을 향해 항상 열려있는 텍스트라는 것이 그 특징일 것이다.

Ⅲ. 『3기니』에 나타난 울프의 페미니즘

1. 서한체 사용 전략의 의미

『3기니』에서 다루어지고 있는 문제들은 가부장적 가치체계의 사회문화에서 여성에게 가해진 일방적인 불평등과 억압을 고발하는 정치적이며 논쟁적인 주제들이다. 그러나 울프는 그 당시에는 상당히 껄끄럽고 민감했을 이 이슈들을 여성화자의 일방적인 통렬한 비난으로 이루어진 도덕적인 연설이나 프로파간다로 보이지 않게 하기 위하여 그녀가 즐겨 사용하는 대화적 기법을 전략으로 쓰고 있다. 중상류층에 속하는 한 여성화자가 자신에게 전쟁방지에 대한 자문을 구하며 기부금을 독려하는 신사의 편지에 회답을 하는 대화적 형식으로 이루어진 것이 『3기니』의 구조이다. 이러한 서한문의 형식 채택은 독자로 하여금 편지 발신자와 수신자의 사적인 대화를 엿듣는 것과 같은 효과를 갖게 한다. 나오미 블랙은 『3기니』는 비록 픽션은 아니지만 여성작가들이 즐겨 사용했던 편지체 형식 소설의 전통을 따랐다고 본다 (Black 75).

한편 『3기니』 읽기의 난해성은 액자소설처럼 편지 속에 또 여러 편지가 들어있는데 화자가 한 신사에게서 3년 전 받은 가상의 서한에 대한 답장쓰기과정에는 11통의 또 다른 편지가 개입되어 몹시 복잡한 구조를 가지고 있는 데 기인한다.

화자는 여성과 그리고 평화로운 사회 건설의 대의명분을 위하여 1기니씩을 동봉한 3통의 완성된 편지를 발송한다. 그리고 화자가 받은 다른 5통의 편지와 아울러 화자가 발송하지는 않은 4통의 편지초고까지 합치면 도합 12편의 편지가 전쟁방지 자문에 대한 하나의 긴 답신에 맞물려 있는 것이다.

편지의 특징은 직접 얼굴을 대면하면 불편할 수 도 있는 대상에게 솔직한 심정을 얘기할 수 도 있으며 혹은 설득을 할 수도 있다. 『3기니』에서는 화자가 편지와 함께 1기니를 기부하게 되게 때문에 수신자가 편지를 끝까지 다 읽으리라는 가정이 가능하다. 문학사가들이 지적하듯 “편지쓰기는 여성들이 때와 장소에 구애받지 않고 해 나갈 수 있었던 직업이었다(Kermode xxi편지는 주로 여성들이 교환했던 것이며 이것은 반드시 ‘자기만의 방’이 없어도 읽기와 쓰기가 상당부분 가능했던 사적인 것이었다. 그런데 이 사적인 편지가 영국과 미국에서 처음 23,750권이나 인쇄되었던 것은 역설이라 하겠다 (Kirkpatrick & Clark 65).

책 한권 분량의 꽤 긴 편지인 『3기니』는 다음의 세가지 질문의 회답을 위하여 씌여진다. 첫 번째 장의 편지 질문은 전쟁방지협회의 간사인 변호사 신사가 우리가 어떻게 전쟁방지를 할 수 있다고 생각하십니까? 라는 것이며,

둘째 편지는 여자대학재건기금 모집 간사가 왜 정부는 여성의 교육에 대해서는 후원을 하지 않습니까? 라는 것이며, 세 번째 편지는 여성고용증진협회의 재무가 왜 여성은 전문직에서 일하지 못합니까? 라는 것이다. 그리고 각 발신자는 편지답신을 하는 화자에게 이들의 대의명분을 위한 기부금을 독려하고 있다. 화자가 기부하는 각각의 1기니는 상징적인 것이며 실제적인 기부는 이 책의 내용인 페미니즘적 사고에 기초한 울프의 충고와 철학이라 할 수 있다. 가상의 편지에 대한 각각의 답신이 하나의 장으로 이루어져 3장으로 구성된 『3기니』의 충고와 철학은 기부금 납부자의 "기부의 변"을 통해서 이다.

2. 첫 번째 기니: 여성의 교육에 관한 변

교육받은 중상류층 남성인 서한발송자로부터 여성화자가 받은 첫 번째 가상의 편지는 "우리가 어떻게 하면 전쟁을 방지할 수 있다고 생각하십니까(How in your opinion are we to prevent war?)"라는 질문을 담고 있다. 화자는 전쟁방지에 대한 화자의 견해를 곧 바로 밝히는 것이 아니라 엉뚱하게 보일 수도 있는 영국의 여성교육에 관한 현실을 성토한다. 특히 이 남성이 사용하는 대명사인 "우리(we)"가 비판의 대상이 된다. 그 편지는 성차로 인해 교육받지 못한 절반의 인구에 속한 여성에게서 자문을 구하고 있으니 과연 언제부터 "우리" 속에 영국의 여성이 포함되기 시작했느냐며 유별난 편지라고 화자는 조롱한다.

> 글쎄 언제부터 교육받은 남성이 전쟁을 어떻게 방지할 수 있는가에 대해 여성의 의견을 물었었나요?
>
> …, since when before has an educated man asked a woman how in her opinion war can be prevented?[1]

---

1) Virginia Woolf, *Three Guineas*(London: The Hogarth Press, 1986), p.5.
이후 『3기니』 본문의 인용은 축약된 서명 TG와 페이지만 본문에 표기하기로 함.

이튼(Eton), 해로우(Harrow), 옥스퍼드(Oxford), 케임브리지(Cambridge) 등 영국의 전통과 영예를 자랑하는 비싼 학교에 다니는 아들들은 "아서 교육기금"(Authur's Educational Fund)의 혜택으로 공부하고, 여행하고, 클럽에 가입할 수 있는 특권을 누려왔다. 반면에 "교육받은 남성들의 딸들(the daughters of educated men)"은 자신의 교육을 희생하며 남자형제의 막대한 교육비를 묵인하며 가난한 채 남아있는 현상에서 어떻게 전쟁방지와 같은 거대담론에 여성의 영향력이 발휘될 수 있겠는가하고 화자는 묻는다. 울프는 여성이 남성에게 영향력을 행사하여 간접적으로 세계를 지배할 수 있다는 오래된 언술을 거짓된 신화로 들추어낸다.

화자는 또한 영국사회를 움직이는 대부분의 저명인사들이 대학교육 수혜자임을 들어 대학교육은 경제적 투자와 불가분의 관계인 것을 강조한다. 그녀는 실례를 들어 여성으로서 교육열이 강했던 메어리 애스텔(Mary Astell)이 17세기 말에 여자대학을 설립하기 위해 앤여왕으로부터 1만 파운드를 확보했었지만 어떻게 영국의 교회가 이 운동을 방해하여 대학설립을 좌절시켰는지를 상기시킴으로써 가부장문화의 한 상징인 교회가 여성에게 가한 폐단을 밝힌다. 화자는 화려한 기존의 학교교육이 초래한 것은 결국 영국의 지식층 남성들에게 내재한 본능적인 파시즘과 이기적인 현시욕임을 직시하며 이것은 결국 전쟁과 무관하지 않음을 지적한다. 그럼으로 화자는 다시 증축될 여자대학은 가부장적 가치 중심의 교육이 아니라 새로운 패러다임의 교육이어야 함을 강조한다. 그 교육목표는 지금까지처럼 "다른 사람을 지배하고, 죽이고, 땅과 자본의 획득"에 관심을 두게 하는 것이 아니라 양성적인 창조의 비전을 가지고 이해하고 협동하는 전인적인 교육이어야 한다는 것이다. 이런 교육의 중요성을 강조하며 화자는 여대증축기금에 1기니를 기부하기로 한다.

> 자 그 새로운 대학에서는 무엇을 가르치는게 좋을까요? 다른 사람을 지배하는 기술, 군림하고 살상하며 땅이나 자본을 획득하는 기술은 안 됩니다. 그런 기술은 월급과 제복, 의식이 필요하기 때문에 너무 비용이 많이 듭니다. … 새 대학은 인간의 상호교류 방법, 즉 다른 사람의 삶과 마음을 이해하는 기술, 대화하는 기술… 새롭

고 청빈한 대학의 교육목표는 분리하고 전문화하는 것이 아니라 결합이어야 합니다. 새 대학은 인간의 몸과 마음을 일치시키는 방법을 찾아야 합니다. 어떤 새로운 화합이 인간의 삶을 온전하게 만드는가를 모색해야 합니다.

Next, what should be taught in the new college? Not the arts of dominating of people; not the arts of ruling, of killing, of acquiring land and capital. they require too many overhead expenses; salaries and uniforms and ceremonies. … It should teach the arts of human intercourse; the art of understanding other people's lives and minds, … The aim of the new college, the cheap college, should be not to segregate and specialize, but to combine. It should explore the ways in which mind and body can be made to cooperate; discover what new combinations make good wholes in human life.(TG 39-40)

울프가 제안한 이 교육목표는 기존 남성문화정치에 대한 비판에서 시작했으나 그 유효성은 시대를 뛰어 넘는 고전성을 지니고 있다. 전쟁, 살상, 테러로 여전히 복잡하게 얽힌 21세기의 국제정치 현실에서 세계 평화, 화해, 공존, 상호이해, 관용을 외치는 양식있는 비판의 목소리는 그녀가 주창한 위의 여성을 위한 새로운 대학의 교육목표에서 그 공명을 발견할 수 있기 때문이다.

3. 두 번째 기니: 여성의 전문직 고용 활성화에 관한 변

여성의 경제력의 중요성에 대한 화두는 『3기니』의 전편이라 할 수 있는 『자기만의 방』에서 "500파운드의 연수입"이라는 말로 강조된 개념이다. 화자는 독자적인 견해를 가지고 여성이 전쟁방지의 대의명분에 영향을 발휘하려면 여성의 경제력 확보가 우선되어야 한다고 강조한다. (울프가 태어난 1880년대는 산업혁명의 여파로 도시빈민의 문제가 사회적 문제로 대두되기 시작한 때였다. 많은 울프 연구가들은 울프가 도시빈민의 현상을 성장하며 보지 않았었다면 『3기니』는 씌여지지 않았을 것이라고 가정한다.)

화자는 여성고용 활성협회에 기부금을 요청하는 편지를 그 협회의 명예재무에게서 받고 조건부의 기부금을 보내기로 한다. 울프는 어렵게 고등교육을 받은 여성의 전문직 종사를 활성화하는 것이 전쟁방지와 무관하지 않다고 역설한다. 또한 여성고용에 관한 여러 문제를 짚어내는 데 그것은 20세기 후반의 페미니스트들이 '개인적인 것은 정치적이다(The personal is political.)'라고 천명했던 것과 통하는 것들이다. 딸과 아들로 구별되는 차별적 세계는 사적세계와 공적세계로 극명하게 분리되어 다시 빈궁과 부의 세계로 나뉜다. 왜냐하면 여성에게 허용된 거의 유일한 세계이며 직업인 결혼이 주는 사적공간의 가사노동은 무보수의 영역이어서 사적세계의 열등성을 보여준다. 또한 여성이 어쩌다 공적 직업세계에 고용이 되는 경우에도 여성에게 적용되는 "미스(Miss)"라는 호칭은 다시 말하면 '이튼이나 옥스퍼드에서 공부하지 못한 여성'이라는 낙인이 된다고 화자는 갈파하고 있다. 화자는 사적공간과 공적공간 사이에 놓인 "교육받은 남성들의 딸"인 여성의 진퇴양난의 상태를 다음과 같이 표현한다.

> 교육받은 남성의 딸들은 악마와 깊은 바다 사이의 진퇴양난에 놓여 있습니다. 우리 뒤에는 가부장제도와 무의미하고 비도덕적이며 위선적이고 굴욕적인 사저(私邸)가 놓여 있습니다. 또 우리 앞에는 소유욕과 시기심, 그리고 호전적이며 탐욕적인 공적인 직업세계가 놓여 있습니다. 하나는 우리를 하렘의 후궁처럼 노예로 가두고, 또 다른 하나는 우리로 하여금 벌레처럼 머리부터 꼬리까지 뽕나무, 그 신성한 재산의 나무를 맴돌라고 강요합니다. 두 가지 다 나쁜 데 그 중에서 선택을 해야만 합니다.
>
> … daughters of educated men are between the devil and the deep sea. Behind us lies the patriarchal system; the private house , with its nullity, its immorality, its hypocrisy, its servility. Before us lies the public world, the professional system, with its possessiveness, its jealousy, pugnacity, its greed. The one shuts us up like slaves in a harem; the other forces us to circle, … It is a choice of evils. (TG 86)

뿐만 아니라 화자는 여성이 직업을 가지게 되는 그 사실이 중요한 게 아니라 직업을 가졌던 남성들이 빠졌던 비인간적인 오류의 함정에 빠지지 않아야 함을 강조한다. 화자는 남성들처럼 자기과시나 선전을 일삼지 않고도 직업노동을 통하여 경제적 자립을 추구했던 선구적 여성들의 예를 아프라

벤(Aphra Ben), 메리 월스튼크래프트(Mary Wollstonecraft), 화니 버니(Fanny Burney), 그리고 브론테 (Bronte) 자매 등에서 찾는다. 전문직 여성들은 이 선구적 여성들이 모셨던 훌륭한 선생님들인 "청빈, 지조, 조소, 자유(poverty, chastity, derision, freedom)"의 덕목으로 인해 더 문명인으로 살 수 있었음을 지적한다. "청빈'이란 생존에 필요한 만큼의 돈을 버는 검소한 생활 태도이며, "지조"란 돈, 명예, 욕심 때문에 지성을 팔지 않아야 하는 것이다. "조소"란 세상의 인정과 인기에 연연하기 보다는 보다는 오히려 무명이나 비난이 인격을 타락시키지 않는다는 믿음이다. 특히 네 번째 덕목인 "자유"는 기존의 가부장적 남성중심 영국사회에 대한 울프의 날카로운 비판을 담고 있다.

> 거짓된 충성심에서부터의 자유라 함은 우선 국적에 대한 자만심을 벗어나야 한다는 것입니다. 또한 종교적 자만, 학식의 자만, 명문교의 자만, 가문에 대한 자만, 성에 대한 자만, 그리고 이것들에서 유래하는 거짓된 충성심을 버려야 한다는 것입니다.
>
> By freedom from unreal loyalties is meant that you must rid yourself of pride and nationality in the first place; also of religious pride, college pride, school pride, family pride, sex pride and those unreal loyalties that spring from them.(TG 93)

울프는 이렇게 가부장문화의 폐해에 오염되지 않은 교육받은 남성의 딸들이 경제적인 자립주체가 되어 인간의 존엄성을 회복할 때 사회를 변화시킬 영향력 있는 존재가 된다고 역설한다. 이런 점을 강조하며 화자는 여성의 고용증대 활성화 협회에 1기니를 조건부로 보내기로 한다. 그 조건은 자신이 종사하게 될 직업을 통해 새롭게 개선되는 미래를 위한 건설에 매진해야 된다는 것이다.

4. 세 번째 기니: 전쟁 없는 평화세계의 비전에 대한 변

마지막 장인 3장에서 드디어 화자는 자신이 3년 전 처음 받았던 원래의 편지로 돌아가 전쟁방지에 대한 자문에 대해 답변한다. 화자는 앞서 피력한 대로 여성을 교육과 직업에서 배제해 온 남성중심문명의 야만성과 전쟁방지

문제를 관련지으며 페미니스트와 휴머니스트로서의 대안을 펼친다.

이러한 의견개진을 위하여 울프는 애초의 변호사신사가 보낸 편지 중 "문화와 지적 자유를 수호하기 위하여"라는 특정한 구절에 대해 화자로 하여금 예리하게 분석하게 함으로써 가부장적 남성문명의 위험성을 종합하여 폭로한다. 찬란한 이름의 이튼, 해로우, 케임브리지, 옥스퍼드 등의 교육 목표는 "문화와 지적 자유를 수호하기 위한 것"이 아니었는가 반문하며 그렇지 못하다면 수많은 여성의 조용한 희생의 댓가로 1262년 이래로 운영되어온 그 막대한 "아서교육기금"이 낭비된 것이라고 일침한다. 화자는 진정한 문화와 지적자유 수호는 자기 과시나 욕심이 없는 순수한 것이어야 하지만 영국을 비롯한 유럽의 남성문명세계는 그렇지 못했다고 지적한다. 그 어떤 곳보다 정의로워야 할 교회가 가부장적 태도로 여성에게 가한 열악한 사례를 들기 위해 화자는 1938년 당시의 영국교회의 봉급액수를 든다. 대주교 1만 5천 파운드, 주교 1만 파운드, 수석사제 3천 파운드 등이나 여자 부제(副祭)는 1백 5십이며 교회의 온갖 궂은일을 하는 여성집사는 고작 1백 2십이라는 사실을 나열한다.

이런 부당한 경우를 거론하지만 화자는 기본적으로 전쟁방지라는 이념을 동의하기 때문에 이 협회에 1기니를 기부하기로 한다. 그러나 애국심이라는 명분아래 깃들고 있는 전쟁과 독재와 억압의 개연성을 주시하며 그들의 가치에 동화되지 않기 위해 전쟁방지협회 가입을 점잖게 거절한다. 대신 기존 남성중심문명의 주변에 위치한 탓에 비교적 덜 오염된 '국외자 협회'(Outsider's Society)를 대안으로 제시한다. 이런 국외자에게 남성들이 사용하는 '우리 조국'이라는 용어의 '우리'라는 대명사는 점검되어야 할 용어이다. 수백 년간 인간으로서의 존엄과 권리를 박탈당한 국외자인 여성에게 화자는 '우리'는 없으며 조국도 없다고 천명한다.

> 그녀 (국외자)는 남자형제에게 자신을 대신해 '우리'조국의 보호를 위해 싸워달라고 요청할 이유가 없다는 것을 알 것입니다. 그녀는, '우리 조국은 오랜 역사를 통해 나를 노예처럼 취급했으며 교육과 재산의 권리도 부인해 왔을 뿐입니다'라고 말할 것입니다. … 사실상 여성으로서 나는 조국이 없습니다. 여성으로서 나는 조국을 원

하지도 않습니다. 여성으로서 나의 조국은 온 세계입니다.

> She will find that she has no good reason to ask her brother to fight on her behalf to protect 'our' country. '"our country,"' she will say, 'throughout the greater part of its history has treated me as a slave, it has denied me education or any share in its possessions. … 'in fact, as a woman, I have no coutnry. As a woman I want no country. As a woman my country is the whole world.'(T.G. 124-25)

이런 국외자들은 기존의 남성중심적 가치체계의 병폐에 빠져들지 않기 위해 문화적, 정치적, 경제적으로 새로운 가치들을 지향하는 익명의 단체여야 된다고 화자는 말한다. 그들은 '애국심'에 대해 무관심한 태도를 견지하며, 경제적 자립을 꾀하고, 사적영역의 노동인 가정주부의 노동에 국가차원의 원조를 위해 노력하며 그리고 그 어떤 영예나 허례허식, 소유의식을 극복하고 경쟁을 배제하며 평화를 위해 노력하는 태도를 지녀야 한다. 또한 이 국외자협회 회원들은 번영하기 위해서는 비밀리에 조용히 일하여야 한다고 화자는 말한다. 화자는 교육받은 남성들의 딸은 민족주의를 지양해야 하며 제국주의나 식민주의와 같이 타자를 식민화하는 일에 참여하지 않아야 한다고 역설한다.

남성은 주체적이며 우수한 존재로, 반면에 여성은 열등하며 종속적인 존재로 만든 요인은 가부장적 사회의 공모이며 이 사회의 관습은 '유아적 고착성'(infantile fixation)이라는 남성의 심리를 부추긴다고 울프는 심리학을 동원해 분석한다. 그 예는 독재적이며 소유역이 강해서 딸들의 결혼을 거부했던 엘리자베스 배렛 브라우닝(Elizabeth Barrett Browning)과 브론테 자매의 아버지 그리고 딸이 직업 갖는 일을 극구 반대했던 소피아의 아버지 젝스 블레크의 경우에서 든다. 울프는 딸들이 이러한 억압기제를 감내하게 한 요소가 "숙녀"(Lady)라는 허상에 있다고 갈파한다. 그리하여 남성중심문화가 만들어낸 여성의 이미지를 내면화하는 여성의 모순을 지적하며 진정한 여성의 자유는 이러한 '숙녀'가 갖는 구속적 이미지의 허상을 과감히 파괴하여 직업과 독립을 확보할 때 도래할 수 있음을 암시하고 있다.

뿐만 아니라 울프는 여성을 억압하는 성차별주의적 사회는 남성 역시 비인간화됨으로 남성을 일과 가족부양이라는 짐에서 해방시켜야 할 존재로 파악하고 있다. 남성 역시 성별로 분화된 감옥에 갇힌 "일의 노예"(deflated work slave)와 같은 존재로 바라본 울프는 "우리의 다음 과제는 남성들을 해방시켜야 하는 것이 아닐까? (Musn't our next task be the emancipation of men?) (*Letters* 6 379)라고 토로하고 있다.

여성의 권리와 존엄뿐만 아니라 남성의 인간성 회복을 아우르는 울프의 페미니즘은 휴머니즘과 통하며 이런 면에서 유토피아적 비전이다. 이 전쟁 없는 평화세계의 비전은 "남성의 방법과 언술을 반복하는 것이 아니라 여성원리에 기초한 새로운 언어와 방법을 발견함으로써 가능한 것[…prevent war not by repeating your words and following your methods but by finding new words and creating new methods.(T.G. 164)]"이라고 울프는 강조한다. 『3기니』에서 울프가 견지한 이 같은 페미니즘은 그러므로 여성의 권리를 주장하는 협의의 페미니즘이 아니라 현실의 구조와 근간의 변화를 모색하는 혁신적인 것이며 새로운 세상에 대한 예언자적 비전이라 할 수 있을 것이다.

Ⅳ. 맺음말: 『3기니』의 현재적 의미

언뜻 보기에 전쟁방지나 평화에 관한 것으로 보이는 『3기니』가 실은 페미니즘에 관한 것이라는 것과 화폐단위가 제목이라는 것은 많은 것을 함축하고 있다. 울프가 『자기만의 방』에서 "500파운드의 연수입"으로 강조한 여성의 경제능력과 여성의 종속은 같은 맥락선상에 있기 때문이다. 1930년대의 화폐가치로 보면 3기니란 일반적으로 의사와의 1회 상담비용이며 1999년도 환산으로는 미화 150불에 해당한다고 한다(Black 85). 그렇다면 울프는 지성인 여성예술가 겸 철학자로서 서구남성문명사회에 닥친 위기해결을 위한 남성의 자문요청에 성실한 진단과 처방을 내리며 후원과 협동의 상징으로 기니를 사용한 것으로 볼 수 있을 것이다. 다시 말하면 기니란 사회적 변화의 추구를 원하는 여성의 경제적 문화적 자원 사용을 의미한다. 그리고 울프의 『3기니』는 이 자원을 왜 그리고 어떻게 사용해야 하는가를 독자에게 납득시

키는 책이다

그러나 울프는 변화된 세상이 그리 쉽게 도래하지는 않을 것임을 잘 안다. 2,000년 이상 지속되어 온 남성중심적 문명의 변화는 하루아침에 이루어지지 않을 것이기 때문이다. 울프는 당시의 스페인 내란의 시신과 무너진 건물의 사진 속에서 남성규율에 항거했던 안티고네를 향한 독재자 남성 크레온의 목소리를 들으며 역사의 반복성을 상기한다. "모든 것은 저절로 반복되는 것처럼 보입니다. 오늘날 사진에서 들리는 목소리는 2,000년 전의 그것과 똑같이 들립니다.[Things repeat themselves it seems. Pictures and voices are the same today as they were 2,000 years ago.(T.G. 161-62)]"

잘못된 인간의 규율에 복종하지 않고 새로운 법을 찾기를 원했던 안티고네의 위의 목소리는 '나에겐 조국이 없다'는 『3기니』의 국외자의 목소리와 공명한다. 다시 이 외침들은 오늘날 세계화로 가속화되는 전지구적 '다이에스포라'(diaspora, 離散) 현상 속에서 울려 나오는 '나의 조국은 온 세계입니다'라는 평화지향의 목소리와 만날 수 있을 것이다.

2014년 오늘의 시점에서 볼 때 울프가 76년 전에 『3기니』에서 제시했던 여성의 교육, 직업고용의 문제는 이 지구상의 많은 나라에서 상당부분 개선된 편이다. 그러나 전지구화된 무한경쟁 자본주의의 회오리에서 여성의 경제적 독립과 세력화(empowerment)의 문제는 아직도 취약할 뿐이다. 한 U.N. 보고서에 따르면,

> "여성은 성인인구 절반이며 공식적인 노동인구 3분의 1에 해당하나 전 노동시간 3분의 2를 여성이 떠맡고 있으며, 이 세계 임금의 10%만을 받고 있으며 또 이 세계 전체 자산의 1%만을 여성이 소유하고 있다.
>
> (While they represent 50 per cent of the world adult population and one third of the official labor force, they perform nearly two thirds of all working hours, receive one tenth of the world income and own less than one per cent of the world's property.(U.N. 34)

이러한 통계자료에서 우리는 여전히 "여성은 왜 가난한가?"라는 근원적

질문을 했었던 울프의 목소리를 들을 수 있다. 또한 오늘날 전 세계의 TV 화면을 채우는 이스라엘과 가자지구, 우크라이나, 이락, 시리아 공습을 배경으로 한 끊임없는 시신들과 무너진 건물의 잔해에서 울프가 『3기니』에서 제기한 페미니즘 논의들의 유효성을 가늠할 수 있을 것이다. 울프의 다른 어떤 저서보다도 『3기니』야 말로 테러와 전쟁이 여전히 난무하는 21세기 지구촌에서도 그 성찰적 의미를 더하는 유토피아적 비전을 제공한다는 점에서 매우 현실적이다.

참고문헌

박희진. 『버지니어 울프 연구』. 서울: 솔, 1994.

울프, 버지니아. 『자기만의 방, 3기니』. 이미애 역. 서울: 민음사, 2006.

____________. 『3기니』. 태혜숙 역. 서울: 여성사, 1994.

Bell, Quentin. *Virginia Woolf: A Biography*. New York: Harcourt Brace Jovanovich Inc. 1972.

__________. "Bloomsbury and 'the Vulgar Passions," *Critical Inquiry* 6.2. 1979.

Black, Naomi. *Virginia Woolf As Feminist*. Ithaca: Cornell UP, 2004.

Dalrymple, Theodore. "The Rage of Virginia Woolf", *City Journal*, 2002.

Gordon, Lyndal. *Virginia Woolf: A Writer's Life*. New York: W.W. Norton & Company, 1894.

Kermode & Kermode. *The Oxford Book of Letters*. Oxford: Oxford UP, 1995.

Kirkpatrick & Clark, N. eds. *A Bibliography of Virginia Woolf*, 4th ed. Oxford: Clarendon P, 1997.

Lee, Hermione. "Introduction" *Three Guineas by Virginia Woolf*. London: The Hogarth Press, 1986.

____________. *Virginia Woolf*. London: Chatto and Windus, 1996.

Nicolson, Nigel. *Virginia Woolf*. London: Weidenfeld and Nicolson, 2000.

Sandra M. Gilbert and Susan Gubar. eds. *The Norton Anthology of Literature by Women*. New York: W.W. Norton & Company, 1894.

Shih, Elizabeth. "When Woolf Goes Missing (From Herself): The Surfeit of Short Articles on

Virginia Woolf's Life and Work". *Virginia Woolf Miscellany*, Number 62, Spring 2003, (p.2-3).

United Nations, Report of the World Conference of the International Women's Year, E/Conf. 66. New York, 1980.

Willinsky, J. *Learning to Divide the World. Education at Empire's End.* Minneapolis: U of Minnesota P, 1998.

Woolf, Virginia. *Three Guineas*. London: The Hogarth Press, 1986.

____________. *The Diary of Virginia Woolf.* ed. Anne Oliver Bell. London: Hogarth Press, 1977-84. Vol.4.

____________. *The Letters of Virginia Woolf.* 6 vols. eds. Nigel Nicolson and Joanne Trautmann. London: Horgarth Press, 1975-80.

____________. *Women and Writing*. ed. Michele Barrett. London: A Harvest Book, 1979.

『페리클레스』(*Pericles*)에 나타난 바다 이미지와 모성

오 수 진*

I

셰익스피어의 바다에 대한 관심은 초기 희극에서부터 시작된다. 초기 희극에서 바다가 지니는 중요성은 인물의 정체성과 밀접한 관련을 맺고 있는데 『착오희극』(*The Comedy of Errors*)에서 바다는 정체성 상실이나 변화의 상징을 나타낸다. 쌍둥이 형제를 찾으러 에베소에 온 시라쿠스의 안티폴러스(Antipholus)는 자신의 처지를 바닷물에 섞여 흔적도 없이 사라지는 물방울에 비유한다(1.2.35-40). 그는 5년 동안 곳곳을 방랑하다가 에베소에 와서 자신의 쌍둥이 형제와 어머니를 찾기 전까지는 자신이 형태가 없는 무형의 존재일 뿐이라고 정체성의 상실에 대해 한탄한다. 『햄릿』(*Hamlet*)의 오필리아(Ophelia) 역시 광기에 사로잡혀 물에 빠져 정체성을 상실한다. 반면에 햄릿이 보여주는 변화는 바다에서의 경험과 고통이 정체성의 변화를 야기한다는 점을 가장 극명하게 보여준다. 햄릿이 영국으로 가는 항해 중에 해적선을 만나 클로디어스(Claudius)가 사주한 죽음을 면하고 덴마크로 돌아왔을 때, 그는 항해 전과 성격적인 면에서 큰 변화를 보인다. 아버지에 대한 복수를 계속 지연시키던 그는 바다 경험 이후 마음의 변화와 큰 깨우침을 얻고 레어티즈와의 결투에 참여하는 적극적인 면모를 보인다. 이와 같이 셰익스피

---

* 서원대학교

어에게 바다는 정체성 문제와 지속적으로 연결되어 있음을 알 수 있다.

셰익스피어의 로맨스극의 주 무대인 바다는 작품의 배경을 넘어 가족의 이별과 재회, 탄생과 죽음, 재생의 순환을 총체적으로 다루고 있어 로맨스극을 전체적으로 지배하는 통합적인 상징이라 할 수 있다. 여기서 바다는 주인공들이 바다에 빠진 다음 단계의 이야기를 이어가고 있다는 점에서 삶의 순환 주기를 연장하고 세대 간의 결합을 지속시키는 원동력이 된다. 죽음과 탄생을 야기하는 바다는 전통적으로 여성의 자궁 모태와 같은 여성적인 존재와 동일시된다. 따라서 셰익스피어의 로맨스극의 특징인 분리에서 결합, 죽음에서 재생으로 가는 과정이 주로 바다와 여성 인물에 의해 이루어진다는 점은 로맨스극을 지배하는 것이 모성임을 극명하게 보여준다.

윌슨 나이트(G. Wilson Knight)는 바다와 폭풍우를 비극적 갈등의 장소로 지나치게 한정하는 반면, 블랜드(D. B. Bland)는 재생과정의 한 요인으로 보면서 가족의 재회와 정신적인 부활의 촉매역할을 한다고 주장한다(42-44). 데릭 트라버시(Derek Traversi)는 바다를 생명의 파괴자인 동시에 보존자로 파악한다(28). 이들의 주장에서 알 수 있듯이 셰익스피어의 작품에서 바다는 삶과 죽음이 동시에 작용하는 장소임이 분명하다. 이러한 바다의 특성은 자연스럽게 생명력을 잉태하는 모성의 이미지와 연결된다. 바다가 보여주는 양 극단적인 이중성은 셰익스피어의 로맨스극에서 현저하게 나타나고 있는데 이것은 노년의 작가가 삶의 신비에 대한 경이감을 극화하는 하나의 방편이라 할 수 있다. 로맨스극은 주인공이 바다 여정을 통해 정체성 상실과 변화 과정을 거치고 바다를 매개로 모성의 힘을 통해 정체성을 회복하고 극 초반에 헤어진 가족과 재회와 화해를 다루고 있다. 로맨스 극 중에서도 특히 『페리클레스』는 로맨스 전통을 가장 많이 적용하고 바다를 매개로 하여 모험과 같은 시련을 겪는 주인공의 다채로운 인생여정을 그리고 있다. 또한 이 작품에서 주목할 점은 페리클레스가 군주로서의 자신의 정체성을 상실한 후 남성 중심의 비극에서 억압된 타자인 여성, 특히 어머니와 딸이 지닌 모성의 힘을 통해 회복한다는 점이다. 이 글에서는 『페리클레스』를 중심으로 페리클레스가 바다 위에서 겪는 반복되는 모험 및 방랑 속에서 갖은 시련을 겪으며 정체성을 상실한 후, 이를 모성을 통해 회복하고 가부장과 군주로서 가부장 이데올로기와 절대 왕권을 성립하는 과정을 분석하고자 한다.

Ⅱ

『페리클레스』는 로맨스적 요소가 풍부하게 제시되어 현실 세계를 초월한 듯 파란만장한 페리클레스의 모험담을 다루고 있다. 거듭되는 바다 여정은 주인공 페리클레스의 정체성 상실과 회복을 이끌어내고, 이는 삽화적이고 서사적인 극의 구조와 밀접하게 관계를 지니고 있다. 이 극은 서론에 지적했듯이 셰익스피어의 초기 희극이나 비극에서와 달리 바다가 이미지나 배경 이상의 역할을 함과 동시에 생명과 탄생의 공간으로 변모되는 로맨스극의 특징을 잘 보여준다. 타이어(Tyre)의 군주인 페리클레스는 자신의 구혼자를 찾기 위해 안티옥(Antioch)으로 항해를 떠난다. 그의 첫 번째 항해는 결혼을 통해 한 나라의 군주로서의 자신의 정체성을 더욱 확고히 하려는 의도가 다분한 것이다. 즉 결혼의 추구가 남녀 간의 결합에 목적이 있다기보다는 가부장제를 존속시켜 주는 상속인을 얻기 위한 것이기 때문에 상징적 의미에서 아버지에 대한 추구라 할 수 있다. 그는 안티오쿠스(Antiochus)의 딸과 결혼할 수 있도록 도와달라고 신에게 요청할 때 자신의 정체성을 아들로 규정한다(1.1.24). 안티오쿠스는 페리클레스를 처음 봤을 때 "타이어의 젊은 군주여"(1.1.1)라고 부른다. 페리클레스는 아버지가 돌아가셨기 때문에 실제로 그가 타이어를 통치하고 있는데 "젊은 군주"라는 타이틀은 그가 정서적으로든 정치적으로든 완전히 그의 아버지를 대신하지 않았다는 것을 암시한다(Gossett 176). 따라서 페리클레스는 자신의 정체성 확립을 위해서 필히 모험을 떠나야만 한다.

해설자 가우어(Gower)는 안티오쿠스와 그의 딸 사이에 나타난 근친상간에 대한 이야기를 소개한 다. 가우어에 따르면 그들의 근친상간은 습관이 되어 자신들의 행위에 대한 죄의식이 무디어진 상태이다. 딸의 아름다움은 "결혼의 쾌락을 즐기는 벗"(1.0.34)으로 그녀를 취하고자 하는 많은 왕자들을 안티옥에 몰려들게 만든다. 안티오쿠스는 딸의 구혼자들을 물리치기 위해 수수께끼를 정하고 페리클레스는 수수께끼 풀이에 참여한다. 여기서 페리클레스는 공주의 관능적인 아름다움의 의미와 이를 통제하는 표시를 혼동하는 과오를 범한다. 이러한 그의 과실은 자신의 정체성 확립이라는 목표 달성을 위해 앞으로 겪어야 할 고통스러운 모험과 불행을 예고한다. 즉 안티옥에서의 페리클레스의 모습은 모든 고통을 겪고 난 후인 5막에서 딸 마리나(Marina)의 아름다움이 의미하는 것을 정확하게 직관한 모습과 상반된다. 안티오쿠스가 제시한 치명적인 수수께끼는 다음과 같다.

> 나는 살모사는 아니지만, 나를 길러준
> 어머니의 살을 먹는다.
> 남편을 구하려 했고
> 노력 끝에 아버지 안에서 친절을 발견했다.
> 그는 아버지요, 아들이요, 게다가 남편이니,
> 난 어머니요, 아내요, 그의 딸이니
> 어찌하여 이 여섯 사람이 두 사람이 될 수 있는가?
> 그대 살기를 원한다면 이 수수께끼를 풀어야할 것이다. (1.1.65-72)

안티오쿠스 딸의 관점에서 쓰인 이 수수께끼는 그 자체가 그녀의 유혹성을 강조한다. 그녀의 금지된 육체에 대한 욕망은 삶의 자연스러운 흐름인 출산의 과정을 거부하고, 가족 내에서 각 구성원의 역할에 오점을 남긴다. 그녀는 자궁에서 새로운 생명을 출산하고 양육하는 대신에 어머니의 육체를 먹어버리는 것이다. 결혼 수수께끼 이면의 명백한 동기는 잠재적인 근친상간의 충동이다. 여기에는 딸을 배우자뿐만 아니라 어머니의 대리로 삼고자 하는 욕망이 숨어 있다. 수수께끼에서 보여주는 복잡한 관계는 모두 여성의 몸속에서 이루어진다. 공주의 몸은 남성의 정체성을 용해시키는 뒤범벅이 된 장소(Adelman 195)이며 "죽음의 그물"(1.1.41)이다.

페리클레스는 수수께끼의 해답이 안티오쿠스의 이름 없는 딸이라는 것과 아버지와 딸의 근친상간에 대해 즉각 알아차린다(1.1.108-9). 페리클레스가 수수께끼 이면의 근친상간을 즉시 파악한 것도 그에게 이와 같은 욕망이 은

연중에 내재되어 있었기 때문일 것이다. 하지만 안티오쿠스를 대리 아버지로 삼아 아들이란 안전한 정체성을 확보하려던 페리클레스의 희망은 안티오쿠스와 그의 딸 간의 근친상간을 발견하고 한 순간에 무너져버린다. 이 수수께끼는 "드러내는 것이 아니라 속임수가 목적"(Gorfain 13)으로 이것을 풀지 못하는 것뿐만 아니라 푸는 것 또한 똑같은 죽음의 형벌을 초래한다. 칸(Coppélia Kahn)은 수수께끼는 그 구조가 본질적인 이원성에 대한 조화를 위해 의미 있는 기준을 제시하기 때문에 민담이나 문학작품에서 삶의 위기의 순간에 발생한다고 지적한다. 또한 그녀는 수수께끼 이면에는 자신의 꼬리를 삼키는 신화적인 뱀 우로보로스(*uroboros*)가 있고 이점을 파괴적인 순환을 반복하는 운명에 처한 오이디푸스 가족의 이미지로 보고 있다(229). 칸의 관점에서 페리클레스는 오이디푸스와 같은 자기 파괴적인 순환의 덫에 걸린 것이다. 이러한 상황에 처한 페리클레스는 질문에 답할 수도 없고 자신이 발견한 타락을 정화시킬 수도 없다. 그가 처음에 안티오쿠스 왕궁에 올 때 가졌던 원래 목적은 순식간에 물거품이 되고 진실을 간파한 능력은 수수께끼를 해결한 영웅에게 주어지는 결혼이나 그에 합당하는 지위로부터 그를 몰아내는 결과를 초래한다. 결국 그는 답을 숨긴 채 목숨을 구하기 위해 도망가야하고 그 후에도 자신의 정체성을 숨겨야만 한다. 안티오쿠스와 딸의 근친상간의 위협은 앞으로 페리클레스가 겪어야 할 모험에 계속해서 영향을 끼치기 때문이다.

이름 없는 공주는 페리클레스 앞에 수수께끼를 풀고 난 후의 승리에 대한 대가로 서 있는 반면, 페리클레스는 그의 관심을 그녀를 얻기 위한 흥미로운 모험으로 돌린다. 페리클레스는 자신을 신화의 영웅들 속에 놓아 자신에게 닥친 위험을 하나의 모험으로써 해석해버린다. 페리클레스가 배우자를 찾기 위해 안티옥까지 모험을 한 데는 정치적인 암시가 있기 때문이다. 그는 공주와의 결혼을 통해 왕국에 대한 자신의 의무를 만족시키고자 한 것이다. 즉 그녀와의 결혼으로 왕실을 이을 자녀를 얻을 수 있고, 영토 확장에도 기여할 수 있기 때문이다. 그가 헬리케이너스(Helicanus)에게 자신이 안티옥에 간 이유에 대해 "그 나라의 미인인 공주를 손에 넣기 위해서였소, 공주를 왕비로 삼아 군왕에게는 힘을 주고 백성에게는 기쁨의 원천을 가져다주는 자식을 낳으려고 했건 것이오."(1.2.70-3)라고 설명하는 대목에서 그의 정치적인 목적이 분명해진다. 게다가 결혼을 통한 또 다른 목적이 "위대한 안티오쿠스 왕의 아들이 되겠습니다."(1.1.27)라는 말에 함축되어 있다. 그는 안티오쿠스 외동딸과 결혼하는 것이 안티오쿠스의 계승자가 되는 길이란 사실을 충분히 간파하고 있는 것이다. 공주와의 결혼은 대부분 르네상스 군주들처럼 페리클레스에게 새로운 영토, 심지어 전체 왕국을 의미하는 것이다. 이러한 페리클레스의 정복의 이미지를 안티오쿠스는 죽음의 이미지로 바꾸어버린다.

페리클레스가 남편이 되기를 바라는 공주의 유일한 대사(1.1.60-61)[1]는 그녀가 아버지와 페리클레스 사이에 그녀가 애매하게 서 있음을 추측할 수 있다. 그녀는 오필리아처럼 햄릿과의 사랑을 간섭하고 통제하는 아버지로 인해 괴로움을 당하는 처지에 놓여 있을 가능성을 시사해준다. 셰익스피어는 비극의 세계에서 레이디 맥베스(Lady Macbeth)와 같은 강한 여성이나 오필리아처럼 순종적이고 무력한 여성으로 극단적인 여성상을 제시하고 있다. 그는 비극의 세계에서 강한 여성을 존재 자체만으로 위협적으로 인물로 표현되지만 선한 여성은 무력하여 자신의 의사를 당당하게 펼치지 못하고 있다. 결국 이들은 선악과 순결성에 상관없이 죽음을 맞게 된다. 후자에 속하는 안티오쿠스의 딸 역시 극의 중반부에서 처참한 죽음을 맞이한다. 그녀는 로맨스의 세계에서 어울리지 않는 인물로 자신의 존재가 의지와는 상관없이 구혼자들을 죽음으로 몰아넣고 앞으로 펼쳐질 페리클레스의 긴 방랑과 시련의 원인이 된다.

페리클레스는 위대한 안티오쿠스에 대적하지 못하고 그 강한 힘에 위압당해 올바른 가치관과 삶의 희망과 용기를 상실하는 나약한 모습을 보여준다. 페리클레스의 정치력은 처음부터 이미 불구가 되어 있는 것으로 보인다(Davies 135). 자신의 공국을 뒤로한 채 이어진 다시스(Tarsus)로의 모험은 "남성이 지닌 전통적인 자기 결단력"(Fawkner 49)과는 점점 멀어지는 것을 의미한다. 나약하고 수동적이며 행동을 회피하는 페리클레스의 모습은 이

1) 지금까지 시험해 본 모든 사람들 중에서 당신만이 성공할 수 있기를; 지금까지 시험해 본 모든 사람들 중에서 나는 당신만이 행복이 있기를.(1.1.60-61)

극에서 여성 역할을 구체화시키고 남성 영웅을 여성 속으로 묶어버린다. 이것은 여성의 존재가 부각되는 시점이기도 하다. 다시스에 머물고 있던 페리클레스는 자신을 쫓고 있는 탤리어드(Thaliard)의 소식을 접하고 다시 바다로 나간다. 그는 바다 여행을 하던 중 폭풍우로 인해 모든 것을 잃고 자연의 힘 앞에 반항할 힘조차 없는 절망적인 모습을 보여준다.

> 페리클레스: 당신의 분노를 진정시켜주오, 하늘의 성난 별들이여!
> 바람이여, 비여, 천둥이여, 지상의 인간은
> 너희들에게 항복해야만 하는 존재임을 기억하라
> 그리고 나도 본성 그대로 너에게 복종한다.
> 바다가 나를 바다 위에 내던지고,
> 이 해안 저 해안으로 나를 떠밀고, 내가
> 다음에 다가올 죽음을 생각할 만큼만 숨을 붙여놓았구나.
> 위대한 너의 힘은 한 한 군왕의 모든 운을 빼앗기에 충분하구나
> 그리고 그를 너의 축축한 무덤으로부터 내던져,
> 여기에서 그가 갈망하는 것은 평화롭게 죽는 것. (2.1.1-11)

여기서 바다는 마치 자신의 의지를 가지고 페리클레스의 운명을 조정하는 것처럼 묘사되고 있다. 바다는 그 광대함과 무시간성으로 인해 영원에 대한 생각을 이끌어내는 요소이며, 주인공에게 고난을 겪게 하는 고통의 바다와 그의 삶을 변화시키는 변화의 바다이다. 페리클레스는 폭풍우로 인해 혼자 펜타폴리스에 떠밀려 온다. 2막에서 페리클레스의 모습은 리어(Lear)만큼이나 물에 흠뻑 젖어 있고 비참한 모습으로 등장한다. 그러나 리어와 달리, 페리클레스는 계속된 자신의 불행을 유지하는 납득할 만한 잘못에 대한 근거도 가지고 있지 않다(Fawkner 34). 마쉬(D. R. C. Marsh) 역시 페리클레스가 과도하게 나쁜 행위를 저지르지 않은 점에 동의한다(21). 심벨린(Cymbeline)이나 리온티즈(Leontes)처럼 악한 행동으로 인해 자신과 자신의 왕국까지 위기에 처하게 만드는 인물들과 달리 페리클레스는 자연의 힘과 상황의 힘으로 인해 불행과 고난 속으로 빠져든다. 인간의 힘을 조롱하는 자연이나 안

티오쿠스와 같은 악의 세력은 인간을 파멸시키고 좌절과 절망 속에 빠뜨린다. 페리클레스는 자연의 섭리에 의해 자신에게 발생하는 일들에 대해 저항하지 못한 채 수동적으로 반응하고 모든 상황에 체념하는 것처럼 보인다. 그는 인간으로서 거대한 자연력 앞에 복종할 수밖에 없다면서 죽음을 생각한다. 극이 시작할 때부터 끝날 때까지 반복되는 바다 여행은 몇 차례나 그에게 고난의 형태로 드러난다. 페리클레스가 타이사(Thaisa)를 만나게 되는 계기를 마련한 바다여행과 죽었다고 믿었던 딸 마리나(Marina) 그리고 아내와 재회하는 바다 여행을 제외하고는 모두 그를 곤경에 빠뜨리게 한다.

페리클레스가 살아남을 수 있는 것은 오직 우연에서 일뿐이다. 로맨스극의 세계는 원인과 결과가 분명한 이성적인 세계가 아닌 우연과 운이 지배하는 세상이다. 셰익스피어의 로맨스극을 지배하고 있는 우연과 운이 이 작품에서 여실히 드러나고 있다. 우연에 의해 오게 된 펜타폴리스(Pentapolis)에서의 모험은 페리클레스의 운명을 순식간에 바꾸어 놓는다. 바다라는 광대한 테니스 코트에서 테니스 공 취급을 당한(2.1.59) 페리클레스는 우연히 어부들이 구원해주지 않았다면 그는 죽을 운명이었을 것이다. 페리클레스는 그에게 주어진 우연이란 도구를 통해 기사회생한다. 그는 어부들로부터 추위를 녹일 수 있는 외투와 시모니데스(Simonides)딸인 공주 타이사의 생일날 그녀와의 결혼을 위한 마창 시합을 한다는 소식을 얻게 된다. 특히 바다에서 건져 올린 아버지의 갑옷은 페리클레스를 절망에서 구해주는 밑천이 된다. 아버지의 갑옷은 "선친께서 임종 시에 물려준 유품"(2.1.119-120)으로 인정사정없이 덮친 바다가 빼앗아갔다가 잠잠해진 후 찾게 된 것이다. 여기서 갑옷은 페리클레스가 마상시합에 참여할 수 있는 기사, 다른 사람들을 보호해주는 역할을 하는 기사가 될 수 있는 필수적인 장치이며 마찬가지로 페리클레스를 보호해주는 장치이기도 하다. 즉 잃어버린 것에 대한 회복은 보호하고 보호받을 수 있는 능력의 회복을 의미한다. 갑옷은 페리클레스의 사회적 지위를 표시하는 동시에 잃었던 신뢰의 회복을 허용하는 역할을 한다(Dubrow 190).

펜타폴리스에서의 모험은 다시 한 번 페리클레스의 정치적인 임무를 분명케 하는 기회를 제공한다. 이미 안티옥에서 이상적인 아버지를 찾는 것에 실패한 페리클레스는 아버지의 갑옷을 입음으로써 상징적으로 아버지의 권력을 가지게 된다. 갑옷은 페리클레스 아버지의 이미지이며, 동시에 아버지를 통해 그의 영광스러운 가문을 회복하고 자식을 얻는 정치적 임무를 제공하는 이미지이기 때문이다. 페리클레스는 "보석"(2.1.152)과 같은 갑옷을 입고 반복적으로 보석과 연관이 있는 타이사를 아내로 맞을 수 있다. 갑옷은 명백히 페리클레스를 남편으로서 그리고 군주로서의 남성 정체성을 위한 투쟁에 연루시킨다. 하지만 갑옷은 두 남성-원래 소유자(아버지)와 그의 아들-의 권력에 한계를 나타내기도 한다. 갑옷이 아무리 견고하게 놓여 있을지라도 녹이 쓸기 마련이다. 『겨울이야기』(*The Winter's Tale*) 결말에서 허마이어니(Hermione)가 소생하는 기적이 일어나지만 얼굴에 주름이 생기고 처음의 모습을 회복하지 못하듯이, 갑옷의 녹은 다른 로맨스극에 나타난 회복의 형태처럼 부모의 상실로부터 완전한 회복을 꾀하는 전략이 제한된다는 점을 암시한다(Dubrow 192). 이것은 이제 방랑과 시련이 끝난 것처럼 보이는 페리클레에게 또 다른 고통이 뒤따르고 있음을 예고한다. 페리클레스는 바다에서 건진 갑옷처럼 타이사를 바다에서 잃고 후에 그녀와 재회하는 기적을 겪지만 그녀는 처음의 젊음과 생기를 회복하지 못하기 때문이다.

이 극에서 타이사는 아버지가 선택한 배우자가 아닌 자신이 사랑하는 사람과 결혼하기 위해 변장까지 서슴지 않는 셰익스피어의 낭만 희극의 여주인공들처럼 결혼에 있어서 자신의 의지가 매우 확고하다. 셰익스피어의 낭만 희극을 연상시키는 페리클레스와 타이사의 결혼은 그 이후의 행로에 궁금증을 자아낸다. 낭만희극은 젊은 두 남녀의 결혼으로 끝맺기 때문에 여주인공들의 미래는 비가시적이고 극화되지 않는다. 그러나 타이사는 결혼하고 출산함으로써 결혼으로 끝난 낭만 희극 이후의 세계를 제시하고 있다. 특히 로맨스극에서 출산은 스토리텔링과 연결되어 있기 때문에(Bishop 108) 이야기의 지속성을 유지시킨다. 로맨스극을 이끌어가는데 중추적인 역할을 하는 모성 내러티브는 출산의 형태를 통해 풍부하게 재현되는 한편 출산은 탄생과 분리, 죽음이란 의미를 갖기도 한다. 즉 출산은 생명을 주는 축복의 행위이며 탯줄을 끊고 나오는 분리의 상징이면서 어머니와 자녀의 죽음, 그리고 기형의 자녀에 대한 가능성으로 공포의 순간으로 인식되기도 한다. 하지만 이러한 기형 출산이나 죽음과 같은 끔찍한 이야기도 모성 자체가 얼마나 풍요로운 이야기의 요소가 될 수 있는 지를 예증한다.

타이어의 군주로서 임무를 완수하기 위해 임신한 타이사와 함께 펜타폴리스를 떠나는 과정에서 그는 또 하나의 폭풍우를 만난다. 폭풍우 속에서 산기를 느낀 타이사는 마리나를 낳는다. 출산의 여신인 루시나(Lucina)에게 타이사의 산고를 끝내달라고 기도하는 페리클레스에게 유모 라이코리다(Lychorida)는 폭풍이 왕비를 거두어갔음을 알린다(3.1.15-18). 페리클레스는 고통스럽게도 새롭게 성립한 가족과 헤어지게 된 것이다. 페리클레스의 첫 번째 재앙이 안티오쿠스 딸의 '성욕을 띤 몸'(the sexualized body)때문이라면, 그의 두 번째 재앙 역시 타이사의 '성욕을 띤 몸' 때문이다(Adelman 196). 타이사의 시신을 바다에 수장해야 파도가 진정될 것이라고 주장하는(3.1.47-49) 선원의 말을 통해 페리클레스에게 미칠 타이사의 막대한 영향력을 짐작할 수 있다. 마리아의 탄생과 타이사의 죽음은 로맨스극에서 부각되는 삶과 죽음의 거대한 순환구조가 반복되는 것을 나타낸다.

폭풍 속에서 아내를 잃은 페리클레스는 다시 그의 방랑을 반복해야만 하는 것이다. 절망하는 페리클레스에게 라이코리다는 인내를 당부한다. 아내는 죽었지만, 그녀가 남긴 갓 태어난 생명을 위해 그는 인내해야만 한다. 인내는 페리클레스가 5막에서 비전의 세계를 경험하기 위해서 반드시 갖춰야 할 덕목이다. 어떠한 고난을 겪더라고 인내의 대가를 치러야만 마지막에 가족의 재회라는 기쁨을 누릴 수 있는 것이다. 라이코리다는 페리클레스에게 '남자답게' 힘을 내라고 강조하지만 사실 그가 지금까지 보여준 모습을 남자답다고 하기에는 미흡하다. 페리클레스가 안티옥, 펜타폴리스를 거쳐 자신의 왕국 타이어까지 정치적 목적을 위해 여행을 하지만, 실질적으로 그가 정치적 문제에 대해 남성적인 면을 보이거나 태도를 취하지 않는다. 그는 그의 모험을 통해 기사도적인 힘이나 재능을 발휘하지 않고 왕다운 권위를 내세우지도 않는다. 남성성을 내세우는 마창 시합에서 그가 우승한 것도 무대 위에서 보여 진 것이 아닌 무대 밖에서 이루어진 것이다. 왜냐하면 그의 기사다운 면모는 기사도 정신에서가 아닌, 그것을 숨긴 것에서 나온 것이고, 또한 그의 행동이 아닌 참석한 이들의 침묵에서 나온 것이기 때문이다. 또한 그는 남성들이 갖춘 공격적인 면모인 분노, 복수, 정복하고자 하는 용기나 욕망 등을 회피하고 정체성을 상실한 채 자신의 정치적 지위를 거부한다. 오히려 그는 정치적인 상황에 여성적인 방식으로 행동하기도 한다.

페리클레스의 지속적인 항해는 그의 거듭되는 정체성의 혼란을 의미한다. 다시스의 클레온(Cleon)과 디오니자(Dionyza)에게 마리나의 양육을 부탁했던 페리클레스는 마리나가 죽었다는 거짓 소식을 듣고 극심한 우울증에 걸린다. 그는 비탄에 빠져 그의 모든 정치적 활동들을 포기해버린다. 결국 딸의 상실은 그를 상복을 입고 다시 항해 길에 오르게 하여 방랑의 길로 인도한다. 페리클레스는 마리나를 남기고 떠날 때 다이아나 여신에게 마리나가 결혼할 때까지 "머리카락에 가위질을 하지 않겠다."(3.3.30)라고 다짐했던 것처럼, 다시 한 번 "절대로 얼굴을 씻지도 머리를 자르지도 않겠다."(4.4.28)고 맹세한다. 이러한 그의 신체적 거부는 그의 극심한 정신적인 고통을 상징한다.

무엇보다 이어지는 그의 침묵은 남성성에 대한 포기를 의미한다. 또한 머리를 자르지 않겠다는 것은 일종의 금욕활동으로서 그의 근친상간에 대한 충동을 누르고 성적 활동에 대한 포기를 의미한다고 볼 수 있다. 이러한 페리클레스의 행동은 아내가 없는 상황 속에서 그의 외동딸과의 안티오쿠스의 잠재적인 근친상간의 위험성을 필사적으로 피하려는 것처럼 보인다(Boose 339). 그는 자신의 몸을 철저하게 거세시킨 후에야 비로소 온전한 자신의 모습으로 돌아올 수 있는 것이다(Adelman 199). 그러나 딸을 잃은 페리클레스는 무의식적으로 외부 세계와의 모든 유대관계를 차단해버린 안티오쿠스처럼 되어 버린다. 그가 이렇게 내면의 세계에 집중하는 것은 전통적인 가부장 남성성을 발휘하는 『태풍』(*The Tempest*)의 프로스페로와는 정반대의 모습이다. 또한 페리클레스의 이러한 수동성은 마리나가 자신이 처한 위험에 용감하고 능동적으로 대처하는 것과도 대비된다.

페리클레스가 바다에서 겪는 역경은 그를 더욱 여성적이고 무기력하게 만든다. 페리클레스가 타이어와 다시스에서 동정과 자비의 왕으로서 국가를 풍요롭게 하는 어머니 역할을 한다면, 고통을 겪는 페리클레스는 무기력하고 궁핍한 존재이다. 그는 오랜 고통, 겸손함, 인내, 동정과 자비와 같은 여성들이 갖춘 미덕을 보인다(Maclean 20). 그는 불가해한 폭풍우의 힘 앞에서 그의 왕으로서의 특권, 소유권, 정당성 등을 단념한다. 두 번째 폭풍우 장면에서도 그는 남성적인 힘을 드러내어 폭풍과 맞서 싸울 기색을 전혀 비추지 않는다. 『리어 왕』의 에드가(Edgar)처럼 페리클레스는 오랫동안 지속되는 고통을 생각하며 자신의 위치를 단념하고 인내하면서 "우리를 굽어보는 신들의 힘"(3.3.9)에 복종할 수밖에 없음을 인정하고 자신의 비극을 받아들인다.

마리나는 극적인 사건들의 소용돌이 속에 휘말린 페리클레스의 정체성을 회복시키는 구원자와 같은 존재로 극의 꼬인 실마리를 푸는 해결사처럼 등장한다. 페리클레스가 세상과 단절한 채 바다에서 표류하다 미틸렌에 도착한 페리클레스는 우울증을 겪으며 침묵한다. 침묵하고 있는 페리클레스 앞에 리시마커스와 함께 온 귀족을 마리나라면 분명히 그로 하여금 말을 하게 할 수 있을 것이라고 제안한다(5.1.35-36). 여기서 페리클레스는 남성성을 포기하고 침묵하는 여성을 택하는 한편 마리나는 뛰어난 언술로 남성성을 획득하여 성 역할의 전도가 이루어짐을 알 수 있다. 아내와 딸을 잃은 슬픔에 도취되어 자신의 딸을 알아보지 못하는 실수를 범한다. 마리나의 숭고한 언어는 점차 페리클레스의 침묵을 깨기 시작한다. 이어 두 사람 사이의 질의응답이 계속되면서 로맨스극의 가장 큰 소재 중 하나인 주인공의 출생의 비밀, 이곳에서는 마리나의 출생에 관한 비밀이 풀리기 시작한다. 여기서 둘이 주고받는 질의응답은 이 극의 첫 부분을 지배했던 수수께끼 형식을 취하고 있다. 마리나의 순결한 몸에 관한 수수께끼는 안티오쿠스의 이름 없는 딸의 수수께끼를 대신한다(Adelman 199). 그러나 안티오쿠스의 수수께끼는 페리클레스가 풀면 오히려 그를 죽음으로 몰아가는 반면, 마리나의 수수께끼는 답을 아는 순간 그의 우울증을 해결해주는 구원의 수단이 된다.

페리클레스가 침묵에서 회복해 가는 과정은 그의 잃어버린 정체성을 회복해가는 과정과 일치한다. 페리클레스는 마리나의 수수께끼를 쉽게 풀지 못한다. 그러나 그 답은 탄생과 닮아 있음을 예측할 수 있다. 페리클레스는 자신을 눈물을 잉태하는(5.1.97) 임신한 상태로 묘사함으로써 그녀의 수수께끼에 응답한다(Gorfain 15). 결국 그녀의 설득력 있는 언어는 페리클레스의 재탄생을 완성하게 된다. 그녀가 자신의 이름을 '마리나'라고 밝히자, 페리클레스도 타이어의 군주임을 밝히면서 가지고 있던 의문들을 하나씩 풀기 시작한다. 각각 이름으로 아버지와 딸을 임명하는 것은 그들의 그동안의 익명성을 제거하는 것이다. 페리클레스는 마리나의 정체성을 확인하는 순간, 그녀가 페리클레스 왕의 딸이고 타이사가 어머니임을 확인하게 된다. 페리클레스는 마리나의 치유력을 출산이라는 여성의 힘과 연관시킨다. 그는 마리나를 통해 어머니를 보는 것이다. 탄생의 이미지 속에서 그는 새로운 삶을 얻게 되는 기쁨을 표현한다.

> 페리클레스: 너를 낳아준 아버지를 다시 태어나게 하는구나,
> 너는 바다에서 태어났다가, 타서스에서 매장되었다가,
> 다시 바다에서 살아난 것이다! (5.1.185-187)

마리나는 자신을 낳아 준 아버지를 다시 태어나게 해 주는 즉 아이를 잉태하는 어머니 역할을 하게 된 것이다. 이 대사의 중심 메타포는 바다로, 페리클레스에게 고통을 안기던 바다는 환희와 재탄생의 바다가 된다. 마리나는 아버지의 새로운 인생의 상징적인 어머니가 되어 로맨스극의 이어지는 이야기를 이끌어갈 책임을 진다.

마리나와의 놀랍고 즐거운 대화를 통해 페리클레스가 언어를 회복한 순간, 그는 잃어버린 딸을 찾고 아버지, 남편, 왕으로서의 정체성을 되찾게 된 것이다. 마리나의 치유력은 페리클레스를 아버지와 왕으로서의 회복하는 중요한 역할을 하고 있다. 페리클레스는 14년 동안 잃어버렸던 "타이어의 국왕 페리클레스"란 자신의 타이틀을 회복하게 된다. "나에게 새 옷을 가져 오너라"(5.1.203)란 대사는 페리클레스가 자기만의 세계에서 벗어나 차단해왔던 세상과 손을 잡으려는 모습이 분명해진다. 이 순간은 페리클레스가 그동안 추구해 왔던 가부장적인 권위를 회복할 것을 알리는 순간이기도 하다. 사회적 지위는 로맨스극에서 중요한 의미를 나타내기 때문에(Cook 65) 페리클레스가 자신의 신분을 회복하는 것은 가부장으로서의 귀환을 예고하는 것이다. 그는 딸과의 재회를 성공시키는데 계기를 마련해 준 리시마커스에게 선물로 마리나의 동의 없이 리시마커스를 그녀의 남편감으로 선정하는 권위

있는 아버지가 된다. 지금까지 페리클레스에게 정체성의 상실, 가족과의 격리, 고통을 안겨준 바다는 마리나와의 만남을 통해 환희와 재탄생의 바다로 변화된다.

다이아나의 신전에서 이루어진 수장시켰던 부인 타이사와도 재회한 페리클레스는 어머니의 몸에서 그 자신을 완전히 상실하고 타이사의 자궁에서 또 한 번의 탄생을 경험한다. 페리클레스가 타이사에게 "타이사의 입술에 닿는 순간 이 몸이 그대로 녹아 없어져도 결코 한이 없소. 바다가 아닌 이 품안에 또 한 번 몸을 묻으시오."(5.3.41-44)라고 말하는데 셰익스피어는 바다의 이미지를 통해 부부간의 영혼의 결합을 표현한다. 마리나도 "소녀의 마음도 어머니 품에 안기고 싶어서 뛰고 있습니다."(5.3.44-45)라고 말하면서 무릎을 꿇을 때 신성한 어머니의 몸이 확장이 되어 양육의 상징이 된다. 금욕의 장소인 다이아나 신전에서 어머니의 몸을 통해 잃어버린 가족 관계의 완전한 회복이 이루어진 것이다. 가족의 재회는 생물학적인 기능인 출산과 양육을 신성한 제의로 바꾸면서 모성의 의의를 부여한다. 리치(Adrienne Rich)에 따르면 달의 여신 다이아나는 고대부터 '순결의 여신이며 대모의 여신'과 관련이 있었고, 그녀의 생장(vegetation)과 양분(nourishment)의 힘이 대지를 비옥하게 한다(107).

이 극에서 다이아나의 순결과 다산이라는 모순적인 보호는 마리나의 순결을 보호하고 타이사와 페리클레스를 다시 부부로 회복시키는 역할을 하고 있다. 타이사에게서 성적 욕구를 제거하고 그녀를 순결한 어머니로서 제시함으로써, 여성성은 "순수한 상상력의 이상"이 된다. 페리클레스는 아내와 딸이 성적으로 순결함을 지킬 때에 재회의 기쁨을 누릴 수 있다. 모성을 바탕으로 이루어지는 가족의 재회 비전은 어머니와 딸의 경계를 더럽힌 안티오쿠스의 사악한 근친상간의 관계와 대립구조로 이루어진다. 어머니의 출산은 삶과 죽음의 거대한 흐름 속에 관여하고 가부장의 가문을 이을 후손을 낳는 일이란 측면에서 어머니의 몸은 또한 정치적 기능을 지닌다. 타이사의 신성한 순결은 가부장적인 가문의 계승을 성립시킬 수 있다. 배우자를 선정하는데 있어서 독립적이고 현명함을 보였지만, 타이사는 시모니데스 왕의 딸이고, 페리클레스의 아내이며, 그의 계승자 마리나의 어머니로 그녀의 정체성을 확인한다.

타이사와 마리나의 회복된 여성성은 극이 진행되는 내내 지속된 페리클레스의 정신적인 고통을 위로해준다. 이러한 위로는 그가 포기했던 정치적이고 가부장적인 임무를 되찾아 능동적인 행동을 취하도록 하고, 그의 여성적이고 유아적인 눈물은 남성적인 힘으로 전환되어 그로 하여금 왕과 아버지로서 남성적 권력을 회복하도록 한다. 그러나 페리클레스는 마리나의 풍부한 언어와 타이사의 풍요로운 자궁이 없었더라면 그의 자율적인 남성성과 남성적 임무를 되찾을 수 없다. 오히려 그가 이 둘과 헤어졌을 때 많은 고통을 겪고 방랑을 일삼을 수밖에 없었음을 극이 진행되는 내내 확인할 수 있기 때문이다. 햄릿이 잃은 어머니를 페리클레스가 타이사와 마리나를 통해 회복하는 것이라면, 어머니의 신성한 존재는 남성적 정체성을 지켜줄 수 있다.

하지만 모성이 남성적 정체성을 회복시켜 가부장 이데올로기 강화에 큰 기여를 하지만 로맨스극을 단순히 해피 엔딩인 닫힌 결말로 준비하지 않는다. 어머니와 딸은 남편, 아버지와 재회한 후 침묵의 형태로 일관하기 때문이다. 마리나는 리시마커스의 청혼에 응답하지 않으며 극을 주도했던 그녀의 목소리는 더 이상 들리지 않는다. 극의 마지막에 타이사와 마리나가 보여주는 소극적인 반응과 침묵은 이들이 남성 중심의 가부장 사회로 완전히 편입하지 않으려는 의지로 해석할 수 있다.

Ⅲ

셰익스피어 로맨스극의 시작을 여는 『페리클레스』는 주인공 페리클레스가 바다 모험을 통해 새로운 정체성을 상실하고 다시 확립해 가는 과정을 그리고 있다. 셰익스피어는 이 극에서 바다를 배경으로 주인공의 방랑과 시련, 우연의 반복, 죽음과 탄생을 반복하는 삶의 계속성과 같은 로맨스극의 다양한 주제들을 실험하고 있다. 이 극에서 무질서로 상징되는 바다와 폭풍우는 그의 정체성의 상실과 가족과의 격리를 의미하는 반면 질서와 재생의 바다는 그의 정체성의 회복과 다소 산만한 극의 문제가 해결됨을 의미한다. 고통과 환희, 죽음과 탄생, 격리와 재회라는 바다의 이중성은 이 극에서 매우 적극적인 역할을 함과 동시에 셰익스피어 로맨스극의 특징을 잘 보여준다. 특히 셰익스피어가 단독으로 쓴 마지막 로맨스극인『태풍』에 나타난 이러한 바다의 이중적인 의미와 극적인 기능과 바다 경험을 통해 등장인물의 변화와 가족의 재회 등은 초기 희극에서부터 시작된 셰익스피어의 바다에 대한 지속적인 탐구가 완성된 것이라 할 수 있다.

이 극에서 우리가 주목할 점은 셰익스피어가 기존의 비극과는 다르게 여성의 모성이 남성 주인공의 삶의 행로를 지배하는 것을 탁월하게 그려내고 있다는 점이다. 로맨스극에서 모성은 등장인물간의 갈등과 원한 등의 대립을 완화시키고 헤어진 가족을 재결합하게 하는 로맨스극의 가장 큰 주제인 조화와 화해로 이끌어가는 역할을 한다. 페리클레스는 반복되는 인생의 폭풍에 맞서 자신의 의지로 상황을 바꾸려고 하기 보다는 순종하는 수동적인 모습을 보여준다. 가족과 헤어지는 고통을 겪으며 마침내 언어 능력까지 상실해 버린 그를 회복시키는 건 타이사와 마리나가 가진 모성이다. 모성을 통해 페리클레스는 가족 재회와 가부장과 군주로서의 정체성을 확립한다. 가부장제에 편입한 여성들은 남성의 정체성을 더욱 공고히 확인시켜야만 한다. 셰익스피어가 비극에서 어머니/여성의 몸을 정복함으로써 모성이 가진 힘을 부정하려 했다면, 로맨스극에서는 모성을 긍정하고 모성이 극의 흐름을 주도하고 있음을 입증하는 것은 명백하다. 이렇게 로맨스극에서 부각되는 모성은 단순히 출산과 양육의 생물학적 잠재력이나 능력만을 의미하지 않는다. 극의 마지막에서 보여준 어머니와 딸의 갑작스러운 침묵은 이들이 복구된 가부장 체제에 완전히 편입되는 것이 아니라 이를 거부하는 전복의 목소리로 생각해 볼 수 있다.

참고문헌

Adelman, Janet. *Suffocating Mothers: Fantasies of Maternal Origin in Shakespeare's Plays, Hamlet to The Tempest.* New York: Routledge, 1992.

Bishop, T. G. *Shakespeare and the Theater of Wonder.* Cambridge: Cambridge UP, 1996.

Bland. D. S. "The Heroine and the Sea: An Aspect of Shakespeare's Late Plays." *Essays in Criticism* 3 (1953): 39-44

Boose, Lynda E. "The Father and the Bride in Shakespeare." *PMLA* 97 (1982): 325-347.

Cook, Ann Jennalie, *Making a Match: Courtship in Shakespeare and His Society*. Princeton: Princeton UP, 1991.

Davies, Stevie. *The Feminine Reclaimed: The Idea of Woman in Spenser, Shakespeare, and Milton.* Lexington: UP of Kenturky, 1986.

Dubrow, Heather. *Shakespeare & Domestic Loss*. Cambridge: Cambridge UP, 1999.

Fawkner, H. W. *Shakespeare's Miracle Plays*. London & Toronto: Associated UP, 1992.

Gorfain, Phyllis. "Puzzle and Artifice: The Riddle as Metapoetry in *Pericles*." *S. S.* 29 (1976): 11-20.

Gossett, Suzanne. ed. "Introduction." *The Arden Shakespeare: Pericles*. London: Thomson, 2004. 1-163.

Kahn, Coppèlia. "The Providential Tempest and the Shakespearean Family." *Representing Shakespeare*. Eds. Murray M. Schwartz and Coppèlia Kahn. Baltimore: The Johns Hopkins UP, 1980. 217-243.

Knight, G. Wilson. *The Crown of Life*. London: Methuen, 1948.

Maclean, Ian. *The Renaissance Notion of Woman: A Study in the Fortunes of Scholasticism and Medical Science in European Intellectual Life*. Cambridge: Cambridge UP, 1980.

Marsh, D. R. C. *The Recurring Miracle: A Study of Cymbeline and the Last Plays*. Lincoln: U of Nebraska P, 1962.

Rich, Adrienne, *Of Woman Born: Motherhood as Experience and Institution.* New York: Norton, 1986.

Shakespeare, William. *The Arden Shakespeare: Pericles*. Ed. Suzanne Gossett. London:

Thomson, 2004.

__________ . *The Arden Shakespeare: The Comedy of Errors*. Eds. R. A. Foakes. London: Methuen, 1962.

__________ . *The Oxford Shakespeare: King Lear*. Ed. Stanley Well. Oxford: Oxford UP, 2000.

Traversi, Derek. *Shakespeare: The Last Phase*. Stanford: Stanford UP, 1969.0

우리 모두의 비밀스럽고 부끄러운 기쁨*

-여성과 여성 청소년의 시기(Envy)와 샤덴프로이데-

이 내 아**

Ⅰ. 들어가며

다음은 최근 인터넷 한 유명 포털 사이트의 익명 게시판에 개재된 글이다.

> 나보다 5살이나 어리고
> 몸매 환상
> 집 안에 돈은 넘쳐나서 명품으로 휘감고 다니는...
> 얼굴도 예뻐서 남자들이 다 좋아하는...
> 성격도 좋아서 남자들 항상 따르는...
> 돈이 많으니 호텔에서 밥 먹는...
> 남자친구는 항상 무슨 재벌가 자제 혹은 능력자들...
>
> 칼 퇴근 할 때면 미안하다며 우리 팀 6명한테 다음날 점심 쏘는...
> 근데 그 횟수가 많아서 거의 매일 칼 퇴근...
> 그래도 어른들 찍소리 한 번 못하는...

---

* 이 논문은 필자의 심리학 석사학위(서울대학) 논문인 「청소년의 샤덴프로이데에 관한 연구」(2014)를 여성문화의 관점에서 재조명한 글임.

** 동광중학교

소개팅을 받아도 얘는 재벌가 자제... 전문직 혹은 능력 좋은 금융권..
나는 중소기업 다니는 아저씨 같은 사람들...

이런 애가 회사에서 남자들하고 얘기하며 웃을 때 그 웃음소리 들으면...
죽여 버리고 싶어요...
나는 뭘 잘못해서 이런 거지 겨우 면한 집에서 태어나 밤 12시까지
이런 개고생 하고 다니는지...

정말 짜증나고 그 아이 아무도 모르게 제거해버리고 싶어요..
그 아이도 한 번쯤은 불행하면 좋겠어요... 내가 웃을 수 있게...

당시 이 글에는 여럿 댓글들이 달리며 많은 사람들의 관심을 불러 일으켰는데, 혼자서만 "칼 퇴근"을 일삼는 이기적인 글 속의 여성을 비판하는 부류와 글쓴이의 소위 "열폭(열등감 폭발)"[1]을 지적하는 부류가 대다수였다. 이들은 서로의 비슷한 경험을 공유하며 이야기를 이어나갔으며 결국 해당 글의 작성자도, 게시글 속의 얄미운 여성 모두 우리 주변 어느 곳에서나 찾아볼 수 있는, 또는 우리 자신일지도 모를 이 시대의 자화상 한 부분임을 명백히 드러냈다.

그러나 결코 아름답다고만은 할 수 없는 이 자화상에서 필자가 특별히 주목한 부분은 바로 마지막 단락이었다. 시기하는 대상에 대한 저주, 그 대상의 불행으로 인해 얻게 되는 자신의 행복, 바로 샤덴프로이데(schadenfreude)였다.

샤덴프로이데(schadenfreude)란 독일어로 손실, 고통을 의미하는 "샤덴(schaden)"과 기쁨, 환희를 뜻하는 "프로이데(freude)"의 합성어로 타인의 불행이나 고통을 통해 느끼는 쾌감을 뜻하며 한국어의 '쌤통,' 영어의 'gloat(고소해하다)'와 유사한 의미라 할 수 있다. 일찍이 독설가로 유명한 미국의 기자

1) 주로 학업, 경제, 외모 면에서 자신보다 나은 상대방에게 지니게 되는 질투와 시기의 표출을 조롱조로 일컫는 용어로 이러한 행동이 열등감에 의한 것임을 내포하고 있다.

이자 작가 엠브로스 비어스(Ambrose Bierce) 또한 그의 저서 『악마의 사전』(*The Devil's Dictionary*, 1911)에서 "행복이란 남의 불행을 음미할 때 솟아나는 쾌감"이라 정의한 바, 낯선 용어의 탈을 쓴 친숙한 개념이라 할 수 있겠다.

이 글에서는 샤덴프로이데의 이론적 배경과 함께 그 특징을 간략하게 살펴본 후 한국 청소년들의 부러움 및 샤덴프로이데 경험을 탐색해 볼 것이다. 아울러 이를 여성 문화의 관점에서 새롭게 재조망한 몇 가지 함의들에 대하여 논하여 보고자 한다. 시기(envy)[2)]와 질투(jealousy)가 여성의 특질적 기질이라는 암묵적 함의는 과연 타당한 것인가?

Ⅱ. 타인의 불행과 샤덴프로이데

우리는 그 어느 때보다 빠르게 소통하는 시대에 살고 있다. SNS를 이용해 언제 어디에서든지 원하기만 하면 자신의 모든 것을 타인과 공유할 수 있으며, 타인에 관한 모든 정보를 받아들일 수 있다. 그리고 이는 자연스레 비교 행위를 낳는다. 특히나 집단주의 문화(collectivistic culture)인 한국 사회는 개인주의 문화(individualistic culture)인 서양 사회에 비해 상호의존적이며 유난히 타인과의 비교에 민감하여 예로부터 "사촌이 땅을 사면 배가 아프다"라는 말이 있듯이 일상적으로도 빈번하게 시기와 같은 사회적 정서가 강도 높게 경험되고 있음을 알 수 있다. 타인과의 상호작용 및 비교에 의해 나타나는 정서를 타인관련 유발정서(other concern eliciting emotions)라고 하는데, 이는 크게 네 가지로 구분할 수 있다. 타인의 행복에 대한 유쾌한 정서인 공감적 행복(empathic happiness), 타인의 행복에 대한 불쾌한 정서인 시기(envy), 타인의 불행에 대한 유쾌한 정서인 샤덴프로이데(schadenfreude), 타인의 불행에 대한 불쾌한 정서인 연민(sympathy)이 그것이다. 특히 시기와 샤덴프로이

2) 시기(envy)와 질투(jealousy)는 유사한 의미 같기도 하며, 일상생활에서 종종 혼용되는 경향이 있지만, 심리학에서는 보통 사회적 비교상황에서 발생한 감정을 시기심, 이성 관계에서처럼 사회적 관계상황 하에 발생하는 감정을 질투로 구분하고 있다.

데는 양가성(bivalence)을 지니고 있는 복합정서로 사회적으로 드러내기에 바람직하지 않다고 여겨지는 바, 다른 두 정서와는 뚜렷하게 구분됨을 알 수 있다. 그렇다면 시기와 샤덴프로이데는 어떻게 다르고, 우리는 무엇 때문에 이러한 샤덴프로이데를 경험하는가?

경험하는 당사자에게 샤덴프로이데란 결과적으로 행복한 상태, 즉, 긍정적 정서라 할 수 있다. Michalos(1985)의 비교이론(discrepancy theory)에 따르면, 인간은 자신의 상태를 어떠한 기준과 비교하여 그 기준과 긍정적 차이를 인식할 때 행복감을 느낀다고 한다. 또한 Tesser(1988)의 자기평가모형(Self Evaluation Model)은 다른 누군가의 불행이 이전에 지니고 있던 자기 자신에 대한 부정적 평가에 대한 보상으로 작용하여 불행을 당한 대상을 적합한 비교기준으로 삼게 만든다고 한다. 이처럼 우리가 자기평가의 기준으로 삼는 가장 일반적인 대상은 타인이라 할 수 있는데 이와 같은 타인과의 비교를 사회적 비교(social comparison)라 칭하며, 이를 자신과 비슷한 대상과 비교하는 수평비교(lateral comparison), 자기보다 더 나은 위치에 있는 대상과 비교하는 상향비교(upward comparison), 자기보다 더 좋지 않은 위치에 있는 대상과 비교하는 하향비교(downward comparison)로 나누어 볼 수 있다. 그 중에서도 상향비교는 때때로 자기향상(self-improvement)의 동기가 되는 등의 긍정적 영향과 함께 스트레스, 우울과 같은 부적정서를 야기 시키고, 비교대상에 대한 적대감 및 시기를 경험하게 하는 부정적 영향으로 인해 큰 관심을 받고 있다.

시기(envy)는 자신이 원하는 무엇인가를 소유한 제3자 또는 집단과 비교할 때 발생하는 불쾌하고 고통스러운 복합정서로서 열등감, 적대심, 분노, 악의 등의 정서적 측면뿐 아니라 타인의 행운이나 성취에 대한 의식적인 인지적 평가인 인지적 측면 또한 포함하고 있다. 또한 시기를 느끼는 대상이 자신과 유사하거나 가까울수록, 시기를 경험하는 영역이 개인의 자기 개념에 중요한 요소일수록 강하게 나타난다고 한다. 한 발 더 나아가 Smith와 Kim(2007)은 상대방에 대한 적대심의 유무에 따라 적개심을 포함하는 부정적 시기(malicious envy)와 적개심을 포함하지 않는 긍정적 시기(benign envy)로 구분하기도 하였으며, 여기에서 긍정적 시기란 한국어의 선망(羨望) 또는 부러움과 유사한 것으로 볼 수 있을 것이다.

상향비교 하에서의 시기와 샤덴프로이데가 같은 맥락에 존재하리라 여긴 많은 학자들은 소위 "톨 파피(tall poppy)"라 일컬어지는 부와 명성, 또는 비범한 능력을 지닌 사회적으로 뛰어난 사람들의 불행에 대한 일반인들의 아이러니한 반응[3]에 주목하기 시작했다. Feather와 동료들(1989/1994)은 상향비교로 인해 시기하던 경쟁자의 불행이 샤덴프로이데를 일으킨다고 보았다. 그들은 이를 증명하기 위해 1,531명의 고등학생에게 각각의 우등생과 평범한 학생이 실패를 경험하는 시나리오를 제공하였으며, 그 결과 피험자들은 평범한 학생보다는 우등생이 실패를 경험하였을 때 더 기분이 좋은 것으로 자가보고 하였다. 또한, 피험자들은 평범한 중위권 학생의 성적이 하위권으로 떨어졌을 때보다는 우등생의 성적이 중위권으로 떨어졌을 때 더 기분이 좋은 것으로 보고하였으며, 이는 대학생과 성인을 대상으로 한 연구에서도 마찬가지인 것으로 나타났다. Van Dijk와 동료들(2006) 역시 샤덴프로이데에 대한 선행요인으로써 시기에 주목하였는데, 이들은 시기와 마찬가지로 샤덴프로이데 또한 비교 대상이 자신과 비슷할수록 (ex. 동성인 경우) 비교 영역이 자신과 관련된 것일수록 더 크게 나타난다는 것을 밝혔다. 이 밖에 Smith와 동료들(1996), Brigham과 동료들(1997) 또한 자신과 비슷할수록 적절한 사회적 비교대상으로 여겨지기 때문에 시기심이 샤덴프로이데를 더 잘 예측할 수 있다 하였으며, Feather와 Sherman(2002) 역시 적절한 비교 대상이 아닌 경우, 시기만으로 샤덴프로이데를 예측하기 어렵다는 결과로 이전 연구(1994)를 보충하기도 하였다.

시기 외에도 샤덴프로이데를 예측할 수 있는 또 다른 요인들에 관한 연구가 많이 있는데 크게 당위성(deservingness)과 증오와 같은 부정적 정서를 들

---

3) 호주 및 영미 문화권에는 "톨 파피 신드롬(TPS: Tall Poppy Syndrome)"이란 용어가 있는데 이는 뛰어난 사람들을 깎아내리고 비방하는 사회적 현상을 뜻한다.

수 있다.

Van Dijk와 동료들(2005)은 타인에게 닥친 불행이 그렇게 될 만한 당위적(deserved)인 것일 때, 그에 대한 유쾌한 정서인 샤덴프로이데가 발현한다 하였다. 이들은 196명의 남녀 대학생들에게 랜덤으로 각기 다른 인터뷰를 감상하게 하였는데, 각각의 인터뷰는 우월한 대상 또는 평범한 대상이 불행을 겪는 내용으로 불행을 일으키는 사건은 그 자신에게 책임이 있는 것(당위적, ex. 연구실에서 휴대용 컴퓨터를 훔친 것)과 책임이 있지 않은 것(부당위적, ex. 연구실에서 휴대용 컴퓨터를 훔쳤다는 모함을 받은 것)으로 나눠졌다. 그 결과, 불행을 일으킨 사건에 대한 책임 정도가 샤덴프로이데와 유의미한 상관관계를 보였으며, 이는 불행에 대하여 지각된 당위성에 의해 매개되는 것으로 드러났다. 다시 말해 불행을 일으킨 사건에 대한 대상의 책임 정도가 크다고 판단될수록 불행이 당위적인 것으로 지각되었으며, 그것이 피험자로 하여금 더 큰 샤덴프로이데를 경험하도록 한 것이다. 이는 시기를 느끼는 대상에게 부당한 불행이 닥쳤을 때보다 정당한 불행이 닥쳤을 때, 더 큰 샤덴프로이데를 경험한다는 Smith와 동료들(1996)의 연구 및 타인의 부당한 이득에 따른 분노(resentment)로 인해 그 대상에게 닥친 불행을 정당한 것이라 여겨 샤덴프로이데가 유발된다하는 Feather와 Sherman의 연구(2002)를 한층 더 깊이 탐색한 결과이다.

Hareli와 Weiner(2002)는 지금까지 주된 요인으로 주목받아 온 시기와는 상관없이 타인에 대한 직접적인 부정적 정서(other-directed negative emotions)와 샤덴프로이데의 관련성에 새로이 초점을 맞추었다. 그들은 시기에 의한 것과는 독립적으로 증오나 혐오와 같은 대사에 대한 부정적인 태도 및 불쾌한 감정 또한 샤덴프로이데를 야기하는 것으로 보고 그들을 비교하였다. 세 가지 종류의 시나리오(시기 유(有)-증오 무(無) 상황, 시기 무(無)-증오 유(有) 상황, 시기 무(無)-증오 무(無) 상황)를 활용한 연구 결과, 시기로 인한 샤덴프로이데의 경우, 샤덴프로이데를 경험케 하는 불행의 정도가 가벼우며, 상대에게 불행이 닥치길 원하는 정도가 낮으며, 실제로 상대에게 불행이 닥쳤을 때 도움을 주려한 것으로 나타났다. 반면 부정적 정서로 인한 샤덴프로이데인 경우, 샤덴프로이데를 경험케 하는 불행의 정도가 크며, 상대에게 불행이 닥치길 원하는 정도가 높으며, 상대에게 닥친 불행을 정당하다고 여기며, 실제로 그 상대에게 불행이 닥쳤을 때 도움을 주려하는 정도가 낮았다. 물론 상대방을 시기하는 경우에도 적의(hostility)와 같은 부정적 정서가 공유될 수는 있지만, 단순히 대상에 대한 증오 및 혐오만으로 인한 샤덴프로이데와는 그 양상에 확연한 차이가 있다는 것을 알 수 있었다.

그러나 이상의 모든 요인들은 각각이 기능하는 독립적 요소라기보다는 상호보완적 요소로 보는 것이 바람직할 것으로 여겨진다. 그만큼 오늘날 우리가 경험하고 있는 샤덴프로이데란 복잡하고 복합적이며 다차원적(multidimensional)인 정서이며, Frijda(1988)의 "정서의 법칙"에서 드러나듯이 숨겨진 수많은 동기와 목적을 내포하고 있기 때문이다.

Ⅲ. 성차와 샤덴프로이데

미국의 정치가이자 과학자, 저술가 등 수많은 이력을 지닌 벤자민 프랭클린(Benjamin Franklin)은 지혜로운 명언을 남긴 위인으로도 유명하다. 그의 명언 중에는 "한 여자의 결점을 알고 싶다면, 그녀의 여자 친구들에게 그녀를 칭찬해보라(To find out a girl's faults, praise her to her girlfriends.)"가 있다. 이는 여성 특유의 시기와 뒷담화 하는 습성을 간파한 프랭클린의 위트와 통찰력이라고 볼 수도 있지만 여성에 대한 편견을 가중시키는 오래된 신화(myth)가 되어 여성폄하의 한 기제로 작용할 수 있다. 이러한 신화는 대부분의 사람들로 하여금 시기나 질투와 같은 개념을 여성과 연관 짓도록 만든다. 심지어 불어에서는 부러움, 선망을 뜻하는 "envie"와 질투, 시기심을 뜻하는 "jalousie" 모두가 여성 명사에 속해 있다. 이는 단지 우연인 것일까? 태초에 시기로 인해 자신의 동생인 아벨을 죽인 인류 최초의 살인자 카인은 남성이 아니었던가?

필자는 얼마 전 개인의 기질적(dispositional) 샤덴프로이데 성향을 측정하기 위한 샤덴프로이데 경향성 척도(Schadenfreude Tendency Scale; STS)의 제작을 위한 예비연구로서 청소년을 대상으로 그들의 부러움 및 샤덴프로이데 경험에 관한 탐색적 연구를 시행하였다. 그 결과, 우리의 오래된 신화에 관한 몇 가지 궁금증에 대한 해답의 실마리를 찾아볼 수 있었다.

연구 방법은 다음과 같다. 먼저 13세부터 19세까지의 청소년 461명(남학생 157명, 여학생 304명)을 대상으로 하여 다양한 각도에서 그들의 부러움 및 샤덴프로이데 경험에 접근해볼 수 있는 구조화된 개방형 질문지를 제작해 시행하였다. 질문지를 통해 1) 타인에 대한 부러움 및 시기 정서 경험의 여부, 2) 해당 경험의 대상, 영역, 원인, 및 경험의 강도, 3) 앞서 답한 부러움 및 시기 경험의 대상에게 좋지 않은 일이 벌어졌다는 가정을 통하여 본 샤덴프로이데 경험의 여부 및 강도를 알 수 있었다.

각각의 결과는 다음과 같았다. 먼저 청소년이 부러움 및 시기를 느낀 대상은 (1) 부모, 형제자매, 친척을 포함한 가족 및 혈연관계, (2) 친구 및 또래, (3) 청소년의 주변인들 중 그들 또래가 아닌 제3자, (4) 연예인, 빌 게이츠와 같이 사회적으로 부와 명성을 지닌 유명인 등으로 비교적 명확하게 구분되었다. 이 중 성별과 관계없이 피험자의 절반이 넘는 약 56%의 청소년들이 친구를 대상으로 가장 많은 부러움을 경험하는 것으로 드러났는데, 이는 가족이나 친구처럼 자신과 비슷한 대상일수록 더 많은 시기를 경험한다는 여러 선행연구를 지지하고 있음을 알 수 있다. 또한 부러움 및 시기 경험의 강도면에서 흥미로운 점은 제3자나 유명인에 비해 가족과 친구를 대상으로 한 강한 부러움의 비율이 모두 비슷한 정도(약 50%)로 높게 나타나지만, 이것이 실제 샤덴프로이데로 발현하는 비율은 가족을 대상을 했을 때에만 현저히 줄어든다는 것(51→37%)이다. 이는 자신과 친밀한 대상일수록 샤덴프로이데를 덜 경험한다는 또 다른 선행연구의 결과와도 일맥상통하는 것으로 자신과 친밀한 가족에게 닥친 불행은 가족구성원 모두에게 공유될 수 있음을 의미한다. 그 밖에 제3자 및 유명인을 대상으로 한 경우, 부러움과 샤덴프로이데의 경험 강도가 모두 낮았는데 이는 그들이 자신과의 직접적인 비교대상이 아니며, 이상화의 대상 또는 롤모델(role model)로 인식되기 때문이라 해석할 수 있을 것이다.

다음으로 부러움 및 시기를 경험하는 영역은 (1) 성적, (2) 이미 소지하고 있는 핸드폰, 화장품, 옷 등과 같은 단순한 물질, (3) 외모, (4) 해외여행 및 유학처럼 청소년이 감당할 수 없는 재력을 필요로 하는 경험이나 사건 등을 포함하는 경제력, (5) 상대의 성격적 강점이나 스포츠, 게임, 미술 실력 등 개인의 특정 능력, (6) 자유 및 시간적 여유, (7) 이성 친구, 또래로부터의 인기와 같은 대인관계상의 이점으로 구분할 수 있었다. 유일하게도 이러한 영역과 관련하여 부러움 및 시기 경험에 대한 유의미한 성차가 발견되었는데, 이는 아래의 그래프에서 나타나는 것처럼 남학생이 주로 성적, 능력, 물질에 대하여 여학생이 주로 성적, 외모, 대인관계에 대하여 강한 부러움을 경험하는 것으로 밝혀졌다. 반면, 샤덴프로이데는 영역과는 아무런 관련이 없는 것으로 드러났다.

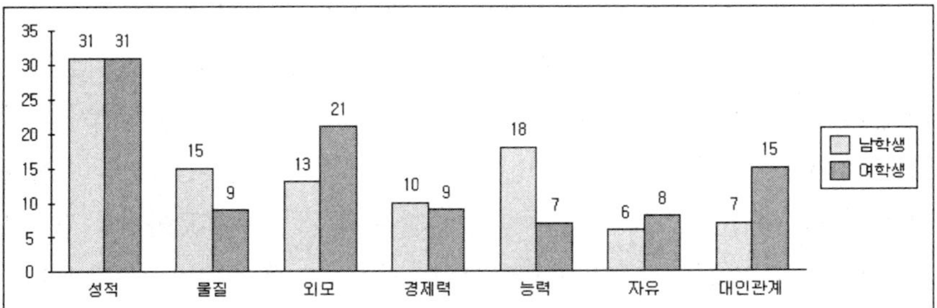

부러움 경험의 영역별 성차 (%)

부러움 및 시기를 경험하는 원인은 총 여섯 가지로 나타났는데, 비교를 나타내는 표현인 "나보다" 또는 "더~" 등이 쓰여진 경우에 (1) 상향비교로, 단순한 비교를 넘어 "내가 못나고 초라하게 느껴진다"와 같은 자기비하적인 내용인 경우에 (2) 열등감으로, "재수 없다"와 같은 대상에 대한 부정적 정서가 확연히 드러난 경우에 (3) 대상에 대한 부정적 정서로, 경험을 부당하거나 불공평한 것으로 인지하는 경우에 (4) 불공평으로, 상대의 자랑으로 인한 경우에 (5) 자랑으로, 자기비하적인 내용 없이 단순히 가볍게 부러워하는 경우에 (6) 선망으로 구분하였다. 역시나 성별 구분 없이 청소년들은 선망(35%)과 상향비교(27%)로 인해 가장 빈번히 부러움 및 시기를 경험하는 것으로 나타났다. 그러나 부러움 및 시기와 샤덴프로이데의 각 경험의 강도를 원인별로 분석한 결과, 그 양상에 큰 차이가 있다는 것을 발견할 수 있었다. 상향비교로 인한 부러움의 경우, 해당 원인 내 51.8%가 강한 부러움(시기)을 경험한 반면, 선망의 경우, 해당 원인 내 23.8%만이 강한 부러움을 경험하고 나머지 55.9%는 경미한 정도의 부러움을, 20.3%가 보통 수준의 부러움만을 경험하는 것으로 나타났으며 이는 통계적으로 의미 있는 분석이었다. 마찬가지로 샤덴프로이데 또한 상향비교의 경우, 해당 원인 내 44.5%가 샤덴프로이데를 경험한 반면, 선망의 경우, 해당 원인 내 55.9%가 샤덴프로이데를 경험하지 않은 것으로 드러나 정 반대의 양상을 보이고 있음을 알 수 있었다. 이는 시기와는 다른 무해한 선망(benign envy)을 의미하는 것으로 부러움을 일으키는 대상에 대한 '연합'과 '접근'의 동기를 활성화시킨다는 차운아(2010)의 연구 결과를 지지하고 있으며, 청소년들이 매우 선망하는 대상인 제3자 및 유명인에 대한 부러움 및 샤덴프로이데의 강도가 상대적으로 낮게 나타난 앞선 연구 결과의 원인으로도 지목해볼 수 있을 것이다. 그 밖에 상대에 대한 부정적 정서로 인한 강한 정도의 부러움 및 샤덴프로이데가 각각 80.0%, 70.8%로 매우 높게 나타났는데, 이 또한 증오 또는 혐오와 같이 상대에 대한 직접적인 부정적 정서를 느끼는 경우 더 큰 샤덴프로이데를 경험한다는 Hareli와 Weiner(2002)의 연구 결과를 지지하고 있음을 알 수 있었다.

최종적으로 부러움 및 시기, 샤덴프로이데 경험과 관련하여 (부러움 및 시기 경험의 영역을 제외하고) 성차는 존재하지 않는 것으로 드러났다. 아래의 그림에서 보여지듯이 강한 부러움을 경험한 비율은 여학생(57%)이 남학생(43%)에 비해 다소 높게 나타났으나 통계적으로 유의미[4]하지 않았으며, 샤덴프로이데에 있어서도 유의미한 차이가 있지 않은 것으로 드러났다. 즉,

4) 통계 용어로 통계 검증에서 유의미한(significant) 결과란 영가설이 기각되었음을 뜻한다.

시기와 질투를 여성의 전유물로 간주한 남성문화중심의 신화는 적어도 이번 연구 결과에서만큼은 거짓인 것으로 밝혀지게 되었다.

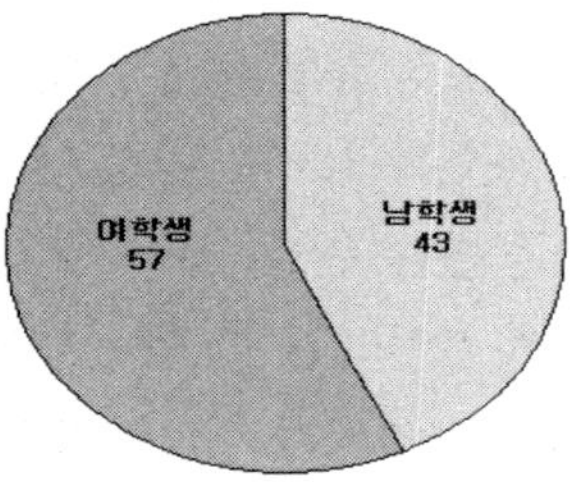

강한 부러움 경험 (%)

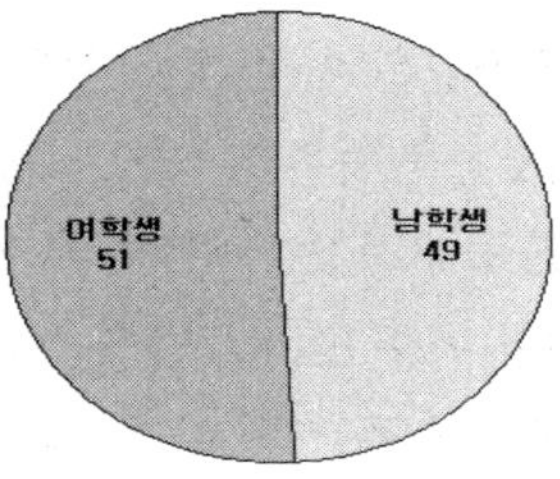

강한 샤덴프로이데 경험 (%)

Ⅳ. 나가며

백설공주의 계모가 '거울아, 거울아, 이 세상에서 누가 제일 예쁘니?'라고 물을 때부터 시기, 질투, 심지어 샤덴프로이데와 같은 사회적 정서는 남성보다는 여성의 주된 영역으로 인지되는 쪽일 것이다. 그러나 지금까지 살펴본 청소년 대상의 연구는 물론, 살펴본 연구 결과를 바탕으로 제작한 샤덴프로이데 경향성 척도(STS)와 샤덴프로이데 시나리오를 활용한 이후의 연구 모두 전혀 다른 방향을 제시하고 있었다. 부러움 및 시기, 샤덴프로이데의 경험에 있어 그 어떠한 성차(sexual difference)도 존재하지 않는다는 것이다.[5] 그럼에도 불구하고 정반대의 잘못된 시각이 팽배한 것은 무엇 때문일까?

첫 번째 단서는 앞서 본 연구에서 유일하게 성차가 발견된 부러움 및 시기 경험의 영역에서 찾아볼 수 있었다. 남녀 청소년 모두 공통적으로 시기상 그들에게 가장 중요한 부문인 학업(성적) 영역에서 가장 빈번히 부러움 및 시기를 경험하였으며, 그밖에 경제력, 자유 영역에서 또한 별 다른 성차

5) 시기의 성차에 대한 연구는 거의 전무한 수준이나 필자의 연구뿐 아니라 Nagel(2010)의 연구 결과 또한 동일한 내용을 증명하고 있다.

가 발견되지 않았다. 유의미한 차이가 크게 발견된 영역은 외모, 능력(성격적 강점이나 스포츠, 게임, 미술 실력 등 개인의 특정 능력), 대인관계(주로 이성관계적 측면에서의 이득)인데, 이를 해석하면 여성 청소년은 남성 청소년에 비해 외모, 대인관계 영역에서 많은 부러움 및 시기를 경험하였으며, 남성 청소년은 여성 청소년에 비해 능력 영역에서 많은 부러움 및 시기를 경험하였음을 뜻한다. 외모, 대인관계에 비해 개인의 능력은 자신 안에 내재한 비교적 안정적인 속성이며 상대적인 비교를 통해 우열을 가린다기보다는 절대적인 기준 또는 등급을 통해 판단되어지며 본인의 노력 하에 향상될 수 있는 개념에 가깝다. 반면, 외모 및 대인관계는 타인에게 지대한 영향을 받으며 개인의 능력에 비해 스스로 통제할 수 있는 범위가 작다고 할 수 있겠다.

흥미로운 점은 서론 부분에서 살펴 본 한 여성의 고백에서도 동일한 패턴이 발견되고 있다는 것이다. "5살이나 어리고, 몸매 환상"(외모)에 "능력자들"(대인관계)만 만나는 "돈이 넘쳐나는"(경제력) 얄미운 여성에 대해 자신이 할 수 있는 것이라고는 불행해지길 바란다는 시기심의 표출뿐이다. 그녀에게 불행이 닥쳐 웃고 싶다는 샤덴프로이데로의 발로뿐이다. 자신의 주체성 보다 외모, 어린 나이, "잘난 남자"만을 따지는 여성은 이러한 사회적 비교와 그에 따른 다양한 사회적 정서의 경험에 있어 무력해질 수밖에 없다.

두 번째 단서로는 남성과 여성의 기질적 차이를 들 수 있다. 남성도 여성과 마찬가지로, 거의 여성만큼이나 시기와 샤덴프로이데를 경험한다. 그러니 여성만을 주범화한 벤자민 프랭클린과 그 모든 이들에게 고한다. 여성은 단지 남성에 비해 더 많이 표현할 뿐이라고.. 심리학을 전공하지 않은 사람들도 여성이 남성에 비해 보다 더 관계지향적이며 친화적이며, 남성은 보다 더 공격적이라는 사실을 알고 있을 것이다. 관계지향적인 여성은 시기 및 샤덴프로이데 뿐만 아니라 공감적 행복, 연민과 같은 모든 사회적 정서에 더욱 민감하며 친화적이기에 이를 타인에게 표출한다. 남성의 경우, 시기보다는 샤덴프로이데에 특히 더 민감한데, 이는 샤덴프로이데가 시기를 느끼던 혹은 부정적 정서를 느끼던 대상에 대한 수동적 공격의 수단이 되어 그들의 공격 욕구를 대체하기 때문이라 해석해볼 수 있을 것이다.

결국 이것은 우리 모두의 비밀스런 기쁨인 것이다. 남성만의 것도, 여성만의 것도 아닌 인류의 비밀스런 그러나 부끄러운 기쁨인 것이다. 샤덴프로이데 경향성 척도(STS)를 활용한 이후 연구 결과에 따르면 샤덴프로이데 경향성은 자기애적 성격, 정서 위주의 소극적 대처방식과 유의미한 정적상관을, 상대방의 기쁨 또는 고통을 함께 공유하는 정서적 공감 능력, 자존감 및 삶의 질과 유의미한 부적상관을 보이며 개인의 성장과 성숙에 반하는 적응적이지 못한 특성인 것으로 여겨지는 바, 가벼운 표면적 쾌감(freude) 아래에 진정한 불행(schaden)이 감추어져 있을지도 모른다는 것을 간과해서는 안 될 것이다.

참고문헌

차운아(2010). 부러움: 연합과 접근의 동기를 알리는 전략적 커뮤니케이션. 한국심리학회지: 사회 및 성격, 24(2), 51-72.

Brigham, N. L., Kelso, K. A., Jackson, M. A., & Smith, R. H. (1997). The roles of individious comparisons and deservingness in sympathy and schadenfreude. *Basic and Applied Social Psychology, 19(3)*, 363-380.

Cohen-Charash, Y., & Mueller, J. S. (2007). Does perceived unfairness exacerbate or mitigate interpersonal counterproductive work behaviors related to envy? *Journal of Applied Psychology, 92(3)*, 666-680.

Coppen, F. (2008). Emotions elicited by the (mis)fortunes of others: Spotlighting Schadenfreude. (Unpublished master's thesis). Tilburg University, Tilburg.

Feather, N. T. (1989). Attitudes towards the high achiever: The fall of the tall poppy. *Australian Journal of Psychology, 41*, 239-267.

Feather, N. T. (1994). Attitudes toward high achievers and reactions to their fall: Theory and research concerning tall poppies. *Advances in Experimental Social Psychology, 26*,

1-73.

Feather, N. T., & Sherman, R. (2002). Envy, resentment, schadenfreude, and sympathy: Reactions to deserved and undeserved achievement and subsquent failure. *Personality and Social Psychology Bulletin, 28*(7), 953-961.

Hareli, S., & Weiner, B. (2002). Dislike and envy as antecedents of pleasure at another's misfortune. *Motivation and Emotion, 26*(4), 257-276.

Michalos, A. C. (1985). Multiple discrepancies theory (MDT). *Social Indicators Research, 16*, 347-413.

Nagel. E. (2010). The significance of gender, context, and contingent self-esteem on feelings of schadenfreude. (Unpublished honors psychology thesis). Vanderbilt University, Nashville.

Smith, R. H., Turner, T. J., Garoznik, R., Leach, C. W., Ursch-Druskat, V., & Weston, C. M. (1996). Envy & schadenfreude. *Personality and Social Psychology Bulletin, 22*, 158-168.

Smith, R. H., & Kim, S. H. (2007). Comprehending envy. *Psychological Bulletin, 133*(*1*), 46-64.

Tesser, A. (1988). Toward a self-evaluation maintenance model of social behavior. In L. Berkowitz(Ed.), Advances in experimental social psychology(Vol. 21, pp. 181-227). New York: Academic Press.

Van Dijk, W. W., Ouwerkerk, J. W., Goslinga, S., & Nieweg, M. (2005). Deservingness and schadenfreude. *Cognition and Emotion, 19*, 933-939.

Van Dijk, W. W., Ouwerkerk, J. W., Goslinga, S., & Nieweg, M., & Gallucci, M. (2006). When people fall from grace: Reconsidering the role of envy in schadenfreude. *Emotion, 6*(*1*), 156-160.

오늘의 '포스트휴먼'(posthuman) 시대에 무엇이 인간을 여전히 인간되게 하는가?*

-유교적 페미니즘과 기독교의 대화-

이 은 선**

Ⅰ. 시작하는 말

오늘날 '포스트인간'(posthuman)이 말해지고, "인간학의 종말"(the end of anthropology)이 거론되는 때에 무엇이 인간을 여전히 인간되게 하고, 인간의 인간다움을 구성하는가? 이 질문은 21세기 인류 테크놀로지 문명의 발달로 각종 디지털 주체가 등장하고, 이와 함께 후기 산업 자본주의 사회의 비인간화가 점점 가속화 되는 상황에서 특히 내게 자주 떠오르는 질문이다. 하지만 나는 이 질문으로 인류 기계문명에 대한 나이브한 적대를 드러내려는 것이 아니다. 오히려 '포스트휴먼'(posthuman)이라는 언어로 인간의 인간성이 더욱 고유하게 전개된 인간, 그래서 한편으로 그것이 앞으로 우리 삶이 나아갈 방향과 지향을 보여주는 언어로까지 보려고 한다.

오늘 어느 곳에서든지 가상현실을 열어주는 컴퓨터와 디지털카메라, CCTV 등이 널려 있어서 우리가 우리 몸의 현실을 간단히 뛰어넘을 수 있다고 생각할지 모르지만 그러나 매우 아이러니컬하게도 이러한 우리시대에서 만큼 "인물조작"(identity play)이 쉬워진 때도 없다고 지적되었다. 그래서 오늘 시대야말로 더욱 우리 자신의 동일성을 증명할 수 있는 '몸'(body)이 중요

* 이 논문은 『유교사상문화연구』 제52집, 한국유교학회(2013.06, 179-220쪽)에 수록되었던 것을 수정, 보완한 것임.

** 세종대학교

하게 되었고,[1] 이것은 우리 존재의 핵심이란 언제나 '몸'과 '정신', '신체'와 '상징'이 연결된 관계성이고, 그 관계성의 올바른 유지만이 인간을 인간되게 하고 인간의 인간성을 확보 내지는 증대할 수 있다는 사실을 잘 지시해준다.[2] 그런 의미에서 오늘의 '포스트휴먼' 논의가 쉽게 "더 빨리, 더 높이, 더 강하게"(Faster, higher, and stronger)라는 기술과학적 유물론적 논의가 되어서는 안 되고, 더군다나 그것이 지금까지의 서구 근대적 '자율적 자아/주체'(liberal subject)의 왜곡된 자율성과 주관성을 더 강화시키려는 의도로 나가는 것은 "매우 위험하다"(lethal).[3] 대신에 오늘의 포스트휴먼 논의가 지금까지의 인간적 '인간성'(仁, humanity)을 한층 더 드러내주고, 더 전개시키는 방향으로 나아가야 한다고 생각한다. "우리는 항상 인간이었고"(We were always human.), "또는 아마도 우리는 항상 늘 초인간이었다."(Or maybe, we were always posthuman.)라는 두 가지 언술을 동시에 받아들이는 의미에서 "우리는 우리가 언제나 그랬던 것처럼, 그렇게 인간, 너무도 인간이다."(We are, as we always were, human, all too human.)라는 선언에 동참하는 의미로 이해되기를 바란다.[4]

하지만 여기에서 오늘날의 이러한 '포스트휴먼'(posthuman) 논의를 더 따라가기 보다는 21세기 우리시대의 과도한 '주체(자아)중심주의'와 모두가 주체성의 감옥에 갇힌 상황에서 오는 폐해와 오류를 지적하면서 나름의 인간론 논의를 계속하고자 한다. 자아의 고유성을 몸과 정신, 신체와 상징 중 어느 것으로 보느냐의 물음과 상관없이, 우리가 모두 알다시피 서구 근대의식에 의해서 추동된 인류 근대 문명에서 자아와 주체가 너무 비대해졌기 때문

1) Zeynep Tufekci, "We were always Human", Neil L. Whitehead and Michael Wesch(eds.), *Human no more-Digital Subjectivities, Unhuman Subjects and the End of Anthropology*, University Press of Colorado, 2012, p.40.

2) Zeynep Tufekci, "We were always Human", Neil L. Whitehead and Michael Wesch(eds.), *Human no more-Digital Subjectivities, Unhuman Subjects and the End of Anthropology*, p.34.

3) Hayle N. Katherine, *How We Become Posthuman : Virtual Bodies in Cybernetics, Literature, and Informatics*, University of Chicago Press, 1999, in: Jennifer cool, "The mutual Co - Construction of Online and Onground in Cyborganic", Neil L. Whitehead and Michael Wesch, op.cit., p.26.

4) Zeynep Tufekci, "We were always Human", Neil L. Whitehead and Michael Wesch(eds.), *Human no more-Digital Subjectivities, Unhuman Subjects and the End of Anthropology*, p.45.

이다. 그것의 한 치명적인 분출이었던 20세기 서구 전체주의의 이데올로기는 '모든 것이 가능하다'(Everything in possible)였고, 그것이 오늘날 세계 인류 삶의 상황을 1대 99의 상황으로 몰고 가면서 글로벌 신자유주의 경제시대에서도 그대로 적용되고 있기 때문이다. 그것은 '자아'에 대한 배타적인 관심과 집중으로 자신과 자기 이익 외의 모든 다른 삶의 요소들을 자기이익을 위한 수단으로 여긴다. 이러한 인류 근대 삶의 정황에 대해서 서구 여성 정치철학자 한나 아렌트(Hannah Arendt, 1906-1975)는 "'세계소외'(world alienation)가 근대의 징표가 되었다"고 지적하면서 그것은 자아와 개개인 인간의 전능이라는 망상으로 이웃과 다수의 인간이 존재해야 할 이유를 말살해버리는 결과를 초래할 수 있다고 경고하였다.[5] 여기서 현대 대중의 깊은 고독과 뿌리 뽑힘의 기원을 보는데, 오늘 21세기 삶의 정황도 이러한 근대 전체주의적 인간 자아의식과 왜곡된 주체성의 원리와 밀접히 연결되어 있는 것을 알 수 있다.

본 논문은 이러한 근대문명의 밑바탕에 놓인 주체/자아중심적 인간이해가 다시 서구 기독교 전통의 인간 이해와 '구원자' 이해(기독론)와 밀접히 연관되어 있는 것을 본다. 그러면서 거기에 대한 동아시아적 대안으로서 유교 전통의 인간이해와 세계 의미실현 방법을 가져와서 그 둘 사이의 대화에서 어떤 새로운 대안이 나올 수 있는지를 살펴보고자 하는 것이다. 이 일을 위해서 먼저 본인의 유교 이해를 짧게 언급하면, 본인은 유교 전통을 특별히 한 '종교 전통'(religiosity), '영적 전통'(spirituality)으로 이해한다는 것이다. 또한 거기서 더 나아가서 일반적인 유교 이해와는 달리 그 전통에서의 '여성들'의 삶이야말로 유교 영성을 뛰어나게 체현한 증거로 보는 입장이다. 왜냐하면 유교 영성의 핵심이 바로 이 세상의 세간적(世間的) 삶에서 하늘의 큰 뜻을 이루려는 '하학이상달'(下學而上達, 낮을 것을 배워서 높은 것에 도달함)과 '극고명이도중용(極高明而道中庸, 높고 밝은 것을 극진히 해서 일상을 살아감)의 추구라면 유교 전통사회에서 여성들의 삶이란 곧 이 세상의 온갖 살림살이를 맡아오면서 그 유교적 도리를 실천해온 경우라고 보기 때문이

5) 리처드 J. 번스타인, 김선욱 옮김, 『한나 아렌트와 유대인 문제』, 아모르 문디, 2009, 226쪽.

다. 그래서 본 논문은 그 여성들의 삶과 살림에서 오늘 우리 시대의 주체성의 원리를 새롭게 할 수 있는 가능성이 나올 수 있는지를 보고자 한다. 근대 기독교 문명의 주체성의 원리가 유교 전통 여성들의 삶의 영성과 대화함으로써 어떻게 다른 차원의 인간성의 원리, '포스트인간'의 존재와 삶의 원리로 거듭날 수 있는지를 보려는 것이다.

Ⅱ. 서구 근대문명의 주체성의 원리와 그 부패

일찍이 하이데거는 기술은 모든 것을 이용 가능한 자원으로 바꾸기 위해서 자연과 세계를 "총체적으로 몰아세우는 방식으로"(enframing, Gestell) 도전해온다고 지적하였다.[6] 이러한 기술문명의 꽃인 인류 근대문명에서 그 기술문명의 주관자인 인간 주관에 의한 시간과 공간의 찬탈은 끝 모르게 이어지고 있다. 이미 하이데거도 지시한 대로 인간 주관에 의한 자연의 몰아세움과 찬탈은 그 화살을 다시 인간 스스로에게로도 향하였고, 그리하여 오늘날 신자유주의 세계화 시대에서의 비인간성은 인간 존엄과 고유성에 대한 모든 이야기들을 한갓 헛된 신화로 날려버리는 정도까지 되었다. 그래서 오늘날 인간문명은 '포스트휴먼'을 논하고 있지만 그 맞이하고 있는 위기는 단순히 "인식론의 위기가 아니라 존재론의 위기"(a crisis of ontology, not quit of epistemology)라고 지적되었다.[7]

서구적 근대 인간문명의 '주체성의 원리'(the principle of subjectivity)와 이러한 결과가 밀접히 연결되어 있다고 생각한다. 중세 기독교 교회와 신의 지배에서 벗어난 근대 인간은 주체가 되었고, 개인이 되었으며, 계산할 수 있고 선택할 수 있는 존재가 되었다. 그러나 이렇게 해서 얻어진 근대 인간의 주체성의 원리는 그 적용에 있어서 한계를 모르고 치닫게 되어서 단순히

6) 프레드 달마이어, 신충식 옮김, 『다른 하이데거』, 문학과 지성사, 2011, 122쪽; Fred Dallmayr, *The Other Heidegger*, Cornell University Press, 1993, p.67.

7) Neil L. Whitehead and Michael Wesch, *Human no more-Digital Subjectivities, Unhuman Subjects and the End of Anthropology*, p.218.

중세적 신의 형상을 지운 것뿐 아니라 인간 의식 속에 '영원성'(eternity)에 대한 물음 자체를 지우는 지경까지 갔다. 거기서 인간 삶과 세계의 다원성과 복수성에 대한 의식과 책임은 철저히 자아 한 사람이나 일자적 이데올로기의 획일적 원리로 환원되고 무화된다. 아렌트가 이러한 근대문명의 파국적 현실에서 삶과 세계를 온통 "자연이나 또는 역사"(nature or history)라는 일자적 이데올로기 운동으로 환원시킨 헤겔이나 마르크스, 다윈 등을 지시한 것과 유사하게 한국의 생명철학자 윤노빈은 "마르크시즘은 서양철학의 시작이 어떤 결과를 초래하게 되었는가를 증명하는 상징이 되었다."고 일갈하였다.[8] 이렇게 근대 주체성의 원리는 자아와 개인이 '법'(law)과 '원리'(principle)가 되거나, 또는 그 이념적 법과 원리가 최고의 신이 되는 것이라고 할 수 있다. 그러한 자아의 무한한 확장은 자아 이외의 존재의 다양성과 생명적 자발성을 무화시키고 오로지 자아의 목적과 의도만을 "초의식"(supersence)과 초논리로 삼아서 현실의 삶을 그 원리대로 정리하길 원한다.[9] 그런 의미에서 서구 근대의 목적주의와 실리주의는 "도덕적으로는 파산했고, 영적으로는 혼동 속에 빠지게 되었으며, 사회적으로는 (극도의) 경쟁주의에 사로잡히게"(as morally bankrupt, spiritually dissolute, and socially competitive) 되었다고 비판받는다.[10]

이렇게 자아가 신이 되고, 원리가 되고, 법이 되는 서구 근대성이란 또 다르게 살펴보면 그것은 '有'(있음, 존재)의 사고를 극단적으로 펼친 결과라고 할 수 있다. 자아의 핵심도 有로 파악한 것이고, 그 자아적 有를 시공적으로 무한대로 확대하고자 하는 기도가 그것이다. 그러한 有의 주체성의 원리가 오늘 세계의 정황을 이렇게 총체적인 비인간화의 지경으로 몰고 갔다면 거기로부터의 구원의 희망은 지금까지 우리가 삶과 의식에서 무시했고 잘 돌보지 않던 '無'의 차원을 회복하고 돌아보는 일에서 비롯된다고 할 수 있다.[11] 이러한 無의 차원을 다시 새롭게 돌아보는 일은 여러 가지로 이야기

8) 윤노빈, 『新生哲學』, 학민사, 2010, 73쪽.

9) Hannah Arendt, "On the nature of Totalitarianism", *Essays in Understanding 1930-1954*, Harcount Brace & Company, 1994, p.340.

10) Neil L. Whitehead, "are we there yet?", Neil L. Whitehead & Michael Weseh, *Human no more-Digital Subjectivities, Unhuman Subjects and the End of Anthropology*, p.222.

될 수 있다. 먼저 지금까지 서구 근대의 언어가 과격한 세속주의의 언어로 존재의 초월적 차원을 무시한 것이었다면 이제 다시 우리 삶의 영적 차원과 영원성에 대한 의식을 회복하는 일이라고 할 수 있다. 또한 그것은 자아와 개인에게 사로잡힌 의식 대신에 지금까지 자신에게 無였고 존재하지 않던 타자와 이웃, 공동체를 돌아보는 일을 말하기도 한다. 또한 몸적 자아와 부와 재산의 확대가 지금까지 근대 서구 부르주아 문명의 추구였다면, 예를 들어 한국의 영성가 다석 유영모의 언어대로 "없이 있는", "죽어서 사는 얼(얼나)"의 드러남에 집중하는 것 등을 말할 수 있다. 인식적 사고의 대상인 '과거'와 의지적 소망으로 '미래'에 집중하면서 끊임없이 사라지는 "없이 있음"의 '현재'와 '지금'을 우리 삶에서 다시 회복하는 일이라고도 할 수 있다.[12)]

서구 기독교 영성가 피터슨(Eugene H. Peterson)도 오늘 현대인들의 언어생활에서 "자아"(self)라는 용어가 "영/혼"(soul)이라는 용어를 모두 삼켜버렸다고 지적했다. 그에 따르면 '자아'라는 용어는 인간이 초월적, 신적 기원을 가지는 존재라는 차원을 탈각시킨 용어이다. 대신에 마치 자전거나 물펌프의 기계처럼 오직 사용가치만 고려하는 "자원"(resource)으로서의 인간이해로서 오늘의 소비사회가 어떻게 인간 존엄을 탈각시키는지를 잘 드러내준다고 지적한다. 이렇게 초월적 기원으로부터 소외된 '자아'로서의 인간은 단지 '개인'일 뿐이며, 여러 차원의 관계성—하나님과의 관계, 이웃 인간과의 관계, 지구와의 관계—을 반향하는 영혼으로서의 인격적 존엄성을 잃고서 단지 그 기능이 다할 때까지(dysfunctional) 소비되는 도구일 따름이다.[13)]

이렇게 서구 기독교신학자 피터슨이 자아와 주체로서의 인간 이해를 넘어서 '소울'(영/혼)로서의 인간 의식을 통해서 다시 그 인간의 '보이지 않는'(無) 존엄의 근거를 지시하지만,[14)] 나는 여기에서 더 나아가고자 한다. 즉 우

---

11) 이기상, 『글로벌 생명학-동서 통합을 위한 생명담론』, 자음과 모음, 2010, 151쪽 이하.

12) 한병철, 『피로사회』, 문학과 지성사, 2011; 이정배, 『없이 계신 하느님, 덜 없는 인간-다석신학의 얼과 틀 그리고 쓰임』, 도서출판 모시는 사람들, 2009.

13) Eugene H. Peterson, *Christ Plays in The Ten Thousand Places*, William B. Eerdmans Publishing Company, 2005, pp.37～39.

14) 여기서 피터슨의 책 제목이 『그리스도는 수만 가지의 영역에서 활동하신다』(Christ Plays in

리 존재를 더욱 더 적극적으로 無의 언어로 지시하는 아시아적 사고에로 눈을 돌리고자 함을 말한다. 다시 언급할 필요도 없지만 그렇게 자아와 주체가 궁극적 의미가 된 근대문명은 서구 기독교문명이다. 그것은 바로 그 기독교의 유일신과 인간중심적 인격신으로서의 초월이해의 반영이다. 하지만 여기서 나는 아시아적 사고 중에서도 가장 급진적이고 직접적으로 無와 空에 대해서 말하는 불교보다는 오히려 유교적 대안 속에서 길을 찾고자 한다. 왜냐하면 불교와 같은 無에 대한 과격한 언어는 현실에서는 오히려 有에 대해서 더 큰 집착에 빠질 수 있다고 보기 때문이다. 고려시대 말기의 불교의 타락이나 불교 전통의 나라에서 여성들의 처지가 오히려 일반적으로 더 열악한 것들이 그 반증이라고 할 수 있다. 서구 근대 세속사회의 도래와 그 이후시대(post secular)의 서구인들의 종교적 탐색을 잘 분석한 찰스 테일러(Charles Taylor)도 지적한 대로 오늘날 후기 세속사회에서 불교와 같은 과격한 無의 언어는 자칫하면 오히려 "더 세련된 차원의 자아 이기주의"(higher selfishness)를 위한 방편이 될 수 있음을 보기 때문이다.[15] 불교가 서구사회에서 더 큰 부와 힘을 지향하는 이기적 주체들의 '대안 건강법'이 되거나 오늘 사회에서 점점 더 심화되어 가는 사회적 불평등과는 상관없이 '영적 건강'과 '신체적 건강'을 연결하는 방식으로 개인적인 만족을 위한 아시아적 대안 영성으로 제시되는 경우가 많기 때문이다.[16]

불교적 無는 세계와 인간존재의 몸성을 부정한다. 오늘 기술문명 시대의 포스트인간 논의도 자칫하면 인간 존재의 신체적 조건성을 제거하기 위한 "인간 잠재력 개발"(Human potential movement)등의 논의로 빠지기 쉽다.[17] 그것은 극단적으로 가면 인간 개성(individuality)과 개별성(unique identity)의 가장 고치기 어려운 부분인 인간 신체의 조작을 통해 인간 존엄과 개별성을 철저히 죽이는 일로 치닫기 쉽다.[18] 제2차 세계대전 당시 유대인 수용소에

Ten Thousand Places)라는 것임을 지적하고자 한다. 즉 영으로서의 하나님과 그리스도의 이해를 통해서 그는 실체론과 有의식에 빠져있는 현금의 기독교에 대해서 경종을 가한다.

15) Charles Taylor, *A secular Age*. The Belknap Press of Harvard University Press, 2007, p.477.

16) Charles Taylor, *A secular Age*. pp.507～508.

17) Charles Taylor, *A secular Age*. p.509.

18) Hannah Arendt, *The Origin of Totalitarianism*, A Harvest/HBJ Book, 1973, p.454.

서 그러한 일을 강행한 나치 전체주의의 테러를 겪고 나서 아렌트는 그럼에도 불구하고 인간에게 마지막까지 남는 것은 "언어"(the language)라고 했다.[19)] '인공지능'(AI, artificial intelligence)과 '사이보그 인간학'(cyborg anthropology)의 연구를 통해서 인간과 로봇의 차이, 또는 그 통합을 탐색하는 포스트휴먼 연구들이 주목하는 것도 유사한 맥락에서 존재의 언어력과 대화력(conversation)이다.[20)] 서구 문명에 대한 또 다른 급진적비판자 이반 일리치(Ivan Illich)도 서구적 산업 기술자본주의의 한계를 모르는 성장주의에 를 세차게 비판하였다. 그는 거기에서 성장을 멈추고 자원과 자본, 도구(tools)의 독점에서 벗어나서 인간과 인간, 인간과 자연, 인간과 기구, 제도 사이의 "공생"(conviviality)을 주창하였는데, 그 일의 성취는 어쩌면 "혁명"이나 "전복", "종말"(epilogue) 등의 파국이 아니면 가망이 별로 없어 보인다고 전망하면서도 마지막으로 인간 '언어'에 대한 희망, 일상 언어가 정치적 전복에서 수행할 수 있는 중추적 역할 등을 지시하였다.[21)] 그는 "언어처럼, 최근 역사에서 다른 목적으로 사용되었다 하더라도 그 힘을 잃지 않는 도구, 언어처럼 오용된다 하더라도, 그 근본구조가 전적으로 부패하지 않은 도구", 그 중에서도 "일상의 언어"를 통해서 오늘의 비인간적 상황의 도래와 치유의 길을 일관되게 사유하고 말할 수 있는 힘이야말로 파국에 대한 보편적 희망이라고 보았다.[22)] 어떤 삶이 인간적인 삶이고, 공생의 기쁜 삶이며, 인간 존엄과 고귀함의 근거가 무엇인지를 기억하고 이야기해주는 일상적 언어, 그 언어들을 "역사로부터 회복하는 일"만이 재앙을 막을 수 있다고 설파한 것이다.[23)]

본 논문이 공유하는 관점도 이러한 관점과 분석이다. 특히 서구 기독교 전통의 언어를 넘어서 동아시아 유교 전통의 언어가 어떻게 서구적 자아중심의 有언어의 한계를 넘어서 새롭게 인류의 문명을 치유할 가능성을 가지

19) Hannah Arendt, "What Remains? The Language Remains": A Conversation with Guenter Gaus, *Essays in Understanding 1930-1954*, p.12.

20) Matthew Bernius, "Manufacturing and Encountering "Human" in the Age of Digital Reproduction", Neil L. Whitehead & Michael Wesch, pp.49～87.

21) 이반 일리치, 이한 옮김, 『성장을 멈춰라-자율적 공생을 위한 도구』, 미토, 2004, 568쪽.

22) 같은 책, 169쪽.

23) 같은 책, 174쪽.

고 있는지를 살펴보고자 한다. 유교가 제시하는 無와의 관계 맺음과 자아극복의 방식은 불교의 방식처럼 그렇게 극단적이지 않다. 하지만 그 안에 서구 근대문명의 기독교 방식이 자칫하면 빠져들기 쉬운 자아중심적 有 언어의 오류에서 좀 더 자유로울 수 있는 가능성을 가지고 있다고 본다. 또한 여기서 특히 그러한 유교 언어들을 유교 전통의 여성들이 실행하며 살아온 예들에 주목하고자 하는데, 그것은 그들의 삶이 더 진정한 의미에서 유교적 無의 언어를 잘 실행하면서 살아온 실천이라고 보기 때문이다. 결국 오늘날 포스트휴먼의 논의 속에서 인간이 여전히 인간 일 수 있는 근거를 그녀들이 남긴 삶의 언어에서 찾을 수 있는지를 보고자 하는 것이다.

Ⅲ. 유교적 無 언어의 세 가지 방식: 사기종인(舍己從人), 극기복례(克己復禮), 구인성성(求仁成聖)

인간의 언어를 믿는다는 것은 여러 가지 의미를 지닌다. 먼저 가장 보편적으로는 인간이 '관계성'의 존재라는 것을 믿는 것을 말한다. 다음으로 물론 우리 언어적 삶도 몸의 삶이기도 하지만 언어를 믿는다는 것은 우리 존재의 신체성보다는 '정신성'에 더 주목하는 것을 말한다. 그것은 현실적 有의 세계보다는 상징적 無의 세계와 더불어 살 수 있는 능력을 드러내주기 때문이다. 여기서 더 나아가서 언어를 믿는다는 것은 인간 정신적 산물의 '축적'(문화)을 믿는 것이기도 하다. 그것을 계속 전달해주고 전술해주는 일이 인간적인 귀한 일임을 지적해 주고, 이와 더불어 언어는 그러한 과거 시간의 축적뿐 아니라 미래 시간의 소망과 의도를 선취하는 일이기도 하다는 것을 인정하는 일이다. 그러므로 이렇게 언어를 믿는 것은 '무엇인가가 있는 것이지 아무 것도 아닌 것이 아니라는 것을 받아들이는 일이며, 그런 의미에서 마지막으로 남는 것이 언어라는 것을 받아들이는 일은 우리의 無에 대한 의식을 일면 조절해 준다. 즉 존재의 無의 차원을 받아들이되, 그러나 언어로써 드러나고 나타난 有는 인정하는 중도의 길을 말한다.

그런데 사실 기독교 전통만큼 이러한 언어사건을 중시한 전통도 드물다.

궁극자 하나님을 언어 자체로 표현하였고, 그의 창조와 구원의 일을 모두 언어가 '사건'이 된 일로 그려주었다(창세기 1장, 요한복음 1장 1-5). 그러나 그럼에도 불구하고 여기서 유교적 언어를 살펴보고자 하는 이유는 그 기독교의 언어사건이 역사상에서 매우 배타적이고 자아 중심적으로 해석되어 왔기 때문이다. 즉 잘 알다시피 유대교로부터 새롭게 탄생한 기독교의 역사는 바로 한 유대인 남성 예수의 언어 사건을 존재론적으로 배타적으로 형이상학 화하여 그것을 유일한 신적 언어로 세우고자 하는 역사였으며, 그리하여 그 외의 시간들과 공간들은 모두 무시되고 평가절하 되었다. 그래서 근대문명의 자아중심주의와 주체중심주의, 인간절대주의와 남성절대주의도 바로 그 선상에서 생겨난 것으로 볼 수 있다. 기독교 전통에서 가장 강력한 無의 언어인 '십자가 사건'의 이야기도 부활 이야기의 실체화에 밀려서 간단히 힘을 잃었고, 그리하여 오늘 인류 근대문명에서 기독교의 언어는 가장 강력한 부와 권력과 주체의 有의 언어가 되었다. 그런 맥락에서 앞의 이반 일리치도 기독교가 "갱생은 명멸한다. 는 진실을 보지 못하고 실체화된 부활언어에 빠져 "최선이 타락하면 최악이 되는"(pervasion optima qua lest persia)은 모습으로 전락했다고 비판하였다.[24)]

유교언어가 존재의 최고 이상적 실현으로 보는 '성인'(聖人)의 '聖'자(字)는 '통하다', '관통하다'의 의미와 '듣는다. 의 '청'(聽)이나 '이'(耳)와 관계가 깊다고 한다. 즉 '성인은 큰 귀(耳)를 가지고 하늘의 소리를 잘 듣고, 관통하지 않는 것이 없는 사람',[25)] 보통으로는 눈에 보이지 않고 귀에 들리지 않는 타인의 고통을 잘 간파하고 들어서(耳) 그것의 치유를 위해서 대화하는(口) 사람의 의미라는 것이다.[26)] 그렇다면 유교도 그 핵심 메시지가 '언어사건'이라는 것을 알 수 있는데, 앞에서 지적한 대로 기독교의 언어사건이 한 특정한 시점과 영역에서만의 것을 배타적으로 절대화시키는 경향이 강한데 반해서, 유교의 언어는 그보다 훨씬 더 열려있고, 보편화의 길에 있으며, 더욱 더

24) 데이비드 케일리(대담엮음), 이한 옮김, 『이반일리치의 유언』, 이파리 2010, 73쪽: 이은선, 「한국 페미니스트 그리스도론과 오늘의 기독교」, 『한국 생물生物 여성 영성의 신학』, 도서출판 모시는 사람들, 2011, 88쪽.

25) Rodney L. Taylor, *The religious Dimensions of Confucianism*, SULLY 1990, p.24.

26) 윤노빈, 『新生哲學』, 96쪽, 113쪽.

세간적(世間的)인 방식으로 언어사건을 이해하고 추구하였다고 본다. '인간은 누구나 배움을 통해서 성인이 될 수 있다'(学而至聖人)는 이상, '만물의 본성은 하늘이 부여한 것'(天命之謂性)이라는 선포, '仁이란 바로 인간을 지칭한다'(仁者人也)는 인식, '세계의 궁극적인 의미실현은 자아를 닦고 가족을 돌보는 일에서부터 비롯된다'(修身齊家治國平天下)는 지혜, '내면과 외면의 완성을 동시에 추구하는 이상'(內聖外王) 등은 모두 유교적 보편적 언어사건의 내용들이라고 할 수 있다.

이러한 모든 언명들은 하나같이 지극히 세계 내적으로 뜻을 이루려는 시도의 표현들이기 때문에 유교는 종종 종교가 아니고 초월의 차원을 가지고 있지 않다는 지적을 받아 왔다. 하지만 유교의 이러한 세간적 세계의미실현의 방식이야말로 일종의 "최소한적 종교"(minimal religion)로서 오늘날 "실질적인 무신론"(practical atheism)의 시대, 기독교적 영성을 포함해서 영성은 범람하지만 그것이 모두 다시 자아 중심적 이익을 위한 마술 방망이로 실행되고 있는 상황에서 오히려 참된 인간적인 영성으로 자리 잡을 수 있다고 생각한다. 19세기 말 유교를 급진적으로 개혁해서 '동학'(東學)으로 내어놓은 최제우도 서구 근대의 '서학'(西學)에 대해서 비판하기를, 서학이 하늘님에 대해서 끊임없이 말하지만 거기에는 "도무지 하늘님을 위하는 단서는 없고, 다만 자기 몸만을 위하여 빌 뿐"이라고 했다.[27] 이에 반해서 유교적 최소한적 영성은 바로 영성의 실천, 즉 존재의 언어사건을 삶의 가장 기초적이고 직접적인 영역에서부터 실천하려고 하고, 몸과 가정과 우정과 직업의 일 등의 세간적 차원에서부터 이루려고 하는 영성이기 때문에 "무신론 이후 시대"(post-atheism)에 우리가 다시 새롭게 영적일 수 있는,[28] 또는 지금의 논의대로 하면, 물질과 자아(주체)와 '有'만을 추구하는 시대에 대안적으로 정신과 세계(타자/이웃)와 '無'와 관계할 수 있는 언어라고 할 수 있다. 오늘 인류에게 구원의 희망을 줄 수 있는 메시지가 "서구의 이성이, 존재하지 않는다

27) 윤석산 주해, 『동경대전』, 동학사, 2004, 71쪽; 이은선, 「한국 페미니스트 신학자의 동학 읽기」, 『한국 생물生物 여성 영성의 신학』, 141쪽.

28) Mikhail Epstein, Alexander Genis, and Slobodanka Vladiv-Glover, *Russian Postmodernism : New Perspectives in Post-Soviet Culture*, NewYork/Oxford: Beghahn Books, 1999, in : Charles Taylor, *A Secular Age*, pp.533～535.

고 몰아낸 다양한 형태의 無(없음, 텅 빔)에 대한 전적으로 새로운 관계맺음과 경험만"이라고 했다면,[29] 기독교나 불교적 無의 체험 외에 그 중도의 길을 가고 있는 유교적 無의 체험을 살피는 일은 의미 있다고 하겠다.

1. 사기종인(舍己從人)의 길

유교적 無의식의 특징을 잘 드러내주는 언어로서 나는 먼저 '사기종인'(舍己從人)을 들고자한다. 이 사기종인, 즉 '자기를 버리고 남을 따른다.'의 언술은 유가에서 동이족 출신의 성인임금 순임금(大舜)의 인격적 특징을 잘 대변해 주는 언어로 쓰여 왔다.[30] 『중용』제 6장에서 공자는 순임금은 "묻기를 좋아하며 가까운 곳의 말을 살피기를 좋아하시는 분"(好問而好察邇言)이라고 소개하였고, 맹자는 "위대한 순임금"(大舜)은 "큰 것이 있으니 선을 남과 더불어 행하고, 자신을 버리고 남을 따르며, 다른 사람에게서 취하여서 선을 행하는 것을 기뻐하셨다."라고 서술하고 있다.[31] 즉 순임금의 "위대함"(大)과 "큰 지혜"(大知)란 바로 하찮은 일에서라도 남을 나보다 더 낫게 여기고, 그런 남의 의견과 지혜를 잘 경청하여 거기서 배움을 얻고자 하며, 특히 '착한 일을 남과 함께 하려는'(善與人同) 인격의 특성에서 유래한다는 것을 밝힌 것이다. 이것은 유교적 도의 언어가 어느 정도로 자아와 주체를 낮추고 감추면서 대신 상대방과 타자를 존중하고 배려하는지를 드러내주는 언어이다.

여기서 유교적 無의 언어는 나와 자아라고 하는 차원을 결코 무시하지 않는다.[32] 하지만 그 자아는 아무리 임금의 자아라 할지라도 타자와 상대의 주체를 인정하고, 오히려 자신보다 더 낫게 여기고, 그래서 궁극적으로 善이라고 하는 것도 같이 행하고 함께 이루려는 것을 중시 여긴다는 것이다. 공

---

29) 이기상, 『글로벌 생명학-동서 통합을 위한 생명담론』, 151쪽.

30) 이은선, 「한류와 한국 유교전통 그리고 여성의 살림영성」, 한국문화신학회 엮어지음, 『한류로 신학하기-한류와 K-Christianity』, 동연, 2013, 481쪽 이하에서 많이 참조.

31) 『孟子』「公孫丑」上, 8.

32) 박연규, 「유가적 몸과 관계적 자아-경(敬)의 '거리두기'(Distancing)의 관계성을 중심으로-」, 『양명학』 제28호, 2011.04, 한국양명학회, 341쪽.

자의 또 다른 언어인 '화이부동'(和而不同)이나 '사절'(四絶) 또는 '사무'(四毋: 毋意, 毋必, 毋固, 毋我)와도 잘 상통하는데,[33] 이렇게 '함께함'과 '관계성'을 중시여기는 유교의 도는 순임금이 "갈고, 심고, 질그릇을 굽고, 고기 잡는 일로부터 왕노릇을 하는 일에 이르기까지 다른 사람에게서 취하지 않는 것이 없었다"[34]고 한 것처럼 지극히 일상적인 생활세계에서 자아를 비우고, 타인을 인정하고, 남과 더불어 함께하는 삶을 강조한다. 공자는 『논어』에서 "세 사람이 갈 때에 반드시 내 스승이 거기에 있다"라고 했다.[35] 이렇게 지극히 작은 생활세계로부터 비롯되고, 그런 의미에서 가장 가까운 가족생활의 孝와 悌의 실천으로부터 자기비움의 길이 시작되는 것으로 보는 유교적 도는 진정으로 '낮은 것을 배워 높은 뜻에 이르려고 하는'(極高明而道中庸/下學而上達), 오늘 우리의 언어로 하면 몸과 정신, 자아와 세계, 사적 삶과 공적 삶, 내재와 초월 등의 영역을 잘 조화하고 연결하려는 '중용'의 길이라고 할 수 있다.[36] 즉 그런 의미에서 유교적 영성은 참으로 '포스트모던적' 인간 삶의 길을 지시해 준다고 하겠다.[37]

16세기 조선의 율곡은 이러한 순임금의 사기종인의 덕을 논하는 자리에서, "천하의 눈을 내 눈으로 삼는다면 보지 못하는 것이 없고, 천하의 귀를 내 귀로 삼는다면 듣지 못하는 것이 없으며, 천하의 마음을 내 마음으로 삼으면 생각하지 못할 것이 없으니, 이것이 성스런 왕과 현명한 군주가 천하를 고무시키면서도 심력을 수고롭게 하지 않는 까닭이다"라고 설명하였다.[38] 이것은 지혜로운 지도자가 자기 자신의 능력과 힘을 절대화하지 않고 주변과 세계의 다른 사람들과 잘 관계 맺어서 마치 한 몸을 이루는 것과 같이 "협력 속에서 함께 해 나갈 때"(acting in concert) 그 지도력이 자연스럽게 번성하고, 그것으로써 천하가 혜택을 얻게 됨을 일컫는 것이다. 이러한 지경

33) 『論語』「子간」 4.
34) 『孟子』「公孫丑」 上, 8.
35) 『論語』「述而」 22.
36) 이동준, 「유가의 민도 정신과 문화교류의 방향」, 이동준 외 『동방사상과 인문정신』, 심산, 2007, 12쪽.
37) Charles Taylor, *A Secular Age*.
38) 율곡, 『聖學輯要』 제4 「爲政」 下, 제3장 取善.

의 일이 오늘날은 새로운 과학 기술문명의 도움으로 더욱 더 새롭게 실천될 수 있는 것을 본다. 즉 오늘날의 소셜 미디어인 페북이나 트위터 등을 잘 활용하는 세계의 창조적 리더들은 자기 밖의 사람들을 마치 자기의 또 다른 나, 자기 몸 바깥에서 활동하고 있는 자신의 또 다른 뇌, 즉 "외뇌"로 함께 살아가는 것과 같은 의미라고 하겠는데, 다른 말로 하면 '집단지성'과 '다중지성'의 삶을 살아가고 있는 것을 말한다.[39] 그것을 통해서 세계는 더욱 활기차지고, 다양한 생명의 꽃이 활짝 필 수 있음을 말하는 것이다. 이것은 앞장에서 서술한 서구적 근대 자아전체주의가 인간과 세계의 삶에 대한 총체적인 테러를 통해서 현실과 삶의 모든 다양성과 생명적 자발성을 죽이고 모든 생명을 "단순한 한 물건"(a mere thing), 또는 "언제든지 대체가능한"(absolutely superfluous) 잉여물로 만들어버리는 시도와는 정반대의 지경을 말한다고 하겠다.[40] 그런 의미에서 유교적 사기종인의 언어를 '포스트모던적 생명의 언어', 유교적 '無의 언어'라고 부르고자 한다.

2. 극기복례(克己復禮)

다음의 유교적 無의 언어로서 '극기복례'(克己復禮)를 들고자 한다. 이 말은 '화이부동'(和而不同)과 '네 가지가 없음'(毋四)를 말하는 공자가 어떻게 수많은 서로 다른 주체들이 모여서 그럼에도 불구하고 화합하면서 인간다운 삶을 살아갈 수 있을까에 대해 좀 더 적극적으로 자신의 생각을 밝힌 말이라고 할 수 있겠다. 극기복례라는 말은 공자가 그의 유명한 제자 안연에게 '인간다움', '仁'이란 무엇인가를 설명하는 가운데서 나오는 표현이다. 즉 그는, "자기를 극복하고 禮로 돌아가는 것이 仁이다. 하루 자기를 극복하고 예로 돌아가면 천하가 모두 仁에 귀의하게 된다. 仁은 나로부터 비롯되는 것이니 어찌 남에게서 말미암을 것이냐?"라고 하였다.[41]

---

39) Lee Un-sunn, Confucianism and Development of Korean Women's subjectivity in the Twenty-first Century. *Madang-Internatinal Journal if Contextual Theology in East Asia*, Vol.18, 15th December 2012, Seoul, Korea, p.84.

40) Hannah Arent, *The Origin of Totalitarianism*, A Harvest/HBJ Book, 1973, p.444.

41) 『論語』「顔淵」 1.

이러한 분명한 설명으로 공자는 사람다움의 삶은 각자가 스스로를 절제하고 제어하면서 공동으로 따라야 하는 예에 의해서 이루어진다는 것을 밝혀주었다. 물론 그는 인간이 스스로의 내적 능력("意")으로 자아를 다스릴 수 있는 힘이 있다는 것을 부정하지 않았다. 그러나 그러한 주체의 인정에도 불구하고 그 주체들을 넘어서서 보다 일관성 있게, 보다 보편적으로 불편부당하게 사람들을 엮고 화합하게 할 수 있는 토대와 근거를 요청한 것이다. 그런 의미에서 아렌트가 서구의 '자유'(freedom)개념이 쉽게 각 주체의 '의지'(will)의 문제로 환원되는 위험성에 빠진다고 비판하면서 진정한 의미에서의 자유란 오히려 자신 안의 동기나 목적에서 자유로우면서 밖에서 요구하는 "원리들"(principles)의 요청을 따를 수 있는 능력이라고 지적한 것과 매우 유사한 생각이라고 할 수 있다.[42] 아렌트는 그러므로 자유란 타자의 존재가 요청되는 '공론영역'(the public sphere)이 아니고서는 경험될 수 없고, 공론영역의 정치적 자유가 없이는 신장될 수 없다고 하였다. 이것은 공자를 비롯한 유가의 자아부정과 극복의 일이 '오륜'이나 '아홉 가지 달덕' 등 사람들 사이에서 이루어지는 구체적인 예의 실행과 더불어 진행됨을 가르치는 의미와 잘 상통한다고 하겠다.[43] 유교적 無의 길은 그런 의미에서 서구 기독교적 의미보다도 더욱 더 적극적으로 존재의 상대성과 상관성을 인정할 수 있는 가능성을 가지고 있다. "네가 원하지 않으면 남에게 베풀지 마라"(己所不欲 勿施於人)의 황금률로 인간의 '인간다움'(仁)을 설명하는 이야기라든가,[44] "인간다운 사람은 말을 참고 삼가야 한다"(仁者其言也訒)라고 밝힌 가르침,[45] 또한 지극한 긍정의 언어로서는 '인간다움'(仁)을 '수기안인'(修己安人)로 표현하여 바로 가까이 있는 상대방을 편안하게 해주는 일로부터 시작하여 온 나라를 편안하게 하는 일이야말로 성인이 목표로 삼아야 하

---

42) Hannah Arendt, "What in Freedom?", Hannah Arendt, *Between Past and Future*, NY: Penguine Books 1988, p.149.

43) 이은선, 『생물권 정치학 시대에서의 정치와 교육-한나 아렌트와 유교와의 대화 속에서』, 도서출판 모시는 사람들, 2013, 106쪽 이하.

44) 『論語』「顔淵」 2.

45) 『論語』「顔淵」 3; 천병돈, 「선진유가의 仁」, 『양명학』 제12호, 한국양명학회, 2004.08, 140쪽 이하 참조.

는 일이라고 지시한 것 등은 모두 유교적 無의 언어가 뛰어나게 "상호적 주체"의 언어를 지향하는 것을 잘 밝혀준다.[46)]

맹자는 이러한 상호주체적 자기 비움의 언어를 '의'(義)라고 하는 더욱 적극적인 언어로 표현해 주었고, 그것은 인간이 "자기 목숨을 버릴지언정 버려서는 안 되는"(捨生取義) 인간적 덕목의 기초라고 지시해주었다. 그것을 그는 "사람의 길"(人路)이라고 지적하면서,[47)] 그 구체적인 내용은 바로 "경장"(敬長), '옛 것을 공경하고 웃어른을 섬기는 일'이라고 밝혀주었다.[48)] 그런데 여기서 맹자가 자기를 극복하고 자아중심주의를 해체하는 길이 '오래된 것'을 존숭하고 '나이 듦'을 귀하게 여기는 것이라고 밝힌 의미를 고찰해 보면 그것은 자칫 현대인들에게 크게 걸려 넘어지는 이야기가 될 수 있다. 왜냐하면 오늘날의 성장주의와 진보 맹신주의의 사회에서 중시여기는 가치는 '젊음'과 '새로움'이며, 날마다 더 새로워지고 더 젊어져서 무한대로 자아와 주체의 삶을 연장하는 것인데, 그에 반해서 맹자 경장의 가르침은 소외되고 무시되는 나이 듦과 오래된 것이 삶의 기반이고 기원이라고 지적하는 가르침이므로 그것은 매우 듣기 거북하고 따르기 힘든 일이 되기 때문이다. 그렇다면 오늘날 이러한 유교적 義를 실천하는 일은 거의 "불가능한 일"(impossibility)이 되고,[49)] 그것을 따르는 일은 오늘의 세속사회에서 전통적 서구 기독교 신앙을 따르는 일, 즉 '믿음'의 일을 여전히 내세와 저 세상과 복의 언어로 표시하는 기독교의 언어를 따르는 일보다 훨씬 더 어려운 일이 될 수 있다. 그런데 오늘날 '세속화'를 넘어서 다시 '탈세속화'(postsecular)를 말하면서 우리 시대의 믿음과 종교라고 하는 것은 다름 아니라 바로 그 "불가능 한 것, 즉 신을 열정적으로 사랑하는 사람들을 위한 것"이라고 존 D. 카푸토(John D. Caputo)와 같은 서구 종교가가 지적했다면 그런 의미에서 유교적 예와 人義의 길은 결코 단지 세속의 일만이 아니라 바로 종교와 신앙의 일이고, 여기서 더 나아가서 그것은 오히려 오늘 우리 시대에 더욱 진정

46) 이진경, 「주체와 도덕의 관점에서 본 조선후기 眞假 담론 Ⅰ」, 『양명학』 제31호, 한국양명학회, 2012.4, 195쪽.

47) 『孟子』 「告子」 上, 11.

48) 『孟子』 「盡心」 上, 15.

49) John D. Caputo, *On Religion: Thinking in Action*, Routledge, 2001.

성 있게 종교적이고 영적일 수 있는 가능성, 즉 진정한 주체의 자발적 참여와 "위험을 무릅 쓰는" 책임이 요구되는 "순수한 자아의 영성"(the spirituality of authentic self)이 실천되고 있는 모습이라고 할 수 있다는 것이다.[50] 맹자가 이렇게 '가족과 같은 친밀한 관계의 삶을 소중히 여기는 일'(親親)과 '자신의 기원과 토대와 타인의 수고를 삶의 조건으로 공경하고 은혜를 갚는 일'(敬長)을 "세상 모든 사람들에게 보편적인 가치"(無他達之天下也)라고 했다면 이것은 앞으로 인류의 종교가 어떤 모습으로 거듭나야 하며, 무엇이 인간을 인간으로 하여금 여전히 인간적이게 할런지가 여기에서 잘 드러난다고 생각한다. 즉 '최소주의' 종교로서의 유교적 영성의 포스트모던적 의미를 말하는 것이며, 앞으로 인류의 미래 종교가 바로 이러한 유교적 영성으로부터 배울 것이 많다고 본다.[51]

3. 구인성성(求仁成聖)

유교적 無의 언어로서 본 연구에서 마지막으로 살펴보려고 하는 언어는 특히 한국의 퇴계 선생이 주목한 '구인성성'(求仁成聖)의 언어이다. 공자가 '자기를 비우고 예로 돌아가는 일'(극기복례)을 인(仁)이라고 했다면 퇴계는 자신의 『성학십도聖學十圖』에서 어떻게 하면 참된 인간성의 경지, 성인의 경지에 도달할 수 있을까를 고민하며 추구한 길에서 다시 그 仁에 주목하였다. 그렇게 자신을 비우고 더 큰 도리를 따르고, '사람을 사랑하고'(愛人), 특히 만물과 매 순간에 깨어 있는 '공경심'(主敬)을 가지고서 仁을 극진히 실행하는 공부야말로 우리들을 참된 위대함(聖)으로 이끄는 길임을 깨달았다. 그는 말하기를,

> "대개 성학(聖學)은 仁을 구하는데 있습니다. 모름지기 이 뜻을 깊이 체득하여야 바야흐로 천지만물과 더불어 일체가 되는 것이 참으로 여기서 말한 경지와 같다는

50) Charles Taylor, op. cit., p.509ff.
51) 이은선, 「어떻게 우리의 大同사회를 이룰 수 있을 것인가?」, 『생물권 정치학 시대에서의 정치와 교육-한나 아렌트와 유교와의 대화 속에서』, 339쪽 이하.

> 것을 알 수 있게 됩니다. 그래야 仁을 행하는 공부가 비로소 친절하고 맛이 있어서 허황되고 아득하게 자신과 상관없게 될 염려가 없고, 또 세상을 자기로 여기는 병통도 없게 되어서 마음의 덕이 온전해질 것입니다. 그러므로 정자는 이르기를, '『서명』의 뜻은 극히 완전하니 이것은 仁의 體이다.'라고 했고, 또 이르기를, '다 채워서 확충한 때에 성인이 된다'고 하였습니다."[52)]

여기서 퇴계는 당시 사람들이 많이 빠져있던 "인물위기지병"(認物爲己之炳)에 대해서 언급한다. 그것은 자아가 주관주의에 깊이 빠져서 세상과 다른 사람을 온통 자기로 착각하는 병, 무엇이든지 자기 좋을 대로 세계를 재단하는 자아중심주의, 즉 주체전체주의를 말하는 것이다. 오늘 앞에서 진단한 우리시대의 병도 이와 유사하다고 하겠는데, 퇴계는 바로 이러한 병을 고치는 길이 우리 마음(心)속에 "살리는 생명의 이치"(生之性)와 "사랑의 원리"(愛之理)로서 차별 없이 놓여있는 仁의 정신을 잘 다듬고 기르는 일이라고 했다.[53)] 송나라 주자의 仁에 대한 이해에 깊이 동감하면서 그것을 자신의 『성학십도聖學十圖』에 다시 옮겨 놓는 퇴계는 그리하여 유도의 길을 가는 학자는 누구나 "인을 구하고 찾는 일에 몰두해야"(所以必使学者汲汲於求仁) 한다고 강조한다. 주자는 또한 이 인간적 마음을 『역경』과 『중용』의 언어인 "천지가 만물을 낳고 살리는 마음과 원칙"(天地生物之心/理)이라고 파악했다.[54)] 이것은 매우 역동적인 우주적 언어이고, 동시에 깊은 심정(情)의 언어이며, 또한 지극한 도덕의 언어가 된다. 그래서 이 마음을 잘 깨닫고 보존하면 그 마음이 "만 가지 선의 원천이 되고, 백 가지 행위의 근본"(衆善之源百行之本)이 된다고 역설한 것이다.[55)] 그런 의미에서 보면 유교의 언어는 서구 기독교의 언어에서 흔히 존재론적 이원론의 시각에서 파악되는 우주와 인간, 정신과 물질, 이성과 감정, 존재와 도덕 등의 영역을 큰 우주적 영성

---

52) 이황, 『성학십도』, 이광호 옮김, 홍익출판사, 2001, 171쪽; 최중석, 「인간의 주체적 진실성과 퇴계심학의 과제」, 이동준 등 24인, 『동방사상과 인문정신』, 심산, 2007, 369쪽 참조.

53) 이황, 『성학십도』, 이광호 옮김, 188쪽.

54) 『中庸』 20장; 이은선, 「탈학교사회와 한국 생물(生物)여성 영성의 교육」, 『생물권 정치학 시대에서의 정치와 교육』, 253쪽 이하.

55) 퇴계, 『聖學十圖』, 「仁說」 下.

안에서 함께 통합한다. 오늘 인류문명의 반생명적, 반생태적 위기 앞에서 이러한 유교적 생태영성과 생명역학은 중요한 의미를 갖는다는 것을 다시 부연할 필요가 없다. "하늘과 땅의 큰 덕과 일은 낳고 살리는 일이고"(天地之大德日生), "낳고 낳고, 살리고 살리는 일이 역의 일이다."(生生之謂易)라는 선언이 바로 그러한 유교영성의 토대인 것이다.[56)]

퇴계는 이 큰 생명의 영(生之理, 生物之心, 利物之心)을 그렇게 깊이 체현할 수 있게 되는 과정에서 오늘 우리 주체성의 시대에서는 제일 낯설고 소원한 '공경'(敬)의 마음을 매우 강조하였다. 그의 이 공경심에 대한 깊은 성찰인 「경재잠敬齋箴」은 한 인간의 마음이 어느 정도로 객관과 세계와 타자와 하찮은 미물에게라도 깊은 공경과 예의 마음을 다할 수 있는지를 잘 보여주고 있다. 그것은 밖에 나가서 사람들을 대할 때는 모두 "큰 손님을 대하듯이 하고", "일을 처리할 때는 제사를 모시듯이 하며", 언어의 생활에 있어서는 "입을 지키기를 병마개를 막듯 하고 성문 지키듯이 하며", 잠시도 소홀히 하거나 경솔히 하지 말고 매사의 일에서 "마음을 둘로 나누지 말고 … 마음을 전일하게 하여 만 가지 변화를 살피라"는 것이었다.[57)] 퇴계는 이런 敬의 마음가짐과 태도를 무슨 일을 하건 어느 때이거나 지킬 수 있도록 하기 위해서 그것을 마음의 "거룩한 곳"(영대)에 깊이 새기고, 항상 "하나님(상제)앞에 마주 앉아 있는 듯이 하며, 걸음걸이는 마치 말 달리는 사람이 그 말발굽 아래의 개미 둑 사이를 잘 피해 가듯이" 그렇게 조심하고 온 마음을 다해서 살아가라고 했다.[58)] 우리가 오늘의 세속사회에서 이보다 더 극진한 종교의 마음을 어디에서 찾을 수 있는가 묻게 되고, 그러한 지고의 종교심과 신앙심을 인간 누구나의 보편적 '공경심'(敬)과 '마음'(仁)의 일로 삼았다는데 유교 종교성의 보편적 의미가 있고, 퇴계 등의 한국 유교 전통이 이룩한 깊은 성취가 있다고 생각한다.[59)]

그런데 여기서 이러한 정신이 나오기 까지 그 토대와 기초가 평범한 여성

56) 『周易』, 「繫辭傳」 下.

57) 퇴계, 『聖學十圖』, 「敬齋箴」, 194쪽.

58) 퇴계, 『聖學十圖』, 「敬齋箴」, 194쪽.

59) Michael C. Kalton, (ed.) *Yi Toegye, To become a sage - Ten Diagrams on sage Learning*, New York Columbia University Press, 1988.

들의 가정 살림과 모성적 돌봄으로 마련되었다는 사실을 지적하고자 한다. 퇴계 선생의 어머니 춘천 박씨(1470-1537)나 그 할머니와 부인 등, 퇴계 주변의 여성들의 이야기는 그 작은 예에 불과한데,[60] 이러한 이야기들이 어떻게 전 우주를 포괄하는 유교적 '천지생물지심'의 큰 마음과 영이 바로 그러한 소박한 여성적 실천에서 비롯되는가를 뛰어나게 보여주고 있다고 생각한다. '사기종인'과 '극기복례'와 '구인성성'의 마음과 삶은 바로 그와 같은 덕의 어머니와 여성들의 마음과 삶이 그루터기가 되어서 길러진 것을 말한다. 그런 유교 모성들이 자녀를 키우는 과정에서 기초로 삼았던 정신이 담겨 있는 책인 『소학』에 의하면, "고시(高柴)가 공자를 뵙고 가르침을 받고 난 뒤로는 발로 사람의 그림자도 밟지 않고, 겨울잠에서 깨어나는 벌레를 죽이지 않았으며, 막 자라나는 나무를 꺾지 않았다"라고 적고 있다.[61] 오늘 우리에게도 꼭 필요한 우주적 생태영성의 모형이 길러지는 과정이 잘 담겨져 있다.

Ⅳ. 유교적 페미니즘의 주체성과 '다른 기독론'(the other christology)

지금까지 서구 근대주의가 빠져들기 쉬운 자아 절대주의의 有의 언어에 대한 대안으로서 유교적 하학이상달의 無의 언어를 세 가지로 살펴보았다. '사기종인'과 '극기복례', '구인성성'이 그것이었다. 하지만 전통사회에서 이 세 가지의 유교 언어는 잘 알다시피 여성들에게는 혹독한 억압의 언어였으며, 오늘날도 많은 경우 상황이 그렇게 호의적으로 변하지 않았다. 이에 더해서 오늘 한국 여성들에게도 큰 영향을 미치고 있는 서구 페미니즘은 주체성의 원리를 그 핵심모토로 삼고 있으므로, 이렇게 자아를 제한하고, 공동체를 돌아보며, 우주적 생명 공동체에 대한 책임을 말하는 큰 이야기는 오늘의 한국 여성들에게 환영받지 못하고 있는 현실이다.

---

60) 김병일, 『퇴계처럼』, 글항아리, 2012.

61) 『小學』, 「稽古」, "高柴, 自見孔子, 足不履影. 啓蟄不殺. 方長不折", 이동준 등 24인, 『동방사상과 인문정신』, 19쪽에서 재인용.

하지만 여기서 한 차원 더 깊이 생각해 볼 것을 제안한다. 즉 우리가 한 번 더 보편적인 인간 조건을 숙고해 보면 이의 없이 인간에게 있어서 진정한 자유와 주체란 사적 자아의 좁은 울타리를 넘어설 수 있는 능력과 관계되며, 그것은 性의 구분을 떠나서 누구에게나 해당되는 이야기라는 것이다. 따라서 여성들도 이러한 윤리적 주체성을 세우는 일을 회피할 수 없다고 보는데, 더군다나 그것이 오늘 주체/자아중심주의의 폐해가 심각한 우리 시대가 시급히 요청하는 일이라면, 인간 공동 삶의 한 책임 있는 일원이 되기를 원하는 현대 여성으로서 이 요구를 거부할 수 없다고 보는 것이다.

앞에서 유교적 사기종인과 극기복례, 구인성성의 세 가지 일을 역사에서 한 특정한 시점에서만의 언어사건을 유일한 신적 계시사건으로 보는 기독교의 배타주의를 극복하는 의미로 제시하였다. 그 일은 그리하여 다른 말로 하면 보다 보편적으로 '거룩'(聖)과 초월의 영역을 확대하는 일이고, '복수'(複數)의 그리스도를 주창하는 일이며, "聖의 평범성의 확대"를 주장하는 일이다.[62] 이 일이야말로 오늘 인류 문명이 지금까지의 좁은 인종적, 민족적, 국가적 경계 지음의 차별을 벗어나서 이제 '인간 종'(人/仁, humanity)이라고 하는 새로운 "종적 정체성"(species identity)의 확립을 요청받고 있는 상황에서[63] 가장 필요로 하는 일이라고 생각한다. 그렇다면 한국 여성들이 이제는 한편으로 서구 근대 페미니즘의 도움으로 인간 누구나의 주체성에로의 길에 성적인 구분이 더 이상 장애와 문제가 되지 않는다는 것을 알았고, 그러나 거기에 그치는 것이 아니라 진정한 양성평등의 성취가 책임 있는 도덕적 주체로 서는 일에서 온전히 이루어지는 일이라고 보았다면,[64] 오늘 우리 시대적 대안으로 다시 조명되는 유교적 세 언어를 부인할 이유가 없다고 보는 것이다. 이에 더해서 21세기 오늘날은 지금까지의 여성해방적 페미니즘의 실행이 자칫하면 더 심각한 여성 몸의 물화를 가져올 수 있다는 것을 경험했기 때문에 이제 '쾌락' 대신에 '자율'과 '존엄'을 찾기를 원한다면 이 더욱

---

62) 이은선, 「종교문화적 다원성과 한국 여성신학」, 『한국 생물生物 여성 영성의 신학』, 141쪽.

63) Elise Boulding, *Building a Global Civic Culture-Education for an Interdependent World*, Columbia University 1988, p.64.

64) Rosemary Radford Ruether, *Women and Redemption*, Fortress Press 2012, p.140.

그러하다는 것이다. 유교적 중용의 無의 언어는 그런 의미에서 오늘의 여성들에게도 좋은 의미가 될 수 있다고 믿는다.

1. 여성적 사기종인

그런데 사실 우리가 더 엄밀히 숙고해보면 이미 유교 전통사회에서 여성들이 남성들보다 사기종인의 덕을 더 고유하고 극진하게 실천하며 살아왔다고 할 수 있다. 사기종인의 언어가 말 그대로 '자기를 버리고 타자를 받아들이는 것'이라면 '고초 당초 맵다한들 시집살이보다 더할까'라는 말이 나올 정도의 시집살이를 이끌어온 여성들의 삶이 어떠했으리라는 것을 잘 짐작해 볼 수 있기 때문이다.[65] 유교 전통에서 여성들의 삶이란 이렇게 자신의 것이었던 모든 것을 떠나서 낯선 삶의 자리에서 낯선 사람들과 더불어 씨름하다가 마침내는 스스로가 그 낯선 것의 중심이 되는 일을 이루어내는 일이었으므로 유교 여성들의 사기종인의 덕이 어느 정도였을지를 잘 짐작할 수 있다.

19세기 여성선비의 한 사람으로서 최근에 새롭게 조명되는 강정일당(姜靜一堂, 1772-1832)은 20세 때 6세 연하의 선비 윤광연과 혼인하여 살면서 가난한 집안의 시집살이에도 불구하고 남편에게 학문을 계속할 것을 간곡히 권했고, 자신도 곁에서 삯바느질을 하면서 남편의 글소리를 듣고 더불어 공부했다고 한다. 그런 방법으로 유교 13경의 가르침을 깊이 체화한 그녀는 남편에게 다음과 같이 학문의 길을 이야기하고 있는데, 그 말 속에서 그녀의 깊은 덕목을 볼 수 있다;

"나에게 참다운 덕이 있으면 남들이 알아주지 않은 들 무슨 손해가 있겠습니까? 나에게 참다운 덕이 없다면 비록 헛된 명예가 있어도 무슨 이익이 있겠습니까? 여기에 옥이 있는데 사람들이 그것을 돌이라 해도 옥에게는 손해가 없는 것이요, 여기에 돌이 있는데 사람들이 그것을 옥이라 해도 돌에게는 아무런 이익이 없을 것입니다.

65) 규장각 한국학연구원 엮음, 『조선여성의 일생』, 글항아리, 2010, 206쪽.

바라건대 당신은 참된 덕에 힘써서 위로는 하늘에 부끄럽지 않고 아래로는 땅에 부끄럽지 않다면, 사람들이 알아주고 알아주지 않고는 마음 쓰지 마십시오."[66]

이와 같은 정도로 유교 여성이 체현한 사기종인과 극기복례의 덕은 최근에 포스트휴먼 논의에서 우리시대의 "핵심적 도덕가치"로서 활발하게 논의되는 "익명성"(anonymous as core moral value)의 가치와 더불어 새롭게 이야기될 수 있다. 가상세계에서의 담화에서 자신의 이름을 "현실적으로 아무런 의미가 없는"을 뜻하는 "무트"(moot)로 하거나, 자신들의 사이트에 들어오는 조건으로 이름이나 아이디, 비밀번호 등 어떤 형태의 아이덴티티의 검증도 요구하지 않는 사이트들을 통해서 이들 익명성을 추구하는 그룹들은 "아이덴티티를 가지고 놀면서" 오히려 그것을 해체하는 일을 자신들의 주업무로 삼는다고 한다. 그 일을 통해서 그들은 전방위적으로 오늘날 근대세계가 사로잡혀있는 주체와 자아에의 감옥을 비웃고 부수고자 한다.[67] 이 익명의 사이버세계 초인간이 지난 2009년 아랍세계 민주화운동인 자스민 혁명의 바람을 확산시키는데도 큰 역할을 했다고 하는데, 이렇게 오늘 새롭게 등장하는 포스트휴먼적 익명성의 논의가 "자아와 또 그것과 연결된 폐쇄된 패거리성의 종말"(the ends of identity and groups)을 위한 것이라면 이 빛 아래서 유교 여성들의 사기종인의 실천을 새롭게 의미지어 볼 수 있겠다. 즉 그들 삶의 경험이란 근대 주체성 원리의 부패가 가져온 근대 문명의 자아중심주의를 치유할 수 있는 '익명성' 원리의 지극한 선취였고, 그런 의미에서 그들의 삶은 오늘의 극단적 비인간화 시대에 인간을 여전히 인간되게 하는 능력을 보여주고, 그 인간적 능력의 핵심이 자신을 비워 익명으로 돌리면서 더 큰 공동의 세계에 속할 수 있는 능력과 관계된다는 것을 지시해준다.

전통의 유럽 신학과는 다른 "미국적" 신학의 고유성을 찾기 위해서 노력하는 코링턴(Robert S. Corrington) 교수는 기독교의 등장과 전개를 개인이 아

---

66) 이영춘 역, 『국역: 정일당유고』, 가람문학, 2002, 76쪽.

67) Michael Wesch and the Digital Ethnography Class of Spring 2009, "Anonymous, Anoniymity, and the End(s) of Identity and Groups Online", Neil L. Whitehead & Michael Wesch, *Human no more-Digital Subjectivities, Unhuman Subjects and the End of Anthropology*, p.96.

닌 "해석자들의 공동체"(the community of interpreters)의 역할에 근거해서 풀어냈다. 특히 "충성"(loyalty, 忠)이라는 언어를 핵심 기호로 삼아서 기독교를 "최고의 충성의 종교"(the premier religion of loyalty)라고 하면서 기독교의 토대가 원시교회 공동체의 해석 작업에 의해서 놓인 것을 본다.68) 그가 그렇게 개인에 대한 집중보다는 해석하는 '공동체'를 실재의 전거로 삼고서 그 공동체에 충성하는 '충성'의 영에 기초하여 온 인류와 자연까지를 포괄하는 "자연공동체"(the community of nature)를 지향하는 대안적 신학을 내놓는 것을 보면서 바로 그러한 공동체에 충성하는 충성의 영의 전형을 유교 여성들의 삶에서 볼 수 있다고 보았다. 물론 유교 전통에서의 '충'의 개념은 주로 남성들의 공직의 삶과 관련해서 쓰여 왔지만 자신들보다는 가족을 삶의 전거로 여기고 그를 위해서 한결같은 희생과 봉사로 일생을 살다가는 유교 여성들의 삶이야말로 충의 모범이라고 아니할 수 없다. 그렇다면 그런 여성들의 삶에 대한 연구가 오늘 더욱 활발해져서 고립된 개인이 아닌 공동체가 삶의 기반이 되었을 때 어떻게 거기서 오늘의 포스트휴먼 논의도 궁극적으로 추구하는 삶과 생명이 피어나는지를 보여주어야 할 것이다.69) 다만 우리 시대의 가족 공동체는 근대 페미니즘의 논의를 세차게 거친 후이기 때문에 더 이상 전통의 좁은 혈연중심과 가부장주의적 모습일 필요가 없다는 것만 지적하고자 한다.70)

기독교 여성신학자 레티 러셀은 그녀의 유고집인 『공정한 환대(Just Hospitality)』에서 어떻게 오늘의 탈식민주주의를 사는 기독인들이 '타자'의 해석학도 넘어서서 이제 "환대의 해석학", 더 나아가서 "공정한 환대"(just hospitality)의 해석학을 실천하며 살아가야하는지를 밝혀주었다. 자신과 다른 것, '차이'(difference)와 관계하는 방식을 급진적으로 밀고나가서 "해방시키는

---

68) Michael Wesch and the Digital Ethnography Class of Spring 2009, "Anonymous, Anoniymity, and the End(s) of Identity and Groups Online", Neil L. Whitehead & Michael Wesch, *Human no more-Digital Subjectivities, Unhuman Subjects and the End of Anthropology*, p.72; 이정배, 「해석학의 주제로서 '자연과 성서'」, 『생태영성과 기독교의 재주체화』, 동연, 2010, 193~226쪽.

69) 이연자, 『종가의 삶에는 지혜가 있다』, RHK, 2012.

70) 이은선, 「유교적 페미니즘, 페미니즘적 유교」, 『유교, 기독교 그리고 페미니즘』, 지식산업사, 2003, 231쪽 이하.

차이"(emancipatory difference)를 강조하는 그녀는 차이를 결코 본질화 시키지 말자고 강조한다.[71] 그녀는 이렇게 자신의 여성신학이 더욱 급진적으로 차이에 대한 의식과 거기서 더 나아가서 '환대'(hospitality)를 발견하게 된 한 계기로 아시아 여성신학자들과의 만남, 한국 방문 등을 꼽는다. 이것으로써 그녀는 차이 앞에서 굴하지 않고 그것들로부터 오히려 관계를 만들어내는 능력이 진정한 인간능력이라는 것을 다시 한 번 확인해주었다. 일찍이 다나 하러웨이(D. Haraway, 1991)도 그녀의 "사이보그 선언"(The Cyborg Manifesto)에서 사이보그는 항상 커플을 선택하고(the cyborg always chooses to couple),[72] "연결을 필요로 한다"(needy for connection-they seem to have a natural feel for united front politics, ...)[73]고 한 것에서도 시사되듯이 인간의 인간됨은 '함께함'(仁)인 것을 알 수 있다. 이렇게 모든 포스트휴먼 논의에서 나오는 관계성의 의미나 익명성의 의미 같은 것들이 유교 전통, 특히 거기서의 여성들에 의해서 실행된 유교적 삶 속에서 이미 잘 녹아있다.

2. 여성적 극기복례

두 번째 유교적 대안으로 제시한 '극기복례'와 관련해서도 유교 여성들에 의한 실행에서 그 의미를 더욱 분명히 볼 수 있다고 생각한다. 자기를 비우고 다른 것을 받아들이는 인간적 행위는 인간 공동 삶을 마련하는 기초가 된다. 그런데 거기서 가능해진 공동 삶을 계속 유지하고 지속하기 위해서는 각자의 사적이고 일시적인 필요나 의도로부터 독립해 있는 공동의 '규범'과 '규칙'들이 요청된다. 그것을 따르는 삶이 '극기복례'의 이상으로 제안된 것이다. 이렇게 禮가 인간 공동 삶을 지속하기 위한 인간적 장치라고 한다면 그 오래 지속하게 하는 일 중에서 후손을 낳고 기르는 일만큼 핵심적인 일

---

71) 레티 러셀, 여금현 옮김, 『공정한 환대』, 대한기독교서회, 2012, 117~119쪽.

72) Matthew Bernius, Manufacturing and Encountering "'Human' in the Age of Digital reproduction", Neil L Whitehead and Michael Wesch, *Human no more-Digital Subjectivities, Unhuman Subjects and the End of Anthropology*, p.60.

73) Donnah J. Haraway, *Simians, Cyborgs, and Women-The Reinvention of Nature*, Routledge, 1991, p.151.

은 없을 것이다. 즉 가계를 잇는 일을 말하며, 그리하여 이것은 지나간 조상을 섬기는 봉제사(奉祭祀)와 같은 선상에서 유교 여성들이 핵심적으로 해오던 일이었다.

여기서 이 일과 관련하여 유교전통의 '입후'(入後) 제도를 다시 살펴보고자 한다. 입후는 여성들이 자신의 몸으로 직접 후손을 얻을 수 없게 된 경우 양자를 얻어서 그 자식과 더불어 모자관계를 이루었던 일을 말한다. 지금까지 일반적으로 유교전통의 입후제도는 유교 가부장주의의 가장 나쁜 악습으로 이야기되어져 왔다. 하지만 그런 가운데서도 유교 여성들이 비록 자신이 낳지는 않았지만 아이를 입양해서 자신이 직접 낳은 자식만큼, 아니 그보다 더 극진하게 모자관계를 이루어낸 경우들은 그녀들의 극기복례의 예가 어느 정도였는지를 드러내주는 스토리들로 읽을 수 있다. 그리고 또한 오늘 우리 시대에는 그것을 새롭게 의미화 할 수 있다고 보는데, 즉 오늘의 포스트모던 상황에서 이제 누가 낳았는가의 문제보다는 어떻게 지속적으로 인간적인 돌봄과 배려의 관계가 이루어졌는가에 따라서 부모자식과 가족관계가 이루어지는 상황이 되었다면(모성의 탈본질화), 유교 여성들에 의해서 행해졌던 이 실행은 새로운 의미를 얻을 수 있다. 특히 오늘날 한국 사회에서 여전히 해외입양을 보내고 미혼모나 가정을 잃은 많은 아이들이 방치되고 있는 상황을 생각해 보면 더욱 그러한 것을 알 수 있다.[74)]

인간 공동 삶을 지속시키는 일로서의 禮를 세우는 일에서 가정이 첫 번째의 교육 장소가 되는 유교 사회에서 어머니들의 역할은 지대했다. 어머니로서 유교 여성들이 어떻게 자녀를 훌륭히 키워내기 위해서 자신들을 희생했는가의 이야기는 지금까지도 한국 사회에서 가장 많이 회자되는 이야기 중 하나이다. 그만큼 유교전통은 후세대의 교육을 중시 여겼고, 그것을 통한 인간 공동 삶의 창달을 중시했음을 의미한다. '어머니 나라의 말' 또는 '어머니의 언어'(mothertongue)를 뜻하는 '모국어'(母國語) 단어가 잘 지시하듯이 인간은 어머니와 더불어 언어를 배우고, 언어를 전수받고, 또 언어를 전할 수 있게 된다. 그래서 어머니의 존재는 인간 공동 삶의 근거가 되고, 앞에서 이

74) 이은선, 『잃어버린 초월을 찾아서-한국 유교의 종교성과 여성주의』, 194쪽 이하.

반 일리치의 이야기를 통해서도 살펴보았듯이 인간적인 일상 언어와 고상한 인간적인 언어가 가지는 정치적 전복의 힘을 생각할 때 그 인간적인 언어를 가능하게 해주는 모성의 존재야말로 인간 문명의 존속과 창달을 위해서 핵심 관건이 된다. 그렇다면 인간을 여전히 인간되게 하는 것, 인간적인 능력이란 유교전통의 여성들이 극진한 모성의 실천을 통해서 보여준 것과 같은 극기복례로서의 모성의 마음을 갖는 일이라고 할 수 있다.

이런 상황에서 최근에는 국내외에 이 '모성'에 대한 검토가 새롭게 이루어지고 있다. 예를 들어 북구의 여성신학자 크리스타 그렌홈(Crista Grenholm)은 모성의 주제를 전통 기독교 신학의 핵심주제인 죄론과 구속론과 연결시켜서 기독교 신학의 궁극지향인 '사랑'(love)을 알기 위해서는 이 주제에 대한 천착이 필수적임을 강조했다. 그녀는 "모성에 대한 성찰은 (신학에서) 근본적인 문제이다"(Reflection on motherhood is a radical business.)라고 주창한다.[75] 지금까지 페미니즘과 여성신학자은 "타율성"(heteronomy)이나 "연약함"(vulnerability)을 매우 혐오해 왔다. 하지만 그렌홈은 예를 들어 임신한 여성들이 자신의 '몸', 그 안에 살고 있는 태아의 존재에 끊임없이 주목하면서 거기에 종속된 삶을 사는 것처럼, 그리고 그녀는 언제든지 상처받을 수 있는 '약함'(vulnerability)의 상태에 있다는 것을 받아들이지 않을 수 없는 것처럼 그렇게 '종속성'이란 우리 삶에서 "보편적인 삶의 조건이고 피할 수 없는 현상"(a general life condition and an unavoidable phenomenon)임을 다시 숙고해야 한다고 밝힌다.[76] 그녀는 '모성'은 우리 인간 주체의 개념에 도전해 오고, 그것은 우리가 무엇인가 조정하고 조절할 수 없는 부분의 한 존재임을 포괄적으로 지시해 주는데, 그래서 그 모성은 이제 "기독교 신앙의 중심 개념"(a central concept in Christian faith)이 된다고 강조한다.[77]

이러한 모성의 의미화를 통해서 오히려 서구의 기독교 여성신학자가 우

75) Crista Grenholm, *Motherhood and Love-beyond the gendered stereotypes of theology*, trans. by Marie Taqvist, Eerdmans Publishing Company 2011, p.60.

76) Crista Grenholm, *Motherhood and Love-beyond the gendered stereotypes of theology*, trans. by Marie Taqvist, p.166.

77) Crista Grenholm, *Motherhood and Love-beyond the gendered stereotypes of theology*, trans. by Marie Taqvist, p.188.

리가 왜 우리 고유의 문화 전통을 중시해야 하는지를 간접적으로 밝혀주었다고 할 수 있다. 세계 어느 문화나 종교적 삶에서보다도 극진한 모성체험을 두루 지니고 있는 한국 문화와 특히 유교전통의 문화는 그리하여 앞으로의 우리 삶을 위해서 더욱 큰 보고가 될 수 있음을 시사한다. 극기복례란 인간 공동 삶의 지속성을 위해서는 누구나 받아들여야 하는 조건이 있고, 그래서 자신을 극복하고서 스스로를 그 조건 밑에 두는 일을 말한다. 모성을 실천하는 여성들은 그 일이란 어떻게든 생명적 삶을 잇는 일이라고 생각했고, 그 이어짐을 위해서 자신을 포기하고 자신을 그 과제 아래 두었다. 그녀들에게 있어서 가장 중시해야 하는 禮 중의 한 가지는 바로 어머니 되기였던 것이다.

유교 전통 사회 여성들의 극기복례의 예는 이러한 모성의 실천과 더불어 효행과 봉제사의 예에서도 그 모습을 잘 드러낸다. 모성이 인간의 마음 씀을 아래로 향하는 것이라면 효는 위로 향하는 것이므로 엄밀한 의미에서 보면 이곳에서 극기복례의 인간성이 더욱 극진하게 드러난다고 할 수 있다. 실질적 차원에서 이 봉제사의 예를 담당해온 주체로서 그 마음 씀의 정도가 어느 지경까지였는지에 대한 이야기가 넘쳐난다. 물론 오늘날은 이미 동학에 의해서 '향아설위'(向我設位)까지 전개되었지만 봉제사의 예가 단지 과거의 일만이 아니라 오늘의 여성들에 의해서도 실천되고 있는 모습이 종종 회자된다.[78] 조상이 지금 몸으로 이 자리에 현존하지는 않지만 정신으로 그와 같은 정도로 깊이 하나 될 수 있는 능력, 또 강한 힘을 가졌거나 현재의 권력의 중심에 있지 않지만 그 드러나는 약함을 보지 않고 공경과 은혜갚음으로 늙음과 오래된 것에 대한 존숭을 보내는 유교적 孝와 경장(警長)의 실천, 이러한 유교적 義는 오늘 근대 사회에서 추구하는 실리주의적 義나 가치와는 사뭇 다르다. 그래서 하이데거가 서구 근대적 차가운 계산이성의 비인간성을 넘어서기 위해서 다시 역사의 이야기들 가운데서 이해타산과 계산과

78) 예를 들어 간송 전형필 종가에서 종부가 시아버지 간송의 제삿날을 준비하는 모습으로 음식을 준비할 때 "혹시 음식에 불경스러운 입김이라도 쏘일까 마스크를 쓰기도" 하며, 혹 실수로 음식을 빠뜨릴까봐 예전에 시어머니가 준비했던 제상 사진까지 찍어 붙여두고 음식을 준비한다는 이야기는 깊은 감동을 준다. 이연자, 『종가의 삶에는 지혜가 있다』, 404쪽.

자기주장을 넘어서는 인간성의 친구인 "집친구"(Hausfreund)를 찾아 나섰다면,[79] 그것이 유교전통의 여성들이 어머니와 아내로서 수행해온 '집사람'(Hausfrau)의 역할과 매우 유사함을 본다. 하이데거의 집친구가 인간으로서 "운이 다한 사람"(someone whose luck has run out)에게 나쁘게 하는 것은 "불명예스럽고 비인간적인" 일이라는 것을 가르쳐주는 것처럼 그렇게 유교전통의 여성들은 운이 다한 윗세대에게 나쁘게 하지 않고 그들을 보살피는 일을 극진히 했다. 그래서 이들의 삶을 통해서 진정한 인간 주체성은 그렇게 자신을 내어놓고 더 큰 의를 따르는데 있는 것을 배울 수 있다. 오늘 우리 시대도 이러한 집사람들을 요청하고, 그러나 이제는 그 일이 더 이상 여남의 신체적 구분에 의해서 좌우되는 일이 아니라 우리 마음과 관련되어 있으므로 여남 누구나가 차별 없이 그러한 집사람이 될 수 있고, 또한 그래야 한다고 보는 것이다. 우리 공동체가 이 집사람들을 귀하게 여기고, 그러나 거기서 그들의 삶이 이제 더 이상 오로지 각자의 개인적인 희생에 의해서만 유지되는 일이 없도록 하는 것이 우리 시대의 시급한 일이다. 인간 공동 삶을 지속시키는 일로서 아이를 낳고 기르는 일, 부모와 노인을 돌보는 일, 가까운 마을 공동체를 돌보는 일은 참다운 인간성과 인간적인 힘이 나오고 길러지는 원천이기 때문이다.

3. 여성적 구인성성

'구인성성'을 들어서 참된 인간이 되는 길을 제시했던 퇴계는 주자의 말을 들어서 다시 "公은 仁을 체득하는 방법이니, '자기를 극복하여 예로 돌아가면 仁이 된다'고 말하는 것과 같다."(公者, 所以體仁, 猶言克己復禮爲仁也.)[80] 고 하였다. 즉 仁은 우리가 '천지의 낳고 살리는 마음'(天地生物之心)을 받아서 "우리 마음으로 삼은 것"(人之所得以爲心)이지만 우리가 진정으로 우리 자신의 인간성을 키우고 싶다면 공적으로 자신을 드러내야 하고, 사람들과의 관계 속에 들어가야 하며, 거기서 자아중심주의와 비인간적인 힘이

---

79) 프레드 달마이어, 신충식 옮김, 「'세계의 친구'로서 하이데거」, 『다른 하이데거』, 315~316쪽.
80) 『聖學十圖』, 「仁說」.

나 폭력을 버리고 인간적인 말과 행위로 세계와 타자와 관계하는 일을 지속해나가야 한다는 의미이다. 그러한 公한, 관계적인, 인간적인 삶의 방식을 통해서만이 우리의 만물을 낳고, 사랑하고, 배려하고, 보살필 수 있는 인간적인 능력(仁)이 길러진다는 가르침이다.

이렇게 유교 구인성성의 가르침은 '공'(公)을 추구하는 것이고(天下爲公), 가장 가까운 자신의 부모와 가족에 대한 사랑으로부터 시작해서 천지만물에 대한 배려와 관심에로 나가는 것이다. 그런 의미에서 서구 근대적 사적 영역과 공적 영역의 이원론은 유교적 세계 의미실현의 길에서는 낯설다. 우리가 알다시피 기독교를 포함한 '서학'의 동점에 대하여 유교를 환골탈퇴 시켜서 '동학'을 제시한 최제우와 최시형 등은 그들의 배려가 '敬天'과 '敬人'을 넘어서 '敬物'에까지 도달하는 것을 더욱 분명히 했다. 해월 최시형은 땅을 "어머니의 살"처럼 여기라고 했고, 땅에서 나온 음식을 "어머니의 젖줄"로 비유했으며, 그래서 음식을 먹을 때는 언제나 감사의 '식고'(食告)를 드리라고 했다. 그의 '이천식천'(以天食天, 하늘이 하늘을 먹는다)의 이야기는 어떻게 그가 한 인간과 물건까지도 모두 하늘의 자식으로 여기는지를 잘 드러내주는데, '천지생물지심'(만물을 낳고 살리는 천지의 마음)의 仁을 말하는 유교 생명사상이 동학에서 크게 꽃핀 것이라고 생각한다.

천지의 만물을 낳고 살리는 마음을 극진히 해서 단지 사적인 영역에만 머무는 것이 아니라 온 우주에까지 닿도록 하는 일이 유교적 구인성성의 언어이고, 그 언어를 누구보다도 구체적으로 일상의 영역에서 지속적으로 살아온 사람들이 한국 유교전통의 여성들이었다고 말할 수 있다. 그것이 그녀들의 '살림살이' 영성이었던 것이다.[81] 그런 의미에서 최근 미국의 실천신학자 폴링(James N. Poling)교수는 이러한 한국 여성들의 살림영성과 생명영성에 주목하고서 특히 거기서 얻은 '살림'(Salim, "making things alive", "giving life")의 언어를 중시하면서 자신의 목회신학을 새롭게 구성하는데 좋은 토대로 삼고자 했다.[82]

---

81) 이은선, 「한국페미니스트 그리스도론과 오늘의 기독교」, 『한국 생물生物여성 영성의 신학』, 98쪽 이하.

82) James Newton Poling and Hee Sun Kim, *Korean Resources for Pastoral Theology-Dance of*

유교적 천지생물지심의 영성은 특히 '접빈객'(接賓客)의 예에서 훌륭히 실행되어져 왔다. 그리고 이 접빈객의 예야말로 유교 여성들이 봉제사의 일과 함께 자신의 힘을 온전히 쏟아서 실행해온 일이었기 때문에 여기서 길러진 여성들의 만물을 살리는 힘이 뛰어나다.[83] 구한말 한국을 방문한 영국의 여성 여행가 비숍은 조선에 여관 등의 여행자를 위한 숙박시설이 거의 없는 것을 보고 매우 의아해했다고 한다. 그러다가 그 이유가 조선사회는 접빈객의 예절이 지극하기 때문에 따로 그러한 시설이 필요 없기 때문이었다는 사실을 알고 매우 놀랐다는 기록이 있는데, 이러한 것은 한국 여성들의 접빈객의 실천이 어느 정도였는지를 잘 드러내 준다.[84] 이렇게 접빈객의 예를 극진히 실천하며 살았던 유교 여성들의 삶은 그래서 오늘의 페미니스트들이 쉽게 말하듯이 공적 삶이 없었던 것이 아니다. 이들이 비록 오늘의 상황과는 달리 가족적 울타리 안에 머물 수밖에 없었지만 그들은 그 가족적 삶과 일을 깊은 공적 책임 의식 안에서 수행했고, 그러한 그녀들의 공적 감각이 여러 가지 일로 표현되어져 왔다.

유교 여성들은 양반가에서도 가정살림의 구체적인 경제 활동에도 매우 적극적으로 역할을 했다. 퇴계 어머니 춘천 박씨(1470-1537)의 삶에 대한 이야기에서도 잘 나오듯이 그들은 농사, 길쌈, 바느질, 누에치기 등으로 구체적으로 생산 활동에 참여하여 가정의 경제 살림을 이끌어왔으며,[85] 그런 의미에서 서구 근대의 삶처럼 여성과 남성, 사적 영역과 공적 영역, 소비와 생산의 삶 등이 그렇게 엄격히 이분되지 않았다고 해석할 수 있다.[86] 이런 유교 여성들의 공적 감각은 나라가 위기에 빠지게 될 때 더욱 잘 드러난다. 이들 중에는 부인과 세 아들의 어머니였지만 조선 말 일본의 침입에 대항해서

Han, Jeong, and Salim, Pickwick Publications, 2012, p.107.

83) 전남 영암의 한 종가에서는 제사를 마친 후에 오신 손님들에게 제사 음식을 나누어 주는 의식으로 '분포례'(分脯禮)라는 것이 있었는데, 이것이 어느 정도의 정성으로 이루어졌는가 하면, 여기서 주인은 제사상에 오른 음식을 하나 하나 봉지에 넣고 소쿠리에 잘 담아서 노잣돈을 넣은 봉투까지 넣어서 보자기에 싸서 예를 다한 의례로써 건냈다고 한다. 이연자, 『종가의 삶에는 지혜가 있다』, 74쪽.

84) 이사벨라 버드 비숍, 이인화 옮김, 『한국과 그 이웃나라들』, 2001; 이은선, 「21세기 한국 여성 리더십에서의 유교와 기독교」, 『한국 생물生物여성 영성의 신학』, 253쪽.

85) 김병일, 『퇴계처럼』, 글항아리, 2012, 98쪽.

86) 이은선, 『잃어버린 초월을 찾아서-한국 유교의 종교성과 여성주의』, 174쪽 이하.

중국으로 건너가서 최초의 여성 의병대를 만든 윤희순(1860-1935) 여사 같은 분도 있었고, 독립투사 석주 이상룡의 손자 며느리 허은(1907-)여사와 같이 나라의 회복을 위해서 자신의 온 삶을 바친 여성도 있다.[87] 이렇게 좁은 의미의 사적 영역에 대한 관심을 넘어서 나라의 일을 걱정하고 구체적으로 생산의 일을 해내면서 길러진 유교 여성들의 살림영성은 그리하여 오늘날도 여전히 활발하게 생명을 돌보고 배려하고 생산하고 창조하는 영성이 되어서 가족과 사회와 국가와 인류 문명의 근간으로서 역할하고 있다. 오늘날 전 세계로 번지고 있는 한류가 그 한 증거이고, 그 근저에 이상의 한국 여성들의 살림의 영성과 인간성이 자리 잡고 있다고 여긴다.[88]

인류 근대성의 문제를 푸는 일은 우리가 어떻게 無와 관계하는가에 좌우된다고 하는 다석 유영모에 따르면 "인생의 목적은 재물이 되는 것이다."[89] 또한 '사람'이라는 말과 '삶', '살다', '사르다'와 깊게 연관되어 있다.[90] 이렇게 사람, 산다고 하는 것은 자신을 살라서 불이 나게 하고, 그 불의 에너지로 다시 생명을 살리고, 열매를 내고 하는 일이라면 유교 여성들의 살림꾼으로서의 삶이 바로 그것이었다. 그들은 사람이 진정으로 자신을 사는 길은 자신을 내어주고 사르는 일을 통해서 라는 것을 보여주었다. "진리논리는 '개인'을 '한울' 속에로 확장시키며, '나'를 '우리'로 '전신'시키고야 만다. 진리논리는 어떻게 보면 하나의 '전신부'(轉身簿, Metamorphoses)이다."[91] "초인으로 되돌아가는 것, 이것이 사람의 목표다. 인생의 목적은 초인이다."[92] 라고 한국의 생명철학자 윤노빈은 동학의 생명사상을 크게 확장시켜 이야기하는데, 바로 이 언어에서 오랜 한국 유교전통의 축적과 집약을 본다.

---

87) 구술 허은, 기록 변창애, 『아직도 내 귀엔 서간도 바람소리가』, 정우사 1996. 여기서 허은 여사는 어떻게 그녀가 만주 신흥무관학교의 설립자이고 상해 임정 최초의 국무령이었던 석주 이상룡의 며느리가 되어서 친정과 시집의 모든 사람들이 나라의 독립을 위해서 희생되어 가는 과정에서 딸로서, 며느리와 아내, 어머니로서 똑같은 투철한 애국의식을 가지고 그 어려운 삶을 같이 해왔는지를 잘 들려주고 있다.

88) 이은선, 「한류와 한국 유교전통 그리고 한국 여성의 살림영성」, 미간행, 2013.

89) 이기상, 『글로벌 생명학-동서 통합을 위한 생명담론』, 184쪽,

90) 이기상, 『글로벌 생명학-동서 통합을 위한 생명담론』, 165쪽.

91) 윤노빈, 『新生哲學』, 104쪽.

92) 윤노빈, 『新生哲學』, 302쪽.

V. 마무리하는 말

기독교 성경의 마가복음(막 7:24-30)과 마태복음(마 15:21-28)이 동시에 전하는 수로보니게(가나안) 여자의 믿음의 이야기는 많은 생각을 하게 한다. 그녀는 귀신들려 괴로워하고 있는 자신의 딸을 고치기 위해서 예수께 청하지만 예수는 그녀가 이방인이라는 것을 들어서 아이들을 먼저 먹여야 하지 개들에게 빵을 던져줄 수 없다는 말로 그 청을 거절하였다. 그러자 그녀는 심지어는 개들도 주인의 상아래서 떨어지는 부스러기를 얻어먹는다는 이야기를 들어서 예수의 논리를 꼼짝 못하게 하고 예수에게서 승복을 얻어낸다. 이 이야기가 오늘 후천개벽의 시대에 제2의 그리스도의 재림을 기다리고 있는 우리들에게 많은 시사를 준다. 신약성서에서 예수가 사람들과의 관계에서 자신의 뜻을 꺾고 승복한 이야기가 이것이 유일한 것이 아닌가 여겨진다. 그런데 여기서 예수가 승복한 사람은 여인이었고 그것도 힘없는 이방여인이었으며, 그 여성이 그렇게 과감하게 나올 수 있었던 것은 그녀의 어머니 마음 때문이었다. 자신의 딸을 살리려는 강한 모성으로 그녀는 예수와 대립했고, 예수는 그 이방여인의 모성에 굴한 것이다.

이 이야기는 어떻게 '속된 것'(俗, the profane)을 '거룩'(聖, the sacred)으로 선포하는 하나님의 창조사건, 말씀사건(誠), 언어사건이 계속되고 있는지를 잘 보여주는 사건이라고 할 수 있다. 그것은 그리스도 영역의 확장이고, 그래서 한 청년 예수가 그리스도로 선언되는데 그치지 않고 이방여인이, 온 피조물이 그리스도로 선언되는 것을 고대하고 있음을 보여주는 상징적 사건이다.(롬8:18-26). 오늘 포스트휴먼 논의 시대에 이제는 그 기다림에 '사이보그'도 들어가고, '아바타'도 있으며, 그 사이보그는 단순히 개인이 아니고 '공동지성'이기도 하다. 이런 맥락에서 보면 우리가 기다리는 제2의 그리스도는 어떤 모습으로 오실지를 상상해 볼 수 있다. 그는 '여성'그리스도이고, '이방인' 그리스도이며, '선비'와 '여선비'의 모습으로, '초인간'(posthuman) 와서 우리로 하여금 그와 같이 되도록 이끌 것이다.

한국 유교 전통의 생명사상과 여성들의 살림영성이 중요한 근원으로 삼고 있는 『역경』은 남성적 '건도'(乾道)의 일을 '시작'(施)의 일로 보았고, 여성적 곤도는 '낳고'(生), '이루는'(成) 일로 보면서 우주적 두 원리를 제시했다.[93] '암말'(牝馬)의 덕처럼 땅의 도로서 낮게, 자신을 드러내지 않고 감추고서, 그러나 일이 이루어질 때까지 쉬지 않고 지속적으로 노력하여서 기필코 일을 이루어내는 곤도의 영성은 삶에 '이로움'(利)을 가져다주는 일로 보았다.[94] 한국 여성들의 살림과 생명살림의 영성이 그 뛰어난 선취이며, 그래서 다시 우리 인간 신뢰와 세계사랑의 그루터기가 될 수 있다. 『주역』 계사전은 "이어주고 계속하는 일은 선하고, (그것을 이루고 완성하는 일은 (우리의) 운명이다."(繼之者善也, 成之者性也)라고 했다. 여기서 性은 우리의 인간성이고, 몸이며, 여성이고, 모성이다. 지금 세계 문명이 흔들리고 있는 때에 바로 그 몸과 모성과 우리 안의 거룩으로 다시 세계를 살만한 세상으로 만드는 일에 우리 모두가 초대되었다. 우리는 항상 '인간'(human)이었고, 항상 '초인간'(posthuman)이었다. 초인은 개인이 아니다. 초인은 노예도 아니고, 하물며 주인도 아니고, 초인은 자유인이고 "홍익인간"이다.[95] 초인인 홍익인간은 인내로 여성이 된 곰이 낳은 이상이다.

참고문헌

『周易』, 『論語』, 『中庸』, 『孟子』, 『小學』, 『聖學十圖』, 『聖學輯要』, 『東經大全』

구술 허은, 기록 변창애, 『아직도 내 귀엔 서간도 바람소리가』, 정우사, 1996.

규장각 한국학연구원 엮음, 『조선여성의 일생』, 글항아리, 2010.

김병일, 『퇴계처럼』, 글항아리, 2012.

윤노빈, 『新生哲學』, 학민사, 2010.

이기상, 『글로벌 생명학-동서 통합을 위한 생명담론』, 자음과 모음, 2010.

이동준 외 24인, 『동방사상과 인문정신』, 심산, 2007.

---

93) 이선경, 「易의 坤卦와 유교적 삶의 완성-坤卦에 깃든 유교의 종교성과 인문정신을 중심으로」, 이동준 등 24인, 『동방사상과 인문정신』, 심산, 2007, 448쪽 이하.

94) 『주역대전』卷第二 坤: 牝馬之類, 行地無疆, 柔順利貞, 君子修行.

95) 이신, 이은선/이경 엮음, 『슐리어리즘과 영靈의 신학』, 동연, 2011; 윤노빈, 『新生哲學』, 303쪽.

이신, 이은선/이경 엮음, 『슐리어리즘과 영靈의 신학』, 동연, 2011.
이연자, 『종가의 삶에는 지혜가 있다』, RHK, 2012.
이영춘 역, 『국역:정일당유고』, 가람문학, 2002.
이은선, 『유교, 기독교 그리고 페미니즘』, 지식산업사, 2003.
이은선, 『잃어버린 초월을 찾아서-한국 유교의 종교성과 여성주의』, 도서출판 모시는 사람들, 2009.
이은선, 『한국 생물生物 여성 영성의 신학』, 도서출판 모시는 사람들, 2011.
이은선, 『생물권 정치학 시대에서의 정치와 교육-한나 아렌트와 유교와의 대화 속에서』, 도서출판 모시는 사람들, 2013.
이정배, 『없이 계신 하느님, 덜 없는 인간-다석신학의 얼과 틀 그리고 쓰임』, 도서출판 모시는 사람들, 2009.
이정배, 『생태영성과 기독교의 재주체화』, 동연, 2010.
이황, 이광호 옮김, 『성학십도』, 홍익출판사 2001.
한국문화신학회 엮어지음, 『한류로 신학하기-한류와 K-Christianity』, 동연, 2013.
한병철, 『피로사회』, 문학과 지성사, 2011.
박연규, 「유가적 몸과 관계적 자아-경(敬)의 '거리두기'(Distancing)의 관계성을 중심으로」, 『양명학』 제28호, 한국양명학회, 2011.04.
이선경, 「易의 坤卦와 유교적 삶의 완성-坤卦에 깃든 유교의 종교성과 인문정신을 중심으로」, 이동준 외 24인, 『동방사상과 인문정신』, 심산, 2007.
이진경, 「주체와 도덕의 관점에서 본 조선후기 眞假 담론 Ⅰ」, 『양명학』 제31호, 한국양명학회, 2012.04.
천병돈, 「선진유가의 仁」, 『양명학』 제12호, 한국양명학회, 2004.08.
최중석, 「인간의 주체적 진실성과 퇴계심학의 과제」, 이동준 외 24인, 『동방사상과 인문정신』, 심산, 2007.
데이비드 케일리(대담엮음), 이한 옮김, 『이반일리치의 유언』, 이파르, 2010.
레티 러셀, 여금현 옮김, 『공정한 환대』, 대한기독교서회, 2012.
리처드 J. 번스타인, 김선욱 옮김, 『한나 아렌트와 유대인 문제』, 아모르 문디, 2009.
이반 일리치, 이한 옮김, 『성장을 멈춰라-자율적 공생을 위한 도구』, 미토, 2004.
이사벨라 버드 비숍, 이인화 옮김, 『한국과 그 이웃나라들』, 2001.

프레드 달마이어, 신충식 옮김, 『다른 하이데거』, 문학과 지성사, 2011.

Charles Taylor, *A secular Age*. The Belknap Press of Harvard University Press, 2007.

Crista Grenholm, *Motherhood and Love-Beyond the Gendered Stereotypes of Theology*, trans. by Marie Taqvist, Eerdmans Publishing Company 2011.

Donnah J. Haraway, *Simians, Cyborgs, and Women-The Reinvention of Nature*, Routledge, 1991.

Elise Boulding, *Building a Global Civic Culture-Education for an Interdependent World*, Columbia University 1988.

Eugene H. Peterson, *Christ Plays in The Ten Thousand Places*, William B. Eerdmans Publishing Company, 2005.

Fred Dallmayr, *The Other Heidegger*, Cornell University Press, 1993.

Hannah Arendt, *The Origin of Totalitarianism*, A Harvest/HBJ Book, 1973.

Hannah Arendt, "On the nature of Totalitarianism", *Essays in Understanding 1930-1954*, Harcount Brace & Company, 1994.

Hannah Arendt, "What Remains? The Language Remains": A Conversation with Guenter Gaus, *Essays in Understanding 1930-1954*, Harcount Brace & Company, 1994.

Hannah Arendt, "What in Freedom?", *Between Past and Future*, NY: Penguine Books 1988.

James Newton Poling and Hee Sun Kim, *Korean Resources for Pastoral Theology-Dance of Han, Jeong, and Salim*, Pickwick Publications, 2012.

John D. Caputo, *On Religion: Thinking in Action*, Routledge, 2001.

Michael C. Kalton, (ed.) Yi Toegye, To become a sage - Ten Diagrams on sage Learning, New York Columbia University Press, 1988.

Neil L. Whitehead and Michael Wesch(eds.), *Human no more-Digital Subjectivities, Unhuman Subjects and the End of Anthropology*, University Press of Colorado, 2012.

Rodney L. Taylor, *The religious Dimensions of Confucianism*, SUNY 1990.

Rosemary Radford Ruether, *Women and Redemption*, Fortress Press 2012.

Lee Un-sunn, "Confucianism and Development of Korean Women's subjectivity in the Twenty-first Century", *Madang-Internatinal Journal of Contextual Theology in East Asia*, Vol.18, 15th December 2012, Seoul, Korea.

실비아 팽크허스트의 삶과 투쟁: 여권/노동/반제국주의

최 지 안[*]

세기전환기 독일 사민당 지도자이자 탁월한 이론가인 아우구스트 베벨의 『여성론』은 사회주의의 관점에서 여성해방의 필요성을 논하고 있다. 동시대 영국의 좌파 운동사에서 결코 간단치 않은 역할을 수행한 실비아 팽크허스트(Sylvia Pankhurst, 1882-1960, 사진 1)는 베벨의 저작이 시사한 사회주의와 여성운동 간의 결합의 전범(典範)을 보여준다. 여권, 노동, 평화, 반제국주의 등 대의를 향한 그의 헌신은 현대사의 격동을 통과하며 20세기 중반까지 이어졌다.

실비아 팽크허스트는 1882년 영국 맨체스터에서 팽크허스트가의 차녀로 때어났다.[1)] 산업혁명 및 근대자본주의를 배태한 맨체스터는 당시 영국의 가장 급진적인 사회철학과 운동의 진앙지였다. 차티즘, 사회주의, 여권론, 반곡물법 입법 청원 등 당대의 진보적인 사회운동들이 모두 이 도시를 중심으로 퍼져나갔다. 실비아의 부친 리처드 마스덴 팽크허스트는 이 도시의 정신이 키워낸 '맨체스터인'이었다. 그는 변호사이자 페이비언 사회주의[2)]를 신봉하

* 경희대학교

1) 넬슨街 62번지의 팽크허스트 저택은 현재 박물관 · 워크숍 · 서점을 갖춘 '팽크허스트 센터'로 운영되고 있다.

2) 1884년 영국에서 결성된 페이비언 협회(Fabian Society)가 추진한 개량적 사회주의 사상. 계급투쟁사관이 아닌 사회진화론의 관점에서 자본주의 극복의 해법을 찾고, 의회제 민주주의를 통한 공공선(公共善)의 실현 및 점진적 사회개혁을 주장했다. 영국노동당의 정책입안의 근간이자 복지국가의 이념적 기초를 제공했다.

는 사회개혁가로서, 영국 노동당의 전신인 독립노동당의 창설에 기여한 초창기 노동당의 지도급 인사 가운데 하나였다. 그는 또한 여권론자로서 1869년 친구인 철학자 존 스튜어트 밀과 함께 최초의 여성참정권 법안을 초안했고 1880년대 기혼여성 재산권 보장법의 제정에도 기여했다. 실비아의 어머니 에멀린 굴든 역시 노동당의 열성적인 지지자였고 여성사회정치연맹(WSPU: Women's Social and Political Union)을 결성하여 여성참정권운동을 전개한 급진파 페미니스트였다. 이들은 당대의 저명한 작가, 예술가, 사상가들과 교류했는데, 팽크허스트가를 드나든 명망있는 좌파인사들 가운데는 윌리엄 모리스, 조지 버나드 쇼, 토마스 만, 그리고 1893년 독립노동당을 설립한 케어 하디 등이 포함되어 있었다.[3)]

[사진 1]

이와 같은 환경과 교육 안에서 실비아가 남다른 사회의식의 소유자로 성장한 것은 자연스런 일이었다. 그는 또한 문학, 역사, 철학, 예술 등의 분야에서 풍부한 인문적 교양과 재예(才藝)를 갖춘 재원이었다. 맨체스터에서 중

3) 실비아는 특히 케어 하디의 인품과 지성을 존경했고 후일 그와 동반자적 관계로 발전했다. 그들의 우정과 지적 교류는 1915년 하디가 세상을 떠날 때까지 지속되었다.

등교육을 마친 그는 1900년 런던의 왕립미술학교(Royal College of Art)에 장학생으로 진학하여 미술을 전공했다(사진 2). 실비아는 일찍이 회화 및 장식예술에 두각을 드러내었는데, 화가이자 그래픽 디자이너로서 그는 월터 크레인, 윌리엄 모리스 등으로 대변되는 영국 미술공예운동(Arts and Crafts Movement)4)의 영향을 받았다.

[사진 2]

자신의 두 이상 즉 예술적 창조와 사회운동 간의 결합을 모색하던 실비아는 1907년 '영국여성노동자 프로젝트'에 착수한다. 이는 북부 잉글랜드 및 스코틀랜드의 산업도시들을 여러 달에 걸쳐 순방하며 현장에서 일하는 노동계급여성들에 관한 기사를 작성하고 또한 이들을 화폭에 재현하는 작업이었

4) 19세기 후반 영국에서 일어난 공예개혁운동. 산업혁명의 기계제 생산에 반발하여 응용미술의 제 분야에 중세 길드의 직인(職人)제도의 원리를 도입하여 수공업 미학을 회복하자는 것으로, 당대 건축가와 공예가들의 호응을 얻었으며 20세기 초 아르누보(Art Nouveau) 양식의 성립에도 영향을 주었다.

다(사진 4). 프리드리히 엥겔스의 1844년 역작 『영국노동계급의 상태』의 페미니스트 판(版)이라함직한 이 작업은 20세기 초 영국 '여성'노동계급의 상태에 대한 탐구였다. 실비아는 광산, 제철소, 공장 등에서 일하는 비숙련 여성노동자들의 비참한 생활여건과 노동조건을 목격했고 그것을 가감없이 기록했다. 당시 '흑색 지역(Black Country)'이라고 불리던 스태포드셔의 크래들리 히스에 대해 실비아는 '주거와 위생 등 인간생활의 기본적인 품격과 관련된 문제도 내버려진 황폐한 곳(a blighted countryside... a hideous disregard of elementary decencies in housing and sanitation)'이라고 썼다.

[사진 3]

[사진 4]

위건의 탄광에서 글래스고의 면방직 공장에 이르기까지 여성들은 착취, 저임금, 그리고 부상, 중독, 질병, 사산(死産)을 비롯한 각종 산업재해로 고통받고 있었다. 실비아의 르포르타주는 1908년 11월 *London Magazine*에 실렸고, 1908-11년 *Votes for Women*에 연작으로 소개되었다.[5] 여성노동자들에 대한

5) 관련 회화 및 드로잉 작품에 관해서는 Richard Pankhurst, *Sylvia Pankhurst: Artist and*

이 생생한 언어적 시각적 재현은 그들의 노동 환경 개선과 동일임금 보장을 위한 강력한 호소로서 읽힌다. 위건 탄광촌의 여성 광부들에 대해 실비아는 다음과 같이 적고 있다.

> In spite of their great strength and the arduous labours they perform, they are, like most other women workers, very poorly paid … A bankswoman earns from 1s 10d to 2s 4d; whilst a banksman, doing exactly the same work, gets from 4s 9d to 5s a day. It is this question of underpayment that is at the root of most of the hardship and suffering.[6)]

1903년 실비아는 어머니를 도와 언니 크리스타벨, 여동생 아델라와 함께 여성사회정치연맹(이하 연맹) 창설에 참여했으며 1906년부터는 본격적으로 이 단체에서 활동하기 시작한다. 이후 집필, 강연, 현장활동 및 거듭된 투옥으로 점철된 삶이 이어졌다. 그는 연맹의 기관지인 *Votes for Women*을 위한 기사를 썼고, 1911년에는 여성참정권 운동사를 기술한 *The Suffragette: The History of the Women's Military Suffrage Movement*를 출간했다. 1911-14년간에 그는 미국, 스칸디나비아, 중부 유럽 등지에서 참정권에 관한 강연을 했다.

실비아는 또한 동료 여성 예술가들과 함께 연맹의 활동에 사용될 도안 작업을 담당했다(사진 3, 5). 이 단체는 이른바 CI(Corporate Identity) 즉 근대적 조직 이미지 통합의 선구자로서, 연맹의 로고에서 집회장소의 장식에 이르기까지 모든 아이템을 통일적으로 디자인했다. 연맹은 위엄, 순수, 희망을 각각 상징하는 보라색, 흰색, 녹색을 대표색으로 정하여, 일관된 색채 설계와 의장(意匠)을 통해 그들의 이상과 비전을 시각적으로 제시하고 단체의 존재의의를 대외적으로 홍보했다. 특히 실비아가 디자인한, 트렘펫을 부는 '자유의 천사'는 참정권 캠페인의 깃발, 배너, 전단지 등에 광범위하게 사용되어 대중에게 연맹을 상징하는 핵심 이미지로 각인되었다(사진6).

Crusader(1979)의 도판 참조.

6) 'Women Workers of England', *London Magazine*(November 1908).

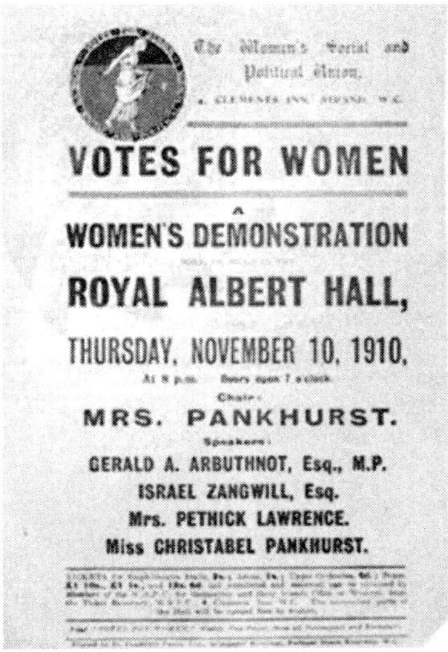

[사진 5]

[사진 6]

연맹의 참정권 획득운동은 이제까지와는 달리 전투적이었다. 이들은 '말이 아닌 행동'을 공식 구호로 채택하고, 여성의 '즉각적 참정권' 쟁취를 위해 폭력시위, 테러, 방화, 의회 · 관공서 습격, 단식 등의 공격적 수단을 동원했다. 총선이 있던 1905년 맨체스터의 자유무역회관에서 열린 자유당 회합에서 '여성에게 투표권을'이라는 플래카드를 들고 시위를 벌인 크리스타벨은 구속되었고 이 사건은 일약 전세계적인 주목을 받았다. 사실 연맹은 활동가들의 '체포와 수감'이라는 전략을 통해 단체의 대의를 선전하고 참정권 문제를 전국적 쟁점으로 비화하고자 했다. 이들의 저항 방식은 갈수록 과격해졌는데 1913년에는 이 단체의 일원인 에밀리 데이비슨이 잉글리시 더비 경마장에 뛰어들어 일인 시위를 벌이다 질주하는 조지 5세 소유의 말에 치어 사망하는 사건이 발생하기에 이른다(사진 7).

[사진 7]

당시 영국에서 보통선거권은 일정 금액 이상의 세금을 납부하는 중산층 남성에게만 주어져 있었다. 즉 여성뿐 아니라 노동계급도 참정권으로부터 배제되어 있었다. 1830-40년대의 차티스트운동 이래 영국은 몇 차례의 선거법 개정을 통해 참정권을 확대해갔지만 여성의 선거권 획득은 번번이 좌절되곤 했다. 에멀린과 크리스타벨의 '즉각적 참정권'론은 선거권의 계급적 평등보다 성평등을 앞세운 것으로서 노동자의 투표권 확보보다는 부르주아계급 내에서부터 먼저 성평등을 실현하자는 것이었다. 즉 부르주아여성의 참정권 획득이 최우선이라는 주장이었다. 이는 보편적 선거권의 확대라는 노동당의 정치적 입장과는 배치되는 것이었고, 노동당의 계급적 기반이 오히려 여성운동을 제약한다고 판단한 에멀린과 크리스타벨은 남편이자 아버지인 리처드 팽크허스트가 그 초석을 놓았던 노동당을 탈당한다.

연맹은 점차 초기의 사회주의적 지향성을 상실해갔고 1914년 1차 대전이 발발하자 에멀린과 크리스타벨은 영국정부를 지지하며 참정권운동을 잠정적으로 중단했다. 연맹은 이 제국주의 전쟁을 위한 기금을 모금했고, 여성의 전시산업체 동원을 책려했다. 실비아는 연맹이 노동자와의 연대를 포기하고 부르주아계급 여성의 참정권획득에 몰입하는 것에 반대했다. 그는 연맹이 노동당과의 협조 하에서 사회주의 노선을 고수해야한다고 보고, 여성운동과 노동운동의 연계를 모색했다. 따라서 그는 연맹의 전국적인 조직 활동 보다는 노동계급지구인 이스트엔드 지부 활동에 주력했다(사진 8). 실비아는 어머니나 언니와는 달리 평생 좌파로서의 정체성을 잃지 않았으며, 노동당이 빈민지구에 뿌리내릴 수 있도록 돕는 일에 노력을 아끼지 않았다. 그는 특히 슬럼가의 여성과 아동의 생활조건 개선 및 빈곤 퇴치를 위한 실질적인 원조와 교육 활동을 전개했다.

[사진 8]

1914년 실비아는 연맹과 결별하고 케어 하디의 지원을 받아 새로운 조직인 동런던 여성참정권연합(East London Federation of Suffragettes, 이하 연합)을 창설했다. 이와 함께 「여성 드레드노트」(Women's Dreadnought)紙를 창간했다. 이후 이 단체는 여성참정권연합(Women's Suffrage Federation), 노동자사회주의연합(Workers' Socialist Federation) 등으로 외연을 확장하며 정치적으로 진화해나갔다. 연맹이 애국주의를 표방하며 참전을 독려하는 등 반동으로 전락한데 반해, 실비아는 평화주의자로서 반전 입장을 분명히 했다. 그의 연합은 강제 징집에 반대했고 이 단체의 일부 조직원들은 양심적 병역 거부자를 경찰의 수배로부터 숨겨주기도 했다.

한편 연합은 점차 좌경화되어 '공산당'—제3인터내셔널의 영국지부로서 이후 공식적인 영국공산당에 흡수 통합됨—의 칭호를 채택하게 된다. 실비아는 유럽을 순방하며 좌파집회에서 연설했고 러시아 혁명 이듬해인 1918년에는 레닌의 초청으로 소련을 방문했다. 소련에서 실험되고 있던 새로운 사회 건설에 고무 받은 실비아는 세계의 미래가 공산주의에 있다고 보고, 이탈리아의 아나키스트 실비오 코리오(Silvio Corio, 1877-1954)와 함께 공산주의 운동을 전개했다. 「노동자 드레드노트」(Workers' Dreadnought)紙가 그들의 목소리를 담아냈다.

[사진 9]

[사진 10]

1924년 실비아는 런던 교외 Woodford의 간소한 집 Red Cottage에서 코리오와 함께하는 삶을 시작했고 1927년에는 아들 리차드가 태어났다(사진 9, 10). 그의 나이 45세 때였다. 이곳에서 실비아는 사적 · 공적 생활의 균형을 이루었고 저술, 강연, 정치 활동 면에서 생산적인 시기를 보냈다. 그는 코리오와 30년간 파트너쉽을 유지했으나 결혼제도에 반대하여 법적으로 미혼으로 남았다. 실비아는 우드포드의 자연을 사랑했고, 르네상스시대 이래 영국의 시인들과 예술가들에게 영감을 주었던 에핑 숲(Epping Forest)을 산책하며 망중한의 시간을 갖기도 했다. 이 무렵 씌여진 한 수상(隨想)은 그의 내면세계를 비춰준다.

> When I muse alone under the old trees of Epping Forest, or watch my young hopeful playing in the short grass, finding the new-old treasures that we as children loved; as I pass through the sad, seer streets, the dreary wastes of crowded little houses, same in their ugliness, and among the pale and shabby throngs of the East End ... as I view the great shops and the flashing equipages of Piccadilly, or tread the stately, ordered precincts of Parliament Square, memories, vivid and turgid, crowd upon me ... imparting the influences to the experiences of today...7)

전후 1930년대 실비아는 스페인 내전의 공화주의자들을 지지하고 에티오피아 독립을 지원하는 등 반파시즘, 반제국주의 운동에 헌신했다. 그는 여생을 에티오피아의 아디스아바바에서 보냈고 이 도시의 트리니티 성당의 묘역에 묻혔다. 이에 앞서 1918년 영국에서는 30세 이상의 중산층 여성에게 투표권을 부여했고 그로부터 10년 후인 1928년에는 남녀의 동등한 투표권을 보장한 인민대표법이 통과되었다. 실비아의 평생에 걸친 투쟁의 한 축인 여성참정권획득은 이리하여 결실을 맺었으나 다른 한 축인 자본주의 극복은 세기를 넘어 미완의 과제로 남아있다. 오늘날 실비아는 주로 여권론자로서 기억되지만 영국 좌파운동사에서 그의 업적이 갖는 의의는 재평가될 필요가 있다. 캐서린 코넬리의 지적대로, 실비아의 삶은 페미니즘의 틀 너머 여성, 노동, 반제국주의를 포괄하는 '민주주의에의 헌신'으로 정의되기 때문이다.

> She was a leading suffragette who broke away from the elitism of the suffragette campaign ... by building a women's suffragette campaign that put working-class women at the forefront of fighting for the vote. In the First World War she campaigned against the intensified exploitation and suffering it brought to working people. She was among the first socialists to champion the Bolshevik revolution, inspired by the soviets which placed direct democracy in the hands of ordinary people. In the 1920s she was one of the first people in Britain to identify the danger posed by the rise of fascism in Italy to democratic

7) Sylvia Pankhurst, *The Suffragette Movement*, London: Virago, 1977.

freedoms and to peace ... Sylvia was above all profoundly committed to a radical, far-reaching conception of democracy for women, for workers and for people struggling to overthrow the dominance of Empire.[8)]

참고문헌

Bullock, Ian and Richard Pankhurst eds. *Sylvia Pankhurst: from Artist to Anti-Fascist*. Basingstoke: Macmillan, 1992.

Castle, Barbara. *Sylvia and Christabel Pankhurst*. Harmondsworth: Penguin, 1987.

Connelly, Katherine. *Sylvia Pankhurst: Suffragette, Socialist and Scourge of Empire*. London: Pluto, 2013.

Davis, Mary. *Sylvia Pankhurst: A Life in Radical Politics*. London: Pluto, 1999.

Harrison, Shirley. *Sylvia Pankhurst: A Crusading Life, 1882-1960*. London: Aurum, 2003.

______________. *Sylvia Pankhurst, Citizen of the World*. London: Hornbeam, 2009.

______________. *Sylvia Pankhurst: The Rebellious Suffragette*. London: Golden Guides, 2012.

Pankhurst, E. Sylvia. *The Suffragette: the History of the Woman's Militant Suffrage Movement*. New York: Sturgis & Walton, 1911.

__________________. *The Life of Emmeline Pankhurst: the Suffragette Struggle for Women's Citizenship*. London: T. Werner Laurie, 1935.

__________________. *The Suffragette Movement: an Intimate Account of Persons and Ideals*. London: Longman 1931. Republished Virago, 1977

__________________. *A Sylvia Pankhurst Reader*. Manchester: Manchester UP, 1993

Pugh, Martin. *The Pankhursts*. London: Allen Lane, 2001.

Romero, Patricia W. E. *Sylvia Pankhurst: Portrait of a Radical*. New Haven: Yale UP, 1987.

Shiach, Morag. "Sylvia Pankhurst: Labour and Representation." *Modernism, Labour, and Selfhood in British Literature and Culture, 1890-1930*. Cambridge: Cambridge UP, 2004.

8) Katherine Connelly, *Sylvia Pankhurst*, London: Pluto, 2013, 2-3.

Winslow, Barbara. *Sylvia Pankhurst: Sexual Politics and Political Activism*. London: UCL, 1996.

제2부

여성, 주체, 한국문학

아메리카니즘과 성매매 여성*

-주요 전후소설을 중심으로-

강 정 구**

Ⅰ. 서론

한국전쟁 이후에 미군을 상대로 한 성매매 여성이란, 생활난을 주요 원인으로 하여 매음 행위를 한 25,000~280,000여 명 사이의 불확정적인 인력을 말한다.[1] 주로 위안부, 미군동거녀, 기지촌 여성이라는 지시적인 명칭으로, 혹은 양공주, 양갈비, 양년, 유엔마담, 유엔사모님, 유엔레이디, 양키 창녀, 양키 마누라, 서양 공주 등의 비하된 용어로 통칭되는 이들은, 그 동안 다양

---

* 이 논문은 『우리어문연구』 49집(우리어문학회, 2014.5, 429~457면)에 게재되었던 것이었으나, 본 편집부의 요청으로 재게재한 것임.

** 경희대학교 인문학연구원 학술연구교수

1) 미군 상대의 성매매 여성 수에 대한 공식적・비공식적인 통계는 차이가 많았다. 보건사회부가 발행한 『건국10주년 보건사회행정개관』을 보면, 1954년에 2,564명, 1955년에 2,734명, 1956년에 1,948명, 1957년에 3,016명이었다. 이러한 수는 성매매 여성에 대한 경찰의 단속 결과를 중심으로 한 추정치를 근거로 했다. 이와 달리 『사상계』에서는 1952년에 '유엔마담'이 25,479명인 것으로, 그리고 『한국일보』와 『서울신문 』에서는 각각 1955년에 61,833명과 1956년에 282,496명인 것으로 추정했다. (보건사회부, 『건국10주년 보건사회행정개관』, 1958, 304~405면; 이임하, 「한국전쟁과 여성성의 동원」, 『역사연구』 14집, 2004, 134~135면.) 1955년을 기준으로 할 때, 미군 상대의 성매매 여성 수를 대략 60,000여 명으로 잡아보면 전체인구 2천1백만 명의 대략 0.3%가 된다.

아울러 한국전쟁 중 참전한 미군 병력의 수는 185만 명 정도이나, 전쟁 이후 미군 감축이 논의되면서 그 수가 줄어들기 시작한다. 1953년 7월 휴전 시에는 8개 사단 325,000명, 1954년에 223,000명, 1955년에 85,500명 정도가 된다. 이렇게 보면 1955년에 미군을 상대한 성매매 여성 수는 『한국일보』를 기준으로 할 때에 미군 수의 2/3가 된다. 미군 수에 비해서 성매매 여성의 수가 상당히 많았던 것이다.

한 표현만큼이나 미군・남성・국가・여성 집단의 필요에 따라서 외국 군인에게 몸을 팔아 민족적인 자존심에 상처를 입히는 부정적인 인간으로 비난되거나, 비천하고 불쌍한 희생양으로 동정되어 왔다.

이러한 집단의 의도적・전략적인 인식과 달리, 전후소설에 나타난 성매매 여성의 표상은 1950년대의 한국사회에서 아메리카니즘(Americanism)[2]이 구조화되는 새로운 인식을 보여준다는 점에서 주목된다. 전후소설에서 미군 상대의 성매매 여성 표상은, 일반적인 성매매 여성에 대한 이해와 달리 미군을 대상으로 한다는 점에서 미국에 대한 특정한 형태의 사고방식으로 담론화 되는 경향이 있다. 이러한 특정한 형태의 사고방식은, 미국이 1945년의 군정 초기부터 일관되게 진행해온 친미화(親美化, Americanization) 전략과 그 전략을 나름대로 수용・활용한 한국의 지배권력・엘리트의 이해관계가 일치하는 지점에서 발생하는 것이다.[3] 이러한 사고방식은 한국전쟁 이후 혈맹

2) 이 논문에서 말하는 아메리카니즘(Americanism)이란 전후사회 속의 한국인에게 미국식 사고와 문화가 최고의 가치가 되는 것으로 내면화되는 현상을 지시하는 용어로 규정하고자 한다. 본래 아메리카니즘은 1797년에 T. 제퍼슨이 미국 내의 애국주의를 뜻하는 말로 사용한 것이다. 이후 미국이 독립전쟁 시기에 부패한 땅인 유럽과 달리 신국(神國)이라는 의식을 조성할 때에, 유럽과 다른 민주주의 제도를 신성시 여기고 모든 사람에게 성공의 기회를 준다는 아메리카 드림의 기대를 환기시킬 때에, 그리고 국내외적으로 위기에 빠져서 강력한 국권을 지향하는 움직임을 필요로 할 때에 하나의 지향점으로 제시되었다(박의경, 「에머슨과 아메리카니즘: 이상과 현실의 조화」, 『미국학논집』 28권 1호, 한국아메리카학회, 1996, 73~95면). 이러한 아메리카니즘은, 타국(他國)의 지배권력이나 엘리트가 미국을 이상적인 국가로 모방할 때에 미국식 사고와 문화와 민주주의 제도를 지향하고 내면화하는 경향으로 전환된다.
나아가서 아메리카니즘은 타국의 지배권력이나 엘리트가 자기의 권력을 공고히 하는 과정에서 적극적으로 수용・변용하는 논리로 나타나서 양자(타국의 지배권력・엘리트와 아메리카니즘) 사이의 능동적인 '포옹'이 일어나기도 한다(吉見俊哉, 오석철 역, 『왜 다시 친미냐 반미냐:전후 일본의 정치적 무의식』, 산처럼, 2008, 81~83면).

3) 해방기의 미국은 한반도를 점령하여 군정에 의한 통치를 실시하고 신탁통치국의 감독 하에 군정의 권한을 친미적인 한국정부로 이양해야 함을 목표로 하는 현실주의(realism) 입장을 주장・실현했다. 미국은 군사적인 전략기지의 확보를 통한 대소(對蘇)방파제를 구축했고 남한을 자국 중심의 자본주의체제와 서구식 자유민주주의 체제에 편입시켰다(B. Cummins, *The Orgin of the Korean War: Liberation & Emergence of Seperate Regime 1945-1947*, Princeton Univ. Press, 1981, pp.103~156). 그 과정에서 미국 유학의 경험이 있는 보수적・친미적인 인사로 입법・사법・행정 조직을 개편하고, 경제적인 원조를 막대하게 지원했다(안진, 『미군정과 한국의 민주주의』, 한울아카데미, 2005, 13~264면). 이러한 친미화 전략은 한국전쟁 이후에도 주요 엘리트의 대미 교환계획 등을 통해서 계속되었다(허은, 「1950년대 미국의 대한 교육교환 계획과 한국사회 엘리트의 친미화」, 『한국민족운동사연구』 44집, 한국민족운동사학회, 2005, 229~265면). 이러한 미국의 친미화 전략에 대해서 한국의 지배권력과 엘리트는 친미

과 이상적인 근대의 이미지와 결합되어서 더욱 강화·확산된다.

특히 미군 상대의 성매매 여성을 다룬 1950년대의 전후소설에서는, 미국식 사고와 문화에 대한 특정한 형태의 사고방식 혹은 아메리카니즘이 확연하게 드러나 있다. 소설은 본래 현실 속에서 발생하는 새로운 감각과 인식의 유형을 잘 포착하는 형식이다. 김성한의 단편소설 「매체」를 비롯한 10여 편의 전후소설은 미군과 실제 만나서 그들과 직접적인 관계를 맺고, 그들이 한국사회 속에서 일정한 사회적인 위치를 차지하며, 그들에 대해서 한국인이 평가하고 인식하는 여러 양상을 여실히 보여주는 것이다.

이러한 양상을 보여주는 소설은 이 논문의 연구대상이 된다. 이러한 소설들은 미군을 상대한 성매매 여성을 다룬 1950년대 단편소설 중에서 한국전쟁 이후의 사회를 공간적 배경으로 한 작품이라는 공통점이 있다. 김성한, 「매체」(『암야행』, 양문사, 1954), 김성한/류주현, 『무명로 장씨 일가 외』, 동아출판사, 1995, 오영수, 「학도란 사나이」(『현대문학』 3호, 1955.3), 『갯마을』, 책세상, 1989, 강신재, 「해결책」(『여성계』 1956.8), 『강신재소설선집』, 현대문학, 2013, 손창섭, 「층계의 위치」, 『문학예술』 21호, 1956.12, 오상원, 「난영(亂影)」(『현대문학』 15호, 1956.3), 『오상원 작품집』, 지식을만드는지식, 2010, 한말숙, 「별빛 속의 계절」, 『현대문학』 24호, 1956.12, 강신재, 「해방촌 가는 길」, 『문학예술』 28호, 1957.8, 송병수, 「쑈리 킴」, 『문학예술』 27호, 1957.4, 김광주, 「혼혈아」, 『혼혈아』, 청구서림, 1958, 남정현, 「경고구역」, 『자유문학』 18호, 1958.9, 박상지, 「황지」, 『현대문학』 47호, 1958.11, 오상원, 「보수」, 『사상계』 70호, 1959.5. 이 중에서 비교적 대표성을 띠는 김성한, 오영수, 강신재, 오상원, 김광주의 작품을 중심으로 논의를 전개하되, 필요시 다른 작가의 작품을 검토하고자 한다.[4)]

적인 성향을 적극적으로 드러내어 호응했고, 권력의 획득과 유지를 위한 주요 이념이자 수단으로 선택했다. 한국의 지배권력과 엘리트는 친미를 주창하면서 한국전쟁 직후에 발생한 정치적·경제적인 과제를 해결할 하나의 이상적인 모델로 미국을 선택했고, 미국은 친미화 전략을 유지·강화하기 위해서 경제적 원조와 군사적 지원을 지속했다(임희섭, 「해방후의 대미인식」, 류영익 외, 『한국인의 대미인식』, 민음사, 1994, 225~278면; 정성호, 「한국전쟁과 인구사회학적 변화」, 한국정신문화연구원 편, 『한국전쟁과 사회구조의 변화』, 백산서당, 1999, 11~58면). 이러한 미국의 전략과 그 전략에 대한 한국 지배권력과 엘리트의 수용·활용은 아메리카니즘이 한국사회에 유포되는 중요한 원인이 되었다.

미군을 상대한 성매매 여성에 대한 그 간의 연구사에서는, 미군·남성·국가·여성 집단의 필요에 따라서 부정적이거나 동정적인 대상으로 논의 되어왔으나, 성매매 여성과 아메리카니즘의 관계에 대한 의미 있는 언급이 없다는 점이 아쉬웠다. 성매매 여성은 미국의 신(新)식민주의에서 볼 때에 불법·초법적인 성적 쾌락의 도구가 되고, 한국 남성의 가부장제에 따르면 민족의 자존심을 팔아버린 몹쓸 여자가 되며, 박정희의 국가주의에서는 외화벌이를 하는 애국자가 되었다. 또한 여성주의에 의하면 미군·남성·국가에 의한 희생양으로 설명되었다.

이러한 논의들이 교차하는 과정에서 문학계에서는 주로 희생양이라는 시각이 중심으로 논의가 전개되었고, 차츰 중층적·혼종적인 의미가 부각되기 시작했다. 성매매 여성은 서로 유착된 권력·정치·자본에 의해서 이용당하고 훼손된 존재이자 그 자체로 민족의 식민화된 현실을 환기시키는 표상으로 검토되었고,[5] 나아가서 민족주의와 여성주의의 시각이 복합되어 중층적으로 형상화되거나 전통/신 여성의 이분법적인 이미지에서 일탈·해체되는 이미지로 살펴졌다.[6] 이 외에도 미국·남성·국가에 의해 도구화 되었다는

4) 이 중에서 손창섭의 「층계의 위치」와 강신재의 「해방촌 가는 길」은 성매매 여성보다는 남성을 중심으로 다루고 있다는 점에서 본 논의의 연구주제와 다소 어긋나는 측면이 있어 다소 제한적으로 논의 가능하다.

5) 문학 속의 성매매 여성에 대해서 김정자는 소설의 기법적 특징과 서사구조를, 김승희는 윤금의 몸이 이중적으로 식민화된 민족의 알레고리임을, 김연숙은 수난과 훼손과 복원의 열망이 투사됨을, 그리고 김은하는 개발독재기 민족주의 서사에서 민족의 식민화된 현실을 환기시키는 표상임을 다루었다. 김정자, 「한국 기지촌 소설의 기법적 연구」, 『한국문학논총』 16집, 한국문학회, 1995, 377~404면; 김승희, 「한국 현대 여성시에 나타난 제국주의의 남근 읽기」, 『여성문학연구』 7집, 한국여성문학회, 2002, 80~104면; 김연숙, 「'양공주'가 재현하는 여성의 몸과 섹슈얼리티」, 『페미니즘연구』 3집, 한국여성연구소, 2003, 121~156면; 김은하, 「탈식민화의 신성한 사명과 '양공주'의 섹슈얼리티」, 『여성문학연구』 10집, 한국여성문학회, 2003, 158~179면.

6) 미군을 상대한 성매매 여성은 박선애에 따르면 민족·여성·국가·계급적인 모순이 복합적인 양상을 띠는 것으로, 그리고 김미덕에 의하면 젠더·민족·계급·인종의 권력관계에 따라 다양한 시각으로 파악되는 것으로 논의되었다(박선애, 「기지촌 소설에 나타난 매춘 여성의 문제」, 『현대소설연구』 24집, 한국현대소설학회, 2004, 277~297면; 김미덕, 「한국문학에서 기지촌 성매매 여성과 아메리시안에 대한 연구」, 『아시아여성연구』 46권 2호, 숙명여자대학교 아시아여성연구소, 2007, 7~54면). 또한 김은경은 자유부인과 성매매 여성의 출현을 전후 사회의 위기 징후로 본다(김은경, 「한국전쟁 후 재건윤리로서의 '전통론'과 여성」, 『아시아여성연구』 45권 2호, 숙명여자대학교 아시아여성연구소, 2006, 7~48면). 더욱이 강신재 소설 속의 성매매 여성에 대해서 곽승숙이 전통/신 여성상이 해체되는 것으로, 오은엽이 가부장제

사회학적 · 정치학적인 분석이 있었다.7)

정작 성매매 여성을 존재하게 만든 미군과 미국문화에 대해서는 시대적인 보편성이 있다거나 양가적인 의미를 지닌다는 논의가 중심이었다. 전후의 미국이 (의사)보편자라는 논의,8) 그러한 미국(문화)에 대해서 한국인이 양가적으로 인식 · 반응했다는 언급이 주를 이루었으며,9) 특히 최정희와 정비석의 문학을 중심으로 하여 미국문화의 영향으로 개인의 욕망이 확장되거나 국제결혼으로 인한 문화적인 충격과 그 의미 등을 검토했다.10) 사회학 ·

질서에 의한 젠더 권력으로부터 일탈되는 것으로, 또한 서재원은 양공주/누이의 혼종적인 정체성을 지닌 것으로 살펴봤다(곽승숙, 「강신재 소설의 여성성 연구」, 『어문논집』 64집, 민족어문학회, 2011, 189~215면; 오은엽, 「강신재 초기 소설에 나타난 '양공주'의 형상화 연구」, 『현대소설연구』 50집, 한국현대소설학회, 2012, 262~297면; 서재원, 「1950년대 강신재 소설의 여성 정체성 연구」, 『한국문학이론과 비평』 54집, 한국문학이론과비평학회, 2012, 277~296면).

7) 성매매 여성에 대해서 황영주에 따르면 국가 안보와 민족 유지를 위해서 필요한 것으로, Katharine H. S. Moon에 의하면 한국 · 미국 정부 쌍방의 안보 이해 증진의 목적으로 도구화된 자로, 이나영에 따르면 미군정에 의해 관리되고 억압된 자로, 또는 김희식에 의하면 국가 권력의 이름으로 성적 통제된 자로 논의로 되었다. 황영주, 「미군기지의 양공주 다시보기: 파편화된 기억과 완충지대로서의 식민화된 여성의 몸」, 『비교한국학』 5집, 국제비교한국학회, 1999, 101~129면; Katharine H. S. Moon, 이정주 역, 『동맹 속의 섹스』, 삼인, 2002; 이나영, 「금지주의와 국가규제 성매매 제도의 착종에 관한 연구」, 『사회와 역사』 75집, 한국사회사학회, 2007, 39~76면; 이나영, 「기지촌의 공고화 과정에 관한 연구(1950~60): 국가, 성별화된 민족주의, 여성의 저항」, 『한국여성학』 23권 4호, 한국여성학회, 2007, 5~48면; 김희식, 「성매매집결지(집창촌)의 기원: 박정희 정권기를 중심으로」, 『역사문제연구』 20집, 역사문제연구소, 2008, 255~305면.

8) 장세진, 「전후 아메리카와의 조우와 전통의 전유-50년대 『사상계』의 전통 담론을 중심으로」, 『현대문학의 연구』 26집, 한국문학연구학회, 2005, 167~196면.

9) 문학 속의 미군 · 미국문화에 대해서 김미영이 찬양/추수와 침략자/겁탈자이라는 이중적인 이미지를 지님을, 김복순이 근대화/근대극복의 이중과제를 드러냄을, 그리고 최강민은 동경/두려움과 구원자/지배자라는 양가적인 대상임을 밝혔다(김미영, 「한국(근)현대소설에 나타난 미국 이미지에 대한 개괄적 연구」, 『미국학논집』 37집, 한국아메리카학회, 2005, 39~65면; 김복순, 「1950년대 소설에 나타난 반미의 양상과 젠더」, 『여성문학연구』 21집, 한국여성문학학회, 2009, 45~92면; 최강민, 「1950, 60년대 한국소설에 나타난 한국인과 미국인의 관계성」, 『한국문예비평연구』 29집, 한국현대문예비평학회, 2009, 31~60면). 또한 김세령은 1950년대 기독교 신문 · 잡지 분석을 통해서 미국 인식이 보수/진보 진영으로 분화되었음을 살펴봤다(김세령, 「1950년대 기독교 신문 · 잡지의 미국 담론 연구」, 『상허학보』 19집, 상허학회, 2006, 33~72면).

10) 최정희의 소설 『끝없는 낭만』은, 김윤경에 의해 민주주의적인 미국문화의 영향으로 개인의 욕망과 문제에 대해 관심을 갖고 고민하는 여성대중의 상을, 강진구에 의해 국제결혼을 순결한 사랑으로 의미화하고 싶은 욕망을, 그리고 허윤에 의해 여성주체의 낭만적인 사랑과 불안이라는 정동(情動)을 통한 이데올로기의 내면화를 드러낸 것으로 살펴졌다(김윤경, 「1950년

문화학 분야에서도 미군과 미국문화에 의한 한국의 사회적·문화적인 변화를 다룬 몇몇 논의들이 주목되었다.11)

이러한 연구사를 검토해 볼 때에 미군 상대의 성매매 여성 표상이 1950년대의 담론에서 새롭게 구조화되는 아메리카니즘을 잘 보여준다는 이 논문의 필요성이 제기된다. 이러한 연구를 위해서 전후소설 속의 성매매 여성 표상이 기존 연구사에서 살펴본 의미작용과는 다른 새로운 담론으로 재편성됨을 미셸 푸코(Paul Michel Foucault)의 담론이론을 참조하여 분석하고자 한다.

미셸 푸코는 그의 담론이론에서 담론에 대한 새로운 인식을 주장한다. 담론이란 주체의 입장에서 볼 때에 자신의 주관·의지를 언어화한 것이 되지만, 담론 자체적으로 볼 때에는 언어가 주체의 입을 통해서 발화된 것이 된다. 이러한 인식의 전환은 하나의 표상(언어)이 담론화 될 때에는 주체의 주관·의지를 초월한 특정한 형태의 사고방식이 작동하고 있음을 암시한다. 이런 점에서 담론이란 다양한 사람들의 인식을 특정한 형태로 질서지우며 그들의 사고방식을 동일한 형태로 방향 짓는 것이 된다.12)

이러한 특정한 형태의 사고방식은 미셸 푸코가 말한 담론의 구조를 분석함으로써 잘 살펴진다. 미셸 푸코는 담론이 그 형성 과정에서 배제의 과정

대 미국문화의 유입과 여성의 근대경험」, 『비평문학』 34집, 한국비평문학회, 2009, 49~69면; 강진구, 「국제결혼과 혼혈의 탄생」, 『현대문학의 연구』 45집, 한국문학연구학회, 2011, 149~177면.; 허윤, 「1950년대 양공주 표상의 변전과 국민되기」, 『어문연구』 41권 1호, 한국어문교육연구회, 2013, 257~283면). 또한 임선애는 정비석의 『자유부인』에서 자유연애와 민주가정의 내용적 불연속으로 인해 주체의 혼란을 경험한 자유부인이 재현되었음을 분석했다(임선애, 「전후 여성지식인, 자유부인의 결혼과 일탈」, 『한국사상과 문화』 41집, 한국사상문화학회, 2005, 61~89면).

11) 강인철은 전후 자유민주주의와 친미주의와 관계를, 이선미는 미국영화로 인해 민주주의적 다원성의 자아를 경험함을, 최성희는 미국드라마의 수용으로 인해서 미국이 닮고 싶은 타자였음을, 강소연은 여성잡지 속의 여성상이 미국 여배우의 외적 이미지를 추구했음을, 또한 김아람은 1950년대의 혼혈아가 우리라는 민족공동체에서 배제되었음을 논증했다. 강인철, 「한국전쟁과 사회의식 및 문화의 변화」, 한국정신문화연구원 편, 『한국전쟁과 사회구조의 변화』, 백산서당, 1999, 197~308면; 이선미, 「'미국'을 소비하는 대도시와 미국영화」, 『상허학보』 18집, 상허학회, 2006, 73~105면; 최성희, 「자유부인, 블랑쉬를 만나다: 전후 한국여성의 정체성과 미국드라마의 수용」, 『미국학논집』 37집, 한국아메리카학회, 2005, 191~216면; 강소연, 「1950년대 여성잡지에 표상된 미국문화와 여성담론」, 『상허학보』 18집, 상허학회, 2006, 107~136면; 김아람, 「1950년대 혼혈인에 대한 인식과 해외입양」, 『역사문제연구』 22집, 역사문제연구소, 2009, 33~71면.

12) Paul Michel Foucault, 홍성민 역, 『임상의학의 탄생』, 이매진, 2006, 17~19면.

으로 구조화됨을 주장한다. "어떤 사회에서든 담론의 생산을 통제하고, 선별하고, 조직화하는 나아가 재분배하는 일련의 과정들-담론의 힘들과 위험들을 추방하고, 담론의 우연한 사건을 지배하고, 담론의 무거운, 위험한 물질성을 피해 가는 역할을 하는 과정들-이 존재한다." 그 과정이 바로 배제의 외부적·내부적인 과정들이다. 이 글에서는 금지, 분할과 배척, 진리에의 의지로 구분된 배제의 외부적인 과정을 주목한다. 금지란 우리가 모든 것에 대해 말할 수 있는 권리가 없다는 것, 즉 우리가 어느 상황(관례)에서나 누구나 그리고 무엇(대상)에 관해서나 말할 수 없다는 것을 의미한다. 분할과 배척이란 이것과 저것을 분할하여 그 중의 하나를 다른 하나로부터 구분하고 배척하여 다른 하나의 말과 행동을 잡음과 무의미한 행위로 규정하는 것을 뜻한다. 진리에의 의지란 참과 거짓을 구분하는 보이지 않는 강제적인 힘이 지속적으로 작용함을 표현한 것이다. 이 진리에의 의지는 금지와 분할·배척의 과정을 관통하면서 끊임없이 강화되고 근본적·필연적인 것으로 여겨진다.13)

이러한 미셸 푸코의 논의는 미군 상대의 성매매 여성이 1950년대의 담론(전후소설)에 표상되는 과정에서 아메리카니즘이라는 특정한 형태의 사고방식이 출현하고 있음을 검토할 때에 좋은 참조사항이 된다. 미군 상대의 성매매 여성은 기존의 성매매 여성에 대한 인식과 달리 미국에 대한 특정한 형태의 사고방식으로 인식·재현된다는 것이다. 미셸 푸코가 말한 진리에의 의지, 금지, 분할·배척은 아메리카니즘이 구조화된 성매매 여성의 표상을 논의할 때에 잘 적용된다는 점에서 이 논문의 방법론으로 활용가능하다.14)

---

13) Paul Michel Foucault, 이정우 역, 『담론의 질서』, 서강대학교출판부, 1998, 10~17면.

14) 이러한 필자의 아메리카니즘 논의는 일견 미국에 대한 동경의 심리를 강조하면서 미국화로 인한 남성성의 무기력, 전통의 위기 등을 병리적·비판적으로 조명하는 경우를 경시하는 것이 아니다. 필자가 말하고자 하는 점은 주요 전후소설을 보면 미국에 대한 동경의 심리뿐만 아니라 남성성의 무기력과 전통의 위기 등으로 해석할 수 있는 사례들이 다양하게 나타나는데, 그 사례들을 담론적인 차원에서 검토하니까 아메리카니즘에 대한 의지, 반미에 대한 금지, 그리고 미국문화와 성매매 여성 문화의 분할이 있다는 것이다. 이러한 필자의 검토는 미국화의 동경이나 그 비판으로 해석하는 것 이전의 담론적인 차원 문제인 것이다. 더욱이 이러한 필자의 연구방법에 대해서 작가와 인물의 층위를 통합적으로 살필 필요가 있다는 지적도 충분히 가능하다. 일견 일리가 있지만, 담론적인 차원의 문제를 검토하고자 하는 본 연구방법으로 다루기 곤란한 문제가 아닐 수 없다. 본 연구방법은 작가와 인물과 같은 주체의 입

좀 더 구체적으로 말해서 성매매 여성이 지닌 미국에 대한 강한 열망・환상-영어에 대한 세계 공통어적인 이해, 커다랗고 강한 육체에 대한 선호, 남녀 애정의 적극적인 표현, 자본주의에 대한 절대 긍정, 물질적인 풍요에 대한 선망, 개인주의와 자유에 대한 존중, 결혼・이혼에 대한 개인 의지의 지지・인정, 아메리카 드림에 대한 기대, 대중문화에 대한 취미와 향락의 존중 등 미국식 사고와 문화에 대한 무조건적인 열광-은 아메리카니즘이 진리에의 의지로 작동됨을,(2장) 성매매 여성의 매음 행태가 그녀가 속한 가정 내에서 묵인되는 상황은 아메리카니즘에 대한 비판과 반발이 금지되고 있음을,(3장) 그리고 미군과 성매매 여성이 서로 공유해온 미국대중문화의 퇴폐적・향락적인 속성과 미국문화의 비(非)집단적・비(非)가부장제적인 속성을 성매매 여성문화의 특성으로 규정한 일반인(비(非)성매매 여성)의 의식은 성매매 여성문화를 미국(대중)문화에서 분할・배척하는 것임을(4장) 검증하고자 한다.

Ⅱ. 아메리카니즘에 대한 의지: 김성한의 소설 「매체」

미국식 사고와 문화에 대해서 무조건적으로 열광하는 전후 한국인의 아메리카니즘은, 미군을 상대한 성매매 여성을 표상한 전후소설에 잘 드러나 있다. 여기에서 주목해야 하는 것은 이 아메리카니즘이란 성매매 여성이 스스로 인식하기 이전에 존재하고 조직된 것으로써, 해방 직후부터 미국의 친미화 전략과 한국 지배집단・엘리트의 공모에 의해 10여 년에 걸쳐서 서서히 수많은 개인-그 중의 성매매 여성-에게 내면화되는 사고방식으로 전개된 형태라는 점이다.[15] 전후사회에서 유교적인 사랑과 입신양명이라는 관습적

장에서 자신의 주관・의지를 언어화한 것을 주목하는 것이 아니라, 언어가 주체의 입을 통해서 발화된 것을 주목하는 것이다. 쉽게 말해서 담론화된 언어들이 보이는 아메리카니즘의 작동방식을 검토하는 것이다.

15) 미국이 1945년의 군정 초기부터 일관되게 진행해온 친미화(親美化, Americanization) 전략과 그 전략을 나름대로 수용・활용한 한국의 지배권력・엘리트의 공모 관계에 대해서는 이 논문의 각주 3)을 참조할 것.

인 사고방식에 균열을 내는 아메리카니즘은, 김성한의 소설 「매체」에서 주요 주제가 된다.

전후소설에서 아메리카니즘이 작동하는 개인의 사고방식은, 미국식 사고·문화가 좋은 것, 참된 것, 바람직한 것, 우월한 것으로, 반면에 한국식 사고·문화가 나쁜 것, 거짓된 것, 피해야하는 것, 열등한 것으로 인식·규정되는 현상에서 분명하게 확인된다. 이러한 현상은 한 개인의 의식이나 생각을 넘어서서 담론의 인식론적인 차원에서 이루어지는 것이다. 좀 더 쉽게 말해서 아메리카니즘은 개인적인 차원의 선호와는 거의 무관하게 진리의 위상으로써 개인을 통해서 언행(言行)된다는 것이다. 아메리카니즘은 개개인의 언행을 통해서 진리로써 작동하고, 그 진리와 반대되는 것은 거짓이 되게 만들며, 개개인에게 있어서 이 진리에의 의지를 열망하게 만든다.

> "디어, 마이 클래스메이트 미스 한(여보오, 동창생 미스 한이야)."
>
> "오 하우 두 유 두? 아임 글랫 투 노우 유(참 반갑습니다)."
>
> 하면서 노랑 털이 담뿍 난 손을 내미는 바람에 천옥의 손은 이 세상에 나서 처음으로 양인의 손에 쥐여 보았다. 그것은 어떠한 한국 남자의 손보다도 큼직하고 힘차다고 생각했다.
>
> "옥남아 너 그래 지금 어딨니?"
>
> "쌈 아메리칸 트레이닝 캄파니(어떤 미국 무역회사에 있어)."
>
> 우리말로 물어도 영어로 대답했다. 학교 다닐 땐 그다지 신통하지 못하던 그의 영어가 혓바닥을 꼬부리는 폼이 본바닥 미국 사람의 발음 같다. 천옥은 어딘지 모르게 열등감을 느꼈다. (중략) 천옥은 우두커니 서서 그들의 뒷모습을 바라보았다. 딱딱 맞아떨어지는 네 발의 걸음걸이, 값진 옷차림, 유창한 영어-어느 모로 보나 그럴 듯하다. 곧 미국으로 떠난다-그것은 더구나 근사했다.[16]

그때부터 천옥의 일거일동은 눈부신 바가 있었다. 남이야 보건 말건 미인의 어깨를 툭 치기는 예사요, 팔을 엇걸고 대로를 활보하고 며칠이면 한 번은 반드시 동침

---

16) 김성한, 「매체」(『암야행』, 양문사, 1954), 김성한/류주현, 『무명로 장씨 일가 외』, 동아출판사, 1995, 98~99면.

> 하였다. 머리에서 발끝까지 미국 물건 아닌 것이 없고, 금은 야하다고 백금 패물을 번뜩이고, 한국말은 너저분하다고 영어만 지껄여댔다. 간혹 충고하는 한국인 직원이 있으면 '참견이 무슨 참견이야'고 핀잔을 주었다. 미인이 출장에서 돌아와 현관에 나타나기만 하면 '오' 소리를 지르면서 사무실 바깥까지 불이 나게 달려가서 목에 매달렸다. 천옥은 그것이 미국식이요 따라서 가장 현대적이라고 믿었다.[17]

아메리카니즘은 천옥이라는 인물의 언행을 통해서 미국식 가치 · 문화를 진리의 위상으로, 반면에 한국식 가치 · 문화를 거짓의 위상으로 구분해내는 사고방식으로 작동한다.[18] 천옥이 바라보는 미국인은 세계 공통어(보편어)인 영어를 유창하게 구사하는 자, 처음 본 여성에게 악수를 권하고 부드럽게 말하는 자, 값비싼 옷차림을 한 자, 커다랗고 강한 육체를 지닌 자, 남녀 애정을 적극적으로 표현하는 자, 애인에게 후한 선물을 하는 자, 현대적인 미국식 문화를 지닌 자가 된다. 이러한 미국인이야말로 1950년대의 사회에서 진리를 행하는 인간처럼 보이는 것이다.

천옥은 이러한 미국인의 사고 · 문화를 당대의 진리로 이해하는 반면에, 자신의 사고 · 문화는 비(非)진리 혹은 열등한 것으로 느낀다. 이 부분에서 아메리카니즘이 작동되는 것이다. 따라서 천옥의 사고는 그 진리를 추구하고 열망하는 강한 의지를 드러내는 방향으로 전개된다. 그녀에게는 자신의 인종과 문화는 열등한 것, 그래서 거짓이고 버려야 할 것으로, 반면에 미군 · 미국문화는 우등한 것, 그러므로 진리이고 획득해야 할 것으로 인식된다. 아메리카니즘은 천옥의 언행을 통해서 이분법적 · 위계적인 진위의 대립으로 나타나는 것이다.

---

17) 김성한, 「매체」(『암야행』, 양문사, 1954), 김성한/류주현, 『무명로 장씨 일가 외』, 동아출판사, 1995 104면.

18) 김성한의 소설 「매체」에 대한 기존의 연구에서는, 천옥을 통해서 미국문화에 대한 병적인 경배풍조와 여대생의 타락한 사생활을 풍자하고 있음을, 그렇지만 그 풍자가 천옥의 윤리의식이 파괴되는 현실적인 설명이 없는 채로 그려져서 1950년대의 현실에 대한 뛰어난 인식을 간접화한 결과가 아님을 비판적으로 검토한 바 있었다(김한식, 「김성한 소설의 풍자성 연구」, 『국어국문학』 121집, 국어국문학회, 1998, 233~257면). 이러한 해석에 대해서 필자는 일정 부분 공감하면서 이런 천옥의 형상화가 왜 당대에 가능했을까 하는 점을 아메리카니즘이라는 사고방식으로 검토하고자 한다. 이렇게 되면 천옥에 대한 김성한의 풍자는 미국(문화)을 무조건적으로 열망하는 현실에 대한 전체적인 연관 속에서 시도된 것으로 재(再)해석된다.

아메리카니즘에 대한 이러한 의지가 개개인에게 일종의 권력(power)으로 작용한다는 점은 주목에 값한다. 아메리카니즘은 전후사회의 지배권력·엘리트가 지향하는 근대화 프로젝트와 하층민의 생존욕망을 관통해 나아가면서 역사적·사회적인 필연성을 부여받는 동시에, 그 사회 속의 보편적인 이념과 권력과 부로 등가·환원된다. 아메리카니즘이 곧 보편적인 이념이요 권력이요 부가 되는 것이다. 개인의 입장에서 보면, 아메리카니즘에 대한 의지와 그 실천은 시대의 진리를 자기의 것으로 획득·활용하는 것이 된다.

> 정조는 봉건적이요 국경은 비민주적이었다. 국경을 무너뜨리고 자유자재로 노는 자기의 모습은 글자 그대로 세계국가적이요 위대한 바가 있었다. 그는 스스로 국제적 매체라고 생각하였다.[19]

> "아버지 이거 소용없어요? 이거 삼백만 환은 넉넉히 돼요."
>
> "……"
>
> "증말 소용없어요? ……그럼 좋아요."
>
> 보자기를 책상 위에 던지고 긴 의자에 가서 앉았다.
>
> 아버지는 일어서 한참이나 물끄러미 그를 바라보다가 보자기를 들고 문 밖으로 나갔다.
>
> 층층대를 내려가던 아버지는 도로 올라와 문을 반쯤 열고 모가지를 들이밀었다.
>
> "천옥아, 나 여기 왔더란 말 아무 하구두 말아라, 알았지?"
>
> 천옥은 고개를 끄떡였다.[20]

아메리카니즘에 대한 의지가 전후사회에서 보편적인 이념과 권력과 부로 치환됨을 보여주는 것이 위의 인용문이다. 천옥은 아메리카니즘을 실천하는 자기 자신이 단일 국가의 차원을 넘어서는 보편적이고 위대한 진리를 추구

19) 김성한, 「매체」(『암야행』, 양문사, 1954), 김성한/류주현, 『무명로 장씨 일가 외』, 동아출판사, 1995, 108면.
20) 김성한, 「매체」(『암야행』, 양문사, 1954), 김성한/류주현, 『무명로 장씨 일가 외』, 동아출판사, 1995, 110면.

한다는 환상에 빠진다. 미국에 대한 천옥의 열망·환상은, 아메리카니즘이 구체적인 개인에게 구현되는 방식인 것이다. 아메리카니즘은 천옥을 통해서 보편적인 이념 즉 진리로 생각되고 말해지는 것이다. 더욱이 이러한 아메리카니즘에 대한 개인의 의지와 실천과 그 결과물은 그녀가 속한 사회에서 권력과 부로 쉽게 치환·유통된다. 아메리카니즘에 대한 천옥의 의지와 실천이 매음을 통해서 지속될 때, 그녀는 자신의 가족에게 도덕적으로 비난 받으면서도 매음의 대가인 부를 증여함으로써 일정한 권력적인 위치를 차지하게 된다. 인용문 속의 삼백 만 환은, 천옥의 아버지가 사업 실패로 잃은 이백 만 환보다 큰 것이다.[21] 그 증여 행위는 그녀뿐만 아니라 그녀 아버지의 사고방식을 바꾸어 놓는다. 유교적인 사랑과 입신양명보다 미군(미국)에 대한 열망·환상과 그 왜곡된 실행이 실제적으로 삶을 풍요롭게 하는 부와 권력으로 치환된다는 것으로 말이다. 아메리카니즘에 대한 의지는 진리요 보편적인 이념이요 부요 권력인 것이다.

Ⅲ. 금지된 반미(反美), 혹은 아내의 매음 묵인하기: 오상원의 소설 「난영」과 오영수의 소설 「학도란 사나이」

전후소설에서 가장 이상한 장면 중의 하나는, 미군과 매음하는 아내에 대한 남편의 태도이다. 아내의 매음은 그 이유가 어떻든 간에 불법적·비(非)도덕적인 행위이며, 더욱이 미군에 대한 분노·비판·반발을 보여주기에 마땅한 것임에도, 대부분의 남편들은 침묵의 태도로 일관하는 경우가 많다. 이처럼 아내의 매음을 묵인하는 남편의 태도는, 반미적(反美的)인 언행을 할 권리가 금지되는 특정한 형태의 사고방식이 있음을 암시해준다. 이 금지된 반미(anti-American)란 누가 명시적으로 강요하는 것보다는 개개인의 무의식

21) 천옥의 아버지는 그녀에게 다음과 같이 말한다. "너 좀 들어 봐라. 집안이 망해도 이렇게 망할 수야 있냐. 회산가 무엔가 하누라다가 폴랑 망해서 이백만 환을 몽땅 잃어버렸지. 게다가 딸년은 양갈보라. 하아 이런 변이 있나…… 목을 매 죽든지 깡통을 들고 빌어먹든지 이젠 별 수없다아……." 김성한, 「매체」(『암야행』, 양문사, 1954), 김성한/류주현, 『무명로 장씨 일가 외』, 동아출판사, 1995, 109면.

에 숨어있는 것, 그래서 반미를 떠올리고 말하기 이전에 다른 방식으로 현실을 인식 · 규정한다는 것을 뜻한다.[22)]

반미가 개인의 무의식에서 금지되면, 미군 · 미국에 대한 분노 · 비판 · 반발은 다른 방식으로 처리된다. 다시 말해서 미군과 매음하는 아내가 있는 현실은 개인의 의식 속에서 반미가 아닌 전혀 다른 방식으로 사고되는 것이다. 이 부분에서 아메리카니즘이 작동하는 것이다. 오상원의 소설 「난영」에서는 미군과 매음한 아내의 행위를 가족의 생존을 위한 필요악으로 인식하고 받아들이는 송씨의 이야기가 제시되어 있다. 이렇게 되면 미군의 비(非)도덕적인 악행은 사라지고 굴욕적인 한국인만 남게 된다.

> "자-, 좀 보란 말이요. 처 잘 둔 탓이라니까. 그렇잖음 어디 이런 것 구경이나 할라구요. 한선생 미안합니다. 그러나 내 처 덕분에 잘-살고 있습니다. 생활을 돕는다구 미군부대 취직을 하드니만 자- 이것 보구려. 우리 집엔 없는 게 없지요. 설탕이니 담배니, 고기니 할 것 없이."
>
> (중략)
>
> "저 노형은 잘 알지만 내 사실 처 덕분 아니면 어디 요즘 이런 난통에 아이 색기 하나 제대루 공분들 시키겠오. 변변히 식구들 멕이지두 못할 거요. 사실 그렇지 않소. 처 덕분이지. 참 문형도 가정을…?"[23)]

> "오-, 마누라, 마누라가 돌아온 모, 모양이야"
>
> 하고 소리를 지르는 바람에 정신이 확 돌아왔다. 송씨는 버두룩시며 일어서고 있었다.
>
> 그때 그는 밖에서 푸르릉거리는 자동차 엔징소리와 함께 '굿바이' '굿바이' 하고

---

22) 이러한 금지된 반미 현상은 해방기(1945~1950년)에도 일부 나타난다. 해방직후의 소설에서 미군은 좌파 민족주의 집단의 영향 아래 민족을 위협하는 점령군으로, 반면에 우파 민족주의 집단의 이데올로기에 편승해서 민족에 도움을 주는 해방군이자 경제적 시혜자로 재현되기도 한다. 이 때 우파 민족주의 집단의 이데올로기에 편승한 경우에는 반미는 언급되지 않는다. 자세한 내용은 필자의 다음 논문을 참조할 것. 강정구 · 김종회, 「1940~50년대 문학에 나타난 미군의 재현 양상 연구」, 『어문학』 109집, 한국어문학회, 2010.9, 309~332면.

23) 오상원, 「난영(亂影)」(『현대문학』 15호, 1956.3), 『오상원 작품집』, 지식을만드는지식, 2010, 130~131면.

> 서로 주고 받는 이국인(異國人)과 상냥스러운 여자의 음성을 들었다.
> (중략)
> "투무로 씨 유 아게인, 굿바이(내일 또 만납시다)."
> 하고 어덴지 속 간지러운 여자의 음성과 뒤섞여
> "쌩큐, 쌩큐, 하로오"
> 하는 송씨의 더듬한 음성이 미친개 짖듯 들려왔다.24)

아메리카니즘이 작동되는 방식 중의 하나인 금지는 미군을 상대로 매음한 아내에 대한 남편 송씨의 분노·비판·반발이 사라진 현실, 송씨가 자기 아내의 매음을 크게 부끄럽지 않은 채로 한선생과 주인공 나(문형)에게 술자리의 얘깃거리로 말하는 현실, 그리고 아내의 정부인 이국인(미군)과 감사의 작별 인사를 하는 현실을 가능하게 만든다. 송씨에게 있어서 미군과 매음하는 아내란 전후사회의 굶주림과 무식을 탈출하게 해주는 동아줄과 같은 것이다. 따라서 송씨의 사고는 아내의 매음 행위와 그 대상자를 탓하기 보다는 오히려 감사의 마음을 드러내는 것으로 진행된다. 아메리카니즘은 매음 행위를 필요악으로 규정하는 것이다.

소설 「난영」에서 더욱 더 주목되는 것은 그러한 송씨와 그의 아내에 대한 송씨의 이웃과 나, 그리고 미군들의 태도이다. 이들의 공통점은 송씨와 그 아내의 이상한 동거와 그 원인자인 미군에 대해서 적극적으로 분노·비판·반발하지 않는다. 오히려 담담하게 이해하거나 약간의 냉소를 보일 뿐이다. 송씨 이웃은 말한다. "새벽에 모셔갔단 밤낮 이렇게 늦게 모셔 온다니까. 자기 딴엔 똑똑할 테지."25) 나는 속말한다. "치욕 속에서도 사람은 살아가고 있는 것이다. 굴욕 속에서도 가정은 이어져 가야 하는 것이다. 송씨도 알고 있는 것이다."26) 미군들은 말한다. "지배계급에는 죄란 있을 수 없는 거야."27)

24) 오상원, 「난영(亂影)」(『현대문학』 15호, 1956.3), 『오상원 작품집』, 지식을만드는지식, 2010, 132면.
25) 오상원, 「난영(亂影)」(『현대문학』 15호, 1956.3), 『오상원 작품집』, 지식을만드는지식, 2010, 132면.
26) 오상원, 「난영(亂影)」(『현대문학』 15호, 1956.3), 『오상원 작품집』, 지식을만드는지식, 2010, 134면.

아메리카니즘은 매음한 아내와 그의 남편, 그리고 주변인들의 언행을 통해서 반복·소통된다.[28]

미군을 상대로 매음한 아내와 그의 남편은 가정의 불화와 해체로 인해 비극적인 상황에 직면하기도 한다. 어떤 아내의 입장에서는 특정한 미군을 상대로 지속적으로 매음을 하다가 자신의 가정을 해체하고 도미(渡美)하여 새로운 가정을 꾸리고 싶어 하기 때문이다. 이러한 상황까지 오면 미군·미국은 가정 불화·해체의 직접적인 원인이 되지만, 전후소설에서는 이러한 현실을 개인적인 불운으로 치부한다. 반미가 금지된 곳에서는 미군·미국이 사라지고 매음한 아내와 불행한 남편이 덩그러니 남게 된다. 오영수의 소설 「학도란 사나이」는 이러한 전후의 상황을 잘 보여준다.

> "갔소, 갔소!"
> 하고 손짓을 한다.
> "어델 말요?"
> 늙은이는 한 발 더 가까이 다가서면서
> "이 집 안양반 양갈보 하다가 껌둥이 얻어서 어제 인천 갔오, 인천!"
> 철은 앗차 하면서
> "아니 할머닌 어떻게 그걸……?"
> "이 앞에 또 양갈보 하는 여자한테 들었오!"
> "……"
> "바깥양반도 오늘 어린 거 업고 안양반 찾아갔오!"
> 아이를 X -이런 식으로 해업고 어느 외인부대 철조망 안을 기웃거리고 있을 학도가 눈앞에 선하다. 철의 입에서는 부지중 이런 소리가 튀어나왔다.
> "엉망 진창이다!"[29]

27) 오상원, 「난영(亂影)」(『현대문학』 15호, 1956.3), 『오상원 작품집』, 지식을만드는지식, 2010, 121면.

28) 이러한 금지된 반미는 한말숙의 「별빛 속의 계절」과 남정현의 「경고구역」에서도 반복된다. 두 작품 모두 미군과 성매매 하는 여성의 가족들이 미군에 대해서 명시적으로 비난·비판하지 않는 금지의 현상을 보여준다. 또한 송병수, 「쏘리 킴」에서도 역시 미군과 여성의 불법적 성매매에 대해서 미군에 대한 명시적인 비난·비판이 보이지는 않는다.

29) 오영수, 「학도란 사나이」(『현대문학』 3호, 1955.3), 『갯마을』, 책세상, 1989, 65면.

위의 인용문에서는 미군과 매음을 하다가 도주한 아내에 대해서 미군을 비판하기 보다는 학도 개인의 불운으로 치부해버린다.[30] 아메리카니즘은 가정을 해체・파괴한 미군에 대한 특정한 형태의 사고방식을 잘 보여준다. 미군과 성매매 여성 사이의 애정 관계로 인해 한국인의 가정이 해체되는 현실은 유교의 비도덕적 행실이나 미군의 범죄로 인지되지 않고, 오히려 성매매 여성이 자신의 현실적인 이익과 새로운 사랑을 찾아서 가는 행위로 이해되며 나아가서 그런 결과로 인하여 아이와 함께 남게 된 남편의 불행은 개인적인 불운으로 인식되는 것이다. 학도는 자신의 불운에 대해서 외인부대의 바깥에서 안을 기웃거리고 있을 뿐이지, 미군에 대한 적극적인 항의와 후속 조치를 전혀 생각하지 못하고 있다.[31] 철조망의 안을 기웃거리는 학도는 금지의 경계선이 현실 속에 존재함을 비유한다. 미군에 대한 분노・비판・반발은 마치 인지되지도 않는 것처럼 금지되는 것이다.

Ⅳ. 미국(대중)문화와 성매매 여성문화의 분할: 김광주의 소설 「혼혈아」와 강신재의 소설 「해결책」

1950년대의 전후소설에서 미군을 상대한 성매매 여성과 문화적으로 구분되려는 일반인의 심리적인 자기 검열은, 비교적 분명한 양상으로 나타난다. 해방 직후부터 미군과 성매매 여성은 미국대중문화의 퇴폐적・향락적인 속성과 미국문화의 비(非)집단적・비(非)가부장제적인 속성을 공유해 왔는데,[32] 일반인은 이처럼 공유된 속성들을 성매매 여성문화의 특성으로 이

30) 이 부분에서 미군과 매음을 하다가 도주한 아내에 대해서 미군을 비판하기 보다는 학도 개인의 불운으로 치부해버리는 주체는 철이 아니라 학도이다. 철은 "엉망 진창이다!"라고 하면서 주어진 현실 상황이 부조리함을 감탄하는 데에 반해서, 학도는 자신에게 주어진 상황-미군과 매음을 하다가 아내가 도주한 상황-에 대해서 미군이라는 집단의 힘과 상징성을 비판하지 않고 개인적으로 아내를 찾아 나서기 때문이다.

31) 이 소설에서 학도의 아내는 27~28세 정도이고, 그와는 10살 차이이며, 혼인계를 내지 않은 채로 아이와 함께 산다. 원래 이북 여자이고, 그의 본 남편은 광도에서 죽었다. 삼팔선이 막혀서 우연한 기회에 학도와 함께 사는 것으로 나온다. 아이는 누구의 자식인지 분명하지 않다. 오영수, 「학도란 사나이」(『현대문학』 3호, 1955.3), 『갯마을』, 책세상, 1989, 63~65면.

32) 이 부분에서는 하나의 문화가 긍정/부정의 양면성을 지닐 때에 그것이 수용되는 양상을 주목

해·차별하면서 미국(대중)문화를 긍정적으로 인식하는 경우가 많다. 이러한 일반인의 사고방식은 양면적인 속성들을 공유하는 두 대상-미군과 성매매 여성-을 진리와 거짓으로 분할하여 하나를 배척하는 아메리카니즘이 작동하는 데에서 기인한다.

전후사회의 미국대중문화 중에서 댄스홀의 개장과 댄스 형식은 일반인에게 상당히 커다란 충격으로 다가온다. 남녀가 육체를 맞대면서 율동에 맞춰 함께 춤을 추다가 매음으로까지 이어지는 문화는 상당히 퇴폐적·향락적인 속성을 지닌 것으로써, 미군과 성매매 여성이 공유해 온 것이다.[33] 김광주의 소설 「혼혈아」에서는 일반인이 자신을 성매매 여성과 구분하고자 이러한 퇴폐적·향락적인 속성을 성매매 여성문화의 특성으로 분할하여 배척하는 반면에, 댄스문화(미국대중문화) 자체는 긍정적으로 인식하는 이중적인 경향을 잘 보여준다.

하고자 한다. 본래 댄스와 같은 미국대중문화는 쾌락적·놀이적인 속성/퇴폐적·향락적인 속성을, 그리고 자기 삶(운명)을 결정할 때의 미국문화는 개인주의적인 속성/비(非)집단적·비(非)가부장제적인 속성을 긍정적/부정적으로 함께 지닌다. (여기에서 자기 삶(운명)을 결정할 때의 미국문화가 지닌 개인주의적인 속성은 개인의 권리와 존중을 의미한다는 점에서 한국사회에서 통용될 만한 긍정적인 속성이지만, 비(非)집단적·비(非)가부장제적인 속성은 한국사회의 가부장적인 집단 논리에 어긋난다는 점에서 부정적인 속성으로 이해된다. 이러한 긍정적/부정적인 양면성은 개개의 사건·사태에 대해서 바라보는 관점에 따라 그 이해가 달라지는 것은 물론이다.) 해방 직후부터 미군과 성매매 여성이 보여준 미국(대중)문화는 많은 경우에 댄스와 매음이 동시에 일어나는 퇴폐적·향락적인 속성이 강하고, 가부장 중심의 전통속에서 자신의 운명을 결정하지 않는 비(非)집단적·비(非)가부장제적인 속성이 뚜렷하다. 당대의 일반인들은 미국(대중)문화의 이러한 양면성(긍정적/부정적인 속성)에 대해서 긍정적인 속성(쾌락적·놀이적인 속성, 개인주의적인 속성)은 미군(미국)의 것으로, 반면에 부정적인 속성(퇴폐적·향락적인 속성, 비(非)집단적·비(非)가부장제적인 속성)은 성매매 여성의 것으로 분할하여 후자를 배척하는 경향이 있었는데, 이러한 경향을 검토하고자 한다.

33) 댄스 문화는 해방 이전에는 불법이었지만, 해방 직후에 미군에 의해서 합법화되면서 고급 사교문화의 형태로 용인되기 시작했고, 1940년대 후반에는 사회 전반으로 확산되었다. 전쟁 직후에는 외국인 출입 전용 댄스홀 '신문회관'만을 허용하고 나머지는 불법으로 규정하기도 했다. 1950년대 댄스는 세 장소-미군부대 내의 댄스홀, 댄스홀, 무허가 비밀댄스홀-에서 행해졌다. 이 중 미군부대 내의 댄스홀은 주로 미군, 미군을 조력하는 일부 한국인 남성, 성매매 여성을 포함한 한국인 여성이 출입하였다. 이중 한국인 여성은 댄스뿐만 아니라 매음까지 한 경우가 많았다. 매음한 자들 중에는 직업적인 성매매 여성이 대부분이었지만, 가정주부와 처녀들도 일부 있었다(주창윤, 「1950년대 중반 댄스 열풍: 젠더와 전통의 재구성」, 『한국 언론학보』 53권 2호, 한국언론학회, 2009, 277~299면). 이 논문에서는 성매매 여성과 문화적인 차원에서 구분되려는 일반인의 사고방식을 아메리카니즘과 연관 지어 분석하고자 한다.

「(상략) 그렇다구 해서 누가 저희들 같은 것(댄스홀에서 미군·일반인과 댄스를 하고 매음을 하기까지 하는 성매매 여성-편자 주)을 모셔다가 성실하게 살림을 해보자는 쓸개 빠진 남자도 세상에는 없는 것이구요… 자연 어쩔 수 없이… 한 사람도 지긋지긋한 것을, 두 번 다시 「양코백이」들의 앙가슴 아래 내리 눌리면서 「양갈보」라는 손가락질을 받기도 싫구요… 저같은 계집이야 「양갈보」두 못되고 「양어머니」가 되어버린 기막힌 신세지만… 그래도 선생님… 앞으로나마 조용히 그런 꼴을 안 보구 살고 싶어서요…」[34)]

W구락부에 갔었다는 얘기를 하기 싫은 B박사와 꼭 같이 그 부인도 왜 갑자기 「땐스」를 단념할 결심을 했다는 이유는 말하기 싫은 모양이다.

(그러나, 거기에는 얼마 전에 어떤 엉큼스러운 「놈팽이」와 춤을 추다가 허리를 지긋이 찌르는 실례를 당한 누구에게도 말 못할 까닭을 부인 혼자만이 알고 있는 사실이 영원히 비밀로 되어서 숨어 있는 것이다.)[35)]

미군·성매매 여성·일반인이 함께 즐긴 전후사회의 댄스문화는, 쾌락적·놀이적인 속성과 퇴폐적·향락적인 속성을 양면적으로 지닌다. 댄스홀에서 신체의 접촉이 성적으로 감흥되고 매음으로 진행되며 그로 인해서 음란한 분위기가 만들어지는 퇴폐적·향락적인 문화의 속성은 미군과 성매매 여성이 공유하면서 만들어지지만, 그 속성을 이해·인식하는 일반인의 시각은 상당히 다르다. B박사의 부인은 어떤 '놈팽이'가 자신의 허리를 찌르는 혹은 성적으로 만지는 불쾌한 경험을 겪는데, 이러한 경험은 마치 자신이 댄스홀에 함께 있지만 자신과는 달라야 할 성매매 여성인 것처럼 여겨져서 부끄러운 비밀이 된다. 이 부분에서 B박사의 부인은 댄스문화의 퇴폐적·향락적인 속성을 성매매 여성문화의 특성으로 전제할 뿐, 그 속성을 지닌 한 축인 미군 자체는 문제시 하지 않는 사고방식을 보여준다.

이러한 사고방식은 미국대중문화의 속성을 성매매 여성문화의 특성으로 분할하고 성매매 여성문화를 배척하는 아메리카니즘의 일종이다. B박사 부

34) 김광주, 「혼혈아」, 『혼혈아』, 청구서림, 1958, 161면.
35) 김광주, 「혼혈아」, 『혼혈아』, 청구서림, 1958, 172면.

인의 심리(주관)에서 볼 때에는 자신이 지향하는 쾌락적 · 놀이적인 속성의 댄스가 성매매 여성이 보여주는 퇴폐적 · 향락적인 속성의 댄스와 구분되려는 것이지만, 아메리카니즘이라는 담론의 차원에서 볼 때에는 미군과 성매매 여성이 함께 만들어온 퇴폐적 · 향락적인 속성을 분할하여 성매매 여성문화의 특성으로 배척하는 배제의 과정이 그녀의 심리에서 반복되는 것이 된다. 댄스문화를 긍정하는 일반인은 대부분이 이런 심리를 반복한다. B박사의 부인은 다음과 같이 강조한다. "기분이 울쩍 할 때, 그저 심심풀이로, 쾌활한 음악에 맞추어 가끔 「춤」을 좀 추자는 것쯤은 용인해야 한다."[36] 또한 B박사의 친구 F씨는 다음과 같이 말한다. "춤이란 것은 그렇게 심각하게 생각할 것도 아니고."[37]

대부분의 일반인들은 댄스뿐만 아니라 다른 측면에서도 성매매 여성과 심리적으로 구분되려는 사고를 강하게 보여주는데, 이러한 사고방식은 미국문화의 부정적인 속성을 성매매 여성문화의 특성으로 분할 · 배척하려는 우리(한국인) 안의 아메리카니즘이 작동 된 결과이다. 일반 여성은 가부장 중심의 가족 제도를 중시하기 때문에 미국문화의 비(非)집단적 · 비(非)가부장제적인 속성을 쉽게 받아들이지 못한다. 우리 안의 아메리카니즘은 그러한 속성을 성매매 여성문화의 특성으로 규정하여 도외시하는 경향이 있다. 이러한 우리 안의 아메리카니즘은 강신재의 소설 「해결책」에서 잘 드러나 있다.

> 다음 날 김미라는 덕순이에게 합리적인 해결책을 강구하라고 제안하였다.
>
> 이러고 있는 것은 손해일 따름이다. 현재로 보아서는 애기들 아버지는 그 나이 많고 못 생겼다는 퇴기에게 더욱 마음이 있는 모양이니 아웅다웅 싸우며 이럴 것이 아니라 생활비나 듬뿍 내도록 법적 수단을 쓰는 것이 어떨까.
>
> 덕순이는 그것은 반드시 그렇게 해야 한다고 크게 고개를 끄덕거렸다.
>
> 그녀도 자기의 신세에 절망인 단안을 내리고 있던 차였다. 요즘 세상에 도저히 이럴 수는 없는 것이 사실일 것이었다.

---

36) 김광주, 「혼혈아」, 『혼혈아』, 청구서림, 1958, 123면.
37) 김광주, 「혼혈아」, 『혼혈아』, 청구서림, 1958, 168면.

그 대신에 그렇게 되면 아주 남남끼리가 되는 것이니까 일체 그 사람 행동에 무관심해야 한다고 김미라는 말하였다.[38)]

덕순이는 이마를 내려뜨리면서

"저어 이 애를 낳기까지 하여간 기다려봐야겠어. 만약 사내앨 것 같으면-우리 그인 사내애가 없어서 한이었으니까 혹 맘을 돌릴지두 알 수 없구…… 어쨌든 낳아보아야겠어."

어려운 듯이 그러나 확고하게 하는 말이었다.

김미라는 잠자코 서 있었다.

이상한 해결책도 다 있다고 어리둥절하고 있는 것이다.

이것은 김미라의 이해 밖의 일이었다.[39)]

소설 「해결책」에서 덕순은 그녀의 남편이 어느 퇴기와 바람을 피우는 상황에 대한 해결책을 강구한다. 그녀의 집에 세든 미군 상대의 성매매 여성인 김미라는 그녀에게 이혼하여 독립하는 삶의 방식, 다시 말해서 개인주의적인/비(非)집단적 · 비(非)가부장제적인 양면성을 지닌 미국문화를 해결책으로 권유한다. 이러한 미국문화는 해방 직후부터 미군이 보여주고, 그 미군과 매음하면서 가부장 전통의 집단적인 문화를 포기한 성매매 여성이 지닌 것이다.[40)] 이 때 덕순은 김미라의 해결책과 구분되는 새로운 해결책-사내애를 낳으면 남편의 마음을 돌릴 수 있을 지도 모른다는 집단적 · 가부장제적인 해결책-을 제시한다. 이러한 덕순의 해결책은 그녀의 주관에서는 성매매 여성문화를 지닌 김미라와 구분되려는 일반 여성의 사고방식을 잘 보여주는

---

38) 강신재, 「해결책」(『여성계』 1956.8), 『강신재소설선집』, 현대문학, 2013, 198~199면.

39) 강신재, 「해결책」(『여성계』 1956.8), 『강신재소설선집』, 현대문학, 2013, 201면.

40) 소설 속의 김미라는 자신의 약혼자가 있었지만 전쟁 중에 연락이 두절되고 생계 등의 문제로 인해서 미군과 살게 된다. 그 뒤에 약혼자와 재회하게 된다. 가부장 전통의 여성이라면 순결을 훼손한 이유로 자결하거나 약혼자에게 이해를 구하고 돌아가는 여부를 고민하겠지만, 김미라는 미군과 살면서 약혼자와 친구가 되는 기묘한 관계를 만든다. 이러한 성매매 여성문화는 미국문화의 개인주의적인/비(非)집단적 · 비(非)가부장제적인 양면성에 따라서 긍정적 혹은 부정적으로 상반되게 해석된다. 물론 덕순의 입장에서 보면 미국문화의 부정적인 속성이 강하게 드러나서 자신은 이해할 수 없는 것이 된다.

것이지만, 아메리카니즘이라는 담론의 차원에서는 미군과 성매매 여성이 자기 운명을 결정하는 삶의 방식(미국문화)의 개인주의적인/비(非)집단적·비(非)가부장제적인 양면성을 분할하여서 비(非)집단적·비(非)가부장제적인 속성을 성매매 여성문화의 특성으로 규정·배척하는 것이 된다. 아메리카니즘은 덕순(한국인)의 심리 속에서 작동되는 것이다.

Ⅴ. 결론

이 논문은 전후소설에 나타난 미군 상대의 성매매 여성 표상이 1950년대의 한국사회에서 아메리카니즘이 구조화되는 새로운 인식을 잘 보여준다는 점을 검토했다. 아메리카니즘은 해방 이후 미국의 친미화 전략과 그 전략을 나름대로 수용·활용한 한국의 지배권력·엘리트의 이해관계가 일치하는 지점에서 발생·확산되어서 한국인에게 내면화된 것이었다. 기존의 연구사에서는 미군·남성·국가·여성 집단의 필요에 따라서 부정적이거나 동정적인 대상으로 성매매 여성을 논의했으나, 이 논문에서는 미셸 푸코의 담론 이론을 참조하여 성매매 여성 표상을 분석했다.

첫째, 전후 한국인의 아메리카니즘은, 미군을 상대한 성매매 여성을 표상한 전후소설인 김성한의 「매체」에 잘 드러나 있었다. 아메리카니즘은 천옥이라는 인물의 언행을 통해서 미국식 가치·문화를 진리의 위상으로, 반면에 한국식 가치·문화를 거짓의 위상으로 구분해내는 사고방식으로 작동했다. 아메리카니즘은 천옥의 언행을 통해서 이분법적·위계적인 진위의 대립으로 나타난 것이었다. 더욱이 아메리카니즘에 대한 천옥의 의지와 실천과 결과물은 전후사회에서 보편적인 이념과 권력과 부로 치환·유통됨을 보여주었다. 아메리카니즘은 천옥을 통해서 보편적인 이념 즉 진리로 생각되고 말해지는 것이었다.

둘째, 미군과 매음하는 아내에 대해서 그 미군을 향한 분노·비판·반발을 하지 않은 채로 침묵의 태도로 일관하는 남편의 모습은 반미적인 언행을 할 권리가 금지된 전후사회의 아메리카니즘을 잘 보여줬다. 오상원의 소설

「난영」에서는 미군의 비(非)도덕적인 악행이 묵인되고 아내의 매음 행위가 가족의 생존을 위한 필요악으로 인식됨을 형상화했다. 또한 오영수의 소설 「학도란 사나이」에서는 미군과 매음을 하다가 도주한 아내에 대해서 남편인 학도가 미군을 비판하기 보다는 개인적인 불운으로 치부해버리는 모습이 형상화되었다. 아메리카니즘은 미군에 대한 개개인의 분노·비판·반발을 금지시켜 놓았다.

셋째, 미군을 상대한 성매매 여성과 문화적으로 구분되려는 일반인의 심리적인 자기 검열 속에는, 미국(대중)문화의 양면적인 속성들을 공유하는 두 대상-미군과 성매매 여성-을 진리와 거짓으로 분할하여 하나를 배척하는 아메리카니즘이 숨어있는 경우가 많았다. 김광주의 소설 「혼혈아」에서는 일반인이 자신을 성매매 여성과 구분하고자 댄스문화의 퇴폐적·향락적인 속성을 성매매 여성문화의 특성으로 분할하여 배척하는 아메리카니즘이 작동하였다. 그리고 강신재의 소설 「해결책」에서도 성매매 여성인 김미라와 구분되려는 덕순의 심리 속에는 미국문화와 성매매 여성문화를 분할·배척하는 아메리카니즘이 잘 나타났다.

전후소설에 나타난 미군 상대의 성매매 여성 표상에는 아메리카니즘이 진리에의 의지로 작동되고 반미에 대한 분노·비판·반발의 언행이 금지되며 미국(대중)문화의 부정적인 속성이 성매매 여성문화의 특성으로 분할·배척되는 배제의 과정이 잘 나타나 있다. 이러한 아메리카니즘은 1950년대의 한국인이 미군·미국에 대해서 지닌 특정한 사고방식을 잘 설명해주는 것이다. 앞으로 우리 안의 아메리카니즘이 1960-70년대 박정희의 민족주의와 1980년대 이후의 여성주의와 포스트모더니즘을 어떻게 통과하는가, 특히 반미정서가 어떻게 생성·전개되는가를 추가로 연구할 필요가 있음을 부기한다.

참고문헌

강신재, 「해결책」(『여성계』 1956.8), 『강신재소설선집』, 현대문학, 2013.

강신재, 「해방촌 가는 길」, 『문학예술』 28호, 1957.8.

김광주, 「혼혈아」, 『혼혈아』, 청구서림, 1958.

김성한, 「매체」(『암야행』, 양문사, 1954), 김성한/류주현, 『무명로 장씨 일가 외』, 동아출판사, 1995.

남정현, 「경고구역」, 『자유문학』 18호, 1958.9.

박상지, 「황지」, 『현대문학』 47호, 1958.11.

손창섭, 「층게의 위치」, 『문학예술』 21호, 1956.12.

송병수, 「쏘리 킴」, 『문학예술』 27호, 1957.4.

오상원, 「난영(亂影)」(『현대문학』 15호, 1956.3), 『오상원 작품집』, 지식을만드는지식, 2010.

오상원, 「보수」, 『사상계』 70호, 1959.5.

오영수, 「학도란 사나이」(『현대문학』 3호, 1955.3), 『갯마을』, 책세상, 1989.

한말숙, 「별빛 속의 계절」, 『현대문학』 24호, 1956.12.

강소연, 「1950년대 여성잡지에 표상된 미국문화와 여성담론」, 『상허학보』 18집, 상허학회, 2006.

강인철, 「한국전쟁과 사회의식 및 문화의 변화」, 한국정신문화연구원 편, 『한국전쟁과 사회구조의 변화』, 백산서당, 1999.

강정구·김종회, 「1940~50년대 문학에 나타난 미군의 재현 양상 연구」, 『어문학』 109집, 한국어문학회, 2010.9.

강진구, 「국제결혼과 혼혈의 탄생」, 『현대문학의 연구』 45집, 한국문학연구학회, 2011.

곽승숙, 「강신재 소설의 여성성 연구」, 『어문논집』 64집, 민족어문학회, 2011.

吉見俊哉, 오석철 역, 『왜 다시 친미냐 반미냐-전후 일본의 정치적 무의식』, 산처럼, 2008.

김미덕, 「한국문학에서 기지촌 성매매 여성과 아메리시안에 대한 연구」, 『아시아여성연구』 46권 2호, 숙명여자대학교 아시아여성연구소, 2007

김미영, 「한국(근)현대소설에 나타난 미국 이미지에 대한 개괄적 연구」, 『미국학논집』 37집, 한국아메리카학회, 2005.

김복순, 「1950년대 소설에 나타난 반미의 양상과 젠더」, 『여성문학연구』 21집, 한국여성문학학회, 2009.

김세령, 「1950년대 기독교 신문・잡지의 미국 담론 연구」, 『상허학보』 19집, 상허학회, 2006.

김승희, 「한국 현대 여성시에 나타난 제국주의의 남근 읽기」, 『여성문학연구』 7집, 한국여성문학회, 2002.

김아람, 「1950년대 혼혈인에 대한 인식과 해외입양」, 『역사문제연구』 22집, 역사문제연구소, 2009.

김연숙, 「'양공주'가 재현하는 여성의 몸과 섹슈얼리티」, 『페미니즘연구』 3집, 한국여성연구소, 2003.

김윤경, 「1950년대 미국문화의 유입과 여성의 근대경험」, 『비평문학』 34집, 한국비평문학회, 2009.

김은경, 「한국전쟁 후 재건윤리로서의 '전통론'과 여성」, 『아시아여성연구』 45권 2호, 숙명여자대학교 아시아여성연구소, 2006.

김은하, 「탈식민화의 신성한 사명과 '양공주'의 섹슈얼리티」, 『여성문학연구』 10집, 한국여성문학회, 2003.

김정자, 「한국 기지촌 소설의 기법적 연구」, 『한국문학논총』 16집, 한국문학회, 1995.

김한식, 「김성한 소설의 풍자성 연구」, 『국어국문학』 121집, 국어국문학회, 1998.

김희식, 「성매매집결지(집창촌)의 기원: 박정희 정권기를 중심으로」, 『역사문제연구』 20집, 역사문제연구소, 2008.

박선애, 「기지촌 소설에 나타난 매춘 여성의 문제」, 『현대소설연구』 24집, 한국현대소설학회, 2004.

박의경, 「에머슨과 아메리카니즘: 이상과 현실의 조화」, 『미국학논집』 28권 1호, 한국아메리카학회, 1996.

보건사회부, 『건국10주년 보건사회행정개관』, 1958.

서재원, 「1950년대 강신재 소설의 여성 정체성 연구」, 『한국문학이론과 비평』 54집, 한국문학이론과비평학회, 2012.

안진, 『미군정과 한국의 민주주의』, 한울아카데미, 2005.

오은엽, 「강신재 초기 소설에 나타난 '양공주'의 형상화 연구」, 『현대소설연구』 50집, 한국현대소설학회, 2012.

이나영, 「금지주의와 국가규제 성매매 제도의 착종에 관한 연구」, 『사회와 역사』 75집, 한국사회사학회, 2007.

이나영, 「기지촌의 공고화 과정에 관한 연구(1950~60): 국가, 성별화된 민족주의, 여성의 저항」, 『한국여성학』 23권4호, 한국여성학회, 2007.

이선미, 「'미국'을 소비하는 대도시와 미국영화」, 『상허학보』 18집, 상허학회, 2006.

이임하, 「한국전쟁과 여성성의 동원」, 『역사연구』 14집, 2004.

임선애, 「전후 여성지식인, 자유부인의 결혼과 일탈」, 『한국사상과 문화』 41집, 한국사상문화학회, 2005.

임희섭, 「해방후의 대미인식」, 류영익 외, 『한국인의 대미인식』, 민음사, 1994.

장세진, 「전후 아메리카와의 조우와 전통의 전유-50년대 『사상계』의 전통 담론을 중심으로」, 『현대문학의 연구』 26집, 한국문학연구학회, 2005.

정성호, 「한국전쟁과 인구사회학적 변화」, 한국정신문화연구원 편, 『한국전쟁과 사회구조의 변화』, 백산서당, 1999.

주창윤, 「1950년대 중반 댄스 열풍: 젠더와 전통의 재구성」, 『한국 언론학보』 53권 2호, 한국언론학회, 2009.

최강민, 「1950, 60년대 한국소설에 나타난 한국인과 미국인의 관계성」, 『한국문예비평연구』 29집, 한국현대문예비평학회, 2009.

최성희, 「자유부인, 블랑쉬를 만나다: 전후 한국여성의 정체성과 미국드라마의 수용」, 『미국학논집』 37집, 한국아메리카학회, 2005.

허 윤, 「1950년대 양공주 표상의 변전과 국민되기」, 『어문연구』 41권 1호, 한국어문교육연구회, 2013

허 은, 「1950년대 미국의 대한 교육교환 계획과 한국사회 엘리트의 친미화」, 『한국민족운동사연구』 44집, 한국민족운동사학회, 2005.

황영주, 「미군기지의 양공주 다시보기: 파편화된 기억과 완충지대로서의 식민화된 여성의 몸」, 『비교한국학』 5집, 국제비교한국학회, 1999.

Katharine H. S. Moon, 이정주 역, 『동맹 속의 섹스』, 삼인, 2002.

Paul Michel Foucault, 이정우 역, 『담론의 질서』, 서강대학교출판부, 1998.

Paul Michel Foucault, 홍성민 역, 『임상의학의 탄생』, 이매진, 2006.

박경리 소설의 여성인물 주체화 양상

-1960년대 장편소설을 중심으로-

김 순 례*

Ⅰ. 서론

여성주의 이론가로 널리 알려진 뤼스 이리가레(Luce Irigaray, 1932～)의 '여성(으로서) 말하기'는 보편적이며 중립적인 것으로 간주되어온 남성 주체만을 가능하게 하는 현재의 가부장제 상징질서에서, 여성의 주체화를 가능하게 하려는 기획 하에 있다. 그녀는 상징계 내에 여성주체의 자리를 마련하기 위해 철학적 저작들과 교차하는 언어학적 연구들을 지속적으로 실시하여 '발화는 결코 중립적이지 않다'라는 명제를 내놓는다. 그럼으로써 그녀는 언어학적 조사 작업들을 통해 가부장적 담론의 구조가 여성 타자를 지우는 방식으로 작동함으로서 여성의 발화를 불가능하게 만드는 구조임을 밝히고 그 대안을 모색하며 주체를 생성시키는 담론 구조의 변형을 새로운 문화 형성에 필수적[1]이라고 보았다. 그녀의 이와 같은 견해는 시몬 드 보봐르(Simone de Beauvoir, 1908～1986)가 『제2의 성(The Second Sex)』(1949)에서 주장한 "여자는 여자로 태어나는 것이 아니라, 여자로 만들어지는 것이다"[2]라

* 경희대학교

1) 송유진, 「뤼스 이리가레의 여성 주체성과 성차의 윤리학」, 이화여자대학교 대학원 석사학위논문, 2010, 71쪽.

2) 보봐르에 따르면 생물학적 성(sex)의 차이가 사회적·문화적으로 고정된 전통적인 성 역할(gender)로 고착되어 여자는 한 인간으로서가 아니라 남자에게 의존하고 예속되는 '타자적 존재' 길들여진다는 것이다.

는 명제에 대해서 “나는 여성으로 태어난다. 그러나 나는 여전히 타고난 나인 이 여성으로 생성되어가야만 한다(I am born a woman but I must still become this woman that I am by nature)”3)로 정정한다. 즉 여성은 어떤 결핍도 없이 여성으로 태어나기 때문에 타고난 육체와 정신과 욕망을, 삶 전체를 통하여 여성 스스로가 자기 주체성과 삶의 양식으로 끊임없이 생성해 나가야만 한다는 것이다.

그러나 역사적 · 사회적으로 볼 때 우리의 현실적 세계는 긴 세월동안 ‘주체적 위치’의 남성을 위한 ‘타자적 위치’에서 존재해 왔다고 해도 과언이 아닐 것이다. 문학작품 속에서 여성이 주체로 등장하지 못한 이유 또한 이러한 배경이 자리하고 있었던 것이다. 그 구체적인 배경이라고 할 수 있는 가부장적 사회에서의 여성은 남성이 언어 구사를 통해 그의 상상과 환영을 충족시키는 상징적 질서에 묶인 타자, 즉 남성을 위한 기표로서 존재하는 타자적 위치에서 자리하고 있었을 뿐인 것이다.

본고에서는 위와 같은 배경인 가부장적 제도하에서의 여성들이 그동안의 전통적인 문학작품에서 그려진 이상화된 여성성, 즉 아름답고 순종적이고 포용적인 여성성에서 벗어나 여성억압의 사회적 권력질서를 거부함으로써 타자적 위치를 극복하고 주체적 위치로 나가는 과정을 박경리의 1960년대 장편소설 「김약국의 딸들」(1962), 「시장과 전장」(1964), 「성녀와 마녀」(1966)을 통해 밝혀보고자 한다.

박경리(1926~2008)는 1955년 단편소설 「계산」을 《현대문학》에 발표하면서 문단에 나왔다. 초기 단편소설 「계산」, 「전도」, 「반딧불」 등에서 작가는 가부장적 억압과 함께 한국전쟁의 상흔으로 인한 경제적 궁핍, 생존의 위협 등 다중적 억압에 시달리면서도, 이를 개인의 운명으로 받아들이고 체념함으로써 외부세계와 단절된 삶을 살아가는 여성인물의 삶을 통해 당대의 부조리한 사회를 고발하고 더 나아가 이러한 당대 현실 속에서도 억압적인 현실에 동화되기 보다는 자기 존엄성을 지키려는 강력한 의지로 남녀간의 불평등, 경제적 불평등, 선과 악의 대립 등 사회 전반에서 나타나는 많은 문제

3) Luce Irigaray Key Writings, ed by Luce Irigaray, London and New York: Continuum, 2004, 264쪽. 송유진, 앞의 논문, 83쪽 재인용.

점을 표면화 하였다.

박경리의 초기 단편 소설들이 개인과 가족을 대상으로 한 주관적 색채가 강한 사소설적 성격을 띠고 있다면, 1960년대 장편소설에서는 개인의 주관적 세계를 벗어나 객관적 세계를 형상화하고 있다.

전통적으로 정의되어온 여성성의 개념은 순종과 보살핌 그리고 자기희생으로의 삶, 특히 결혼 후에는 자신의 권리를 갖은 주체로서 보다는 남편과 자녀를 위해 헌신하는 삶이라는 타자적 위치에서 정의되어 왔다고 해도 과언이 아니다. 그러나 우리사회는 근대화 과정을 거치면서 오랫동안 제도와 통념으로 인식되어진 여성성의 고정관념에서 벗어나 주체적인 여성으로의 위치 찾기를 탐색하기에 이른다. 박경리의 60년대 장편소설 역시 여성인물들이 부조리한 사회의 가혹한 현실을 극복하는 과정을 거치면서 부정적이든 긍정적이든 나름의 방식으로 그동안 억압되어진 여성성을 회복하고 주체성을 찾아가는 모습을 보인다.

Ⅱ. 본론

1. 비극적 운명의 저항과 극복-『김약국의 딸들』

『김약국의 딸들』은 부계중심인 가문의 몰락과정을 통해 근대화와 함께 전통적인 가족 원리가 해체됨으로써 가부장적 가장의 붕괴과정과 김약국 집 딸들의 불행한 삶을 조망하고, 더 나아가 그 딸들이 운명적 불행에 주저앉기 보다는 부정적이든 긍정적이든 나름의 방식으로 그 불행으로부터 극복해 나가는 과정을 그리고 있다.

김약국의 어머니 숙정의 자살로 예고되는 그 다섯 딸들의 불행한 삶은 전통적 가부장제 규범과 금기의 파괴로 인한 것이다. 김약국의 어머니 숙정이 자신의 결백을 알리기 위해 비상을 먹고 자살한 것은 유교주의에 대한 절대적 순종과 극단적 대항의 중심에서 바라볼 수 있는 불행이다. 우리의 전통적 가치관에서 볼 때, 순결을 의심받거나 상실하는 것은 여성의서의 존엄을 잃는 것과 같이 보았고 자신의 정절과 순결을 지키거나 증명하기 위해 여성들이 죽음을 선택하는 것을 최고의 미덕으로 보았기 때문이다.

다섯 딸들의 불행 또한 사회 규범적 모순과 편견에 의한 불행으로 보기보다는 집터나 혈통 탓으로 돌리며 그녀들 스스로가 불행을 자초했다는 듯한 분위기로 비추어지는 것은 여성들을 향한 전형적인 사회적 폭력으로 밖에 해석될 수 없는 것이다.

> "그 옛날부터 집터가 나쁘지. 우리 어릴 때만 해도 무서워 그 집 앞엘 못 갔지. 아 그 김약국 어매가 비상묵고 죽은 집 앙이가, 아바이는 객사하고 그 뭐 타관에서 온 사내가 또 김약국 아바이 칼에 맞아 죽었지. 그 집에서는 또 잡귀가 덕실덕실 끓는다. 처음 그 집하고 혼삿말을 우리 영감이 했을 때도 어쩐지 섬쩍지근하더라니, 아니나 다를까."
>
> "정말 만 번이나 혼사 잘 안 했임더"
>
> "하모 잘 안 하고말고, 만일 했다면 그 속에서 빠진 자식 어디다가 써 묵겠노?"
>
> "비상묵고 죽은 자손은 안 지린다더니 정말 그런 갑습니더. 그 집 딸들 보이소. 하나나 쓰겠는가.
>
> 큰딸 그렇지요. 둘째 시집도 못가고 셋째는 어마이가지 잡아묵고 미쳤으니, 넷째는 또 어떻고요? 없는 살림에 고생이 막심한갑습디더."[4)]

이처럼 이들 여성의 불행한 삶이 가부장적 이데올로기와 그 제도의 금기 파괴로 이어지는 사회적인 요인임에도 불구하고 이들의 불행을 운명적인 것으로 묘사되고 있는 것이다. 그러나 작가는 이 작품에서 가부장적 제도하에서 희생되는 여성인물들이 현실에 순응하는 태도를 보이기보다는 오히려 가부장제의 불합리성을 폭로하고 이를 극복해 나가는 형식을 취하고 있다. 특히 이 작품에서 첫째 딸 용숙은 재물을 향한 본능적 욕망을 통해, 둘째 딸 용빈은 지성과 이성을 통해 각자 자신에게 주어진 비극적 운명을 극복하고 삶의 주체로서 자신의 삶을 개척해 나간다.

---

4) 박경리, 『김약국의 딸들』, 나남출판사, 2008, 345쪽.

용숙은 이 작품에서 가장 부정적인 면모는 보이는 인물로, 남편이 죽고 난 후 아내의 정절을 도리로서 지켜내야 한다는 반 강제적인 사회적 분위기를 따르지 않고, 오히려 당시 여성들의 정숙함이나 순종함을 조롱하며 의사와 불륜을 저지르는 등 전통적인 가치관에 지배받지 않는 반윤리적 인물로 그려진다. 용숙은 스스로 자신의 성 정체성을 찾아나가고, 세상에 돈만 있으면 큰소리를 칠 수 있다고 주장하는 등 가부장제의 규범적 질서에 저항하며 자신의 욕망만을 추구하는 탐욕적이고 자기중심적인 인물로 그려진다.

> 용숙은 지난달에 당한 모멸에 대한 반발로 혹은 보복심으로 그러는지는 몰라도 더욱 화려하게 몸치장 살림치장을 하고 내보란 듯 활보할 뿐만 아니라, 자기에게 부탁이 있어 찾아오는 사람이면 필요 이상의 존경을 강요하는 태도로 나갔다. 그렇다고 하여 무조건 존경만 하면 논이 나가는 것은 아니었다. 그는 여축없이 세심하게 머리를 써서 돈을 깔았다.
>
> "뭐니 해도 큰소리치는 것은 돈이더라."
>
> 그 말은 용숙에게 절대적인 인생철학이었다.[5)]

이러한 용숙의 재물에의 집착은 자본주의 유입으로 인한 당대 가치관의 변화 인식의 영향으로, 그녀 스스로 자신을 주체화하여 운명적인 비극을 재력으로 대항하며 현실을 극복하는 양상을 보이고 있다.

셋째 딸 용란은 도덕이나 체면에 얽매이지 않는 자유분방한 성격으로 개인의 본능적 욕망을 추구하며 머슴의 아들인 한돌과 관계를 맺는 등 신분적 차이, 혼전 순결의 규범에 대해 대항하지만, 결국 가문의 체면을 중시하는 아버지의 강요로 성불구자인 연학과 결혼함으로써 불행한 결말을 맞게되는 여성인물이다. 용란의 신분적 차이를 뛰어 넘는 사랑은 전근대적인 사회에서 무시되어 왔던 개인의 욕망을 존중하고 이를 바탕으로 한 남녀의 결합의 결과이다. 그러나 결굴 이러한 사랑은 혼인 관계를 중시하는 당 시대의 관습에 의해 좌절되고 만 것이다. 남편인 연학이 휘두른 도끼에 맞아 한돌과

---

5) 박경리, 위의 책, 2006, 221~222쪽.

어머니 한실댁이 그 자리에서 죽게 됨으로써 그 충격으로 실성하기에 이르는 그녀는 인간의 욕망을 억압하는 관습적 규범으로 인해 불행해진 시대적 희생자인 셈이다. 그러나 또한 그녀가 속한 집단과 사회에서는 용납되지 않았지만 자신의 내부적 욕망에 충실한 자기실현의 결과를 보여줌으로써 미흡하게나마 주체적인 위치를 탐색한다고 할 수 있다. 이러한 결과는 전근대적인 질서와 근대적 가치가 공존하던 1960년대의 시대적 상황과 맞물리게 되는데, 남녀의 자유로운 사랑과 그것을 억압하고 있는 사회적 규범에 대한 저항이라는 이중적 의미로 해석될 수 있다.

반면에 넷째 딸 용옥은 이 작품의 중심부를 차지하지 않고, 전통적인 유교적 윤리관에 충실한 인물로 그려진다. 그녀는 정숙한 아내이면서 순종적인 모성의 이미지로 김약국 집 다섯 딸 중에서 가장 가부장적 윤리 이념에 충실한 여성이다. 그러나 그녀 또한 언니인 용란을 사랑하고 있던 기두와 결혼함으로써 남편의 사랑도 받지 못하고 시아버지의 비윤리적인 행태를 피해 남편을 찾아 나섰다가 배가 침몰하여 죽음을 맞게 된다는 점에서 그녀 또한 불합리한 사회적 제도로 인해 불행해지는 인물이다. 박경리는 용옥의 불행한 결혼생활로 인해 희생되는 비극적인 삶을 통해 가부장적 가문중심의 가족제도가 개인에게 행사하는 폭력적인 사회현실을 고발하고 있는 것이다.

이처럼 『김약국의 딸들』에서 불행한 결혼을 통해 봉건적 가부장제 질서에 희생되는 개인의 비극적인 삶이 구체화되어 있는 것은 주체적인 개인으로서가 아닌 가문의 일원으로 겪게 되는 인물들의 비극적 운명 때문이라고 할 수 있다. 다시 말해 남녀의 주체적 사랑을 바탕으로 한 개인과 개인의 결합이라는 현대적 혼인제도가 전근대적 규범에 지배받는 전통적 가부장제 이데올로기의 산물인 것이다.

용옥은 생전에 자기 자신에 관한 말을 한 일이 없다. 그러나 용빈은 용옥이 행복하지 못한 것을 알고 있었다. 그것은 용옥이 결혼한 후 더욱 광신적으로 기독교에 기울어지는 것으로도 능히 알 수 있는 일이었다. 메마른 얼굴, 빛을 잃은 눈동자, 용빈은 가없은 동생을 위하여 남몰래 간혹 근심은 했으나, 여러 가지 격심한 사건의 연속에 용옥의 존재는 그다지 큰 자리를 차지하지 못 하였다. 용빈은 그것을 생각하

니 더욱 가슴이 아팠다. 그야말로 용빈의 마음은 억만 군졸이 짓밟고 지나간 형상이었다.6)

"저의 아버지는 고아로 자라셨어요. 할머니는 자살을 하고 할아버지는 살인을 하고, 그리고 어디서 돌아갔는지 아무도 몰라요. 아버지는 딸을 다섯 두셨어요. 큰딸은 과부, 그리고 영아 살해 혐의로 경찰서를 다녔어요. 저는 노 처녀구요. 다음 동생이 발광했어요. 집에서 키운 머슴을 사랑했죠. 그것은 허용되지 못했습니다. 저 자신부터가 반대했으니까요. 그녀 처녀가 아니라는 험 때문에 아편장이 부자 아들에게 시집을 갔어요. 결국 그 아편장이 남편은 어머니와 그 머슴을 도끼로 찍었습니다. 그 가엾은 동생은 미치광이가 됐죠. 다음 동생이 이번에 죽은 거예요. 오늘 아침에 그 편지를 받았습니다."7)

『김약국의 딸들』에서 가족의 불행을 가장 객관적으로 바라볼 수 있는 이성적 인물로 그려지는 넷째 딸 용빈의 독백을 통해 '김 약국집 일가'의 불행을 집약 해놓은 부분이다.

이 작품에서 가장 긍정적인 인물로 형상화된 용빈은 다른 딸들과 달리 교육을 통한 지적이고 이성적인 시선으로 현실을 직시하며 자신과 가족들에게 씌여진 운명적 현실을 극복하고자 하는 주체성을 지닌 여성이다.

'건강하고' '대범하고' '여장군' 같은 모습으로 묘사되는 용빈은 가부장제 사회의 중심인 남성들과 나란히 조국과 사회에 대한 공동의 문제의식을 가지고 고민하고 회의하기도 한다.

그녀의 이러한 모습은 당대 대부분의 가정 내의 비주체적인 여성들의 모습과 대조를 보이며 이성의 힘을 발휘하여 자신을 둘러싼 불행에 맞서 스스로 주체적 위치를 찾아가는 의지를 보인다.

용빈이 그의 아버지가 죽자 막내 용혜를 데리고 통영을 떠나는 것은 그 일가를 둘러싼 불행을 운명으로 받아들이되, 그 운명에 순응하지는 않겠다는, 그녀들을 억압하고 있었던 전통적 규범에서 벗어나고자 하는 의지를 표

6) 박경리, 위의 책, 363쪽.
7) 박경리, 위의 책, 365쪽.

출하는 것이며, 더 나아가 주체적 위치에서 자신의 운명을 개척하고자 하는 강한 의지의 결과라고 볼 수 있다.

2. 주관적 자아 극복을 통한 주체성 확립-『시장과 전장』

『시장과 전장』은 작가의 개인적 경험이 투영된 자전적 작품이다. 이 작품에서 지영이 상징하는 '시장(市場)'의 일상과 기훈이 상징하는 '전장(戰場)'의 이념은 전쟁이라는 상황을 통해 그 의미를 검증받게 된다.

작가는 이 작품에서 지영을 통해 전장에서의 민중의 애환을, 기훈을 통해서는 작가 나름의 방법으로 전쟁을 객관화시켰다. 여기에서 민중의 밑바닥에 항상 자리하고 있는 것은 삶의 본능이며 집착이다. 따라서 민중의 행동을 지배하는 것은 언제나 본능적이고 현실적일 수밖에 없는데, 전쟁이라는 극한 상황에서 민중들은 오직 살아남기 위한 본능적인 생존에 집착할 수밖에 없다. 그리고 전후 시기는 전쟁으로 인해 인간의 존엄성마저 말살된 시기이므로 자아의 주체성이 상실되어진 시기라고 할 수 있다. 따라서 이시기의 박경리 소설에는 시대적 혼란으로 인한 인간 존재론적 문제를 부각시켜주고 신분제 폐지나 남녀평등 문제 등 민중의 근대적 자아 각성을 다루는 전환기적 특성이 첨예하게 드러나 있다.

중학교 교사인 지영은 남편의 속물적인 인간성을 혐오하고 그런 남편의 구속에서 벗어나기 위해 가족을 두고 연백의 교사 자리를 자청해서 오는 적극적인 면모를 보이지만, 폐쇄적인 성격과 결벽증 그리고 가족에 대한 공동체 의식이 결여되어 있다는 점에서 이기적인 인물로 등장한다.

> 학교에서 나오는 길에 지영은 시장을 들른다.
>
> 시장은 축제(祝祭)같이 찬란한 빛이 출렁이고 시끄러운 소리가 기쁜 음악이 되어 가슴을 설레게 하는 곳이다. 동화의 나라로 데리고 가는 페르시아의 시장- 그곳이 아니라도 어느 나라, 어느 곳, 어느 때, 시장이면 그런 음악은 다 있다. 그 즐거운 리듬과 감미로운 멜로디가. 그곳에서는 모두 웃는다. 더러는 싸움이 벌어지지만 장을 가두어 버리면 붉은 불빛이 내려앉은 목로점에서 화해술을 마시느라고 떠들 썩, 술

상을 두들기며 흥겨워하고 대천지원수가 되어 무슨 이로움이 있겠는가. 오다가다 만난 정이 도리어 두터워지는 떠내기 장사치들, 물감 장수 옆에 책을 펴 놓고 창호지에 담배를 마는 사주쟁이 노인도 서편에 해가 남아 있는 동안은 희망을 버리지 않는다. 온갖 인생, 넘쳐흐르는, 변함없는 생활이 이곳에서 소용돌이 치고 있는 것이다.8)

이처럼 지영이 보고 느끼는 시장은 전쟁 직전의 불안과 혼동이 있는 현실적 우울함에 있지 않고 환상과 낭만이 깃들어 있는 공간으로 묘사된다. 그러므로 각각의 개인들의 삶이 공존하며 생동감이 넘치는 시장을 통해 지영은 잠시나마 위안을 받는다.

그러나 현실적으로 두 아이를 둔 엄마로서의 지영은 전쟁이 터지자 자신의 결벽증이 소녀적인 감상이 지나지 않았음을 깨닫게 되고, 가족에 대한 사랑과 인간에 대한 연민을 생각하는 계기를 마련하게 된다. 즉 전쟁이라는 불모의 상황에서 오히려 기존의 자기중심의 이기적 성격은 타인과의 관계를 통해 현실을 냉정하게 인식하고 생존의 자각을 통해 현실에 나아가며 새로운 자아를 발견하게 되는 것이다. 주관적이고 감상적이던 현실은 전쟁을 겪는 동안 현실을 객관적으로 바라보게 되고 그동안 가부장적 체제로부터 스스로 자신의 존엄을 지키고자 했던 내면적 세계에서 벗어나 주체적이고 적극적인 삶을 개척해 나간다.

산판을 밟고 땅위에 발을 내어 놓았을 때 지영의 눈앞에는 아이들의 모습이 확실히 떠올랐다. 남편과 어머니의 얼굴도 똑똑히 나타났다. 지영의 눈에서 처음으로 눈물이 흐른다. 모두 모르는 사람끼리 얼싸 안고 눈물을 흘리고 있다. 정말 대지에 입맞춤하고 싶은 감동에 모든 것은 새롭고 정답고 소중하기만 하고 낯선 사람끼리, 낯선 바닷가에서 서로 손을 잡고 눈물을 흘린다.9)

군대는 백성을 보호하지 못하고 도망의 길을 달리는데 지영은 소금이 피고 눈시울에 먼지가 뿌옇게 앉은 병사들의 얼굴과 삶은 문어 빛을 한 김인

8) 박경리, 『시장과 전장』, 나남출판사, 2008, 131~132쪽.
9) 박경리, 위의 책, 186쪽.

자의 얼굴을 아름답다고 생각한다. 절박한 그들의 얼굴에서 실오라기만한 거짓도 찾아 볼 수 없고 선사시대 사나운 짐승의 울음을 들으며 모닥불 앞에 앉은 한 부족 같은 따뜻함...[10)]

> "애기 엄마도 용기를 내세요. 어떤 짓을 하더라도 지금은 사는 일이 징그러운 그런 때가 아니에요. 시체를 옆에 두곤 밥을 먹어야 하고, 젊은 여인이 가슴을 드러내고 식량을 이고와도 부끄러운 때가 아니에요. 영혼이나 순결이 무슨 소용이에요?,,,"[11)]

지영이 위와 같은 자각의 과정을 거치면서 자아를 찾아가는 것은 바로 전쟁이라는 극한 상황이었다. 박경리는 전쟁이라는 장치를 통해 지영의 현실을 외면하며 추상적이고 관념적이던 자의식을 현실세계로 이끌며 적극적이고 능동적인 삶으로 전환시키는 것이다.

> 바람이 조금 분다. 지영은 얼굴을 감싼 채 우물가로 걸어간다. 우물 속을 들여다본다. 우물 속에 달은 없고 꾸부린 지영의 등에 달빛이 비친다. 유리같은 맑은 밤.
> "밟혀도 밟혀도 뻗어가는 잡초, 난 잡초야!"
> 지영은 우물 속을 향해 나지막하게 중얼거린다. 소리가 울려서 우물 속에 펼진다.
> "끈질기고 징그럽고, 지혜롭고, 민감하고 무서운 여자야!"
> 소리는 다시 울려 펴진다.
> "살고 싶다! 내 자식들, 내 어머니, 당신은 죽어도 난 죽지 못해요."
> 소리는 크게 울려 펴지면서 지영의 몸은 우물 속으로 자꾸 기울어진다.
> "신비합니다. 하나님, 신비합니다.
> 그냥 그냥 없어지고, 없어지고, ...[12)]

지영이 우물에서 자신의 '밟혀도 밟혀도 뻗어가는 잡초'와 같은 무한한 생명력을 인식하고 자기 성찰의 과정으로 들어서고 있다. "끈질기고 징그럽

---

10) 박경리, 위의 책, 194쪽.
11) 박경리, 위의 책, 367쪽.
12) 박경리, 위의 책, 439~440쪽.

고, 지혜롭고 민감하고 무서운 여자"로서의 자신의 모습을 무의식적으로 발견하며 중얼거리지만 이러한 인식은 "신비합니다..."로 전환되는데, 이러한 자신의 그림자를 통한 내면 의식의 흐름은 전쟁이라는 삭막하고 절박한 현실 속에서 오히려 따뜻한 인간애를 느끼고 자신의 존재 의미를 깨닫게 되는 것으로 해석될 수 있다.

지영의 이러한 변화는 그동안의 내면적 세계에서의 주관적 자아 극복과 동시에 가족에 대한 사랑과 타인과의 관계를 통해 객관적 자아에 눈을 뜨게 되는 것으로 가족에 대한 강한 책임감을 바탕으로 그동안 소외된 타자로 존재했던 자신을 극복하고 현실에 적극적으로 대응하며 모성이라는 여성의 절대적 장치를 바탕으로 주체적 여성으로 거듭나게 된다고 볼 수 있다.

그러므로 『시장과 전장』에서의 지영은 작가의 초기 단편소설에서 등장하는 전쟁미망인의 소극적인 현실 대처 방법과는 달리 닥쳐진 현실에서 돌파구를 찾아 대응하는 적극적인 삶으로 자신의 주체적 위치를 찾기 위한 자의식이 발현되고 있다는 점에서 긍정적인 평가를 받는다.

3. 남성권력 중심체제의 혼인제도 비판-『성녀와 마녀』

『성녀와 마녀』는 '일부일처제'라는 전통윤리와 남녀간의 낭만적 사랑의 충돌을 통해 전통적 혼인제도의 전근대적 규범을 비판하고자 하는 작품이다.

이 작품에서는 전통적인 여성상을 구현하는 '성녀'로서의 하란과 요부로 낙인찍힌 '마녀' 형숙의 사이에서 갈등하는 수영과의 삼각관계 구도를 통해 가문중심의 혈통의식이 남녀의 결합을 좌우하는 현실을 비판적으로 그려내는 작품이다.

> 조용한 하란의 모습, 모두 시끄럽게 지껄이고 있는 속에서 사뿐히 떠 있는 흰 꽃잎 같이 청초한 모습이다. 흰 저고리에 수박색 치마가 더욱 그런 인상을 깊게 한다. 투명하리만큼 흰 얼굴에 짙은 그늘을 지워지는 속눈섭, 입술이 살그머니 열리면서 웃음을 찾는 듯 이빨 두 개가 아랫 입술을 깨문다. 꿈을 머금은 듯 소리 없이 웃음

이 흐른다.[13)]

커다랗게 꺼풀진 형숙의 눈이 알장알장 흔들린다. 심연과 같이 신비스런 그 속에 무엇이 있는 지 알 수 없다고 수영은 생각한다. 그러나 한번 쳐다보면 그 눈은 누구나 평생토록 잊을 수 없는 그런 무서운 아름다움을 지니고 있다.[14)]

이러한 두 여성에 대한 묘사는 그녀들이 가지는 속성을 상징적으로 부각시킴으로써 하란을 '성녀'의 이미지로 형숙을 '마녀'의 이미지로 자리매김시킨다. 수영의 아버지 안 박사는 형숙의 외양에 대해서 그녀의 고모가 이름난 요부로 여러 남자의 인생을 망쳤으며, 마침내 자살로 죽게 된 내력을 언급하며 그녀 또한 '요부의 기질'를 갖고 있다고 그들의 관계를 반대한다. 반면에 하란에 대해서는 '아름답고 선녀처럼 예쁘다'라며 수영과 결혼시키게 되는데, 이는 결국 가문과 가문의 결합인 전통적인 혼인제도로, 인간의 자유 의지를 억압하는 규범적인 질서를 따르고 있음을 볼 수 있다. 그리고 이러한 인간의 자유 의지가 억압되어 이루어진 결합은 불행한 결과를 가져올 수밖에 없다. 그러므로 남성 중심적 관점에서 이 작품을 바라볼 때, 하란과 형숙의 주체적 자아는 소외되고 오로지 '하란'은 선이고 '형숙'은 악이라는 축에서 전개되어지고 결말에 이르러 형숙이 수영을 대신해 죽는 부분에 이르러서는 수영을 향한 그녀의 사랑이 진심이었음에 긍정적인 반응을 보인다.

그러나 작가 박경리는 이 작품에서 여성인물들에게 주체적이지 못하고 남성의 타자화된 존재로서 수동적인 역할만을 위치시키려 하지 않는다. 하란을 '성녀'로, 형숙을 '악녀'의 이미지로 표상함으로써 상반된 그녀들의 기질과 삶을 통해 훼손된 여성성을 회복하고 여성의 가치를 재평가하고자 한다.

하란은 여기에서 가부장제에 순응하는 전통적인 여성으로 자리하며, 복종과 인내로의 현모양처 자질을 갖춘 모습으로 등장한다. 그러므로 남편에게 외면당하며 불행한 결혼생활 때문에 고통받으면서도 자신을 오랫동안 흠모

---

13) 박경리, 『성녀와 마녀』, 인디북, 2003, 11~12쪽.

14) 박경리, 위의 책, 13쪽.

해온 시누이의 약혼자 허세준을 외면한 채 오직 남편이 가정에 돌아오기만을 기다리는 삶을 살아간다. 그러나 그녀에게 남편의 외면은 삶의 모든 것을 허무하게 만들고, 그 결과 자신이 원하고 바라던 가정이라는 현실이 얼마나 허망한 허상에 불과한 것이었는지를 깨닫게 된다.

> '아주 아주 가버렸다.'
>
> 두 손을 모아 쥐고 뒷머리를 싸며 하란은 방바닥에 이마를 부딪쳤다. 어두운, 어두운 울음소리가 이 사이로 새어 나왔다. 영영 떠나버리고 만 허세준을 위하여 우는 것일까? 불행하였던 그 사나이를 위하여 하란은 뼈에 사무치도록 우는 것일까? 아니었다. 하란은 자신을 울어주고 있는 것이다. 어쩌면 하란은 허세준을 사랑했는지 모른다. 외곬으로 쏟아져 나오던 허세준의 무서운 정열에 하란은 마음의 문을 열어 놓았는지도 모른다. 그 거칠고 우악스러웠던 사랑의 표현은, 수영에게만 흘러가던 하란의 물줄기를 결국 끊어놓고야 말았는지도 모른다.15)

그녀는 결혼으로 인해 그만두었던 교사로서의 사회생활을 시작하면서 가부장제로 인해 억압되었던 자신의 정체성을 확립하며 자립적인 삶을 살아가게 되고, 또한 세준이 영영 떠나버린 후에야 비로소 그를 향한 사랑에 대해서도 진지하게 들여다보는 계기를 마련한다.

이는 곧 자신의 현실을 객관적으로 바라보면서 주체적인 삶을 위해 자신의 자아를 새롭게 정립하는 기제로 작용하는 것이다.

> "형숙은 너를 파멸시킬 것이다. 그에게는 어미의 피가 그대로 흐르고 있다. 무서운 탕녀, 요부의 피가 말이다."16)

안박사의 말처럼 이 작품에서 형숙은 자유분망하고 자기 주도적인 성격으로 인해 탕녀와 요부의 이미지로 형상화되면서 가부장제 사회로부터의 일탈을 꿈꾸는 여성이다. 그러나 결국 수영을 대신해 죽음을 맞이하게 됨으로

---

15) 박경리, 위의 책, 259~260쪽.
16) 박경리, 위의 책, 33쪽.

써 다시 가부장적 여성성으로 회기하는 듯한 역설적인 세계관을 드러낸다. 그러나 박경리의 이러한 역설적 세계관은 한 개인(여성)의 욕망과 좌절을 넘어서 인간 본연의 존엄성에 대한 자각과 각성의 기회를 마련하고, 동시에 그녀의 본질을 왜곡하고 있는 억압적으로 규범화된 사회적 관습에서의 남성중심적 세계에 대한 환멸을 깨닫게 한다. 즉 당시대 여성 대부분의 주체성을 인정하지 않는 지배담론과 달리 작가는 형숙을 물질에 대한 욕망과 성적 욕망을 과감하게 드러내는 주체적 여성으로 형상화시키고 있는 것이다.

> '돌아왔다. 허울만이 돌아왔다.'
>
> 허황한 바람이 지나가는 것을 하란은 느낀다. ...
>
> 저녁식사 때 가족은 실로 오랜만에 식당에 모였다. 수영은 형숙의 영상을 안고 하란은 허세준의 추억을 간직한 채 이 상반된 인간과 인간이 모인 가정이란 질서 속에서 그들은 조용히 대면하는 것이었다.[17)]

가족이 오랜만에 모인 저녁 식사 자리지만, 수영은 형숙의 영상을 안고 하란은 세준의 추억을 간직한 채 오로지 가정이라는 질서를 유지하며 조용히 대면하는 이 장면에서 보여지 듯, 이 작품에서는 가정이라는 울타리만 남아 있을 뿐 서로 다른 사람을 가슴에 안고 살아가는 무의미한 혼인제도의 모순을 비판하고 있는 것이다.

1960년대 박경리의 애정소설에서는 불합리적인 결혼제도에 대한 저항으로서의 남녀 애정갈등을 넘어서, 사랑의 의미를 진지하게 들여다보고, 더 나아가 그들의 초월적인 사랑을 통해 남성중심의 규범적 질서가 가지고 있는 폐쇄성을 고발하고, 억압되지 않는 인간의 자유의지를 발현시키고자 한다.

Ⅲ. 결론

이상으로 1960년대 박경리의 소설 속 여성인물들을 통해 유교의 가부장적

17) 박경리, 위의 책, 275쪽.

여성성이 남성 중심의 타자적 위치에서 벗어나 독립적이고 주체적인 여성성을 회복하고, 스스로 적극적인 삶을 찾아가는 양상들을 살펴보았다.

작품 속에서 여성들은 불합리한 사회로부터의 절망과 저항, 극한 상황에서의 생존에 대한 불안 등 가혹한 현실을 나름의 방식으로 극복하는 과정을 거치면서 자신의 가치를 회복하고 여성 정체성을 확립하며 주체성을 확립하는 양상을 보인다. 이러한 양상은 그동안 가부장제 사회가 요구하던 수동적이고 희생적인 여성성, 즉 이리가레가 말하는 보편적이며 중립적인 것으로 간주되어온 남성 주체만을 가능하게 하는 현재의 가부장제 상징질서에서의 여성성이, 여성은 어떤 결핍도 없이 여성으로 태어나기 때문에 타고난 육체와 정신과 욕망을 삶 전체를 통하여 여성 스스로가 자기 주체성과 삶의 양식으로 끊임없이 생성해 나가야만 한다는 이론과 맞닿으며 능동적이고 적극적인 여성성의 회복으로 자리매김한다.

여성들은 오랜 기간 제도나 통념으로 이어온 규범적 질서로 인해 여성성이 왜곡되고 억압되어 왔다. 그러나 이제 여성들은 스스로의 독립된 삶의 주체로 인식되면서 자신의 성 정체성을 탐색하고 그동안 남성중심적 사회에서 폄하되어온 여성성이 아닌, 주체적인 여성으로의 재평가와 함께 가치회복의 성과를 이루어내고 있다.

작가 박경리는 이들 여성인물들을 통해 각자 나름의 방식으로 가부장적 세계에 대응하며 규범적 관습에의 일탈을 이루어내고, 스스로의 존엄성을 자각하여 삶의 주체로 나아갈 것을 강조하고 있다고 볼 수 있다.

참고문헌

박경리, 『성녀와 마녀』, 인디북, 2003.

박경리, 『시장과 전장』, 나남출판사, 2008.

박경리, 『김약국의 딸들』, 나남출판사, 2008.

Luce Irigaray Key Writings, ed by Luce Irigaray, London and New York: Continuum, 2004.

김수영, 「박경리 초기 장편소설의 인물유형 연구」, 서울여자대학교 대학원 석사학위논문, 2000.

송유진, 「뤼스 이리가레의 여성 주체성과 성차의 윤리학」, 이화여자대학교 대학원 석사학위논문, 2010.

김순례, 「근대사회 형성기 여성적 세계관의 변화양상 연구」, 경희대학교 대학원 박사학위논문, 2013.

이희자, 「박경리 소설의 갈등양상 연구」, 강원대학교 대학원 박사학위논문, 2014.

최송설당 한시의 소재(素材)를 통해본 자아 인식의 변화

임 보 연*

Ⅰ. 서론

최송설당(崔松雪堂, 1855~1939)은 19세기와 20세기를 걸쳐서 살다간 여성으로 여성 한시 작가 중에서 소파 오효원과 비슷한 시기를 살았던 인물이며, 여성 한시 작가의 마지막 세대의 인물이다. 전통사회에서 한문은 남성들의 전유물이었기 때문에 한시를 창작하는 일 또한 사대부 계층에서 가능한 일이었다. 이 시기의 보통의 경우 여성들의 관심은 규방과 관련된 일에 있었으며, 교육의 혜택을 누리지 못하였다. 하지만 조선 후기로 넘어가면서 문학이 점점 평민에게까지 확대되었고 여성들에게도 접할 수 있는 기회가 주어졌다. 조선 시대 이전에는 여성의 한시 창작 활동은 매우 제한적이고 보기 드문 일이었으나 조선시대로 들어서면서부터 여성의 영역이 문학을 읽고 즐기는 것을 넘어서 한시를 창작하는 영역까지 확대될 수 있었다.

그녀는 몰락한 양반 집안에서 태어났으며 훈장이었던 아버지로부터 한문과 한글을 배우면서 성장하였다. 개화기와 일제침략기 시대에 생존했던 최송설당은 규방의 일에만 전념했던 조선시대의 여성과는 달리, 이러한 집안 배경을 통하여 교육을 받고 시 창작활동을 할 수 있었던 것이다. 그녀의 생존 시기 또한 전통사회에서 근대로 넘어가는 과정에 있었기 때문에 그녀의

---

* 경희대학교

시에 나타나는 의식 또한 전통적인 여성들에게서 보이는 유교적 관념이나 가족에 대한 염려나 사랑, 고향을 그리워하는 등의 내용과는 다른 면모를 보여준다.

20세기 초에는, 수세기 동안 우리 조상들의 문학적 생산물의 게재수단이 되어 온 개인문집의 출판이 활발하게 이루어졌다.[1] 문집 간행은 귀족적이고 관료적인 봉건의식이 낳은 조상 숭배와 문벌중시의 유교적 사상에서 비롯되었기 때문에 일반 백성들과는 거리가 먼 작업이었다. 우리나라의 문집 발간은 지식인들의 문학정신의 표출도구였기 때문에 여성들에게는 인색했으며, 남성들의 전유물이고 남성들만의 문화적 영역이었다.[2] 또한 여성 한시 작품은 남성의 한시 작품과 양적으로 비교한다면 존재하는 작품 수 또한 적은 부분에 해당하는데, 이러한 사회적 배경 아래 최송설당은 『송설당집』[3]이라는 개인 문집을 남겼다. 이것은 여성 한시작가로서 흔하지 않은 경우이며 또한 여성의 한시 작품은 대부분 남편의 문집 부록 속에 포함되어 남아 있거나 여러 책에 흩어져서 존재하는 경우가 많음에 비교하더라도 의미 있는 일이라 할 수 있다. 대부분 여성들의 문집이 본인의 의도보다는 죽은 이후에 그녀들의 자손이나 친인척에 의해서 발간되는 경우가 많지만, 송설당의 문집은 본인의 의도와 목적에 의해서 발간되었다는 점 또한 의미가 있다.

『송설당집』[4]은 송설당이 생전에 출간할 의도를 가지고 발행한 책으로, 송

---

1) 김종순, 「『송설당집』의 문학사적 의의와 근대성」, 『한성어문학』 제26집, 한성대학교 한성어문학회, 2007, p.190.

2) 김종순, 위의 논문, pp.191~196 참조.
우리나라에서 문집 발간의 시작과 의미, 그리고 여성들의 개인문집 발간 사례 및 개인 문집에 대한 간략한 설명이 나와 있다.

3) 『송설당집』은 1922년 조선인쇄주식회사에서 출판되었으며 석판본 총 3권 1집으로 구성되었다. 재판의 기록은 없으며 발간 당시에 다른 나라의 여러 도서관에 보내졌다는 기록이 남아 있다. 문집의 구성은 본문만 총 198면이며, 권1은 운양 김윤식의 「송설당 서」가 머리에 실리고, 그 뒤로 송설당의 한시 167제 242수와, 문 4편이 실렸는데 문은 「송설당 서」와 「송설당기」, 「제문」 2편으로 모두 76면이다. 권2는 '언문사조(諺文詞藻)'라는 제목 아래 49제의 가사 작품이 놓였다. 권3에는 '부록'이라는 부제가 붙어 있으며 당대 관료 및 유명인사 167명이 쓴 차운시 161수와 '송설당사'(2편), '부'(1편), '서'(7편), '기'(15편), '설'(3편)과 '銘', '上樑文', '表', '松雪堂集後' 등 6편이 실렸다. 또한 송설당집에 실린 작품들은 대부분 1914년 이전에 작품이 완성된 것으로 보인다.

4) 본고의 한시 인용문은 '정후수 · 신경숙 · 김종순 역, 『송설당의 시와 가사』, 어진소리, 2004.'와 '최송설당기념사업회 엮음, 『송설당집』(Ⅰ), 명상, 2005.'의 번역문을 참고하였으며, 번역에

설당의 시들은 그녀의 생애와 관련을 맺고 있다. 그녀는 집안에서 무남 3녀 중 장녀로 태어났다. 송설당의 한시 작품들을 보면 장녀이면서도 장남의 역할을 해야 한다는 의식이 드러나기도 하며, 남성이 아닌 여성으로 태어난 한의 정서를 표현하기도 한다. 반면에, 여성이나 남성으로서의 성(性)의 존재가 아닌 개인의 존재 자체로서 느끼는 감정을 표현하기도 하였다.

그동안의 최송설당에 관한 연구들은 활발하게 이루어지지 않았다.[5] 문학 작품에 대한 연구보다는 최송설당이라는 인물에 초점을 맞추어 그녀의 생애에 대한 연구가 이루어졌으며, 문학 작품 중에서도 한시보다는 가사 연구가 중점적으로 이루어졌다. 이러한 점에 주목하여, 본고에서는 송설당의 한시를 대상으로 그녀의 한시에 나타난 자기 인식의 변화를 작품에 사용된 소재(素材)들을 바탕으로 살펴보고자 한다. 전통사회에서 여성 작가라는 특성 때문에 일상생활에 쓰이는 사물들이 시의 소재로 등장하는 경우가 많으며 그러한 사물들은 그녀의 감정을 표현하는 역할을 하고 있다. 한시의 소재란 특별한 것이 아닌 일상의 모든 것들이 소재로 사용되었다. 일상의 의미는 늘 반복되는 생활을 의미하는 것으로 여성에게 일상은 내적 공간으로서의 일상일 것이다. 최송설당의 한시에서 사용된 소재들을 통해 그녀가 표출하고자 하는 정서를 살펴보고, 이를 바탕으로 최송설당의 시에서 보이는 자아 의식의 변화를 살펴보고자한다.

오역이 있다고 생각되는 부분은 필자가 수정하여 번역문을 인용하였다. 따라서 인용한 시에 따로 표기는 하지 않도록 하겠다.

5) 최송설당과 관련된 선행연구는 총 8편이며, 다음과 같다.
김종순, 「송설당집의 문학사적 의의와 근대성」, 『한성어문학』 제26집, 한성대학교 한성어문학회, 2007.
김호일, 「최송설당의 교육이념과 교육활동」, 『국학연구』 제11집, 국학연구소, 2006.
김희곤, 「최송설당(1855~1939)연구」, 『한국근현대사연구』 제32집, 한국근현대사학회, 2005.
백순철, 「최송설당 가사의 문체와 현실인식」, 『고시가연구』 제15집, 한국고시가문학회, 2005.
손앵화, 「최송설당 가사에 나타난 꽃이 의미화 방식」, 『고전과 해석』 제8집, 고전문학한문학연구학회, 2010.
한석수, 「최송설당의 문학세계와 현실인식」, 『한중인문과학연구』 제13집, 한중인문학회, 2004.
허미자, 「근대화 과정의 문학에 나타난 성의 갈등구조 연구-특히 최송설당과 오효원의 한시를 중심으로-」, 『연구논문집』 제34집, 성신여자대학교, 1996.
허철회, 「최송설당의 시가연구」, 『한국문학연구』 제15집, 동국대학교 한국문학연구소, 1992.

Ⅱ. 사물에 형상화된 정서의 변화

시의 가장 큰 특징은 함축적인 언어의 사용일 것이다. 하지만 전통사회에서 한시는 작가로 지명된 사람만 쓸 수 있는 특별한 양식이 아니라, 한문을 향유했던 계층에서는 누구나 자유롭게 창작이 가능했던 양식이었다. 한시 창작의 주된 작가층이었던 사대부들은 하루 중에 감흥이 생길 때면 언제든지 시를 읊을 수 있었기 때문에 심오하고 무거운 주제를 표현한 작품뿐만 아니라 주변 경치를 묘사한 것에 머무르는 가벼운 주제까지 작품의 내용이 매우 다양하다. 최송설당의 한시의 내용 또한 그녀가 겪고 있는 일상 위에서 형성된 시들이 많으며, 자신의 감정을 일상의 바탕에서 규방에 놓여진 사물들을 통해 형상화하기도 한다.

1. 사물에 투영된 자존감

최송설당은 아버지로부터 한문과 한글 교육을 받았으며 개화기에서 일제 강점기 시대의 근대로 넘어가는 과도기적 시대를 살았던 인물로, 전통 사회의 여성과는 다른 의식의 변화가 보인다. 신여성에게서 볼 수 있는 개인으로서의 주체적인 의식인데, 송설당 또한 스스로에 대해 자존감을 느끼고 있다. 그런데 송설당이 자신의 자존감을 드러내는 방식을 살펴보면 사물을 소재로 삼아, 그것을 통해서 드러내고 있는 것을 확인할 수 있다.

여성의 주된 생활 영역인 가정이라는 규방의 공간에서 사용되는 사물들을 통해 송설당은 자신의 정서를 표현한다. '가락지(指環)', '거울(鏡)', '부채(扇)', '빗(梳)', '안경(眼鏡)', '난(蘭)' 등을 통하여 자존감을 표출하며, 이러한 시어들은 최송설당 자신을 빛내주는 사물들이다.

<鏡>

吾看吾影子　　내가 나의 비친 모습을 보니
眞眞在寶鏡　　참 모습이 거울에 있네
天然疑信間　　천연스럽게 의심하고 미더워하는 사이

姮娥月中暎　　항아가 달빛을 비추고 있네

송설당을 빛내주는 사물들 중의 하나인 '거울'은 실제로도 자신을 비추는 사물이다. 거울을 통해서 본 모습은 '吾影(나의 그림자)'이며 달 속에서 비추고 있는 '姮娥(항아)'인 것이다. 여기에서 항아는 송설당 자신을 가리키는 것으로 '寶(보배로운 모습)'으로 형상화하고 있다. 자신이 스스로를 비추어 바라보면서 자신의 참 모습이 거울 속에 있다고 표현한 것을 통하여 송설당이 스스로에 대해 느끼고 있는 자존감을 엿볼 수 있다. 이 외에도 '빗'이 '나의 머리를 다듬는 일을 맡아/일생을 잠시도 떨어지지 않네(任余理髮役/一生不暫踈).'라고 하여 빗은 나를 가꿔주고 나를 아름답게 보이도록 만들어주는 사물이며, '안경' 또한 '송설의 좋은 모습 비추는가(松雪好相映).'라며 자신을 빛내주는 소재이다. 여성 주체는 자기 구별성을 강조하기보다 다른 사람과의 관계에 바탕을 두고 있다고 하였지만,[6] 최송설당은 사회적 관계 속에서의 자의식보다는 개인으로서의 자의식을 갖고 살았던 여성이었다. 그녀의 관심의 대상은 타인이 아니라 나 자신이었으며, 사물을 통해 바라보는 것도 나 자신이다. 내 주변의 사물들은 나를 더욱 가치있고 아름답게 보여주는 보조적인 역할을 하는 것으로 인식하였다.

<扇>

如何班婕妤　　어찌하여 반첩여(班婕妤)는
空待秋風扇　　부질없이 가을 바람의 부채를 냉대했던가.
四時隨我手　　사시사철 내 손을 따라
風情共月面　　바람의 정과 달의 얼굴을 함께 한다네.

<부채(扇)>에서는 사물에 얽힌 고사를 인용하여 자존감을 드러내는 소재로서 쓰였다. '추선(秋扇)'이라는 고사에 얽힌 상황에 비유하여 자신의 모습이 버려진 부채와는 다른 상반된 예쁜 모습이라는 것을 표현하고 있다. 반

---

6) 김경수 외, 『페미니즘과 문학비평』, 고려원, 1994, p.20.

첩여가 남자의 사랑을 잃고서 부질없이 기다리고 있는 처지를 형상화하고 있는 동시에, 예쁜 얼굴을 지녔다는 인식을 함으로써 그러한 기대 또한 부질없는 일이라는 것을 일깨워주는 것이다. 자신의 얼굴 또한 예쁘고 아름답다는 자신감을 비유하고 있으며, 남자의 사랑에 의존하지 않고 주체적으로 살아가고자한 그녀의 의지를 표출한 것이다. 송설당은 자신의 삶에서 남편도 자식도 없이[7] 외롭게 살았지만 자기 자신에 대한 애정과 자신감이 넘쳤기 때문이다. 따라서 고사를 통하여 자신의 심정을 표현한 것으로, 타인에게 의존하지 않는 자신의 아름다움을 표현하고자 했던 송설당의 마음이라 할 수 있다.

<蘭>

青楓壯士去	청풍 장사가 가고 난 후
所懷獨楚蘭	그리운 바가 홀로 초란일세.
莫恨生幽谷	깊은 산골에 태어났다 한하지 마라
淸香可遠觀	맑은 향기 멀리서도 맡을 수 있거니.

송설당의 시 중에서 자연물이나 사물을 통하여 읊은 시 외에도 고사나 중국의 지명, 인물명을 사용하여 쓴 시들이 빈번하게 있는데, 이것은 송설당이 자신의 유식함을 드러내기 위한 수단이었던 것으로 보인다.[8] 난(蘭)을 소재로 삼아 1, 2구에서 장사(壯士), 초란(楚蘭)이라는 비유를 통하여 3, 4구에서

7) 최송설당의 삶에서 남편이 있었는지에 대해서는 불분명하다. 『송설당집』서(序)에 "나이가 열여섯에 임박하자 마침 성혼의 논의가 있었으나, 나는 부모님의 뜻을 어기고 고하기를(旣而年迫二八 方議成婚 余失志而告之曰)"이라고 하였으나, 1939년 동아일보 기사에서는 남편 이씨와 같이 서울로 이주했다는 기사가 보인다(고 최송설당 여사의 사십구재를 당하여, 「동아일보」, 1939년 8월 15일자). 김희곤(2005)의 연구에서도 "송설당은 자녀가 없어서 결혼한 일이 없는 것처럼 여겨져 왔다. 실제로는 혼인한 사실은 있지만 오래 가지 않은 것으로 보이고, 자신도 그것을 그리 드러내놓고 말하기 좋아하지 않았다."라고 기술하였다.

8) 한시에서 전고(典故) 사용은 흔히 볼 수 있는 작시 방법이나 여성의 한시에서는 흔한 방법이라 하기 어렵다. 또한 송설당의 한시에서는 자주 다양하게 전고가 사용된 것으로 보아 이것을 통하여 개화기 시대에 교육을 받았던 신여성이라는 점과 자신이 사회의 유명인사들과 함께 어울려서 아버지의 유훈을 이루기 위한 하나의 수단이었을 것이다. 송설당 한시의 전고 수용에 대한 구체적인 논의는 추후에 하겠다.

화자의 정서를 표현하고 있다. 깊은 산골에 있어서도 향기는 멀리까지 퍼지니 한스러워 하지 말라는 이 구절은 세상이 자신을 알아주지 않고 세상과의 거리감을 표현하면서, 바로 드러나지는 않지만 의인적인 삶을 형상화한 것이다. 송설당은 여성이었지만 세상에 대한 포부가 장부의 기질을 갖고 있었고 3녀 중에 장녀로서 장남의 역할까지 해야 한다는 책임 의식이 있었다. 송설당의 가치관의 하나는 개인적인 것으로서 가문의 번성을 바라고 거기에 혼신의 노력을 다하는 것이었으며, 또 하나는 일반적인 가치관으로서 지절과 신의를 지킴으로써 충효를 실현하는 것이었다.[9] 현재 송설당의 삶이 원하는 대로 성취되지 않더라도 그것을 알아줄 것이며 실현할 수 있다는 자존의식을 표현하고 있는 것이다.

2. 사물에 투영된 갈등

송설당은 조선후기와 개화기를 살면서 여성으로서 교육을 받고 시문을 배울 수 있었기 때문에 학문 활동도 할 수 있었으며 주체적인 여성으로 성장할 수 있었다. 전통적인 여성들에 비해 자의식이 강하였고 타인과의 관계 속에서의 '나'가 아닌, 개인 스스로에 대한 인식이 강하여 자존 의식을 엿볼 수 있었다. 자존감이 강할수록 시련이나 고난을 더 강하게 겪을 것이다. 내면적인 의식과 외부적인 현실에서 오는 차이의 충돌로 인하여 갈등이 발생하며, 거기에서 비롯되는 상반된 감정에 부딪히게 된다. 따라서 송설당의 작품에는 자신의 자존감과 상반되어 느끼는 시름이 표출된다.

송설당은 1855년 8월 29일에 무남 3녀 중 장녀로 태어났다. 경상북도 금릉 출생으로 본관은 화순이며, 본명은 미상이고 송설당은 그녀의 호이다. 송설당의 외가가 홍경래의 난에 연루되어 가문이 몰락하게 되었으며, 송설당의 부친은 조상의 신원과 가문의 계승이라는 숙제를 안고 김천으로 이주하여 5년 뒤에 송설당을 얻었다.[10] 이어 또다시 두 딸을 얻자, 아들을 낳아 가문을

9) 한석수, 「최송설당의 문학세계와 현실인식」, 『한중인문과학연구』 제13집, 한중인문학회, 2004, p.308.

10) 『松雪堂集』卷之三, 「松雪堂 傳」. 송설당이 태어나기 전에 꾼 태몽을 다음과 같이 기술하고 있

부흥시키려던 기대는 절망으로 바뀌었다.[11] 이러한 생애를 통해서 송설당은 가문의 신원을 회복해야겠다는 신념을 가지게 되며, 아들로서 태어나지 못한 한을 표현하기도 한다. 그러면서도 전통적인 여성과 다른 자아로서의 자신에 대한 자신감을 드러내는 등 자존감을 표현하기도 하는 것이다. 송설당은 근대화 과정 속에서 존재하고 있었던 인물로 전통적인 여성의 순종적인 면보다는 자신에 대한 적극성이나 자의식이 뚜렷했던 것으로 보이나, 생애나 사회적 배경과 무관한 삶을 살 수 없었기 때문에 현실에 부딪혀 시름을 느끼며 그것을 시를 통하여 표현하고 있다.

송설당의 시를 보면 자연물이나 사물을 통하여 감정을 표현하고 있는 영물시(詠物詩)가 많은 부분을 차지하고 있는 것을 볼 수 있는데, 송설당은 자연물이나 사물을 통해서 자신의 감정을 효과적으로 표현하고 있다. '석류(石榴)', '봉선화(鳳仙花)', '파초(芭蕉)', '오동나무(桐)', '매미(蟬)', '학(鶴)', '난초(蘭蕉)' 등을 통하여 시름을 표출한다.

송설당의 시에는 석류를 제재로 삼은 시가 2편이 등장하고 이역(異域)에서 온 사물을 소재로 삼은 시가 몇 편 있는데, 다른 나라의 식물이 제재로 쓰였다는 것은 외부의 식물들이 우리나라로 들어왔다는 시대적 배경을 알려주는 동시에, 타국에서 온 것에 비유하여 대부분 외로움을 표현하는 소재로 사용하여 시의 정서를 형상화한다.

<石榴>

日日北堂思	날마다 어머님 생각에 젖어
開門對石榴	문을 열고 석류와 마주하네
誰識西域果	누가 알았으랴, 서역의 과실이
辛酸世間留	맵고 신 세상에 머물 줄이야

고향과 떨어져 지내고 있는 송설당은 부모님 생각과 더불어 고향 생각이

다. "꿈에 한 노인이 황학을 타고 하늘로부터 내려 와 한 권의 붉은 화서(畵書)를 주어 품었더니 바로 임신하여 열 달이 차 낳으니 송설당이요."라 하였다.

11) 손앵화, 「최송설당 가사에 나타난 꽃의 의미화 방식」, 『고전과 해석』 제8집, 고전문학한문학연구학회, 2010, p.43.

나서 문을 열었는데 석류가 눈앞에 보였다. 석류는 페르시아에서 온 과일로, 타지에서 왔으므로 고난과 시름이 있을 것이라고 여겨 그 마음이 자신의 마음과 같음을 표현하였다. 현재 송설당 스스로가 머물고 있는 세상은 맵고 신 세상으로, 그녀에게 고난과 시름을 주는 공간이다. 송설당의 또 다른 시인 <榴>에서도 "만 리 고향 떠나 회한은 많으리(離鄕萬里應多悔)."라 하여 외로움과 시름의 정서를 표현하고 있다.

<蟬>

滿地碧陰蟬滿天　땅 가득 푸른 그늘 하늘 가득 매미소리 세월을 보내네
淸音交奏自年年　맑은 소리 번갈아 연주하며
憐渠勤營長如許　저 매미 늘 이같이 근면한데
飮露成仙恐未然　이슬 마셔도 신선 되지 않으니 어쩌지.

<夏日園中雜詠> 중 19번째 시로, 매미를 보고 읊은 시이다. 여름날에 동산에서 여러 가지를 읊는다는 제목에서도 알 수 있듯이, 다양한 자연물들을 소재로 화자의 정서를 표현하고 있다. 매미가 활동을 하는 계절이 오면 우리는 매미 소리가 시끄럽다고 생각하고 소음의 일종으로 여기기도 한다. 하지만 송설당은 매미가 우는 소리를 매미가 연주하는 것으로 바라보며, 매일매일 소리를 내기 위해 성실하게 수행하는 모습에 비유하였다. 매미의 그러한 행동을 바라보며 염려하는 것으로 끝을 맺게 되는데, 4구에서 이슬 마셔도 신선이 되지 못하는 것에 대한 안타까운 목소리가 담겨 있다. 송설당은 조상의 억울함을 벗겨서 신원을 회복하여 가문을 빛내고자 하는 의지를 가지고 있었다. 그러한 그녀의 다짐은 아버지가 돌아간 이후에 더 커지게 된다. 그녀의 부친이 조상의 억울함을 풀지 못하고 세상을 떠나자, 스스로 조상의 억울함을 풀겠다고 나서게 된 것이다. 아들이 없었기 때문에 장녀로서 자신이 가문을 위해 힘쓸 것을 다짐하였으며, 위의 시에서 송설당은 매미를 보면서 자기 자신을 떠올렸다. 이슬 마시는 신선되려다 아니 되면 어쩌려고 매일 힘을 써서 소리를 내는가라고 안쓰러운 모습을 바라보는 것은, 나 자신 또한 조상의 억울함과 가문의 회복을 위해서 노력하지만 여자라는 이유

때문에 이루지 못할까봐 걱정하고 있는 것이다.

Ⅲ. 자연에 형상화된 정서의 변화

송설당의 시에서 다양한 사물들이 정서를 표현하는데 적극적으로 활용되었으며, 또한 그녀를 둘러싼 환경들, 즉 일상의 모습들이 시로 형상화된 작품들이 많다. 자신에 대한 자존감이 높았던 여성인 만큼 스스로에 대한 갈등도 깊었던 인물이라 할 수 있다. 자기 인식의 변화가 사물뿐만 아니라 그녀의 일상적인 삶 속에서도 드러나고 있는 경우들을 작품들을 통해 살펴 볼 수 있다.

1. 자연에 투영된 자존감

송설당은 자신의 주변을 관찰하고 인식하는 능력이 뛰어나다. 주변에 있는 것들을 단순하게 스치지 않고 시의 소재로 활용하며 다양한 방식으로 표현한다. 송설당의 시에서는 사물뿐만 아니라 자연을 바라보면서 그것에 빗대어 자신의 감정을 표현하고 있는데, 주변의 자연을 인식함으로써 자존감을 발현하고 있음을 알 수 있다.

<自嘲>

飽眠閒步抵斜曛　배불리 먹고 졸다 석양까지 한가히 걷다보니
耳目空空乏見聞　눈과 귀 텅텅 비어 견문이 모자라네.
頓有江山遊覽意　문득 강산 유람할 마음이 일어
一遍快讀子長文　한 번 유쾌히 자장문을 읽네.

제목은 '스스로를 비웃다'이지만 내용을 보면 반어적 표현임을 알 수 있다. 스스로를 반성하고 견문이 모자름을 인식하여 '자장문(子長文)'을 읽는 송설당의 모습은 제목과는 반대로 자신의 유식함을 드러내기 위한 표현이

다. 견문이 모자라다는 표현은 스스로 배움에 대해서 부족함을 느끼는 것이다. 배움을 더욱 갈망하고 배움에 대한 열정을 표출하는 것으로 주체적인 여성의 모습이며 교육을 받을 수 있는 기회를 누리고 살아온 여성임을 알 수 있다. 자장문은 사마천의 사기를 말하는 것으로, 자장문을 읽는 송설당은 책을 유쾌하게 읽어낸다. 자신이 부족하다고 생각하면 책을 읽음으로써 부족함을 채우고, 책 읽는 것을 긍정적으로 바라보며 또한 책 읽는 것을 어려워하지 않는 모습이다. 이것은 자신을 성찰하는 의미보다는 자신의 능력이 뛰어남을 드러내는 자존감으로 볼 수 있다.

<野川>

觸觸奔流亂石間 바위에 내달아 어지러이 흐르는 물살
跳波沸沫雪霜寒 튀는 물결 끓는 거품 눈서리같이 차갑네.
誰知一派山溪水 누가 알랴, 한 줄기 산골 물이
去作滄溟萬里瀾 만리 먼 창해로 가 물결을 이룰 줄을.

최송설당은 일상에 보이는 것들을 관조적인 자세로 스치지 않는다. 그녀의 주변에 놓인 것들은 모두 관찰의 대상이 되며, 그것들은 그녀의 내면적 정서와 결합한다. 들판에 흐르는 냇물을 바라보며 한 줄기의 물이 만 리의 파란을 이룰지도 모른다는 소망을 드러내고 있다. 지금은 들판에 있고 들판에서 어지럽게 흐르고 물결이 튀고 거품이 끓는 등의 냇물은 위협적이고 차가운 모습이지만, 이 물줄기가 흘러서 창해로 나가 더 크게 될 것이라고 표현하고 있다. 들판에 흐르는 냇물을 바라보면서 자기 모습을 투영하여 현재는 어렵고 고된 삶을 살고 있더라도 장차 크게 될 것이며 스스로의 소망을 이룰 수 있다는 송설당 자신의 모습을 표현한 것이다.

2. 자연에 투영된 갈등

송설당은 개인적이고 주체적인 여성이다. 여성에게는 교육의 기회가 제한되어 있고 삶의 영역 또한 남성들과는 다른 공간으로 분리되어 있었지만,

송설당은 다른 누구보다도 자신에 대한 애정이 강하고 개인으로서의 자아를 바라볼 줄 아는 자존감이 강한 여성이었다. 하지만 자신의 소망이나 야망과는 달리, 현실은 그녀의 꿈을 실현시켜주지 못하였고 한계에 부딪히게 되었다. 따라서 송설당의 시에는 여자로서의 탄식이나 시름을 표면으로 드러낸 작품들도 많이 있다.

<昭君怨>

氈幕風寒夢亦稀　장막에 바람 차니 꿈조차 드문데
邊天七月早鴻飛　변방 칠월에 이른 기러기 나네.
此身恨不爲男子　한스럽게 이 몸 남자 되지 못하니
却羨蘇郎白首歸　도리어 소랑이 백수로 돌아감을 부러워하네.

'왕소군의 원망'이라는 제목의 이 시는 중국의 미녀였던 '왕소군'의 고사를 전고하여 쓴 것이다. 왕소군은 한나라 원제의 후궁이었으나 황제의 사랑을 받지 못하고 흉노에게 시집보내졌던 인물로, 이 이야기를 시로 지으면서 3구에 '이 몸의 한은 남자 되지 못함이라'라고 표현하였다. 남자가 되지 못한 한스러움은 왕소군의 마음이기도 하면서 송설당의 마음이기도 하다. 왕소군은 흉노와의 화친 정책으로 인하여 희생된 인물로, 자신이 여성이기 때문에 겪어야 했던 한을 그려냈다면 송설당은 왕소군의 마음에 빗대어 자신이 여성이기 때문에 조상의 누명을 풀고자 했던 자신의 목표를 이룰 수 없었던 마음을 표현한 것이다.

<自述>

天地巍巍日月明　천지는 높고 커 일월이 밝은데
資生萬物各成形　생장하는 만물이 각기 형체 이루네.
惟是人生靈且貴　오직 인간이 신령하고도 귀함은
綱倫禮節體元亨　삼강오륜 예절로 원형을 본받음일세.
三才我亦參人品　삼재에 나 또한 인품으로 섞였으나
却恨終爲女子身　마침내 여자 몸 되니 도리어 한스럽네.

心常洞洞而燭燭 마음은 늘 정성스럽고 밝게 지녀
遺訓何時不思親 유훈에 어느 땐들 어버이 생각 안 했으랴.
欲將至願訴上帝 장차 간절한 소원 상제께 하소하려니
默默垂鑑表情眞 묵묵히 내려다만 보고 표정은 본대로네.
他生做得何因果 "내세엔 무슨 인과 얻을 것인가"
忠孝家中快活人 "충효 가문의 활달한 사람이고 싶네.
共作賢良伊傅侶 한가지로 현량한 이윤과 부열의 짝 되어
遭逢聖代帝堯君 태평성대에 요임금을 만나고 싶네.
東西事業經營後 동서 사업 다 경영한 뒤에
百世遺芳發達文 백세에 아름다운 이름 달문으로 펼치리."

여자로서의 외로움이나 시름에 대한 시는 송설당의 삶의 후반부에서 더 자주 나타난다. 대부분의 여성 문집들이 시간의 흐름에 따라 작품이 실려 있는 점을 특징 중의 하나로 본다면, 송설당의 시는 초반부에서는 개인으로서의 자아의식이나 자존감 등을 표현하는 자신감이 넘치고 당당한 내용들이 많았다. 하지만 점점 후반부로 갈수록 고향이나 부모님에 대한 그리움을 표현하면서 자신을 알아주지 않는 세상에 대한 한탄을 하기도 하고, 여성으로 느끼는 한계와 탄식, 그리고 시름을 표현하는 양상으로 변하고 있었다. 송설당의 시름을 표출하는 방식은 다양한데, 꿈속의 상황을 비유하여 쓴 <기몽(記夢)>이라는 시를 통해서도 여자로서의 시름을 보여주고 달(月)을 바라보면서 느끼며, 자신의 호를 소재로 하여 <송설당원운(松雪堂原韻)>이라는 시를 통하여 직접적으로 드러내기도 한다.

한국의 맏딸은 가부장적 제도와 유교적 전통 속에서 '딸'의 역할과 '맏이'의 역할 두 가지를 겸하기 때문에 자아실현이 더욱 힘겹다.[12] 자신이 남자 형제가 없는 집안에서 태어났기 때문에 생기는 어려움, 여성이기 때문에 발생하는 열등감이 위의 시에는 좀 더 구체적으로 나타나고 있다. 5, 6구의 '삼재에 나 또한 인품으로 섞였으나/마침내 여자 몸 되니 도리어 한스럽네.'라

12) 허미자, 「근대화 과정의 문학에 나타난 성의 갈등구조 연구-특히 최송설당과 오효원의 한시를 중심으로-」, 『연구논문집』 제34집, 성신여자대학교, 1996, p.8.

는 구절에서 여자라서 느끼는 고뇌를 토로하는 것이다. 다음에 이어지는 7, 8구에서 '마음은 늘 정성스럽고 밝게 지녀/유훈에 어느 땐들 어버이 생각 안 했으랴.'라는 구절을 통해서 아버지께서 돌아가시면서 남겼던 훈계를 항상 생각하고 마음속에 새기고 있다고 표현하고 있다. 송설당은 아버지가 남기신 유훈을 항상 생각하며 아버지가 생전에 이루지 못하시고 돌아가신 가문의 신원을 회복하고자 했던 그 뜻을 실현하고자 하는 신념으로 살아가고 있지만, 여자이기 때문에 이룰 수 없는 한계에 부딪히게 되며 시름을 느낄 수밖에 없었다.

Ⅳ. 향유를 통한 자아 인식의 갈등

송설당의 한시 작품은 모두 167제 242수로 작품 수 또한 적지 않은 양이다. 200여 수의 작품들을 살펴보면, 시의 내용은 대부분 개인으로서 느끼는 자아의식이나 자존감, 또는 가족이나 고향에 대한 그리움, 여성으로서 느끼는 탄식이나 시름으로 나눌 수 있다. 그 중에서 본고에서는 개인으로서의 송설당과 타인과의 관계 속에서의 송설당의 모습이 작품을 통해서 구현되는 양상에 주목하여 살펴보았다. 외적인 공간이 아닌 내적인 공간을 생활 영역으로 삼고 있기 때문에 시의 소재 또한 우리 주변에서 쉽게 접할 수 있는 사물들이며, 송설당이 자신이 생활하고 있는 공간에서 이루어졌다. 송설당에게 내적인 공간에서 마주친 일상은 당연하고 진부한 것이 아니며, 스치는 대상이 아니라 관찰하는 대상이 되며, 이를 바탕으로 시의 정서를 표현하고 심화하였다.

레비나스에 의하면 우리는 '향유'를 통하여 일상적 주체가 된다고 한다.13)

13) 강영안, 「일상성과 주체성-레비나스의 경우-」, 『정신문화연구』 통권 제67호, 1997, pp.66~68. 향유는 어떤 다른 것을 즐기고 누리는 것이라 볼 때 항상 다른 무엇에 의존적이다. 하지만 즐기고 누리는 행위 자체는 무엇에 의존하지 않는 독립적 행위이다. 따라서 향유는 순수 의존성도 순수 독립성도 아니다. 그것은 의존성을 통한 독립성이다. 향유를 통해 주체는 다른 것으로부터 자신을 분리시켜 완전히 홀로 자신에게 머문다. 주체의 내면성과 유일성이 향유를 통해 구성된다고 그는 강조한다. 자신에 대한 향유는 마치 배고픈 사람이 자신의 배고픔만을

향유는 누리어 갖는 것을 의미하는 말로써, 송설당은 그녀의 삶을 향유한다. 매일 반복되는 생활이기에 지나칠 수 있는 일상을, 그리고 일상 속에 존재하는 여러 사물들에 의미를 부여한다. 여성에게 국한된 규방의 공간은 송설당에 있어서는 더 이상 내적인 공간으로만 머무르는 것이 아니다. 그녀는 내적인 공간으로 간주될 수 있는 이 공간 속에서 자신의 정서를 여실히 표현하고 있다.

일상생활 안에서 이루어지는 모든 활동과 일들이 일상 안에서 존재하는 주체를 소외시키지 않고, 일상과 비일상이 단절되지 않으며, 비일상에 의해 일상이 파괴되거나 변형될 염려가 없는 자족적인 일상, 이것이 근대 이전의 인간이 향유하던 일상의 모습이라면, 근대로 넘어오면서 인간은 철저히 파편화되고 왜곡된 일상에 내던져진 채, 일상으로부터 소외를 경험하며, 일상과 비일상의 철저한 단절과 유리를 경험하는 특수한 개인으로 존재하게 되었다.[14]

송설당은 전통사회에서 근대사회로 넘어가는 과도기의 시대를 살았던 여성이다. 내적인 공간의 일상 속에서 마주치는 모든 것들은 그녀와 분리되지 않고 결합되어 스스로 자아를 인식하고 자존감을 느꼈다. 하지만 외적인 공간에서 마주친 일상은 더 이상 송설당 자신의 가치를 높여주고 만족감을 느낄 수 있는 공간은 아니었다. 타인과의 관계 속에서 마주치는 그녀의 일상, 여성이면서 장녀로서 느꼈던 삶은 자존감보다는 시름을 느끼게 하였다.

송설당은 전통사회의 여성들처럼 수동적이거나 가정의 일에만 종사하는 여성이 아니라, 훈장이었던 아버지로부터 시문을 배우고 교육을 받았으며 능동적이고 주체적으로 살아가는 여성이었다. 그녀의 성장 배경의 영향으로 한시 작품 속에서도 주체적인 모습이 자주 나타났으며 자신에 대한 자존감이 강했음을 알 수 있다. 하지만 아들이 아닌 딸, 여성이기 때문에 느끼는 시름 또한 그녀의 생애를 비추어 봤을 때 이해될 수 있는 부분이다. 부친이

생각하듯 그런 의미에서 각자 자신을 위해 누리는 행복이다. 향유는 자기 안으로 물러남이고 자신으로의 귀환이다. 향유는 자아의 자기성을 형성한다. 향유를 통해 자아의 자기성을 바탕으로 해서 누구와도 맞바꿀 수 없는 자아의 유일성이 성립된다. 향유는 다른 누구와도 환원할 수 없는 개체의 고유한 행위이다.

14) 한수영, 「90년대 문학의 일상성」, 『오늘의 문예비평』, 1999년 가을호, 통권 34호, pp.230~255.

아들이 없는 것을 한스러워했으며, 아들이 없기 때문에 자신의 뜻이 이루어지지 못할 것을 걱정하는 분위기 속에서 자랐던 송설당은 자신의 자아실현보다는 부모의 기대에 미칠 수 있는 사회적·경제적 지위를 위하여 자신의 의사와는 무관한 책임 의식을 드러내게 되는 것이다.[15]

송설당은 내적인 공간에서의 일상과 외적인 공간에서의 일상 사이에서 상반되는 감정을 느끼며 그것을 시로 표현하였다. 자아를 인식하고 주체적인 모습을 보여주는 개인인 동시에, 여성이나 장녀로서의 한계에 부딪혀서 시름을 느끼기도 하였다. 이처럼 그녀는 그녀의 일상을 향유하면서 느끼는 자신의 갈등을 시로 표현하였던 것이다.

Ⅴ. 결론

최송설당은 19세기와 20세기를 걸쳐서 살다간 여성으로 몰락한 양반 집안에서 태어났으며 훈장이었던 아버지로부터 한문과 한글을 배우면서 성장하였다. 개화기와 일제침략기 시대에 생존했던 최송설당은 규방의 일에만 전념했던 조선시대의 여성과는 달리, 이러한 집안 배경을 통하여 교육을 받고 시 창작활동을 할 수 있었다. 그녀의 생존 시기 또한 전통사회에서 근대로 넘어가는 과정에 있었기 때문에 그녀의 시에 나타나는 의식 또한 전통적인 여성들에게서 보이는 유교적 관념이나 가족에 대한 염려나 사랑, 고향을 그리워하는 등의 내용과는 다른 면모를 보여주었다.

본고에서는 송설당의 한시를 대상으로 그녀의 한시에 사용된 소재를 바탕으로 자아 인식의 변화를 살펴보았는데, 전통사회에서 여성 작가라는 특성 때문에 일상생활에 쓰이는 사물들이 시의 소재로 등장하는 경우가 많았으며 그러한 사물들은 그녀의 자존감을 표현하는 역할을 하하는 동시에 내면 갈등을 표출하고 있었다. 또한 자연물이나 사물을 통하여 읊은 시 외에도 고사나 중국의 지명, 인물명을 사용하여 쓴 시들이 빈번하게 있었다.

---

15) 허미자, 위의 논문, p.8.

송설당은 근대화 과정 속에서 존재하고 있었던 인물로 전통적인 여성의 순종적인 면보다는 자신에 대한 적극성이나 자의식이 뚜렷했던 것으로 보인다. 하지만 생애나 사회적 배경과 무관한 삶을 살 수 없었기 때문에 현실에 부딪혀 시름을 느끼며 그것을 시를 통하여 표현하였다. 송설당은 아버지가 남기신 유훈을 항상 생각하며 아버지가 생전에 이루지 못하시고 돌아가신 가문의 신원을 회복하고자 했던 그 뜻을 실현하고자 하는 신념으로 살았지만, 여자이기 때문에 이룰 수 없는 한계에 부딪히게 되며 시름을 느낄 수밖에 없었다.

이처럼 송설당이 개인으로서 느끼는 자존감과 타인과의 관계 속에서 느끼는 시름의 양면이 시에 표출되었던 것이다. 송설당에게 내적인 공간에서 마주친 일상은 당연하고 진부한 것이 아니며, 스치는 대상이 아니라 관찰하는 대상이 되며, 이를 바탕으로 시의 정서를 표현하고 심화하였다. 내적인 공간의 일상 속에서 마주치는 모든 것들은 그녀와 분리되지 않고 결합되어 스스로 자아를 인식하고 자존감을 느꼈다. 하지만 외적인 공간에서 마주친 일상은 더 이상 송설당 자신의 가치를 높여주고 만족감을 느낄 수 있는 공간은 아니었다. 타인과의 관계 속에서 마주치는 그녀의 일상, 여성이면서 장녀로서 느꼈던 삶은 자존감보다는 시름을 느끼게 하였다.

송설당은 내적인 공간에서의 일상과 외적인 공간에서의 일상 사이에서 상반되는 감정을 느끼며 그것을 시로 표현하여 자아를 인식하고 주체적인 모습을 보여주는 개인인 동시에, 여성이나 장녀로서의 한계에 부딪혀서 시름을 느끼기도 하였다. 이처럼 그녀는 그녀의 일상을 향유하면서 느끼는 자신의 갈등을 시로 표현하였던 것이다.

참고문헌

김지용 역저, 『한국역대 여류한시문선』, 명문당, 2005.

김지용·김미란, 『한국 여류한시의 세계』, 여강출판사, 2002.

정후수 · 신경숙 · 김종순 역, 『송설당의 시와 가사』, 어진소리, 2004.

최송설당기념사업회 엮음, 『송설당집』(Ⅰ)·(Ⅱ), 명상, 2005.
허미자 편저, 『조선조여류시문전집』, 태학사, 1988.

강영안, 「일상성과 주체성-레비나스의 경우-」, 『정신문화연구』 통권 67호, 1997.
김경수 외, 『페미니즘과 문학비평』, 고려원, 1994.
김미란, 『총명이 무딘 붓끝만 못하니』, 평민사, 1992.
김종순, 「송설당집의 문학사적 의의와 근대성」, 『한성어문학』 제26집, 한성대학교 한성어문학회, 2007.
김호일, 「최송설당의 교육이념과 교육활동」, 『국학연구』 제11집, 국학연구소, 2006.
김희곤, 「최송설당(1855~1939)연구」, 『한국근현대사연구』 제32집, 한국근현대사학회, 2005.
돈암어문학회, 『일상성의 스밈과 미학』, 푸른사상, 2008.
백순철, 「최송설당 가사의 문체와 현실인식」, 『고시가연구』 제15집, 한국고시가문학회, 2005.
손앵화, 「최송설당 가사에 나타난 꽃이 의미화 방식」, 『고전과 해석』 제8집, 고전문학한문학연구학회, 2010.
신연우, 『사대부 시조와 유학적 일상성』, 이회, 2000.
양태순, 「공시적 관점에서 본 고전시가와 일상성의 문제」, 『한국시가연구』 제29집, 한국시가학회, 2010.
전봉관, 『럭키경성』, 살림, 2007.
한석수, 「최송설당의 문학세계와 현실인식」, 『한중인문과학연구』 제13집, 한중인문학회, 2004.
한수영, 「90년대 문학의 일상성」, 『오늘의 문예비평』, 1999년 가을호, 통권 34호,
허미자, 「근대화 과정의 문학에 나타난 성의 갈등구조 연구-특히 최송설당과 오효원의 한시를 중심으로-」, 『연구논문집』 제34집, 성신여자대학교, 1996.
허철회, 「최송설당의 시가연구」, 『한국문학연구』 제15집, 동국대학교 한국문학연구소, 1992.

제주도 무가에 나타난 여성의 성적 대상화

주 지 영*

Ⅰ. 머리말

무속은 오랜 세월 동안 우리 민족의 삶 속에서 존속하며 민족의 기층문화로써 기능해 왔다. 굿에서 불리는 노래인 서사 무가에는 인간의 삶과 세계에 대한 우리 민족의 원형적 사고와 믿음이 내재되어 있다. 뿐만 아니라 시대의 흐름에 따라 변화한 사상과 이념 체계가 반영되어 있어, 긴 역사 속에서 축적되어 온 다양한 관념 체계를 서사 무가 속에서 발견할 수 있다. 서사 무가는 특히 여성의 삶과 관련이 깊다. 무가를 부르는 연희자인 무당이 대개 여성이며, 또한 굿을 바치는 사람 역시 여성이 많다는 점은 서사 무가의 이러한 성격을 반영한다.

조선 왕조에 들어서며 유교 숭앙 정책에 의해 무속 신앙은 배척되어야 할 것으로 취급되기 시작하는데, 이는 무속과 여성이 더욱 밀접한 관련성을 지니게 하는 계기가 되었다. 조선의 지배층은 조선이 국가 기반을 확립해 가는 초기부터 유교를 사회의 지배적 이념으로 활용하고자 하였으며, 따라서 이미 전통 신앙으로서 자리를 잡고 있던 불교, 도교, 무속 신앙 등을 배척하고 유교의 의례와 생활 방식을 그 자리에 대치시키려 하였다. 그러나 이미 민중의 의식과 생활을 지배하고 있던 사고와 이념을 정책에 의해 단숨에 바

* 경희대학교

꾸어 놓는 것은 불가능한 일이다. 유교에 의한 교화 정책에도 불구하고 무속 신앙은 조선 민중의 일상생활에 계속하여 영향을 미쳤다.

특히 무속 신앙에 계속하여 적극적으로 개입한 것은 남성보다는 여성이었는데, 이는 유교의 성격이 조선 당시 남성의 삶에는 자연스럽게 접합될 수 있었지만 여성에게는 그렇지 않았기 때문이다. 유교는 정치철학에 그 바탕을 두고 있으며, 내세에 대한 관념이 존재하지 않기 때문에 남성의 삶에는 입신양명의 형태로 반영될 수 있더라도 여성에게는 신앙으로서 기능하기 어려웠다.[1] 따라서 가부장제 사회를 살아가는 당시 여성들에게 무속 신앙은 현실에서 겪는 어려움을 해소하고 기복 행위를 통해 자신의 존재를 확인시켜 주는 방편으로서 필요한 존재였다. 여성 공동체에서의 굿은 마치 남성 공동체에서의 제사와 같은 역할을 수행하며 생명력을 갖고 지속되어 왔다.[2] 무속과 여성의 삶이 밀접한 관계를 맺어 가는 상황 속에서 서사 무가는 당대 여성의 삶을 반영하는 성향이 더욱 강해졌을 것으로 보인다.

현실의 괴로움과 고통을 겪고 있는 자가 더 나은 상태로 나아가기 위한 소망으로 행하는 것이 굿이라고 할 때, 또한 굿이 여성의 삶을 반영하고 있는 매체라고 할 때, 굿에서 불리는 노래인 서사 무가는 여성이 현실에서 겪게 되는 고난을 다루고 있을 가능성이 높다. 서사 무가의 내용이 되는 무속 신화는 주로 여성신의 출생과 수난, 수난을 극복하고 마침내 신으로 좌정하기까지의 과정을 담고 있다. 현실에서 고난을 겪고 있는 여성은 이러한 여성신 본풀이를 연행하는 과정에 참여하면서 공감을 느끼고 괴로운 심정을 해소할 수 있었을 것이다. 서사 무가 속에서 여성신이 겪는 수난은 상징적으로든 사실적으로든 현실에서 여성으로서 경험하게 되는 수난을 반영하게 된다. 따라서 무가에 나타나는 여성신의 수난담을 살펴봄으로써 당대의 여성이 어떠한 삶의 문제에 봉착하여 있었는지를 확인할 수 있을 것이다.

본고에서는 서사 무가 속에서 여성신이 겪는 수난의 한 단면을 살펴볼 것이다. 서사 무가 속에는 여성이 타인의 시선에 노출되면서 성적 대상화가

---

1) 조희선, 「유교화와 여성의 신앙생활」, 『조선 전기 가부장제와 여성』, 아카넷, 2004.
2) 심치열, 「제주도 서사무가에 나타난 주인공의 연속적 서사진행과 그 의미」, 『한국언어문학』 59, 한국언어문학회, 2006.

이루어지고, 그로 인해 맞닥뜨리게 되는 수난의 과정이 드러나 있다. 그것은 곧 당대를 살아가는 여성이, 여성이기 때문에 겪어야만 하는 시련과 맞닿아 있을 것이다.

논의의 대상으로 삼고자 하는 것은 제주도의 서사 무가이다. 제주도의 굿을 보면 굿을 받는 신도 여신이며, 굿을 바치는 사람도 대부분 여성들이다.[3] 그렇기 때문에 제주도의 굿에서 불리는 서사 무가에는 여성의 삶과 의식이 깊게 내면화되어 있을 것이다. 제주도의 서사무가는 크게 일반신본풀이, 당신본풀이, 조상신본풀이로 나눌 수 있는데, 본고에서는 일반신본풀이를 대상으로 삼고자 한다. 일반신본풀이는 말 그대로 인간사의 일반적인 요소들을 다루고 있어 삶의 제 양상을 서사 속으로 포섭하기에 유리한 데 비해, 당신본풀이와 조상신본풀이의 경우 주제나 소재에 있어 상대적으로 제한적일 것으로 판단되기 때문이다. 다루고자 하는 작품은 <초공본풀이>, <이공본풀이>, <칠성본풀이>, <세경본풀이>의 4편이다.[4] 이상 4편의 작품에는, 주인공이 모두 여성이면서 남성의 시선에 의해 성적 대상화 되는 서사가 포함되어 있다는 공통점이 있다. 이러한 공통적 요소가 각 작품에서 구체적으로 어떻게 나타나는지 살펴볼 것이다. 이를 통해 전통 여성의 삶의 모습을 확인하고, 나아가 여성이 겪게 되는 수난에 대하여 통시적으로 이해하는 계기를 마련할 수 있을 것이라고 생각한다.

Ⅱ. 성적 대상화의 차단

여성은 일정한 시기가 되면 신체적 변화를 겪으며 여성으로서의 성적 매력을 지니게 된다. 겉으로 드러나는 이러한 외모 상의 변화는 타인 특히 남성의 시선을 끌고 호기심을 자극한다. 아름답고 색다른 것을 보는 행위는

---

3) 심치열, 위의 논문.

4) 제주도 서사 무가는 제주도 지역의 방언으로 되어 있어 원문을 통한 독해가 쉽지 않다. 본고에서는 이상 4편의 작품을 다루면서 인용이 필요한 경우 현대어 역주의 표현을 활용하도록 하겠다.

곧 그것에 대한 욕망을 발생시킨다. 2차 성징 시기의 여성은 자신의 의사와 상관없이 남성에게 관찰의 대상이 되며, 욕망의 대상이 되는 경험을 하게 된다.

이러한 상황은 성적 대상화라는 개념을 통해 잘 설명된다. 성적 대상화는 다른 사람에 의해 관찰되거나 이용당하는 존재가 되는 것으로 성 폭행부터 성 응시까지 여러 가지 형태로 일어나게 된다. 성적인 응시는 신체를 응시하거나 시각적으로 면밀히 살펴보는 미묘한 방식을 말한다. 성적 대상화가 일어나면 여성은 신체의 일부분이나 성적인 기능이 여성의 인격체로부터 분리되어 단순한 도구에 지나지 않는 존재로 축소된다.[5] 남성에 비해 상대적으로 약자인 여성이 성적 대상화로 인해 겪는 어려움은 <초공본풀이>, <칠성본풀이>, <세경본풀이>의 초반부에 드러나 있다.

<초공본풀이>는 나이가 쉰에 가깝도록 아이를 얻지 못한 천하 임정국대감님과 지하 김진국 부인님 부부가 자식을 낳고자 백일동안 불공을 드리는 이야기로 시작한다. 하루 삼세 번 씩 백일을 불공을 들였으나 정성을 달아 재어 보니 백 근에서 한 근 모자란 아흔아홉 근이 나와, 아들을 얻지 못하고 딸을 얻는다. 딸을 낳아 '노가단풍 아기씨'로 이름을 짓고 귀하게 키우는데, 딸의 나이가 열다섯 살 되는 해에 임정국 대감님은 천황공사로, 김진국 부인님은 지하공사로 살러 가라는 옥황의 명을 받는다. 부부는 아들이면 함께 데려갈 것인데 딸이니 그렇게 하지 못하는 상황을 탄하며 딸을 어떻게 처리할지에 대해 의논한다. 결국 부부는 자신들이 돌아올 때까지 딸을 깊이 가두어 두기로 한다.

> 업고 가지도 못하고 데리고 가지도 못하니, 부부가 의논한 것이 이른 여덟 구멍이 뚫린 비게살창 마흔 여덟 구멍이 뚫린 고무살창을 만들어 놓고, 아가씨를 살창 안에 놓아 느진덕정하님에게 말을 하되,
>
> "우리가 공사 벼슬을 살고 올 때까지 구멍으로 밥을 주고 구멍으로 옷을 주며 아기씨를 키우고 있으면 우리가 공사 벼슬을 살고 와서는 종문서를 돌려주마."

---

5) 손은정, 「대상화 경험이 여성의 정신 건강에 미치는 영향」, 『한국여성심리학회지』 11, 한국심리학회, 2006.

> "그건 그렇게 하십시오"
> 아기씨는 비새같이 울어간다. 하는 수 없이 아기씨를 비게살창 안에 놓고 아버지가 잠근 자물쇠 어머니가 봉하고, 어머니가 잠근 자물쇠 아버지가 봉하여 천황공사 지하공사 살러 나간다.6)

<초공본풀이>에서 임정국대감님과 김진국 부인님 부부는 딸을 살창 안에 가두고 구멍으로 밥과 옷을 주게 하며, 노비에게 자신들이 돌아올 때까지 잘 가두어 놓고 키우면 종의 신분에서 자유롭게 해 주겠다고 약속한다. 사뭇 가혹해 보이는 이러한 처사는 열다섯 살이 되어 여성으로서의 성징을 드러내기 시작한 딸을 주변의 시선으로부터 차단시키기 위한 의도에서 비롯된 것이다. 본다는 행위가 곧 욕망의 기폭제가 되기 때문이다. 부부가 떠나자마자 삼천 선비가 노가단풍 아기씨의 아름다운 얼굴을 보고자 하며 내기를 거는 장면이 이어지는 것에서 부부가 염려한 점이 무엇인지가 잘 드러난다. 딸을 보호하기 위해 장기간 살창 안에 가둬 두는 부부의 모습에서 여성이 남성의 성적 응시와 그로 인해 벌어질 수 있는 성적 폭력을 피하기 위해서는 스스로를 감추어야 한다는 당대인들의 사고방식을 읽을 수 있다.

이러한 사고방식은 <칠성본풀이>에서도 발견할 수 있다. <칠성본풀이>는 장나라 장설룡과 송나라 송설룡 부부가 쉰이 가깝도록 자식이 없어 근심하다가 제사를 지내 여식을 얻게 되었는데, 부부가 노비에게 딸을 맡겨둔 채 천하공사와 지하공사를 맡아 떠나게 된다는 초반의 내용 면에서 <초공본풀이>와 매우 흡사하다. 다만 <초공본풀이>에서 부부가 떠난 시기는 딸이 열다섯 살 된 해이고, <칠성본풀이>의 경우에는 딸이 일곱 살 된 해에 부부가 떠난다는 점에서 서로 차이를 보인다. <칠성본풀이>에서도 부모가 딸을 살창 안에 가두는 설정이 나타난다.

> 아가씨가 한두 살이 넘어 일곱 살 나는 해에 아버님은 천하공사 살러 가고 어머님은 지하공사 살러 가게 됩디다. 아기씨를 데리고 가려 하되 데리고 갈 수 없어서,

---

6) 현용준·현승환 역주, 『제주도 무가』, 고려대학교 민족문화연구소, 1996, 49쪽.

마흔 여덟 고무살창을 만들어 놓고 고무살창 안에 가두어 아버님 어머님이 공사를 살고 올 때까지 느진덕정하님에게 구멍으로 밥을 주고 옷을 주며 살리고 있으면 공사 살고 와서 노비문서를 돌려 주겠다고 해 두고, 아버님은 천하공사 살러 가고 어머님은 지하공사 살러 갑디다.7)

<세경본풀이>에서도 나이가 쉰이 되도록 자식을 얻지 못한 짐진국 대감님과 자지국 부인님이 등장한다. 백일 간 열심히 불공을 들이나 시주가 백근에 못 미치는 구십구 근이 되어 아들을 얻지 못하고 딸을 얻고, 자청해서 낳은 자식이라 하여 그 딸을 자청비라 이름 짓는다. 자청비는 열다섯 살이 되는 해, 연못에 빨래를 하러 갔다가 문도령을 만나고 문도령에게 반해 남장을 한 채 함께 공부를 하러 떠난다.

부모님의 허락을 받고, 자기 방에 들어가서 여자 의복을 벗어두고 남자 방에 들어가서 남자 의복으로 갈아 입는다. 한아름 가득 책을 안고 한줌 가득 붓을 들고 부모님께 이별하여 먼 문 밖에 나가 보니, 문도령이 서 있으니, 자청비가 가까이 가서 문도령에게,

"통성명 하겠습니다."

문도령이 말을 하되,

"나는 하늘 옥황 문왕성 문도령이 됩니다."

"나는 주년국 땅 자청도령이 됩니다. 아래 쪽 거무선생에게 글공부 하러 간다니 저도 같이 가면 어떻겠습니까?"

"어서 그건 그렇게 하십시오."

형제 삼고 가는구나.8)

<세경본풀이>에서의 자청비의 남장과 <초공본풀이>와 <칠성본풀이>에서의 아기씨의 부모에 의한 감금은 표면적으로 다른 양상을 띠고 있다. 우선 <초공본풀이>와 <칠성본풀이>에서 아기씨는 자신의 의사와 상관없이 강제

7) 현용준・현승환 역주, 앞의 책, 283쪽.
8) 현용준・현승환 역주, 앞의 책, 205~207쪽.

로 살창 속에 가두어졌지만, <세경본풀이>에서 자청비는 스스로의 결정에 의해 주체적으로 문도령을 따라 길을 떠난다. 그러나 결국 세 작품의 주인공은 모두 일정한 나이에 도달한 여성이 자신의 여성성을 감추는 모습을 보여준다는 점에서 일치하고 있다. 세 작품에서 공통적으로 발견되는 여성성의 은폐라는 요소는 무가를 창작하고 향유하던 사람들의 생활 의식을 반영하고 있는 것으로 보인다. 그것은 여성이 남성으로부터 스스로를 지키고 자신의 삶을 원하는 대로 꾸려 나가기 위해서는 정체성을 드러내고 적극적으로 대응하기보다는 그것을 숨기는 수준의 소극적 방어가 우선시된다는 점이다.

<초공본풀이>에서 아기씨가 감금된 나이와, <세경본풀이>에서 자청비가 남장을 하고 문도령과 함께 떠난 나이가 열다섯 살로 같다는 사실은 열다섯이라는 나이가 여성이 신체적으로 성숙을 이루어 이성에 대한 성적 매력을 갖추는 시기라는 의미를 내포한다. 열다섯 살의 나이가 남성과 여성을 이성으로서 확연히 구분 짓는 성격을 띤다는 점은 <세경본풀이>에서 공부를 마치고 집으로 돌아온 자청비에게 그 아버지가 하는 대사에서도 드러난다. 문도령이 서수왕과 혼인을 하기 위해 떠나려 하자 자청비는 문도령에게 자신이 여자임을 밝히고, 문도령을 집으로 데려와 하룻밤 묵게 하기를 아버지에게 청한다. 그러자 아버지는 데려온 선비가 남자인지 여자인지를 물은 뒤, "남자거든 열다섯 15세 위로는 내 방으로 들여놓고 열다섯 15세 이하면 너의 방으로 들여 놓"[9]으라고 명한다. 이는 열다섯의 나이가 넘으면 남녀가 한 방에서 잠을 청하는 일이 불가하다는 의미로, 열다섯이 되면 남성과 여성이 서로에게 성적 대상이 될 수 있다는 생각을 바탕에 두고 있는 것이다. <칠성본풀이>에서는 아기씨가 여성성을 감추기 위해 유폐되는 나이가 일곱 살로 설정되어 있는데, '남녀칠세부동석(男女七歲不同席)'이라는 유교의 명제를 떠올려 볼 때 <초공본풀이>와 <세경본풀이>에서 열다섯 살의 의미와 <칠성본풀이>에서 일곱 살의 의미가 다르지 않음을 쉽게 이해할 수 있다.

9) 현용준·현승환 역주, 앞의 책, 213쪽.

Ⅲ. 성적 대상화로 인한 수난

1. 성적 결합 시도가 잉태로 이어지는 경우

앞서 살펴보았듯 <초공본풀이>와 <칠성본풀이>의 주인공인 여성신은 여성성이 발산되기 시작한 몸을 남성의 시선으로부터 차단시키기 위해 집 안 깊숙이 유폐되었다. 그러나 노력에도 불구하고 결국 두 작품 속 여성은 여성의 신체를 직접 접하고자 하는 남성의 틈입을 막지 못하는 모습을 보인다. 그리고 이는 곧 주인공의 시련으로 이어진다.

<초공본풀이>에서 느진덕정하님은 임정국대감님과 짐진국 부인님이 명한 대로 노가단풍 아기씨를 비게살창 안에 가둔 채 먹이고 입히며 기른다. 주지대사중은 삼천 선비가 노가단풍 아기씨의 미색을 찬양하는 것을 듣고 노가단풍 아기씨에게 권제삼문을 받아 오는 자가 있으면 삼천 선비로부터 돈 3천량을 모아주겠다고 한다. 주자대선생이 곧 나서서 노가단풍 아기씨의 집으로 찾아간다. 만나기가 여의치 않자 노가단풍 아기씨의 목숨이 십오 세밖에 되지 않는다며 명을 잇기 위해 아기씨가 직접 권제를 내보내기를 청한다. 그 말에 속은 아기씨가 직접 권제를 낼 뜻을 밝히자 도술로써 아기씨를 가두고 있는 자물쇠를 다 풀어낸다. 아기씨는 청너울 흑너울을 둘러쓰고 몸을 가린 채 밖으로 나오지만, 주지대사중은 다시 속임수를 써 아기씨의 몸에 손을 댄다.

> 노가단풍 아기씨가 말을 하되,
>
> "이 중 저 중 양반의 집에 다니지 못할 중이구나. 한쪽 손은 어디 가고 전댓귀는 물었느냐? 늬 에미 귀라서 물었느냐?"
>
> "예, 한쪽 손은 하늘 옥황에 단수육갑 짚으러 올라갔습니다."
>
> 권제를 세 번 시르르 비울 때, 주머니 속에 넣었던 손을 내어놓고 아기씨 정수리를 오른쪽으로 세 번 왼쪽으로 세 번 쓸어가니 아기씨가 깜짝 놀라간다.
>
> "이 중, 저 중 괘씸한 중이여."[10]

---

10) 현용준・현승환 역주, 앞의 책, 51, 53쪽.

주지대사중의 손이 아기씨의 정수리를 스치는 상징적 행위는 곧 성적 결합을 의미한다. 중의 손이 몸에 닿은 뒤부터 아기씨는 태기를 보이고, 집으로 돌아온 임정국대감님 짐진국 부인님 부부는 딸이 잉태한 사실을 알고는 딸을 죽이려 한다. 그러나 차마 죽이지 못해 집에서 쫓아 내보내고, 집에서 추방됨과 동시에 아기씨의 시련이 시작된다.

<칠성본풀이>에서는 아기씨가 고무살창에 난 구멍을 통해 스스로 밖으로 나간다. 벌판에서 지친 아기씨가 지나던 대사중에게 도움을 청하고, 대사중은 아기씨를 오장삼에 싸서 노둣돌 아래 파묻는다. 아기씨가 사라졌다는 소식에 부모가 돌아와 아기씨를 찾아내지만, 아기씨는 배가 불러 잉태한 기색이 역력하다. 부모는 아기씨를 죽이고자 하지만 역시 차마 행하지 못한다. 아기씨는 결국 무쇠 석함에 가두어진 채 동해 바다로 띄워 보내진다.

<초공본풀이>와 <칠성본풀이>의 두 여성 인물은 모두 중에게 속아 농락당할 뿐 아니라 각각 정수리를 스치고, 오장삼에 싸이는 것으로 표현되어 있는 성적 결합을 자신의 뜻과 무관하게 이루게 된다. 특히 <초공본풀이>에는 한 선비가 아기씨의 미모를 예찬하자 남성들이 아기씨를 만나는 일에 내기를 거는 장면이 있다. 여기에는 여성을 성적 대상화하는 남성들의 모습이 직접적으로 드러나 있다.

또한 성적 결합이 여성 주인공의 의도와 전혀 상관없이 일방적으로 이루어진 것이고 여성은 오히려 피해자의 입장에 있음에도 불구하고, 두 여성 주인공은 죄인과 같은 처지가 되어 부모로부터 죽임을 당할 위기에 놓이고 결국 집에서 추방당하게 된다. 여기에는 조선조의 통치 사상으로 기능했던 유교가 강력한 가부장 중심의 사회를 구축해 가면서 여성이 남성에 종속된 존재가 되어버린 현실이 반영되어 있다. 여성은 부계 혈족 집단의 지속을 위한 적장자 생산의 기능에서 그 최상의 가치를 부여받게 되었고, 부계 혈통의 순수성을 위해서 순결과 정절을 절대적인 의무로 강요받았다.[11] 여성들은 목숨과 바꾸어 자신의 정절을 지킨 열녀들의 사례를 본받아야 할 미담으로 학습했고, 정절을 잃느니 죽음을 택하라는 사회적 요구나 신념에 따라

11) 천혜숙, 「전통사회의 여성과 남성: 가부장 담론과 여성 억압의 현실」, 『실천민속학연구』 7, 실천민속학회, 2005.

은장도를 가슴에 품고 다녀야 했다. 순결과 정절을 잃어버린 여성은 그 존재 가치를 상실한 것이나 마찬가지라는 생각이 공고하게 자리 잡고 있었기 때문에 가능한 일이었다.

특히 양반층의 여인에게 순결과 정절의 유지는 절대적인 것으로 여겨졌다. <초공본풀이>에서 노가단풍 아기씨의 어머니는 딸에게 벌어진 상황을 파악하고는 "양반의 집에 큰일이 났구나."[12] 라며 탄식하고, <칠성본풀이>에서 아기씨의 아버지는 "양반의 집에 사당공사가 났구나."[13] 라며 당혹한다. 그리고 바로 뒤이어 부모가 아기씨를 죽이고자 하는 내용이 서술된다. 딸은 순결을 상실한 순간 양반 가문에 손상이 되는 흠이며 제거되어야 할 해로 취급된다. 여성이 하나의 인격체로 존중되기 보다는 부계 혈족 유지를 위한 수단으로 인식되었던 현실이 서사 속에 반영되어 있다.

2. 성적 결합 시도가 실패하는 경우

<세경본풀이>에서 자청비는 주체적이며 뛰어난 능력을 지닌 인물로 그려지지만, 남성으로부터의 성적 대상화로부터 자유롭지 못한 것은 <초공본풀이>, <칠성본풀이>의 여성 주인공과 마찬가지이다. 그러나 <초공본풀이>와 <칠성본풀이>에서 여성 주인공이 남성의 성적 접근에 속수무책으로 당하는 모습을 보이는 것과는 달리 특유의 기지를 발휘하여 위협적 상황을 벗어난다. 따라서 여기에서는 남성의 성적 결합 시도가 실패로 돌아간다. 자청비에게 성적 접근을 시도하는 남성은 집안 노비인 정수남이다. 자청비는 문도령을 보았다는 정수남의 말에 속아 산에 올라가며 갖은 골탕을 먹는다. 그리고 마침내 정수남은 애초에 계획했던 바에 따라 자청비를 겁탈하려고 한다.

> 정수남이가 위 아래로 전부 벗어 놓고, 길다랗게 늘어진 것 하며, 엎드려서 소가 물 마시듯 꿀꺽 꿀꺽 마셔가니,
>
> "할 수 없다. 목이 마르니 나도 마시고 가자. 너는 여기 있으면 내가 물을 마시고 오마."

---

12) 현용준・현승환 역주, 앞의 책, 57쪽.

13) 현용준・현승환 역주, 앞의 책, 287쪽.

자청비가 위 아래로 전부 벗어 두고 물가에 가서 꽁무니를 물에 비추고 물을 마시고자 할 때, 정수남이는 자청비 열두폭 홑단치마를 둘러쥐어 머리 위로 빙빙 돌려가면서,

"상전님아, 물 마시자고 하지 말고 그 물 밑을 보십시오. 물 그림자가 아리롱다리롱 보기 좋지 아니합니까? 그게 하늘 옥황 문도령님이 궁녀 시녀 거느려서 놀이하는 그림자입니다."

자청비가 발딱 일어서며,

"아이고, 내 일이여, 저 놈에게 속았구나. 잘못하다 저놈 손등에 죽을 것 같구나. 아무래도 꾀로나 달래야겠구나."

"정수남아, 어떤 일로 이렇게 하느냐? 너의 소원이나 말해 보아라."

"상전님아, 상전님아, 이렇게 하십시오. 은결 같은 손이나 만져 봅시다."

"정수남아, 내 손 만지는 것보다 집에 가서 토시 한 짝을 껴 보라. 더 좋다."

"이렇게 하십시오. 입이나 맞추어 봅시다."

"내 입 맞추는 것보다 내 눕는 방안의 꿀 단지를 혀로 핥아 봐라. 더 달다."

"이렇게 하십시오. 촛대 같은 허리나 안아 봅시다."

"내 허리 안는 것보다 내 눕는 방안의 나 베는 베개를 안아 봐라. 더 좋다."

(중략)

"정수남아, 그렇게 화를 내지 말고 말안장이나 벗겨다 깔아서 무릎이나 베고 누워라. 머리에 이나 잡아 주마."

말안장을 벗겨다 깔고 자청비의 은길 같은 무릎을 베고 눕는다. 자청비가 정수남의 맷방석 같은 머리를 헤쳐 보니 흰 모래에 앉았던 개의 꽁무니 같다. 굵은 이는 장수로 살려두고, 사살한 이는 군졸로 살려두고, 중간의 이를 죽이는 듯 마는 듯 해가니 밤잠을 못 잔 정수남인 소록소록 잠이 들어간다.

"이 놈 살렸다가는 내가 먼저 죽을테니 이 놈부터 먼저 죽이자."

옆에 보니 청미래 덩굴이 있으니, 청미래 꼬챙이를 뾰죽하게 만들어 왼쪽 귀에서 오른쪽 귀로 나오게 잡아 찔렀더니, 정수남인 얼음산에 구름 녹듯 죽어간다.[14)]

---

14) 현용준·현승환 역주, 앞의 책, 231, 233쪽.

자청비는 정수남의 귀를 찔러 그를 죽임으로써 겁탈 당할 위기에서 벗어나 산을 내려온다. 그런데 마을에서 만난 삼백관은 자청비에게 처녀가 부정이 많다며 욕을 한다. 자청비가 삼백관에게 처녀를 두고 조롱함을 따지자 그는 자청비가 정수남을 죽인 일을 들어 죄를 묻는다. 또한 집에 돌아온 자청비가 부모에게 상황을 설명하자 부모는 정수남을 죽여 손해를 발생시켰다는 이유로 자청비를 비난한다. "계집이 사람을 죽이다니, 네년은 남의 집에 시집가면 그만인데, 그 종은 살려두면 우리 두 늙은이 먹고 살 노동력은 해준다."[15]며 자청비를 나무라는 대목에서는 부모의 무자비함마저 드러나는데, 이는 딸을 철저히 출가외인으로 취급하는 사고방식을 반영한다. 결국 자청비는 집에서 내쫓기다시피 하여 서천꽃밭으로 간다.

집안 노비 정수남에게 속아 겁탈을 당할 위기에 놓여 있던 자청비가 정수남을 공격한 것은 스스로를 지키기 위해 취할 수밖에 없던 정당한 방어로 이해해야 한다. 순결과 정절의 수호를 목숨을 지키는 것과 마찬가지로 여겼던 당대의 상황을 고려할 때, 자청비가 느낀 "죽을 것 같"은 공포는 정수남의 위력에 의한 물리적 죽음에 대한 공포일 뿐 아니라 여성으로서 존재 가치를 상실하는 사회적 죽음에 대한 공포이기도 하다는 것을 알 수 있다. 자청비는 공포를 극복하고 자신을 구했다. 그러나 이후의 상황은 가혹하여 삼백관으로부터는 총각을 죽게 한 부정한 여자로 평가되며 모욕당하고, 부모로부터는 중요한 노동력을 상실시켰다는 비난을 듣고 추방당한다. <초공본풀이>와 <칠성본풀이>에서 아기씨가 집안에서 추방당한 것은 남성에게 순결을 빼앗겼다는 이유 때문인데, 남성에 저항하여 자신을 지킨 자청비의 경우에도 결과는 다르지 않다.

가족에게서 추방되어 자청비가 당도한 곳은 서천 꽃밭이다. 서천 꽃밭은 이승이 아닌 저승의 영역을 의미한다고 볼 수 있다. 즉 자청비가 겪는 시련은 정수남이라는 인물로 형상화된 남성의 성적 접근에서 비롯되었으며, 그 시련의 성격은 서천 꽃밭으로 간다는 설정을 통해 죽음에 비견된다. 기지와 용기로 죽음을 극복하고자 했던 자청비는 끝내 성적 대상화의 희생양이 된다.

---

15) 현용준·현승환 역주, 앞의 책, 235쪽.

<세경본풀이>에서 남성의 성적 접근에 대항한 여성의 상징적 죽음이 나타난다면, <이공본풀이>에서는 그러한 여성의 죽음이 이야기에서 실제적으로 다뤄진다. <이공본풀이>에는 원강암이라는 인물이 남성에 의해 수난을 당하는 여성으로 등장한다. 원강도령이 꽃감관 벼슬을 얻어 서천 꽃밭으로 부인 원강암이와 동행하는데, 마침 만삭에 가까운 원강암이가 발병이 나 걷기를 포기하고 부잣집에 종으로 팔리고자 한다. 원강암이는 자현장자의 집에 종으로 들어가고 원강도령은 증표를 나누고 떠난다. 그런데 원강암이가 종살이를 시작한 첫날부터 자현장자는 저녁이면 찾아와 '몸허락을 하라'고 요구한다. 원강암이는 마을의 풍습을 들어 자현장자의 요구를 물리친다.

> "이 고을 풍습은 어찌하는지 모르지만, 우리 마을 풍습은 밴 아이를 낳아야 몸허락을 하는 법입니다."
>
> "그럼 그렇게 하자."
>
> 밴 아기를 낳고 보니, 아들자식이 태어나 '신산만산할락궁이'로 이름을 지어 두고, 그날 밤부터 자현장자가 '몸허락을 하라'하니,
>
> "이 고을 풍습은 어찌하는지 모르지만 우리 마을 풍습은 낳은 아기 나이가 15세 되어야 몸허락을 하는 법입니다."
>
> "그럼 그렇게 하자."[16]

원강암이의 아들은 15세가 되었을 때 아버지를 찾아 서천 꽃밭으로 떠난다. 서천 꽃밭에 도달하여 꽃감관의 벼슬을 하고 있는 아버지 원강도령을 만나자, 원강도령은 원강암이가 자현장자의 수청 요구에 세 차례에 걸쳐 거절을 한 후에 죽임을 당하였음을 알린다. 이후 원강도령과 신산만산할락궁이의 힘에 의해 되살아나기는 하지만, 원강암이의 죽음은 힘없는 여성이 남성으로부터의 성적 폭력에 대항하기 힘든 무력한 처지로 현실 속에 존재하고 있음을 보여준다.

<세경본풀이>와 <이공본풀이>를 살펴보면, 남성으로부터의 성적 접근이

16) 현용준·현승환 역주, 앞의 책, 87쪽.

이루어졌을 때 비록 개인의 능력으로 상황을 극복하였더라도 결코 여성들에게 안락이 주어지는 것이 아니라는 점을 알 수 있다. <초공본풀이>와 <칠성본풀이>에서 정절을 잃은 여성이 가족에게 버림받고 사회로부터 외면당하며 수난을 겪었던 것처럼, 정절을 지켜낸 <세경본풀이>와 <이공본풀이>의 여성도 마찬가지로 수난을 겪는다. 정절을 잃은 여성과 정절을 지킨 여성의 상황 간에 서로 다른 점이 있다면, 남성의 성적 요구에 대한 거부와 성적 결합 실패의 상황은 죽음과 직결되고 있다는 점일 것이다. <세경본풀이>에서는 서천 꽃밭으로 간다는 상징적 설정을 통해, <이공본풀이>에서는 살해당해 청대밭에 묻힌다는 사실적 설정을 통해 죽음이 표현되고 있다. <초공본풀이>와 <칠성본풀이>에서도 상징적 죽음이 드러나지 않는 바는 아니나, 성적 결합을 통해 생명을 잉태한 상태이기 때문에 남성의 성적 접근 자체가 여성의 죽음으로 바로 이어지지는 않는다.

성적 결합이 이루어지든 그렇지 않든 간에 남성에 대한 여성의 성적 접근이 여성의 수난으로 이어지고 있다는 점은 양자적이고 대별적으로 존재하는 남성과 여성의 관계에서 여성이 절대적으로 약자 위치에 있었음을 대변한다고 볼 수 있다. 또한 2장에서 확인하였듯 여성이 자신을 남성의 성적 접근으로부터 지키기 위한 수단으로써 스스로의 여성성을 숨기는 전략을 택할 수밖에 없던 상황을 이해할 수 있게 한다. 여성은 남성에 의해 성적으로 침해당하는 존재였으며, 그것을 막아내도 그렇지 못해도 죄인이 될 수밖에 없었다. 서사 무가는 풍요로운 생산을 기원하는 것을 그 내용으로 하는 경우가 많기 때문에 남성과 여성의 결합에 대한 이야기가 다루어지는 것은 자연스럽다. 그러나 그 과정을 구체적으로 살펴보면 역사적 맥락이 개입되어 결코 자연스럽지만은 않은 성에 대한 의식을 읽을 수 있으며, 남성 중심의 사회에서 여성이 겪을 수밖에 없던 시련의 흔적을 엿볼 수 있다.

Ⅳ. 맺음말

지금까지 서사 무가 속에서 여성이 남성에 의해 성적 대상화 되고 있는 양상을 살펴보았다. 성적 대상화는 응시와 관찰 등의 시선을 통해 일차적으로 이루어지며, 보는 행위는 대상에 대한 욕망으로 이어질 수 있기에 여성은 자신의 몸을 외부에 노출시키지 않고 감추는 모습으로 그려졌다. 즉 남성으로부터의 성적 접근을 미연에 방지하기 위해 여성은 자신의 여성성을 은폐시키는데, <초공본풀이>와 <칠성본풀이>에서는 부모에 의한 집안 내부 감금에 의해 이루어진 반면 <세경본풀이>에서는 주인공이 자발적으로 집을 떠나며 남성 행세를 하는 모습으로 나타났다. 여성성의 은폐를 시도하는 시기는 보통 여성이 남성과 대별되는 신체적 특성을 갖추게 되는 나이로 설정되어 있다는 점도 확인하였다.

여성성을 숨기려는 시도에도 불구하고 남성의 의지에 의해 남성과 여성의 직접적 접촉이 이루어져 성적 결합까지 맺어지는 것을 볼 수 있었다. 서사 무가에서 성적 결합은 상징적으로 표현되었다. 성적 접근에서 결합에 이르는 과정이 여성의 의사와는 무관하게 이루어졌음에도 불구하고 여성은 가족과 세상으로부터 외면당하며 수난을 겪게 되었다. 이는 조선조의 유교 이념으로부터 파생된 여성 정절 의식과 밀접한 관련을 갖는 것으로 보인다.

한편 개인의 기지를 통해 남성의 성적 결합 시도를 무마시킨 경우는 <세경본풀이>와 <이공본풀이>에서 찾아볼 수 있었다. <세경본풀이>와 <이공본풀이>에 등장하는 여성은 남성으로부터 노골적인 성적 요구를 당하지만 개인의 능력을 통해 위협적 상황을 극복한다. 그러나 이들의 성적 거부 및 결합 실패의 상황은 안락과 안도를 가져다주기는커녕 죽음으로 연결된다. 결국 남성의 성적 접근 시도는 그것이 결합으로 이어지든 그렇지 않든 여성의 삶에 시련을 불러일으키는 역할을 하였다.

서사 무가에 나타나 있는 이러한 여성신의 모습은 무속이 여성의 삶과 깊은 친연성을 갖는다는 점을 생각해 볼 때 실제 여성의 삶과 닮아 있을 것이라고 예측할 수 있다. 무속 행위에 참여하는 여성은 그 과정을 통해 삶에서 겪는 시련을 풀어내고 해소하고자 한다. 무가에 등장하는 여성신이 갖은 수난을 겪지만 결국 극복하고 신으로 좌정하는 과정을 보며 자신의 삶에도 언젠가 복된 날이 오리라는 희망을 갖게 하는 것이 서사 무가의 기능일 것이다. 여성신이 겪는 수난 속에서 여성은 실제 삶에서 겪는 것과 유사한 요소를 발견함으로써 공감을 형성해야 하기에, 서사 무가의 수난담에는 당대를 살아가는 여성의 현실적 시련이 반영될 수밖에 없다. 서사 무가에 나타난 여성의 수난을 통해 현실 세계를 살아가는 여성의 애환을 읽을 수 있는 것이다.

본고에서는 서사 무가에 나타난 남성의 여성에 대한 성적 대상화를 살펴보았다. 그것은 무속이 활발하게 창조, 발전되고 향유되던 시기의 문제일 뿐 아니라 현재까지도 여전히 유효한 문제이다. 유교적 이념이 약화되면서 여성에 대한 인식도 변화하여 여성을 주체적이고 자유로운 존재로 생각하는 경향이 확산되기는 하였으나, 여성의 신체를 강조하고 욕망의 대상으로 삼는 현상은 현대 소비사회로 접어들며 더욱 심화된 것으로 보인다. 전통 시대에서부터 여성의 삶에 시련으로 작용해 왔던 성적 대상화의 시각이 현재까지 지속되고 있다는 사실을 인식하고, 그것이 어떠한 질문을 남기는지 생각해 볼 필요가 있다.

참고문헌

손은정, 「대상화 경험이 여성의 정신 건강에 미치는 영향」, 『한국여성심리학회지』 11, 한국심리학회, 2006.

신연우, 「제주도 신화와 '고통'의 문제」, 『열상고전연구』 37, 열상고전연구회, 2013.

심치열, 「제주도 서사무가에 나타난 주인공의 연속적 서사진행과 그 의미」, 『한국언어문학』 59, 한국언어문학회, 2006.

염원희, 「무속신화의 여신 수난과 신 직능의 상관성 연구」, 『한국무속학』 20, 한국무속학회, 2010.

이수안, 「소비문화산업의 몸 이미지와 젠더화된 응시」, 『한독사회과학논총』 18, 한국사회과학회, 2008.

이창윤, 「무속신화에 나타난 여성신의 성적 결합과 출산」, 『실천민속학연구』 8, 실천민속학회, 2006.

정형지, 「굶어죽는 것은 작은 일, 정절을 잃는 것은 큰 일」, 『우리나라 여성들은 어떻게 살았을까』 1, 청년사, 1999.

조희선, 「유교화와 여성의 신앙생활」, 『조선 전기 가부장제와 여성』, 아카넷, 2004.

천혜숙, 「전통사회의 여성과 남성 : 가부장 담론과 여성 억압의 현실」, 『실천민속학연구』 7, 실천민속학회, 2005.

최홍기, 「친족제도의 유교화 과정」, 『조선 전기 가부장제와 여성』, 아카넷, 2004.

현용준 · 현승환 역주, 『제주도 무가』, 고려대학교 민족문화연구소, 1996.

김수영 시의 정신분석학적 연구*

-지젝의 잉여쾌락 개념을 중심으로-

최 면 정**

Ⅰ. 서론

1. 연구목적

김수영은 한국현대문학사에서 시대가 변화할 때마다 당대적인 의미로 끊임없이 재해석되어온 시인이다. 한국현대문학사를 모더니즘과 리얼리즘 혹은 참여시와 순수시의 대립구도로 파악하는 관점에서는 김수영이 양쪽을 모두 포용하는 자리에 놓여있다는 점에서 그의 문학사적 의미망을 폭넓게 평가한다. 김수영은 1949년 우리 시단에 새로운 모더니즘 경향을 선보인 『신시론』 동인의 사화집인 『새로운 도시와 시민들의 합창』에 시를 발표함으로써 시작 활동을 전개했으나, 1960년대에는 소위 참여시와 참여시론을 발표하면서 순수/참여 논쟁의 핵심에 서게 된다. 그러나 이것이 김수영의 작품세계가 모더니즘 문학에서 리얼리즘 문학으로 옮겨지게 되었다는 것을 의미하는 것은 아니며, 김수영은 모더니즘의 바탕 위에서도 현실을 철저히 반영하고자 했으며, 현실을 반영하면서도 작품다운 작품을 쓰고자 했다고 평가받는다.[1] 김수영의 이러한 태도는 그를 "해방 이후의 한국 현대시에 가장

* 이 논문은 『현대문학의 연구』 53호(한국문학연구학회, 2014, pp.291~318)에 게재되었던 것이나, 본 편집부의 요청으로 재게재한 것임.

** 경희대학교

강력한 영향력을 행사하고 있는 시인 중의 한 사람[2)]으로 자리매김하게 했다. 1968년 김수영 사후 14년 만에 '김수영 신화'[3)]라는 말이 만들어졌다. 또한 70년대에 와서 김수영은 '영웅적 시인'[4)]으로 평가되었고 '김수영 현상'[5)]이라는 용어도 나올 정도로 김수영이 한국문학사에 끼친 영향은 지대했다.

본 연구는 리얼리스트와 모더니스트 모두에게 추앙을 받고 있는 김수영의 시 세계가 어떠한 시 정신 속에서 창조된 것인가를 분석하고자 한다. 김수영 시의 중요한 정신으로는 비판과 저항 정신, 자유의 지향, 역경주의적 자세, 죽음에 대한 태도 등이 주요하게 다루어져왔다. 그러나 이러한 김수영의 정신세계가 어떠한 시적 자아의 심리에서 비롯된 것인가를 근원적으로 탐구한 연구는 미미하다.[6)] 김수영의 시의 사회구조적 연구는 유용하지만, 같은 시대 상황에 처했던 모든 시인이 김수영과 같은 저항 의식을 드러낸 것은 아니라는 점에서 볼 때 김수영 시의 개성을 이해하기 위해서는 원형비평의 방법도 함께 사용해야 한다. 본고에서는 지젝의 잉여쾌락 개념을 적용하여 김수영 문학을 일관하는 정신 구조를 해명하고자 한다.

2. 연구사 검토

김수영 시에 관한 지금까지의 연구는 크게 네 가지 경향으로 정리된다. 첫 번째 경우는 '자유', '사랑', '죽음', '설움', '양심', '혁명' 등 특정한 하나의 주제를 중심으로 김수영의 시를 살펴봄으로써 그의 시에 대한 이해를 돕고자 하는 연구들이다.[7)] 그의 시에 대한 초기 비평의 대부분이 여기에 해당

1) 한명희, 『김수영 정신분석으로 읽기』, 도서출판 월인, 2002, pp.11~12.
2) 김윤식과 김현은 서정주, 김춘수와 함께 김수영을 '해방 이후 한국시에 가장 강력한 영향력을 미친 사람'으로 평가하고 있다(김윤식 · 김현, 『한국문학사』, 민음사, 1987, p.272).
3) 김윤식, 「김수영 변증법의 표정」, 황동규 편, 『김수영의 문학』, 민음사, 1983, p.295.
4) 조남현, 「70년대 시의 주조」, 『지성의 통풍을 위한 문학』, 평민사, 1985, p.51.
5) 김주연, 「문화산업 시대의 의미」, 『문학을 넘어서』, 문학과지성사, 1987, p.41.
6) 김종윤이 「김수영 시 연구」에서 부분적으로 프로이트와 융의 이론을 도입했고, 한명희가 『김수영 정신분석으로 읽기』에서 융의 이론으로 김수영의 시를 분석했다.
7) 임중빈, 「자유와 순교」, 『시인』, 1970.8.
김종철, 「시적 진리와 시적 성취」, 『문학사상』, 1973.9.
김 현, 「자유와 꿈」, 김수영 시선집 『거대한 뿌리』해설, 민음사, 1974.

된다. 두 번째 경우는 김수영 시의 시사적 위치에 대한 논의들이다.[8] 이러한 논의는 그의 시를 모더니즘 혹은 리얼리즘이라는 자리에서 각각 평가하고, 그 영향 관계와 문학사적 위치를 다룬다. 김수영이 "모더니즘을 하나의 문학적 조류로 이해한 것이 아니라 세계를 이해하고 관찰하는 한 정신의 태도"[9]로 받아들였다고 언급한 김현의 논의에서 출발한 김수영 시의 모더니즘적 특성에 대한 의미 부여는 '근대성', '탈근대성' 등으로 그 영역을 확장하면서 꾸준히 이루어지고 있다.[10] 한국 모더니즘의 위대한 비판자였으나 "모더니즘을 청산하고 민중시학을 수립하는 데까지 나아가지는 못하였다"[11]는 염무웅에서 시작된 리얼리즘 연구 역시 김수영 시의 현실 참여적 성격을 지속적으로 강조하고 있는 실정이다.[12] 모더니즘과 리얼리즘이라는 양분된 시각에서 출발한 김수영 시에 대한 논의는 70~80년대를 넘어 지금까지 끊임없이 재생산되고 있다. 세 번째 경우는 시의 형식과 구조를 통해 김수영 시를 체계적으로 분석하려는 연구들이다.[13] 이러한 연구는 시를 언술과 수

---

8) 김수영의 시사적 위치에 대한 평가는 김현승의 글에서 처음 제기된다. "참여파와 순수파라고 불리는 60년대의 가장 새로운 시인들은 각각 장점과 약점을 가지고 있다. 양편이 모두 시의 편식주의자들이다. 김수영은 이러한 편식을 배격하고 한국시의 정신과 육체의 건전한 발육을, 그의 구체적인 작품으로써 강조한 사려깊은 시인이었다(「김수영의 시사적 위치와 업적」,『창작과 비평』, 1968년 가을,『전집 별권』, p.62)라는 김수영의 시사적 위치에 대한 김현승의 평가는 이후 대다수 연구자들에게 영향을 미치고 있다.

9) 김현,「자유와 꿈」, 김수영 시선집『거대한 뿌리』해설, 민음사, 1974, p.106.

10) 김명인은 김수영의 현대성 인식과 근대 극복의 문제를 '태도'의 차원에서 진단한다. 김수영의 시세계를 관류하는 끝없는 초조감과 결벽증, 그리고 윤리적 성찰은 단순한 개인적 신경증이 아니라 자기에게 주어진 시대 조건의 극복을 향한 목적의식적인 자기 고양이라는 시적 전략으로 보아야 한다는 것이다. 이런 점에서 김수영은 모더니즘을 세계에 대한 하나의 윤리적 태도로 받아들였다고 말한다. 또한 김명인은 모더니즘이 자본주의의 중심부에서 발생한, 근대에 대한 순응과 저항이 복잡하게 얽힌 첨단의 모순적 사유체계였다는 점에 주목한다. 때문에 모더니즘의 반근대지향이라는 본질을 작품으로 형상화하는 일은 이중 삼중의 지적 도약을 요구하는 일이었다는 점에서 김수영 시에서 드러나는 현실인식으로서의 모더니즘 지향성을 높게 평가한다. 박인환 등 이 시기의 모더니스트들의 모더니즘은 하나의 양식상의 선택일 뿐, 모더니즘 고유의 비판적 세계인식과 진정한 근대성을 향한 정신의 투쟁에는 크게 못 미치고 있다는 것이다(김명인,『김수영, 근대를 향한 모험』, 소명출판, 2002).

11) 염무웅,「김수영론」,『창작과 비평』, 1976 겨울.

12) 백낙청,「역사적 인간과 시적 인간」,『창작과 비평』, 1977 여름(「참여시와 민족문제」).
김지하,「풍자냐 자살이냐」,『시인』, 1970.8.
김재용,「김수영 문학과 분단 극복의 현재성」,『역사비평』, 1997 가을.

13) 김 현,「김수영의 풀: 웃음의 체험」, 김용직·박용철 편,『한국현대시작론』, 문장사, 1981.
김혜순,「김수영 시 연구: 담론의 특성 연구」, 건국대 박사학위논문, 1993.

사의 영역으로 확대하여 보다 넓은 관점에서 김수영 시를 해석할 수 있는 기반을 제공하였다는 점에서 의의가 있다.

3. 연구 방법 및 연구 범위

융은 시인을 비롯한 창조적인 인간을 모순된 성질이 합성된 존재로 이해한다. 예술가들은 한편으로는 인간적, 개인적이며 다른 한편으로는 비개인적인 창조 과정으로 볼 수 있다는 것이다. 하나의 개인으로써 예술가는 짜증이나 고집, 그리고 개인적인 목적을 지닐 수 있다. 그러나 예술가로서 그는 높은 의미의 '인간', 즉 인류의 무의식적으로 작동하고 있는 마음을 짊어지고 이에 형상을 부여하는 집단인이다. 융은 이런 조건이 예술가에게 짐이 될 수 있고 평범한 사람들이 중요시하는 인간적인 행복을 희생하는 결과를 낳을 수 있다고 했다. 예술가의 개인적인 숙명은 불만족스럽고 비극적인데, 창조적인 힘이 강력한 에너지를 차지하고 있어 현실적응능력이 발달되기에 어려운 것이 그 이유라는 것이다.[14]

융의 이론에 따르면 창조적 시인의 작품은, 내면화된 금지 즉 인류에게 고차원적 형상을 부여해야 한다는 의식이 무의식적 충동을 억압해서 출현한 산물이 된다. 인간의 모든 행동을 리비도의 발현으로 보았던 프로이트적 주체의 관점에서 보았을 때에도, 시인의 시는 현실 원칙으로 억압된 리비도가 승화된 것이다.

이러한 논의가 라깡과 지젝의 이론에 이르면, 인간의 행위는 상징계의 억압이 미처 포섭하지 못한 잉여 쾌락[15]이 교환되면서 끊임없이 반복되는 것

권혁웅, 「한국 현대시의 시작방법 연구」, 고려대 박사학위논문, 2000.

14) C. G. Jung, "On the relation of analytical psychology to poetry", CW 15, p.75.

15) '잉여 쾌락'은 프로이트의 '쾌락 원칙'과 마르크스의 '잉여 가치'개념의 종합과 재구성으로 라깡이 창안했고 지젝이 발전시킨 개념이다. 프로이트의 쾌락 원칙은 인간이 본능적으로 안정과 항상성을 추구한다는 원칙이다. 쾌락 원칙은 외부 자극에 의해 억압되었을 때에도 일정 정도로 유지되기 위해서 방어하려는 성질이 있어, 외부에서 자극 받았을 때는 실제적으로 축소된 영향을 끼친다. 그러나 내부에서 불쾌가 생성되었을 때는 그 흥분이 밖에서 작용하는 것처럼 다루려는 경향이 있어서 외부 자극에 의한 방패를 내부 흥분에 의한 방어수단으로 작동하도록 할 수 있게 한다. 이것이 투사(자기 스스로 용납할 수 없는 부정적인 감정을 남에게 뒤집어 씌움으로써 자기자신을 정당화시키는 무의식적 심리방어기제)가 작용하는 원리이며

에 지나지 않는다. 인간은 항상 대타자의 응시라는 매혹에 사로잡혀 있으며, 초자아를 대체하는 대상에 자신을 굴복16)시키면서 근원적인 불안과 지루함을 벗어나고자 한다는 것이다. 이에 따르면 시인의 작품 역시 사후적으로 재구성된 잉여 쾌락의 산물이다.

김수영의 시가 잉여 쾌락의 산물이라면 그의 시에 나타나는 모더니즘적 특성은 서구문예작법에 대한 매혹이 반복, 변주된 현상으로 볼 수 있으며 리얼리즘의 특성은 동시대 시인들의 시대에 대한 책임감이라는, 대타자의 응시에 대한 대응이 된다. 또한 민주주의라는 숭고한 이데올로기에 투사된 리비도로 파악할 수 있다. 본고는 김수영의 시가 잉여 쾌락의 산물이라는 관점에서 김수영 시 정신에 대한 연구를 진행한다. 1장에서는 김수영의 시에 나타나는 여성에 대한 비난과 순수에 대한 갈망을 결핍된 주체의 욕망 투사 과정으로 분석한다. 그리고 2장에서는 김수영의 시에 나타난 권력에 대한 비판을, 집단성에 동일시하고자 하는 자율성으로부터의 도피과정으로 분석하고자 한다.

현실 원칙으로부터의 쾌락 원칙의 우위를 보여주는 논리다. 그러나 방어가 어려울 정도로 강력한 외부의 자극이 존재할 때는 쾌락 원칙은 활동을 정지하며 정신은 에너지 충전을 위해 리비도를 집중해 새로운 에너지를 추가로 유입한다. 리비도의 집중은 자극에 대항하는 마지막 방패 역할을 한다. 심한 외상적 상황에서 사람들은 외상이 발생했던 상황을 반복하기도 하는데, 이는 불안을 촉발함으로써 그 자극을 소급하여 다스리고자 노력하는 것이다. 따라서 프로이트의 쾌락 원칙을 잉여 쾌락과 관계되는 면만을 보면, 인간이 외상이 발생했을 때에도 일정한 항상성을 유지하기 위해 리비도를 자아 혹은 대상에 집중하게끔 한다는 것이다(지그문트 프로이트, 『쾌락 원칙을 넘어서』, 열린책들, 1997. 전문 재구성).
다음으로 마르크스의 잉여 가치는 사용 가치와 교환 가치의 차액이다. 인간은 교환을 위해서 경험적인 사용 가치를 포기해야만 한다. 라캉은 포기를 통해서 산출되었다는 마르크스의 잉여 가치 이론에서 잉여 쾌락 개념을 가져온다. 칸트식의 도덕법칙은 인간에게 쾌락 원칙을 포기하게 만드는데, 포기를 통해서 산출된 잉여가 잉여 쾌락이라는 것이다. 법, 사회, 언어, 소통 등의 상징계에 의해 포기되고 남은 쾌락(리비도)이 잉여 쾌락으로, 이는 상징계에 미처 포섭되지 못한 실재의 잔여물이다. 잉여 쾌락은 현실 원칙의 억압으로 분열된 주체의 자기동일성 유지를 위해 존재하는 것이기 때문에 기본적으로 오인을 통해서 자신을 구성하고 환상 속에서 자신을 실현시킨다. 지젝은 이러한 오인에 의해서만 존재하는 잉여 쾌락의 실체를 증상이라 칭한다. 따라서 증상은 해석에 저항하는 관성적 구성물이자 타자 안의 공백을 채우는 환상이다(슬라보예 지젝, 『이데올로기라는 숭고한 대상』, 인간사랑, pp.136~151, 2002).

16) 슬라보예 지젝, 『향락의 전이』, 인간사랑, p.44, 2002.

Ⅱ. 본론

1. 대상으로 투사된 리비도: 여성과 순수에 대한 갈망

김수영의 시에 등장하는 여성을 향한 시각은 매우 부정적이다. 김수영은 기본적으로 남성우월주의 혹은 남근중심주의적 사고에 아무런 반성 없이 사로잡혀 있다. 김수영 시 정신의 핵심 중 하나가 자유의 정신임에도, 그는 여성들의 자유에 대해서는 전혀 생각지 않는 전근대적인 여성관을 지니고 있다.

정신분석에서 인간이 무의식적으로 추구하는 욕망의 대상은 언제나 이미 잃어버린 대상이다. 그러나 그것은 경험적 현실성을 가지고 있지 않으며, 마치 인간이 한때 향유했던 어떤 것인양 환상적 매혹물로서 기능한다. 남성에게 있어서 여성은 절대적으로 헤아릴 수 없는 타자성을 갖는다.[17] 공감의 관계가 가능하지 않기에 여성이라는 타자는 주체로 포섭되지 않으며, 상징화의 바깥에 존재하는 실재계이다. 라깡은 여성의 외상적 타자성이 남성으로 하여금 자기애적 투사를 하게끔 만든다고 했다. 현실적 실체가 결여되어 있기 때문에, 그리고 남성이 영원히 접근할 수 없기에 여성은 주체가 자기애적 이상을 투사하는 거울로 기능한다.

무식한 사랑이 여기 있구나
무식한 여자가 여기 있구나
평안도 기생이 여기 있구나
만주에서 해방을 겪고
평양에 있다가 인천에 와서
육 이오때에 남편을 잃고 큰아이는 죽고
남은 계집애 둘을 다리고
재전락한 여자가 여기 있구나

17) 슬라보예 지젝, 『향락의 전이』, 인간사랑, p.179, 2002.

시대의 여자가 여기 있구나
한잔 더 주게 한잔 더 주게
그런데 여자는 술을 안 따른다
건너편 친구가 내는 외상술이니까

나는 이 우중충한 막걸리 탁상 위에서
경험과 역사를 너한테 배운다
무식한 것이 그것들이니까
너에게서 취하는 전신의 영양
끊었던 술을 다시 마시면서 사랑의 복습을 하는 셈인가
뚱뚱해진 몸집하고 푸르스름해진 눈자위가 아무리 보아도 설어보인다
18년만에 만난 만주의 여자
잊어버렸던 여자가 여기 있구나
한잔 더 주게 한잔 더 주게
그런데 여자는 술을 안 따른다
건너편 친구가 오줌을 누러 갔으니까

(1연 생략)

아냐 아냐 오해야 내가 이 여자의 연인이 아니라네
나는 이 사람이 만주 술집에서 고생할 때에
연애편지를 대필해 준 일이 있을 뿐이지
허고 더러 싱거운 충고도 한 일이 있는
충고는 허사였어 그렇지않어?
18년 후에 이렇게 뻐젓이 서울의 다방건너 막걸리집에서 또 만나게 됐으니
하여간 반갑다 잠입한 사랑아 무식한 사랑아
이것이 사랑의 뒤치다꺼리인가보다
평안도 사랑의 덤인가보다
한잔 더 주게 한잔 더 주게

그런데 여자는 술을 안 따른다
건너편 친구가 벌써 곯아떨어졌으니까

-『만주의 여자』(1962) 부분

이 시는 18년 전에는 만주의 술집에서 일했고 해방 후에는 평양에서 기생 노릇을 하다가 6.25로 인천을 거쳐 지금은 서울의 막걸리집에서 술을 팔고 있는 여성을 소재로 하고 있다. '나'는 18년 전 '여자'와 매우 가까운 사이였었기에 '서울의 다방건너 막걸리집에서 또 만나게' 됐을 때 반가움을 느낀다. 각 연에서 반복되고 있는 '한잔 더 주게 한잔 더 주게'는 그러한 반가움의 표현이다. 그러나 화자가 여자를 대하는 감정과 여자가 화자를 대하는 감정은 전혀 다르다. 여자는 화자에게 술을 따르지 않는다. '나'는 그 이유를 각 연의 끝에서 반복해서 제시하고 있다. 1연의 '건너편 친구가 내는 외상술이니까', 2연의 '건너편 친구가 오줌을 누러 갔으니까', 4연의 '건너편 친구가 벌써 곯아떨어졌으니까'가 바로 화자가 생각하는 이유이다. '건너편 친구'는 바로 술값을 낼 사람이다. 여자가 술을 따르느냐 안 따르느냐는 바로 이 친구에게 달려있다. 그러나 이 술은 친구가 외상으로 사는 것이므로 '여자'는 술 따르는 것, 즉 술 파는 것에 신중을 기하고 있다고 화자는 판단하고 있다. 이처럼 시는 인간적인 인연에도 불구하고 돈을 못 받을지 모르기 때문에 술을 따르지 않는 여성에게서 화자가 느끼는 소외감의 문제를 다루고 있다.

그러나 돈 때문에 여자가 술을 따르지 않는다는 판단은 화자의 생각일 뿐이다. '여자가 술을 따르지 않는 이유는 돈 때문이다'라는 지레짐작은 주체가 타자를 즐기는 대상으로 만들기 위함이며, 그로써 대상이 주체를 완전히 주체화시키기를 기다리는 기호이기도 하다.[18)] 헤겔은 주체가 소외를 자각할

18) 지젝은「고상한 사랑, 또는 물(物)로서의 여성」(『향락의 전이』, 인간사랑, 2002, p.185)에서 살인자의 예를 들어 공감의 상호주체적 관계를 배제하는 것이야말로 인간을 참을 수 없게 만드는 것이라 했다. 살인자는 희생자에게 분열된 주체로서 접근한다. 그는 희생자를 죽이길 원하지만 동시에 희생자로부터 두려움과 저항의 기호를, 즉 살인자가 행위를 완수하지 못하게 막는 기호를 기다린다. 그러나 희생자는 살인자를 끝까지 분리된 주체로 인정함으로써 그를 주체화시키는 어떤 기호도 제공하지 않는다. 희생자의 비저항과 무관심한 분노의 태도는 살인

때 비로소 주체가 주체화된다고 했다. 화자가 여성의 내면을 짐작하고 여성을 상징계에 통합시키고자 노력하는 것은 주체의 결핍과 공허를 채우기 위한 잉여 쾌락이다. 18년 전의 추억을 간직하고 있는 여성은 화자에게 있어 현실에 존재하는 술집 여자가 아니라 한때 향유했고 지금은 잃어버린 환상적 매혹물이다.[19] 여성을 오인하면서 씁쓸해하는 것은 향락을 부여하기 위해 고통을 부가하는, 그리고 통일을 가능케 하기 위하여 분열을 도입하는 주체이다. 일부러 공감의 상호주체적 관계를 배제하고, 여성에의 접근불가능성을 인정하는 것은 주체의 잉여 쾌락이며 자기애적 투사 과정인 것이다.

그러나 잉여 쾌락은 사용 가치가 아니라 교환 가치이다. 향락을 위한 오인의 과정은 대상이 주체에게 환상-이미지로부터 벗어나 다가오는 순간 다른 대상에게로 옮겨진다.

①
돈을 버는 거리의 부인이여
잠시 눈살을 펴고
눈에서는 독기를 빼고
자유로운 자세를 취하여 보아라

(8연 생략)

여기는 좁은 서울에서도 가장 번거러운 거리의 한모퉁이
우울 대신에 수많은 기폭을
흔드는 쾌활
잊어버린 수많은 시편을 밟고 가는 길가에
영광의 집들이여 점포여 역사여

자를 주체가 아닌 대타자의 의지의 도구로 환원함으로써 그를 객관화하고, 그에게 어떠한 선택도 남기지 않는다.

19) 라깡은 "여성은 존재하지 않는다"고 말함으로써 여성은 남성의 증상으로서만 존재하는 실재계임을 주장했다. 여성은 상징계에 완벽하게 통합될 수 없으며 따라서 도달할 수 없는 초월이라는 것이다(슬라보예 지젝, 『향락의 전이』, 인간사랑, pp.277~278, 2002).

바람은 면도칼처럼 날카러웁건만
어디까지 명랑한 나의 마음이냐
구두여 양복이여 노점상이여
인쇄소여 입장권이여 부채여 여인이여
그리고 여인 중에서도 가장 아름다운 그네여
돈을 버는 거리의 부인들의 어색한 모습이여

-「거리(二)」(1955) 부분

②
나는 어느날 뒷골목의 발코니 위에 나타난
생활에 얼이 빠진 여인의 모습을 다방의 창너머로 별견하였기 때문에
다음과 같은 쪽지를 미스터 리한테 적어놓고
시골로 떠났다

-「미스터 리에게」(1959) 부분

위에서 인용한 시 ①은 10연 69행의 긴 시 「거리(二)」의 첫 연과 끝 연이다. 이 시는 '돈을 버는 거리의 여인'에게서 촉발된 정서를 노래하고 있다. 인용한 부분에 나타나 있는 것처럼 '돈을 버는 거리의 여인'은 화자의 시각에서 볼 때, 눈살을 찌푸리고 눈에 독기를 품은 여인이며, 또 전혀 자유롭지 못한 여인으로 그려져 있다. 끝 연에서 화자는 '돈을 버는 거리의 부인'을 '여인 중에서도 가장 아름다운 그네'라고 역설적으로 표현하고 있다. 거리에 즐비한 집들, 점포, 구두 가게, 양복 가게, 그리고 노점상, 인쇄소는 모두 자본주의의 물질 경제 상징으로 보아야 할 것이다. 그러한 거리 한가운데서 '돈을 버는 여인'은 '물질적 욕망에 가득 차 있는 여인'에 다름 아니다. ②도 비슷한 내용을 다루고 있다. '생활에 얼이 빠진 여인'이란 돈을 벌기 위해 혈안이 된 여자인데, 이러한 여인을 보게 되는 것이 화자를 시골로 떠나게 하는 주요 동인으로 작용하고 있다. 물론 시골이란 지리적인 개념이라기보다 도시처럼 물신주의가 작용하지 않는 곳을 의미한다.

김수영의 시에 나타나는 여성들은 대부분 현실적인 삶의 문제, 즉 생활을

능동적으로 해결해나가는 모습으로 그려져 있다. 그리고 이러한 여성들에 대해 김수영은 한결같이 부정적인 시각을 보이고 있다.[20] 앞서 말했듯 여성에 대한 화자의 시선은 철저하게 자기애적 현상이다. 화자가 절대적으로 가치 있는 존재라고 하는 그의 이상, 그가 자신 안에서 분리할 수 없는 이상을 또 다른 인간존재에 투사하고 전이하고자 하는 것이다. 여성에 대한 경멸적 시선은 화자 본인의 자긍심을 고취시키고 시인으로서의 순수함을 강조하기 위함이다. 화자는 시인이라면 자본의 논리에 종속되지 않아야 한다고 생각한다. 돈을 벌기 위해 혈안이 되는 것, 물신주의에 사로잡히는 것은 순수하지 못한 것이다.

그러나 이러한 자기 이상은 실상 대타자의 응시에서 비롯된 것이다. 주체의 욕망은 대타자의 욕망이며, 근본적으로 인간이 현실적인 삶의 문제를 벗어날 수 없다는 점에서 볼 때 환상 속에서 실현되는 욕망이다. 화자는 자신 속에 거주하는 환상의 핵심을 타자에게 외재화하고 전이함으로써 화자도 생활인이라는 진실에 직면하는 것을 회피한다. 시는 화자의 자기애적 시선과 대타자의 응시가 분열되면서 생기는 실재계, 잉여 쾌락의 산물이다. 앞의 시와 마찬가지로, 주체는 철저하게 대상의 (여성의) 진정한 속성을 무시하고 그것을 일종의 텅 빈 투사장막으로 이용하기만 한다.

이처럼 김수영의 시에서 여성은 주체가 대타자의 응시를 어떻게 통합할 수 있는가라는 교착상태를 해결하기 위해 등장한다. 여성은 분열된 화자의 틈새 그리고 대타자의 중심에 틈새 난 공동을 구현한다. 여성은 순수한 결여인 동시에 잉여 쾌락이 순회하는 텅 빈 공간이다. 만약 여성을 실존화하고 여성을 삐딱하게 보지 않고, 똑바로 직시한다면 화자는 주체성을 지탱할 수 없게 된다.[21] 환상의 대상으로서의 여성은 텅 빈 형태로, 주체의 존재를

20) 김수영은 한국전쟁 전 시간강사 일을 잠시 하다가 전쟁 이후 『주간 태평양』에 취직하지만 서너 달을 다니고 그만둔다. 그 후 『평화신문』문화부에서 일하지만 편집부장 이봉구와의 갈등으로 역시 그만두고 잡지 번역일로 근근히 생활한다. 이후 부인과 양계장 일을 하게 되는데, 양계장 일을 하기 전 작성한 메모에 의하면 그는 도시의 여인들을 '루즈를 바른 매춘부같은 계집'으로 보며 '서울 여자들은 기운이 없다. 이러한 여자들은 규방에서의 인생 최대의 쾌락과 행복까지지도 빼앗긴 사람들이다'고 비난한다(최하림, 『김수영 평전』, 실천문학사, p.223).

21) 지젝은 잉여 쾌락이 투사된 타자를 '항문적 대상'으로 칭하며 아동에게 있어서의 똥의 역할과 대응시켰다. 시인이 자기 통제와 대타자의 응시에 대한 증거로 "저 여자와 나를 비교해 봐

긍정적으로 결정하는 틀이다.

2. 사회로 투사된 리비도: 이데올로기라는 숭고한 허위의식

김수영은 4.19 이후, 직설적인 어조의 시들을 통해 정치 권력에 대한 통렬한 비판을 보여준다. 김수영의 시가 4.19를 사이에 두고 갑자기 변하는 이유를 대부분의 연구에서는 시인의 의식, 현실을 대하는 시인의 태도가 변화했기 때문으로 본다.[22] 그러나 정신분석학으로 보았을 때 이는 현실 원칙에 의해 억압되어 있던 자아 리비도가 주체의 분열을 통합하기 위해, 민주주의 이데올로기라는 환상적 대상에 투사된 결과로 볼 수 있다.

우선 그놈의 사진을 떼어서 밑씻개로 하자
그 지긋지긋한 놈의 사진을 떼어서
조용히 개굴창에 넣고
썩어진 어제와 결별하자
그놈의 동상에 선 곳에는
민주주의의 첫 기둥을 세우고
쓰러진 성스러운 학생들의 웅장한
기념탑을 세우자
아아 어서어서 썩어빠진 어제와 결별하자

이제야말로 아무 두려움 없이
그놈의 사진을 태워도 좋다
협잡과 아부와 무수한 악독의 상징인
지긋지긋한 그놈의 미소하는 사진을

요. 나는 순수해요"를 말하듯, 아동은 자기 통제와 기율의 대타자에 대한 증거로 몸의 잉여인 똥을 문화적으로 처리한다는 것이다. 대상 속의 잉여 쾌락은 실정적인 일관성을 전혀 갖고 있지 않으며 단지 기표의 출현에 의해 현실 안에 열린 불연속성, 그 공백이 대상화한 것일 뿐이다(슬라보예 지젝, 『이데올로기라는 숭고한 대상』, 인간사랑, 2003, p.14).

22) 황정산, 『김수영』, 새미, 2002, p.74.

대한민국의 방방곡곡에 안 붙은 곳이 없는
그놈의 점잖은 얼굴의 사진을
동회란 동회에서 시청이란 시청에서
회사란 회사에서
단체에서 협회에서
하물며는 술집에서 음식점에서 양화점에서
무역상에서 개솔린 스탠드에서
책방에서 학교에서 전국의 국민학교란 국민학교에서
선량한 백성들이 하늘같이 모시고
아침저녁으로 우러러보던 그 사진은
사실은 억압과 폭정의 방패이었느니
썩은놈의 사진이었느니
아아 살인자의 사진이었느니

(2연 생략)

민주주의는 이제 상식으로 되었다
자유는 이제 상식으로 되었다
아무도 나무랄 사람은 없다
아무도 붙들어갈 사람은 없다

(4연 생략)

-「우선 그놈의 사진을 떼어서 밑씻개로 하자」(1960)

자유와 민주주의를 향한 열망을 강하게 드러내고 있는 이 시는 김수영의 리얼리즘 시 정신을 드러내는 대표작이라고 할 수 있다.

화자가 4.19혁명에 이렇게 고무된 이유는 무엇일까. 민주주의와 자유, 혁명이라는 기표는 서구에서 유입된 개념이지 우리 민족에게 자생적인 기표가 아니다. 때문에 민주주의와 자유라는 기표는 차고 넘치는 기의, 혹은 미지의 기의를 포함한다. 지젝은 이데올로기라는 이미지가 인간에게 매혹적이고 지적인 위안을 준다고 했다.[23] 그것이 미지의 대상일 뿐만 아니라 숭고한 대상[24]인 이유는 그 안에 주체와 현실의 다양한 구조를 순간적으로 무화시킬 수 있는 잉여 쾌락이 자리하고 있기 때문이다.

4.19혁명으로 분단론자들, 즉 반공주의자들의 정권이었던 이승만 정권이 붕괴되자 냉전 이데올로기에 짓눌려 있던 국민들의 요구와 분노가 솟구쳐 나왔다. 시민들에게는 역사가 자유를 구현하리라는 믿음이 있었으며 그 역사를 일구어낸 것이 학생과 민중들의 혁명이었다. 시인들은 아무 망설임 없이 4.19혁명에 찬사를 보냈다.[25] 신경림은 4.19 시편들에 대해 이 시들은 한마디로 찬가들이며, 엄격히 따질 때 찬가는 비록 한 개인에 의해 씌어지지만 그 사람의 시는 아니라고 비판한다. 한 개인에 의하여 씌어지되 그 사람의 개성과 취향이 극단적으로 억제되면서 가능한 한 많은 사람의 감정과 의지를 종합할 수 있는 데 바로 찬가의 특성이 있는 까닭[26]이라고 평가하고, 그러므로 개성적인 목소리를 찾을 수 없는 것이라고 결론짓는다.

위의 시는 일방적인 찬가라기보다는 선동시의 경향을 갖고 있지만, 신경림의 말처럼 김수영의 개성이 드러나는 시는 아니다. 이 시에 나타나는 지긋지긋한 독재자와 그 암울한 시대에 대한 일관된 분노와 경멸은, 동시대 지식인 그리고 민중들의 집단적 외상이다. 그리고 화자는 이러한 집단성에 동일시되고자 한다. 독재자로부터 소외되고 억압된 주체들의 집단적 외상은 공동체와의 유기적 연결감에 대한 회향적 갈망을 낳는다. 이 회향적 갈망이 화자에게는 대타자의 응시로 작용한다. 민주주의와 자유라는 기표는 그들에

23) 슬라보예 지젝, 『이데올로기라는 숭고한 대상』, 인간사랑, 2003.

24) 숭고는 칸트의 미학 개념으로, '단적으로 큰 것(혹은 절대적으로 큰 것, 모든 비교를 뛰어넘어 큰 것)'이다. 숭고는 어떤 종류의 무한하고 절대적인 크기에서 느끼는 심미적 판단으로, 사물의 부분적 형상이나 대상이 아닌 전체, 총체성의 표상이 매개된 심미적 체험이다. 숭고는 무한하게 커서 본능적 긴장과 두려움을 내재하지만 그것이 사라지고 난 다음 느끼는 안도감에 수반되는 반전의 쾌감도 공존한다. 숭고한 대상 앞에 서면 가위눌리고 숨막힐 것 같은 감정이 생기는데, 이러한 감정은 크기에 비례하여 불쾌감을 유발하다가 쾌감으로 변함으로 '부정적 쾌감'이다. 즉 숭고는 불쾌감을 통해서만 발생하는 쾌감이다. 따라서 숭고한 대상을 칸트는 '반목적적'이라고 불렀다.

25) 김윤배, 『온몸의 시학 김수영』, 국학자료원, 2003, p.105.

26) 신경림, 「우리 시에 비친 4월 혁명」, 『4월 혁명 기념시전집』, 학민사, 1983, p.370.

게 완벽한 이데올로기적 이미지와 상당한 위안을 제공한다. 실존적 고통에 분열된 주체는 분열을 꿰매기 위한 환상적 대상, 이데올로기라는 숭고한 대상에 집착하기에 이른다. 잉여 쾌락은 분열된 주체의 시선과 집단 의지라는 대타자의 응시를 통합하는 지점에서 생긴다.

에리히 프롬은 『자유로부터의 도피』에서 민중이 개인적 자유로부터 도피하고 집단성과 익명성의 선택에 동조하고자 하는 의식이 파시즘을 낳았다고 말했다. 지젝 또한 주체의 잉여 쾌락이 이데올로기를 향해 표출되는 지점을 징후라고 명명하면서, 이데올로기에 쉽게 감염되는 인간을 주체가 대타자에 통합되고자 하는 욕망으로 분석한다.[27] 집단 의지가 지향하는 이데올로기가 가져다주는 잉여 쾌락은 이데올로기적 환상을 작동하게 하는 근본적인 원인이다. 마지막 연에서 민주주의와 자유가 상식이 되었다고 말하는 것이 바로 현실과 왜곡된 표상 사이의 괴리, 그리고 텅 빈 기표와 과잉된 기의 사이의 괴리를 인지하지 못하는 이데올로기적 환상이다.[28]

김수영이 '민주주의'와 '자유'가 '상식'이라는 환상에서 벗어나는 데는 많은 시간이 걸리지 않는다. 번져 나가는 혁명의 불길은 시인에게 새로운 세계에의 희망을 심어 주었다. 그는 이제까지와는 전혀 다른 세계, 자유롭고도 역동적인, 동시에 이질적인 모든 것들을 한데 포용할 수 있는 그런 세계가 오리라고 잔뜩 기대를 걸었던 것이다. 그러나 얼마 지나지 않아 이와 같은 환상은 여지없이 깨어지고 만다. 독재 권력(자유당 정권)이 물러가고 새로운 정부가 들어섰음에도, 그가 바라는 세계는 여전히 실현되지 않았다. 정권만 바뀌었을 뿐, 실질적으로 변한 것이라고는 아무것도 없다고 느낀 그는 이런 우리 사회의 현실에 대해 다시 한 번 깊이 좌절하게 된다.[29] 한 사람의 시인으로서, 또한 동시에 지식인으로서 아무리 변혁에의 열망이 넘친다고 하더

27) 권택영, 『잉여 쾌락의 시대』, 문예출판사, 2003, p.63.

28) 지젝은 민주주의가 근본적으로 반휴머니즘적이라고 했는데, 그것은 구체적이고 실제적인 사람들에 맞춰 만들어진 것이 아니라 아무런 감정도 없는, 오직 형식적인 추상에 의해 만들어졌기 때문이다. 민주주의라는 개념 안에는 어떤 구체적인 인간적 내용으로 채워지거나 공동체적 결속의 진정성에 내어줄 자리가 없다. 민주주의는 추상적 개인들의 형식적 결합일 뿐이라고 주장한다. 이것이 민주주의 이데올로기가 텅 빈 기표로 작용하는 이유다(토니 마이어스, 『누가슬라보예 지젝을 미워하는가』, 앨피, p.38).

29) 김유중, 『김수영과 하이데거: 김수영 문학의 존재론적 해명』, 민음사, 2007, p.227.

라도 현실이 이를 뒷받침해주지 않는 이상, 개별 주체의 의식적인 노력으로만은 한계가 있다는 것을 깨닫는다. 4.19의 경험이 그에게 가져다 준 것은 민주주의를 위해 투쟁하는 자로서의 고독이다.30)

푸른 하늘을 제압하는
노고지리가 자유로웠다고
부러워하던
어느 시인의 말은 수정되어야 한다

자유를 위해서
비상하여 본 일이 있는
사람이면 알지
노고지리가
무엇을 보고
노래하는가를
어째서 자유에는
피의 냄새가 섞여있는가를
혁명은
왜 고독한 것인가를

혁명은
왜 고독해야 하는 것인가를

-「푸른 하늘을」(1960)

시는 '노고지리'의 풍류를 통해 자유란 그냥 주어지는 것이 아닌 적극적, 능동적 개념임을 강조한다. 앞선 시에서 '상식'으로 단정했던 의식에서 한 발짝 더 나아간 것이다. 그것은 "피의 냄새가 섞여있는" 투쟁, 혁명을 통해

---

30) 김유중, 『김수영과 하이데거』, 민음사, 2007, pp.382~383.

서 전취되는 적극적인 역사행위다. 자유에 대한 화자의 생각은 그것이 인간다운 삶의 본질이자 실천개념이기에 '피(투쟁)'와 '고독(죽음)'을 넘어선 지점에서 비로소 획득될 수 있다[31)]고 수정된다.

이러한 긍정적인 수정은 주체의 본질적인 절망, 재구조화된 정권으로부터의 배신과 소외라는 실재의 중핵을 비껴나가려는 잉여 쾌락적 시도이다. 앞선 시에서 화자는 민주주의와 자유가 상식이라고 천명함으로써 실재를 상징화하고자 했다. 그러나 환상은 깨어지고 실재계와 상징계 사이의 틈은 이데올로기의 쾌락적 성질-'그럼에도 불구하고'라는 논리를 욕망하게 된다.[32)] '그럼에도 불구하고' 어딘가에 자유와 혁명의 진정성은 존재한다는 환상으로 주체의 잉여 쾌락은 옮겨진다. 실재의 중핵을 외면하려는 시도, 실재에 대한 현실의 상징화 실패에서 생겨난 틈을 은폐하고자 하는 시도가 이 시에서 드러난다고 하겠다.

다음의 시 역시 이데올로기의 허구성을 알고 있지만 마치 이에 대해서 전혀 모르는 것처럼 행동하는 주체의 쾌락 전이를 보여준다.

> 그러나 나는 오늘아침의 때묻은 혁명을 위해서
> 어차피 한 마디 할 말이 있다
> 이것을 나는 나의 일기첩에서
> 찾을 수밖에 없었다
>
> 중용은 여기에 없다
> (나는 여기에서 다시한번 숙고한다

31) 김재홍·김종회, 『현대문학의 이해』, 시학, 2004, p.205.

32) 지젝은 증상을 해석해도 증상은 사라지지 않는다고 주장한다. 그 이유는 증상이 '의미를 가지고 있다고 추정되는' 큰 타자를 향한 (원론적인 프로이트 정신분석학으로는 분석가, 김수영의 시에 대입하면 민주주의와 자유, 혁명) 암호화된 메시지일 뿐만 아니라 주체가 자신의 쾌락을 조직하는 방편이기 때문이다. 증상은 우리 존재의 유일한 실정물, 주체에 일관성을 부여할 수 있는 유일한 지점, 혹은 주체가 광기를 피할 수 있는 방법이다. 증상은 쾌락을 어떤 상징적인 기표 형성물과 하나의 매듭으로 묶어줌으로써 우리 세계-내-존재에 최소한의 일관성을 보장해주는 방법인 것이다. 때문에 '그럼에도 불구하고' 증상은 타자 안의 공백을 관성적으로 채우려고 한다(슬라보예 지젝, 『이데올로기라는 숭고한 대상』, 인간사랑, 2002, pp.134~136).

계사 건너 신축 가옥에서 마치질하는
소리가 들린다)

쏘비에트에는 있다
(계사 안에서 우는 알 겯는
닭소리를 듣다가 나는 마른침을 삼키고
담배를 피워물지 않으면 아니된다)

여기에 있는 것은 중용이 아니라
답보다 죽은 평화다 나타(懶惰)다 무위다
(단 「중용이 아니라」의 다음에 「반동이다」라는 말은 지워져 있다
끝으로 「모두 적당히 가면을 쓰고있다」라는 한 줄도 빼어놓기로 한다)

(1연 생략)

글씨가 가다가다 몹시 떨린 한자(漢子)가 있는데
그것은 물론 현정부가 그만큼 악독하고 반동적이고
가면을 쓰고 있기 때문이다

-「중용에 대하여」(1960)

중용이란 전통적인 유가 사랑의 핵심 교리 가운데 하나로 매사를 처리함에 치우치지도 기울지도 않으며 지나침도 모자람도 없는 방법이나 태도를 가리킨다. 이를 위해서는 끊임없는 자기감정의 절제와 행위에 대한 깊은 성찰이 요구되기에, 중용은 자기 수양의 최고 경지에 오른 자만이 구현할 수 있는 고차원적인 행동 강령이다. 서양 철학에서도 마찬가지로, 아리스토텔레스는 중용을 인간이 갖추어야 할 행위 선택의 기준 내지 덕목과 연결함으로써 그의 도덕론의 중심에 위치시킨다.[33]

---

33) 아리스토텔레스, 최명관 역, 『니코마코스 윤리학』, 서광사, 2004, p.72.

이러한 존재의 올바른 가치판단과 선택의 길, 즉 중용의 길은 화자가 사회의 지속적인 변화와 발전을 위해 갖추어야 한다고 생각하는 이상이다. 그러나 이 사회에 존재하는 것은 중용이 아니라 나타와 무위, 죽은 평화다. 화자는 현 정부의 악독함뿐만 아니라 새로 들어선 정부의 정책 방향에 별다른 저항 없이 묵묵히 따라간 민중들에게도 답보상태의 원인이 있다고 본다.[34] 그리고 중용의 길을 구현하고 있는 사회로 소비에트를 지목하고 있다. 혁명의 결과 거대한 사회적 변혁의 길을 경험한 소비에트 사회를 이상적 사회로 인식하고 있는 것이다. 이는 갈 곳을 잃은 리비도, 잉여 쾌락이 미지의 영역으로 전이되었음을 의미한다.

그러나 주체가 숭고하게 받들었던 민주주의라는 이데올로기가 반휴머니즘적인 텅 빈 기표로 작용한 이유는 그것이 주체와 현실의 다양한 중층적 구조를 해결해줄 수 있다는 환상 때문이었던 것처럼, 소비에트 사회에 대한 이상화 역시 실재의 중핵을 외면하는 과도한 보편화의 환상이다. 이 당시 소비에트 사회의 실체는 미지의 것이었을지 몰라도, 혁명 이후 권력의 재구조화가 진행되는 다양한 역사의 반복은 누구나 인지하고 있다. 주체는 이데올로기의 허구성을 알고 있지만, '그럼에도 불구하고' 이데올로기에 동일시하고자 하는 잉여 쾌락의 작용으로 마치 이에 대해 전혀 모르는 것처럼 행동한다.[35]

Ⅲ. 결론

본고에서는 김수영의 시 세계에 대한 논의 중에서, 현재까지 미미하게 다

34) 한명희, 『김수영 정신분석으로 읽기』, 도서출판 월인, 2002, pp.230~231.

35) 증상이 해석된다고 해서 증상이 사라지는 것이 아니듯, 주체는 이러한 이데올로기적 환상을 알고 있으면서도 실재적 중핵을 비껴가고자 한다. 과도한 역사화, 휴머니즘은 다양한 역사에 항상 꼭 같이 반복되는 실재적 중핵을 보지 못한다. 지젝은 이데올로기의 쾌락적 성질-'그럼에도 불구하고'라는 논리를 포기하는 주체의 윤리적 결단을 통해서만 보수적 이데올로기의 극복이 가능하다고 말한다. 주체의 자기성찰 없는 사회변혁은 궁극적으로 인간해방을 가져다 주지 못한다는 것이다.

루어진 정신분석학 연구를 시도했다. 시를 리비도의 승화과정으로 본다면 시는 인간의 잉여 쾌락이 가장 잘 구현되는 영역일 것이다. 본고는 김수영 시의 변화과정을 자아 리비도가 타자와 사회로 확대 투사되면서 분열된 주체를 통합하고 대타자에 동일시하고자 하는 욕망의 과정으로 보았다.

1장에서는 김수영 시 연구에서 거의 다루어지지 않았던 여성에 대한 부정적 시선이, 주체의 잉여 쾌락을 위한 오인의 과정이었음을 밝혔다. 주체는 결핍을 채우기 위해 여성의 실재를 외면하고 일방적인 명명으로 여성을 상징계에 통합하고자 한다. 또한 생활력이 강한 여성은, 자본의 논리를 경멸하면서도 생활인으로서의 의식에서 벗어나지 못하는 주체의 분열된 틈새를 메우기 위해 부정적으로 인식된다. 주체는 물질에 종속되지 않은 순수한 시인이라는 대타자의 응시에 대응하고자 한다. 그러한 이상적 자아를 구축하기 위해, 잉여화된 현실적인 삶의 문제를 여성에게 외재화하고 전이한다는 것이다.

2장에서는 김수영의 리얼리즘 시를 이데올로기라는 숭고한 대상에 동일화하고자 하는 주체의 욕망으로 보았다. 집단 의지가 지향하는 이데올로기는 실상 결핍되었거나 미지의 기의를 포함하고 있음에도 과잉된 환상으로 작용한다. 사회로부터 소외되어 집단적 외상을 입은 민중들의 이데올로기에 대한 희구가 대타자의 응시가 된다. 주체는 이에 대응하고자, 이데올로기의 허위의식을 인식하고 있음에도 불구하고 잉여 쾌락을 유지하기 위해 실재의 중핵을 외면한다는 것이다.

본고에서는 김수영의 몇몇 시편만을 대상으로 김수영 문학에 드러난 정신을 살펴보았기에 김수영 시 정신의 일관된 흐름을 파악하지 못한 한계가 있다. 김수영 문학에 드러나는 의식을 살피기 위해서는 시 작품의 분석에 김수영의 전기와 산문 또한 적극적으로 활용해야 한다고 본다. 이처럼 김수영 시의 정신분석학적 연구에서는 향후 연구 대상과 범위의 확장이 필요하다. 이를 앞으로의 과제로 남겨둔다.

참고문헌

김수영, 『김수영 전집 1』, 민음사, 1981.

______, 『김수영 전집 2』, 민음사, 1981.

권택영, 『잉여 쾌락의 시대』, 문예출판사, 2003.

김유중, 『김수영과 하이데거: 김수영 문학의 존재론적 해명』, 민음사, 2007.

김윤배, 『온 몸의 시학, 김수영』, 국학자료원, 2003.

김윤식, 『김수영의 문학』, 민음사, 1983.

김윤식 · 김현, 『한국문학사』, 민음사, 1987.

김주연, 『문학을 넘어서』, 문학과 지성사, 1987.

김현강, 『슬라보예 지젝』, 이룸, 2008.

여태천, 『김수영의 시와 언어』, 도서출판 월인, 2005.

조남현, 『지성의 통풍을 위한 문학』, 평민사, 1985.

한명희, 『김수영 정신분석으로 읽기』, 도서출판 월인, 2002.

황정산, 『김수영』, 새미, 2002.

슬라보예 지젝, 『이데올로기라는 숭고한 대상』, 인간사랑, 2002.

________, 『향락의 전이』, 인간사랑, 2002.

________, 『당신의 징후를 즐겨라』, 한나래, 1997.

________, 『그들은 자기가 하는 일을 알지 못하나이다: 정치적 요인으로서의 향락』, 인간사랑, 2004.

________, 『환상의 돌림병』, 인간사랑, 2003.

________, 『까다로운 주체』, 도서출판b, 2005.

________, 『탈이데올로기 시대의 이데올로기』, 철학과 현실사, 2005.

________, 『부정적인 것과 함께 머물기』, 비, 2007.

사라 케이, 『슬라보예 지젝』, 경성대학교 출판부, 2006.

이안 파커, 『지젝』, 도서출판b, 2008.

지그문트 프로이트, 『쾌락 원칙을 넘어서』, 열린책들, 1997.

토니 마이어스, 『누가 슬라보예 지젝을 미워하는가』, 앨피, 2005.

제3부

동심, 여성, 아동문학

천진한 상상력이 주는 공감의 폭과 시적 깊이

-최명란의 동시집 『해바라기야!』-

김 용 희*

1. 짧은 시행 속에 담긴 깊은 시적 의미

최명란의 동시는 단숨에 읽힌다. 쉽고 간결한 시행 속에 담긴 명쾌한 시적 의미와 재기발랄한 상상력이 손을 놓지 못하게 하는 까닭이다. 그의 첫 동시집 『수박씨』와 마찬가지로 두 번째 동시집 『해바라기야!』도 그렇다.

최명란의 동시를 읽으면 새삼 동시의 미학을 떠올려보게 된다. 사물의 속성을 절묘하게 포착하여 짧은 시행으로 명쾌하게 표현해낸 재치와 그 속에 담긴 천진한 상상력 때문이다. 동시는 인간의 허욕이나 현실적 속박에서 벗어난 천진성의 문학이다. 철따라 변하는 자연의 현상과, 세상에 존재하는 모든 사물에서 보잘것없는 생명에 이르기까지 아무런 편견 없이 순수하게 마음을 주고받을 수 있는 것이 동심이며 동시의 세계이다. 그 세계에서는 사물도 생각이 있다 느끼고 서로 말을 걸고 답하며 궁금증을 읽어낼 수 있다. 이런 과정은 동화적 상상력을 가능하게 한다. 동시는 그런 동화적 상상력을 끌어들여 독자적인 미학을 구축하였다. 결국 좋은 동시는 어린이의 화법이나 시점으로 모든 대상물과 자연스럽게 소통하며, 단순하고 간결하며 명쾌한 형식 속에 함축된 이야기와 속 깊은 의미를 함께 담고 있다.

---

* 문학박사, 아동문학평론가

최명란의 두 번째 동시집 『해바라기야!』는 이러한 동시의 미학을 선명히 보여준다. 그중 가장 인상 깊은 동시가 2행 11자의 아주 짧은 시행 속에 많은 이야기를 함축하고 있는 「발바닥」이다.

보고 싶은데
너무 밑에 있다

-「발바닥」 전문

발바닥은 우리의 체중을 지탱하는 신체부위이다. 온종일 갑갑한 신발 속에서 무거운 힘에 짓눌려 일을 한다. 그래도 발바닥은 어떠한 불평도 원망도 없이 묵묵히 자신의 임무를 다할 뿐이다. "보고 싶은데/ 너무 밑에 있다"라는 행간 속에는 그런 발바닥에 대한 화자의 연민이 담겨 있다. 그 '발바닥'은 '보고 싶은 사람'으로도 대치된다. 거기에는 그리움이란 정서가 동반해 있기 마련이다. 그만큼 아주 짧은 이 동시에는 행간 속에 수많은 이야기가 잠복해 있고, 애잔한 그리움이 복선으로 깔려 있다.

이같이 시적 화자의 감정 노출을 극도로 자제하면서 대상의 의미를 부각하는 화법이 최명란의 중요한 시적 기법이다. 그런 기법은 시행 속에 감추어진 다양한 이야기를 상상하는 즐거움을 제공한다.

하늘의 배꼽, 또는 숨구멍

-「보름달」 전문

이 동시에서는 '보름달'을 하늘의 배꼽이나 숨구멍으로 상상하는 시인의 시선이 절묘하다. 극도로 절제된 하나의 어절로도 '보름달'의 의미를 명쾌하게 드러내준다. 그것은 제목과 시어 사이에 연상되고 확산되는 상상력의 힘 때문이다. 「보름달」에는 화자의 주관적 감정이나 내면의 목소리가 전혀 드러나 있지 않다. 시인은 오히려 그런 의식조차 최대한 억제해서 "보름달은 하늘의 배꼽", "보름달은 하늘의 숨구멍"이라고 하면서 그냥 독자의 상상에 맡겨둔다.

그러나 우리는 달의 존재성을 떠올리며 우리의 신체로 비유한 그 진리를 수긍하게 된다. 학원 다녀오는 늦은 밤길, 배가 고프고 마음도 답답해 문득 우러러본 하늘에서 반가운 보름달을 보았을 때 그것이 하늘의 배꼽처럼, 숨구멍처럼 느낄 수 있다. 화자가 배꼽같이 양식을 공급받고 싶고 숨구멍같이 호흡하고 싶은 생각에서다. 「보름달」의 그 짧은 시행 속에는 그런 깊은 속뜻이 숨어 있다. 불쑥 던져놓은 천진한 말 한마디가 우리를 끝없는 상상의 세계로 인도하는 것이다.

최명란은 어린이의 어투나 화법으로 장황하게 말을 해도 결코 어린 아이의 천진한 소리나 진정한 사고에 가까워지기 어렵다는 것을 알고 있는 시인이다. 아무리 어린 아이의 목소리를 잘 흉내 내도 그것은 시인인 어른이 꾸며낸 의식의 소리나 이야기인 까닭이다. 그런 점에서 두 번째 동시집 『해바라기야!』은 극도의 절제 속에 상상의 여지를 터놓아 독자에게 동시 읽기의 즐거움을 선사한다.

그런 즐거움은 "두리번두리번/오, 세상구경/바람은 오늘도/세상구경 하느라 바쁘다"라고 바람의 현상을 호기심으로 비유한 것이나(「호기심」), "사람 움직이는 소리가 개미에게 들린다면/개미가 어떻게 살 수 있겠니" 하는 되물음 속에도 잘 깃들어 있다(「소리」). 바람이 닿은 흔들림이 세상 구경하는 바람의 호기심, 즉 바람이라는 '나'의 호기심이며, 세상의 생물들이 자기 나름대로 살아 갈 이유를 알 수 있다는 재치에서 동시 읽기의 즐거움을 느낄 수 있다는 것이다. 그뿐만이 아니다. 「태풍」에서처럼, 세상을 저리 세게 때리는 태풍도 "힘들 거야/몸살할 거야"라는 역발상법을 보여주기도 한다. 또 「공사장」에서 보듯, 아스팔트나 콘크리트로 깔아놓은 포장된 길을 걷다 문득 땅을 파헤쳐 놓은 공사장을 지나며 "도시의 길에도/ 흙이 있네?"라는 새삼스런 의문으로 천진스런 상상의 즐거움을 보태준다. 이렇듯 최명란의 동시는 화자의 감정이나 의미를 의도적으로 드러내려는 욕망을 철저히 억제하면서 천진한 상상력을 통해 공감의 폭을 넓히고 있다.

2. 감정의 절제 속에 숨은 고도의 시적 수련

그렇다고 최명란의 동시가 천진한 생각의 편린들로 상상의 즐거움만 주는 것은 아니다. 감정의 절제 너머 숙련된 시인의 범상치 않은 시적 기교도 엿볼 수 있다. 짧은 동시 속에서 새로운 시적 발견과 천진한 연민의 정서를 통한 시적 깊이를 느낄 수 있는 것은 그 때문이다.

하늘을 받치고 선
앙상한 나뭇가지들
바로
하늘의 핏줄이야
그러니까
추운 겨울밤에도
구름이 잘 흘러

-「겨울 나뭇가지」 전문

「겨울 나뭇가지」에는 아이다운 생각으로는 도달할 수 없는 새로운 시적 발견이 있다. 이 동시에서는 추운 겨울밤에도 구름이 잘 흘러가는 현상이 앙상한 겨울 나뭇가지에 연유한다고 말하고 있다. 시인은 그런 자연 현상을 우리 몸의 혈관에 비유하여 선명히 전달하고 있다. 앙상한 겨울 나뭇가지를 우리 몸에 얼기설기 얽힌 핏줄로 연상하여 "하늘의 핏줄"이 있어서 추운 겨울밤에도 '하늘의 피'인 구름이 잘 흘러간다는 뜻이다. 고도의 시적 기교를 내포한 범상치 않은 시인의 상상력이 시적 발견을 낳은 것이다.

한편으로 「점심 식사」는 어린이다운 연민의 정서를 여운으로 환기하여 짧은 동시에서 깊은 맛을 우러나게 한다.

오빠가 마당에서 지렁이를 집어 들었다
어미닭이 종종종 달려온다
그 뒤로 병아리들이 따라 뛴다

모두 힐을 신었다
뛰기 힘들겠다
발에 물집 생겼겠다

-「점심 식사」 전문

「점심 식사」는 어미닭과 병아리들이 모이를 먹으러 달려오는 장면을 그린 동시이다. 단형 동시의 6행 모두를 '~다'로 종결 처리하여 빠른 리듬감을 살렸다. 이때 어미닭과 병아리들이 종종종 달려오는 발 모양을, 힐을 신고 뛰는 형상으로 표현하여 연민의 정서를 환기한다. 힐을 신고 뛰면 얼마나 위태롭고 힘이 들겠는가. 시인은 어린이의 주관적 인식의 눈으로, 빠른 속도로 뛰는 닭과 병아리들의 발 모양을 힐 신고 뛰는 여자의 모습으로 연상하여 발에 물집이 생기면 어쩌나 하는 연민을 여운으로 환기하는 것이다. 이처럼 「겨울 나뭇가지」와 「점심 식사」에서 우리는 사물이나 동물에 대한 인간적 이해와 관용의 시각을 내면에 스며들게 하는 시적 기교를 볼 수 있다.

그런 최명란 특유의 시적 기법은 어디서 연유한 것일까? 그것은 주관적 감정이나 내면의 목소리를 전면에 드러내지 않으면서 의미를 표출하는 절제술에 있다. 시인은 장황한 서술을 철저하게 배제하고, 언어의 절제를 통해 쉽고 간결하게 의미를 발현한다. 시적 화자의 감정적 표출을 엄격하게 억제하면서도 시상의 흐름은 어린이의 마음처럼 자연스럽다. 그것은 시인이 시적 대상을 보이는 대로 느끼는 대로 어린이답게 표현하면서도 시적 깊이를 담고 있다는 뜻이다. 이때 언어의 절제술은 시상을 어린 아이의 생각처럼 보여주며 리얼리티를 형성해내는 기법이 된다. 그런 표현법은 실제 아이가 등장하는 「자동차」에서 좀 더 잘 살필 수 있다.

학원가는 길
길가 세워둔 자동차에 퍽,
부딪쳤다
벌렁 넘어졌다

자동차는 뚱뚱하고 딱딱하고
힘이 참 세다
가만 서있어도 이긴다
그 형처럼,

-「자동차」 전문

「자동차」는 화자를 자주 괴롭히는 힘센 형을 자동차에 견주어 시적 의미를 드러낸 동시이다. 화자가 학원가는 길에서 가만히 서있는 자동차에 부딪쳐 벌렁 넘어진다. 학원에 가기 싫어 몸을 비비 꼬며 가다가 한눈을 팔았던 탓이다. 자동차는 뚱뚱하고 딱딱하고 힘이 센 유형물이다. 그런 자동차는 "가만 서있어도" '나'를 이긴다. 그런데 화자가 넘어지는 순간 가장 두려워하던 고학년 형이 문득 떠오른다. 그 형도 자동차처럼 덩치가 크고 뚱뚱할 뿐 아니라 힘이 세 가만 서있기만 해도 주눅 들게 하는 존재인 까닭이다. 이 동시는 자동차와 형을 동일시하여 가기 싫은 학원에 가야하는 현실을 좀 더 적절히 일깨워주고 있는 것이다. 곧 「자동차」는 어린이의 사고와 언어로 현실을 담아 그들이 공감할 수 있는 보편적 차원의 감정 효과를 얻고 있다. 이러한 시적 기법이 최명란의 동시에서 찾을 수 있는 언어의 절제술이다. 물론 그 절제술은 엄격한 시적 수련에서 온 결과이다.

3. 일관되게 추구해온 아름다운 가족애

그렇다면 최명란이 동시를 통해 진정으로 우리에게 이야기하고 싶은 것은 무엇일까? 그것은 바로 아름다운 가족애이다. 그 가족애는 그가 2005년 《조선일보》 신춘문예를 통해 등단하면서부터 일관되게 추구해온 시 정신이기도 하다. 사실 '가족'이란 말만큼 따뜻함을 동반한 단어도 드물다. 특히 가족에 대한 의존 심리가 누구보다 강한 아이들은 항상 가정에 대한 믿음을 지니고 산다. 그들에게 가족이란 불안감으로부터 보호받을 수 있는 최초이자 최후의 울타리인 까닭이다.

하굣길에 소나기를 만났다.
힘껏 뛰었다
게임방 입구에서 잠시 피했다가
다시 뛰었다
피자 집 담벼락에 붓꽃 한 송이
우산도 안 쓰고 비를 맞고 있었다
빗줄기가 세차게 때리는데도
눈을 감고 꿋꿋이 이겨 내고 있었다
나도 뛰던 걸음을 멈추고
되어 서 있어 보았다
멀리 골목 어귀에서
엄마가 우산을 들고
붓꽃처럼 웃고 있었다

-「붓꽃」 전문

「붓꽃」은 신춘문예 당선작으로, 시인이 추구하는 따뜻한 가족애의 단초를 제공하는 동시이다. 화자가 뜻하지 않게 하굣길에서 소나기를 만난다. 등굣길에서는 멀쩡하던 하늘이 하굣길에 갑자기 소나기를 퍼부었던 탓이다. 화자는 우산도 없이 힘껏 뛰다 간혹 들르던 게임방 입구에서 잠시 피해보지만 비 그칠 기미를 보이지 않자 다시 뛴다. 그러다 피자 집 담벼락에서 소나기를 맞고 있는 붓꽃 한 송이를 보게 된다. 세찬 빗줄기에도 꿋꿋하게 이겨내고 있는 붓꽃 앞에서 걸음을 멈추고 자신도 붓꽃처럼 비를 맞으며 늠름히 서본다. 이때 마중 나온 엄마와 만나는데, 우산을 들고 웃고 선 엄마도 그 붓꽃처럼 보였다는 것이다. 우리는 「붓꽃」을 통해 어려운 환경에 놓였을 때 더욱 꿋꿋해지는 가족애의 강한 유대와 따뜻한 정감을 느낄 수 있다.

「붓꽃」에는 가족애가 낭만적으로 그려져 있다. 그러나 어린이의 마음으로 세상 물상을 보고 또 물정을 살피는 최명란의 두 번째 동시집에는 가족 간의 관계성이 좀 더 확장된다. 가족애를 '붓꽃'처럼 낭만적으로 보지 않고 현실적으로 인식시켜준다는 것이다.

그릇들은
조금만 건드려도
엄살이 심하다
내가 내리친 것도 아니고
손가락에 살짝 건들렸을 뿐인데
딸그락
우르르르
큰소리를 내며
주저앉는다
내 동생은 그릇이다

-「엄마 앞에서」 전문

동생은 가족 중 가장 귀엽고 보살펴주어야 할 약자이다. 그러나 이 두 번째 동시집에서는 「엄마 앞에서」 보듯 그릇과 같은 존재로 그려진다. 엄마가 설거지할 때 살짝 잘못 놓아도 옆의 그릇들과 부딪쳐 요란한 소리를 내는 것이 그릇이다. '내 동생'도 엄마 앞에서는 "조금만 건드려도" 심하게 엄살을 부려서 화자를 곤혹스럽게 만드는 얄미운 가족이다. 한편 할머니는 콩처럼 작게 웅크리고 잠을 자 안쓰럽게 비쳐진다(「할머니」). 없으면 심심하고 있으면 얄미운 '내 동생'이나 자꾸만 콩처럼 작아져 머지않아 씨앗처럼 땅속에 묻혀야 하는 '할머니', 그 모두 함께 살면서 감당해야 하는 가족이라는 현실적 인식을 바탕으로 하고 있다. '할머니'에 대한 안쓰러운 마음이나 '동생'에게 갖는 관심은 가족에 대한 사랑이 그만큼 깊다는 뜻이다. 최명란은 이러한 현실적인 가족애를 통해 아이들에게 가족의 의미를 다시금 일깨워주고 있는 것이다. 결국 시인은 단란한 가족애를 「크레파스」로 확인시켜준다.

설날이다
친척들이 많이 왔다
빽빽하게 누워 잔다
촘촘 비좁다

크레파스다

-「크레파스」 전문

명절이면 모처럼 집안 친척들이 한 자리에 모인다. 다 같이 즐겁게 먹고 놀고 같이 잠도 잔다. 콩처럼 쪼그리고 자는 할머니도 엄마 앞에서 엄살 부리던 동생도 다 사랑스럽다. 크레파스들처럼 저마다 다른 색깔로 비좁은 방에 촘촘히 누워도 마냥 즐겁다. 이 「크레파스」는 행마다 '~다' 종결어미를 활용하여 즐거운 설날의 풍경을 서사적 방식으로 압축 전개하면서 그 단란한 관계를 드러내주고 있다.

이와 같이 최명란의 두 번째 동시집 『해바라기야!』는 짧은 시행에서도 따뜻한 정감이 여운처럼 감돈다. 시인에게 동시란 가족 간, 이웃 간의 사랑스런 유대를 간구하는 의미체이며 대자연과도 결합된 중요한 의사소통의 통로이다. 그의 단순하고 간결하며 명쾌한 단형의 동시들은 주관적 사변에 빠지지 않고 그것을 즐겁게 이해시키는 시적 기법인 셈이다. 이처럼 『해바라기야!』는 최명란의 새로운 시적 표현 미학과 천진한 시 의식을 함께 볼 수 있는 동시집이다.

한없이 투명한 동심에서 부정이 득실거리는 현실로

-정갑숙의 동시 자세히 읽기-

김 종 헌*

1. 글머리에

정갑숙 시인은 1998년 <아동문예문학상>과 1999년 <동아일보> 신춘문예를 거쳐 문단에 나온 작가이다. 이미 『나무와 새』(2001), 『하늘 다락방』(2004), 『개미의 휴가』(2007)에 이어 『말하는 돌』을 2013년에 출간하였다. 등단 이후 3년 정도의 주기로 동시집을 발간한 샘이다. 꾸준하게 창작활동을 해 왔음을 알 수 있다.

앞에서 언급한 동시집에 수록된 동시들을 죽 훑어보면 하나의 큰 특징을 찾을 수 있다. 동시의 제목에서 알 수 있듯이 거의 전부가 자연을 대상으로 하고 있다. 특히 꽃과 나무, 새와 풀, 바다와 물(비), 별과 들(산) 등이다. 그 다음으로 많은 비중을 차지하는 대상이 엄마와 아기이다. 동시의 전형적인 소재를 고루 사용하고 있는 샘이다. 몇 편의 동시를 꼼꼼히 읽어보면 또 하나의 특징을 보탤 수 있다. 많은 동시가 물활론을 바탕으로 하여 시적화자는 대상에 말 걸기를 하고 있다. 또한 그의 동시는 대칭적인 구조를 가지고 있다. 이로써 리듬감도 살리고 대상에 대한 뚜렷한 차이를 드러내고 있다. 어린들은 이러한 대칭적인 관계를 통해서 대상의 특징을 인식하고 공감하게 된다. 게다가 동화의 특징인 이야기성(허구성과 서사성)이 드러난다. 대상을

---

* 문학박사, 아동문학평론가

허구적 공간으로 옮겨 인물 간에 아옹다옹하는 모습도 보여주어 재미를 더해 준다.

기본적으로 그의 동시는 다정다감한 정서로 어린이의 눈높이를 잘 맞추고 있다. 반면에 이런 생각도 든다. 대상을 물활론적 사고와 상상으로 재미있게 표현하고 있으나 시적인 형상화가 미흡하다는 것이 그 첫 번째이다. 이러한 표현은 단순한 세계인식에 머물 수밖에 없으며 시적 감동이 떨어진다. 다음은 대상을 관념적으로 이해하고 스케치에 그쳤다는 느낌도 든다. 이것은 자연을 순수한 생명체로 인식한 낭만적 동심에서 비롯된 것이다. 또한 동시에 드러난 교훈성이 너무 직접적이다. 정갑숙의 동시에서 얼추 이런 특징을 한 눈에 파악할 수 있다.

그러나 그가 이룩한 10여 년의 동시세계를 불과 몇 줄로 이렇게 정리하는 것은 무리이다. 한편 위에서 말한 정갑숙 시인에 대한 촌평은 뒤집어 보면 그 장단점의 뿌리가 같다. 또한 이 글은 정갑숙 동시의 작품론이라기보다는 '자세히 읽은 감상' 정도의 한계를 지니고 있음을 미리 밝혀둔다. 그렇더라도 정갑숙 시인의 시적사유와 그의 동시가 갖는 특징과 의미가 무엇인가 하는 것이 궁금할 수밖에 없다. 동시장르 안에서 정갑숙 시인의 동시가 갖는 차별성을 찾아보는 즐거움이 이 글이 의미라 생각한다.

2. 한없이 투명하고 순수한 동심의 한계

1) 저만치 떨어져 있는 이상향, 자연

첫 동시집 『나무와 새』의 책머리에 그가 밝혀 놓은 다음 구절은 정갑숙 시인의 시적사유를 잘 읽을 수 있다.

> 가슴에 별을 단 하늘! 품에 나무를 안은 산!
> 풀꽃을 가꾸는 들! 물고기를 키우는 시냇물! (중략)
> 그래서 내가 만난 최초의 동시집은 자연이었다.

시인의 말을 통해서 우리는 그가 자연을 바라보는 시선을 따라갈 수 있다. 그것은 늘 있어야 하는 그 자리에 그대로 있어야 하는 자연이다. 무엇이 시인을 이렇게 자연에 몰입하게 했을까? 그것을 추론하면 정갑숙 동시에 나타난 그의 시적사유를 알 수 있을 것이다. 시인이 사는 곳은 도시이다. 그 도시는 자본과 문명의 논리를 철저히 따르며 살아가는 수많은 사람들이 있다. 시인의 눈에 비친 이들의 모습은 자연과 멀어져 있었다. 즉 시기와 질투 그리고 다툼, 또 분노와 경쟁 등으로 사람들의 삶이 반자연적인 모습이다. 그것이 시인은 못마땅했을 것이다. 아이들의 생활도 마찬가지이다. 어른들이 구획해 놓은 삶에 갇혀서 아이다움을 잃어버리고 있다. 성적을 중심으로 그들의 삶이 평가되고, 그것으로 가야할 상급학교가 결정된다. 이런 상황은 예나 지금이나 비슷하다고 하지만 지나친 경쟁 속에 내몰린 아이들은 그들이 뛰어 다닐 운동장을 빼앗기고 있다. 정갑숙의 시적사유의 출발은 여기에 있다. 다음 동시에서 그의 삶의 궤적을 읽을 수 있다. 또 그가 지향하는 동심의 방향을 가늠할 수 있다.

햇살 따사로운 봄날
새 한 마리 날아와 나무 위에 앉는다.
부러운 나무는 새를 보며 말한다.
"나도 너처럼 하늘을 날고 싶다"
나무의 마음을 안 새는 가슴의 비밀을 털어 놓는다.
(중략)
하늘은
가진 것을 다 주는 나무의 마음을 알고
하얀 솜이불을 펼쳐 나무를 덮어 준다.
솜이불을 덮고 누운 나무는 이제 꿈을 꾼다.
한 마리 새가 되어 훨훨 날고 있다.
하늘 무지개 다리를 건너서.

-「나무와 새」 부분, 『나무와 새』

이 동시는 나무와 새를 통해서 '나눔'을 이야기 하고 있다. 열매를 사람들에게 나누어준 나무는 마침내 하늘을 나는 꿈을 꾼다. 자연과 동심에 대한 그의 낭만성을 짐작할 수 있는 작품이다. 이와 비슷한 주제를 다룬 그의 또 다른 동시로 「꽃들의 주머니」를 들 수 있다.

꽃들은 만나는 사람마다
주머니 속 향기를 꺼내 나누어주고
그 나누어주는 기쁨에
저마다 그렇게 웃고 있는 거야!

내 마음 주머니 속에도
꽃처럼 향기를 담아야지
만나는 친구마다 나누어 줄
나만의 향기를.

-「꽃들의 주머니」 부분, 『나무와 새』

꽃의 웃음은 나눔에 있다. 이렇게 메시지 강한 동시를 통해서 시인은 우리들의 삶을 반성하게 한다. 경쟁은 나눔의 원리가 작동하는 것이 아니다. 그렇기에 돈이나 성적에 따라서 빈부의 차이가 크게 나타난다. 그것으로 사람을 평가는 우리사회에 자연이 주는 의미를 되새기는 것은 의미 있는 일이다. 시인은 이러한 연장선에서 문명의 편리함보다는 순박한 시골의 정서를 이어가고 있다. 세 번째 동시집 『개미의 휴가』에 실려 있는 「거꾸로 도는 시계」를 살펴보자.

풀꽃 한 송이
뒤로 뒤로 돌아가면 풀씨 한 톨
꽃나무 한 그루
뒤로 뒤로 돌아가면 꽃씨 한 알. (중략)

도시의 빽빽한 집들
뒤로 뒤로 건너가면 강변 움집 한 채
도시의 반짝이는 등불
뒤로 뒤로 건너가면 산골 부싯돌 불빛 하나.

-「거꾸로 도는 시계」 부분, 『개미의 휴가』

인용 동시에서 보듯이 화자는 도시문명 이전의 공간으로 시간여행을 하고 있다. 그렇다면 시인은 왜 끊임없이 문명이 아닌 자연으로 돌아가기를 고집하는가? 그것은 순수와 아름다움에 대한 낭만적 태도에서 찾을 수 있다. 아름답고 순수한 원시성을 가진 자연은 늘 나누어주고 또 아름다운 모습으로 '저만치 떨어져 있는 이상향'이다. 이런 발상은 동시 「특수 열쇠」에서 "'품어줌'은 닫힌 새 알을 여는 특수 열쇠"이고 "'어루만짐'은 닫힌 콩을 여는 특수열쇠"로 표현되어 나타난다. 여기서 '품어줌'과 '어루만짐'은 "새 알"을 부화시키고 "콩"의 싹을 트게 하는 자연의 속성이다. 정갑숙 시인에게는 늘 그렇게 품어주고 어루만져 주는 자연의 원시성이 깊이 숨어 있는 것이다.

자연이 그렇게 자연스럽게 자기자리를 지키며 조화를 이룬다는 것은 진리에 가깝다. 그래서 예로부터 많은 시인들은 자연을 가까이 하면서 속세의 혼탁함을 비판하였다. 그렇다면 문제는 창작의 참신함이 돋보여야 한다. 이미 자연을 통해서 던지는 메시지가 같기 때문에 그 시적표현의 낯섬과 참신한 표현이 '오늘 이 자리에서' 나만의 독창성을 지닐 수 있기 때문이다. 정갑숙 시인의 첫 동시집에서 이러한 특징을 찾을 수 없는 것이 아쉽다. 자연을 보고 아이들 혹은 인간의 삶과 연결 지어 그 특징을 잡아내는 기발함은 돋보이지만 그것을 시적으로 변용하여 동시에 옮기는 데는 한계가 분명히 보인다. 산문투의 설명적인 점과 동시의 끝부분을 화자의 다짐으로 맺는 점, 다소 관념적인 생각을 나타내는 바람에 구체적인 어린이들의 모습이 보이지 않는 점 등이 그렇다. 이러한 비판은 비단 정갑숙 시인에게 한정 되는 것은 아닐지도 모른다.

대개의 동시인(아동문학가)들은 동심을 아름답게 보고 있다. 그래서 이 아름다움을 자연에 비유하여 드러내면 더 순수한 아름다움이 된다는 생각을 가지고 있다. 새가 노래하는 모습에서, "저마다 색색 고운 향기"를 가진 꽃에서 귀여운 아이의 모습과 아름다운 동심을 느낀다. 이러한 발상은 티끌하나 없는 순수성을 동심으로 보고 그것을 아름다움으로 이해한 데서 비롯된다. 그래서 욕망과 부정이 득실거리는 현실에서 아이들을 애정 어린 눈길로 바라보고 그 한계를 벗어나게 해야 한다는 계몽적인 시각을 갖게 된다. 이러한 아름다움을 좇는 시작태도가 잘못 되었다기보다는 어린이들의 구체적인 삶과 거리가 있다는 점에서 동시를 읽는 흥미가 떨어진다는 것이다. 우리는 거짓과 모순이 없는 진공관 같은 절대무구의 아름다움이 있는 공간에 존재하는 것이 아니다. 거짓과 오류가 함께 있고 또 한숨과 분노가 있는 현실공간에서 살아간다. 이러한 공간에서 순수를 찾기 위한 노력과 참신한 시적표현이 있을 때 독자는 크게 공감한다.

2) 시인의 귀에 들려오는 소리들

한편 그의 시작태도는 대상(자연)에 대한 '말 걸기'이다. 아니 그의 표현대로 하면 자연이 하는 말소리가 시인의 귀에 들린다. 이 소리가 시인의 귀에 들리는 것은 우리가 사는 이 세상은 이러한 자연의 아름다운 질서가 늘 존재하지 않는다는 역설이기도 하다. 『하늘 다락방』의 '머리글'에서 시인은 세상을 '공사장'에 비유하며 어수선하다고 표현한 것으로 짐작할 수 있다. 그래서 '깊이'보다는 '높이'에 눈길을 보내는 인간의 모습을 안타깝게 바라보고 있다.

시인은 자연에서 기쁨을 얻고 또 슬픔을 느낀다. 이것이 자연에 대한 시인의 동심적 사유이다. 즉 그는 모든 대상을 물활론적으로 인식하여 '말 걸기'를 하고 있다. 물활론적 사고는 무생물을 생물로 취급하는 그 이상의 동심이 들어있다. 대상을 물활론적으로 바라보는 순간 주체는 대상에 대한 분노와 연민의 정서를 가지게 된다. 이러한 정서를 동심이라 해도 좋을 듯하다.

꽃은
하느님의 지우개

개나리는
시골 울타리를 지우는
노란 지우개

장미는 도시 담장을 지우는
빨간 지우개

찔레꽃은
휴전선 철조망을 지우는
하얀 지우개

향기 나는
하느님의 지우개

-「하느님의 지우개」 전문, 『하늘 다락방』

시인의 제2동시집 『하늘 다락방』의 맨 처음에 실려 있는 동시이다. 이 동시는 꽃을 하느님의 지우개에 은유하고 있다. 지우개와 꽃은 별 상관이 없다. 이렇듯 폭력적으로 관계짓기를 해 놓고 시상을 전개하고 있다. 이것은 그가 대상을 낯설게 바라보는 특유의 상상력과 물활론적 사고에서 비롯된 것이다. 시인은 우리가 사는 세상을 공사장같이 어수선하고 불안하다고 느끼고 있다. 즉 세상은 조화로운 공간이 아니라 분열과 갈등이 존재하는 곳이다. 이러한 세상에 시인은 말을 걸고 있다. 아니, 그들의 안타까운 정서를 듣고 있다. 그 안타까운 소리가 시인의 귀에 들려오자 시인의 가슴은 대상에 대한 연민을 느끼고 해결해 주고 싶은 어린아이의 순수함이 풀려나오기 시작한다. 꽃(개나리, 장미, 찔레꽃)은 이러한 분열과 갈등을 지울 수 있는 매개항이다. 세계(문명)의 반대쪽에 있는 자연은 늘 이렇게 조화롭다. 이러한 그의 동심적 사유는 「감자꽃」, 「무지개2」, 「나무가 팔이 많은 이유」, 「화분 속 나무」 등에도 잘 나타난다. 이것이 정갑숙 시인의 동심적 사유이다.

한편의 그의 동시에는 이야기성이 두드러지게 나타난다. 이때 이야기성이란 허구성과 더불어 서사성을 의미한다. 제1집에서부터 지속되는 이 특징은 마치 동화를 읽는 것처럼 현실너머의 공간을 넘나들며 인물(화자)의 갈등(심리)를 공감하게 된다. 앞에 인용한 제1집의 「나무와 새」를 비롯하여 「나무의 알람시계」, 「바닷가 왕국」, 「개미의 우산」, 「거미의 흔들림 침대」 등이 그렇고, 제3동시집의 「개미의 휴가」, 「해님의 편지함」, 「공짜 가게」, 「어깨동무를 하여」 등이 그렇다. 동시 「개미의 휴가」를 예로 들면 개미형제(인물)가 땅속 깜깜나라(배경)에서 땅 위 나라로 여행(사건)을 하면서 겪는 이야기를 줄거리로 하고 있다.

땅속 깜깜나라 백성 개미 형제가
나무 뿌리 전철을 탔다가 풀 뿌리 전철을 갈아타고
땅 위 나라로 여행 왔다.

나뭇잎은
개미의 하늘 호텔
풀잎은
개미의 하늘 콘도

호텔마다 흔들리는 마뭇잎 침대
콘도마다
향기나는 풀잎 침대

하늘 호텔 갈까
하늘 콘도 갈까
나무 기중 엘리베이트 탈까
풀잎 기둥 엘리베이트 탈까

허리 휘도록 일한 개미 형제
망설이다 망설이다 하늘 호텔서 배낭 풀고 있다.

-「개미의 휴가」 전문, 『개미의 휴가』

옛이야기처럼 시작하는 이 동시는 자연의 특정 공간을 배경으로 하여 개미형제의 움직임을 해외여행쯤에 비유하고 있다. '땅 속 나라'에서 '땅 위 나라'로의 이동은 완전히 다른 풍경을 지닌 공간으로의 여행이다. 처음 보는 "나뭇잎 호텔"과 "풀잎 콘도", 그리고 "나뭇잎 침대"와 "풀잎 침대", "나무기둥 엘리베이트" 등은 등장인물 개미에게 있어서는 낯선 체험이다. 이 동시는 성실하게 일한 사람들의 행복을 상상으로 펼쳐 놓고 있다. "허리 휘도록 일한 개미형제"는 "하늘 호텔"과 "하늘 콘도" 중 어디로 갈까를 놓고 마지막까지 갈등하고 있다. 이런 모습은 우리들의 모습을 그대로 닮아있기에 더욱 재미있게 다가온다. 스토리텔링을 통한 정서의 전달은 동시에서 느끼는 또 다른 맛이 있다. 동시는 함축된 시어의 의미를 생각하여야 한다면, 스토리텔링은 인물의 행동을 중심으로 듣고 있으면 된다. 그러나 정갑숙 시인의 기본적인 시적 사유는 교훈성을 벗어나지 못하고 있다. 한 예로 「어깨동무를 하여」에서도 3연에서 "손에 손을 잡은 담쟁이와 돌들이 한 가족이 되었습니다."로 끝을 맺어 그 의도를 노출시키고 있다.

이렇듯 정갑숙의 동시는 이야기성이 두드러진 가운데 또 한편으로는 단순하다. 이 말은 시어의 간결성보다는 시의 전개과정이 단순하다는 이야기이다. 즉 대칭적인구조를 지니고 있어 그 시상이 선명하다. 이러한 발상은 동심과 연결된다. 유아들의 세계인식은 이분법적이다. 이러한 사고 때문에 그들은 세계를 간결하게 인식한다. 제2동시집 『하늘 다락방』의 「주인 찾기」, 제3동시집 『개미의 휴가』에 실려 있는 「참 이상해」, 「특수 열쇠」, 「꽃이 오는 길」, 「이름표」 등이 그 좋은 예일 것이다.

1.
비오는 날
나뭇잎은

누구의 우산일까요?

<초 록 우 산>
주인 찾아가세요
먹구름이 마하자

저요!
청개구리가 손을 들고
나뭇잎 우산을 찾아가네요

2.
해 눈부신 날
나뭇잎은
누구의양산일까?

<초 록 양 산>
주인 찾아가세요
흰구름이 말하자

저요!
개미가 손을 들고
나뭇잎 양산을 찾아가네요

-「주인 찾기」 전문, 『하늘 다락방』

'나뭇잎-비 오는 날-초록우산-청개구리'와 '나뭇잎-해 눈부신 날-초록양산-개미'의 대칭적인 구조는 마치 미술 시간의 데칼코마니를 연상할 만큼 뚜렷하게 시상이 제시되어 있다.

3. 투명하고 순수한 동심의 극복과 시적 변모

1) 모순과 부정이 득실거리는 현실에서의 자연

제4동시집 『말하는 돌』에 오면 정갑숙의 시적변화가 엿보인다. 우선 산문투의 표현이 없어지고 그가 제3집까지 보였던 이야기성도 사라진다. 또한 대상이 가진 본질적인 속성을 찾아서 의미를 부여하고 뚜렷하게 형상화하여 시적표현을 살려내고 있다. 여기에는 가시적으로 드러난 연의 구분도 한 몫했다. 즉 표현은 간결해졌고 의미는 깊이를 더하고 있다. 또한 시적 대상에도 큰 변화를 보인다. 지금까지 그의 동시는 자연을 대상으로 한 것이 많았다. 그러나 여기서는 고향, 문화재, 친구, 가족 등이 눈에 띈다. 자연을 언급하고 있지만 사람들 속의 자연이다. 이것은 '저만치 떨어져 있던 자연'과는 다른 면을 보인다. 특히 문화재는 현대인의 삶을 반추하는 소재로 활용되고 있다. 따라서 그것을 통해서 역사의식이나 교훈성을 찾기보다는 당대 사람들의 숨결과 오늘 우리들의 숨결을 읽어내고 있다.

이같은 변화를 단순한 소재와 기법의 변화로만 읽을 수는 없다. 그의 사유를 관통하고 있는 시적 대상은 여전히 자연이기 때문이다. 그는 자연의 조화를 직접 말하던 방식에서 벗어나 개발의 반대쪽에 있는 고향을 이야기하고 있다. 이때의 고향은 자연과 다르지 않다. 개발의 논리 저편으로 밀려난 사람들의 정서를 확대하여 풀어놓음으로써 뭇 생물들과 함께 어울리는 인간의 모습을 지향하고 있다. 이것이 변화된 그의 동심적 사유이다. 다소 낭만적이고, 또 계몽적인 요소가 없지는 않지만, 현실 속에서 인간에게 다가선 자연을 찾아 그 의미를 전달하고 있다.

봄날
엄마가
갈색 다시마를 데친다

보글보글

끓는 물 속에
주르르 미끄러지는 순간
다시마 온몸이 초록색으로 바뀐다.

-내 고향은 초록 바다야
다시마가 빛깔로 제 고향을 말한다.

-「내 고향은 초록 바다」 전문, 『말하는 돌』

이 동시는 「고향 가는 미역」과 짝을 이룬다.

미역이
물을 만나자
금세 살이 오른다

고향 가고 싶어
날마다 바싹
얼굴 야위어 있더니

물 속에
미역의 고향으로
가는 길이 있나 보다

미역은 그 물길을 따라
제 고향 바다로
가고 있나 보다

하느적 하느적
춤추며

고향에 닿았는지
기분 좋아진 미역
얼굴 포동포동하다.

-「고향 가는 미역」 전문, 『말하는 돌』

마른 미역과 다시마는 물에 불려서 음식을 만든다. 이때 검은 갈색의 미역은 초록으로 색깔도 변한다. 이러한 현상을 상상으로 읽어내어 제 고향인 바다에 가고 싶은 미역을 그려내는 것은 동심적 발상이다. 고향 가는 즐거움, 혹은 포근함을 "내 고향은 초록 바다야"로 천연덕스럽게 표현하고 있다. 게다가 "포동포동"한 얼굴로 "하느적 하느적/ 춤추"는 등의 동적인 모습은 고향에 대한 신명을 더해 준다.

어린이들은 인지적 언어보다는 무의식적 언어를 더 자주 사용한다. 그들의 사고 깊숙이 있는 물활론적 사고는 이를 뒷받침한다. 이것 때문에 때로는 엉뚱한 발상, 즉 대상에 대한 잠재의식이 불쑥 튀어나와 그들의 생각이 참신하며 기발하게 느껴지는 것이다. 이러한 사유를 직관이라고도 한다. 이 직관은 참신한 이미지와 역동적인 리듬을 살아나게 하며 굳어버린 에너지를 다시 흐르게 하는 힘을 가지고 있다. 정갑숙 시인의 제4동시집에서 가장 눈에 띄는 장면이 바로 이점이다. 그래서 그의 동시에서 교훈성이 많이 사라졌으며 동심의 활기를 느낄 수 있다. 이 활기는 티끌하나 없는 순수성으로 욕망과 부조리가 득실거리는 사회에서 동심을 찾으려는 나약함이 아닌 활기 있는 동심이다. 이때 동심은 세계를 당당하게 바라보며 주체로 서게 된다. 즉 실험실 밖으로 나와 온 몸으로 현실을 받아들이게 된다.

동시 「맨발 청소부」는 "비둘기"를 "청소부"에 은유시켜 놓았다. 전혀 엉뚱한 발상이다.

겨울 아침
마트 주차장에
비둘기 한 마리 청소를 하고 있다

콕콕콕……
콕콕콕……

시멘트 땅에 버려진 부스러기
제 몸 안으로 주워 담으면서도
자동차 다가오면 포르르
허공에 몸을 숨긴다

몰래 청소하는 것
들키지 않으려고
차가운 시멘트 땅 양말도 신지 않은 채
분홍 맨발 지나간 자리
여기저기 말갛다.

-「맨발 청소부」 전문, 『말하는 돌』

흔히 평화로 상징되는 이미지를 벗어났으며, 또 인간에게서 멀어진 애물단지의 이미지도 벗어나 있다. 그저 "자동차가 다가오면 포르르/ 허공에 몸을 숨"기는 현실적인 비둘기이다. 그러나 "차가운 시멘트 땅 양말도 신지 않은 채" 몰래 청소를 한다는 상상은 비둘기라는 구태의연한 소재를 참 낯설게 표현한 것이다. 그래서 "분홍 맨발 지나간 자리/ 여기저기"가 말갛다. 애써 의미를 부여하자면 비둘기를 '자기희생'으로 이미지 전환을 시켜 놓은 샘이다.

2) 조상의 숨결에 반추한 우리들의 숨결

다음으로 변화된 점은 문화재를 시적 소재로 하면서도 조상의 슬기와 자랑거리로 연결 짓지 않고 있다는 점이다. 오히려 당대 사람들의 폭력성을 고발하기도 하고 해학적 표현으로 현대 사람들의 모습을 비판하기도 한다. 이것은 유치한 동심의 한계를 벗어나려고 특정 소재(독거노인, 폐지 줍는 할머니 등)를 중심으로 하는 소재주의의 한계도 벗어나 있다.

고대가야와 신라에
임금을 위하여
신하들 생목숨 땅에 묻는
순장이 있었다는데

21세기에도
순장이 있다

땅속 방에
잠든 개구리

문 열어 주세요!
개굴! 개굴!

목쉬도록 울다 묻힌
무수한 개구리들

땅속 방에
잠든 아기 매미

문 열어 주세요!
꼬물! 꼬물!

온몸으로 외치다 묻힌
무수한 아기 매미들

21세기 아스팔트 궁전

자동차 임금을 위하여
순장되었다.

-「문 열어 주세요!」 전문, 『말하는 돌』

고대 순장 풍습을 둘러 본 화자는 아스팔트를 떠올렸다. 순장은 한 사람의 절대 권력자를 위해 수많은 피지배자들이 희생을 치러야 하는 악습이다. 여기에서 화자는 당대의 문제만을 본 것이 아니라 오늘 우리가 사는 모습을 읽고 있다. 자동차문화가 발달하면서 온통 도로는 아스팔트로 뒤덮혀 있다. 인간의 편리한 삶이 다른 생물들의 희생으로 이루어진다는 반성이다. 뚜렷한 해결책을 마련하지는 못하지만 사회의 문제를 지적한 점에서는 공감이 된다. 또 '순장=아스팔트'라는 발상이 낯설고 신선하다. 그것이 주는 재미가 쏠쏠하다.

이러한 시인의 상상은 여러 곳에서 나타난다. 「플라스틱 용기인」, 「옛날 짝꿍」 등을 들 수 있다. 신석기인이 빗살무늬 토기를 만들어 사용하였다면 현대인들은 플라스틱 용기를 사용한다는 점을 들어 "빗살무늬토기인"에 대응하는 "플라스틱용기인"으로 이름 짓는 발상은 역사적 사실에 그치는 것이 아니라 현대 우리들의 모습을 반추하고 있다. 또 "나는 책상/ 책은 옛날 내 짝꿍"(「옛날 짝꿍」)이라는 연결도 그렇다. 그 내(책상) 짝꿍인 책은 "조용하고/ 생각이 깊던", "부드럽고 상상력이 깊던", "숲이 고향이던" 그 아이이다. 그러나 지금은 "머리가 가분수처럼 큰 아이", "고향이 공장인" 컴퓨터가 짝꿍이 되어 있다. 눈길 한 번 주지 않고 혼잣말을 하는 이 아이를 책상을 부담스러워한다. 컴퓨터가 보편화 된 오늘 우리들 사회에서 종이책이 가지는 위상을 빼앗겼다는 아쉬움과 걱정이 많다. 그러나 컴퓨터를 거부할 수도 없는 실정이다. 이러한 현실을 그들의 고향, "숲과 공장"을 얘기함으로써 독자들의 정서적인 차이를 끌어내고 있다. 이것은 어린이들의 이분법적 사유를 잘 활용하여 대상을 시적으로 변용시킨 좋은 예라 할 수 있다.

또한 팔만대장경을 소재한 동시 「아름드리 산벗나무-팔만대장경·1」은 대장경 속에 들어 있는 역사적 의미를 1~3연까지 나열한 후 4연에서는 중의적인 표현을 통해서 그 의미를 더 깊게 느끼게 한다.

비바람 눈보라 속에서도
아름드리 산벚나무 한 그루
쓰러지지 않고 몇 백 년 잘 자라고 있다.

-「아름드리 산벚나무 -팔만대장경 · 1」 4연, 『말하는 돌』

즉 팔만대장경은 '부처님 마음-고려인 마음-장인들 마음'이 새겨져 있는 문화유산이다. 그런데 이 동시의 4연에서 아름드리 산벚나무는 팔만대장경의 은유이자 상징이다. 팔만대장경의 그 어마어마한 문화유산적 가치를 "아름드리"를 통해서 짐작할 수 있으며, 무엇보다도 "쓰러지지 않고" 아직도 잘 자란다는 의미는 우리들이 그것을 잘 보존하고 있다는 의미이다. 한편으로 "아름드리 산벚나무"가 몇 백 년 동안 잘 자라고 있는 것으로도 읽힌다. 이렇게 한편의 동시는 낯선 발상과 신선한 비유를 통해서 옛날과 현재를 넘나들며 상상을 펼치고 있다. 이러한 상상이 동시를 더 풍요롭게 하며 재미를 더해 준다.

4. 끝머리에

문학의 대상은 우리들의 삶이다. 즉 인간의 삶을 모방하면서 욕망을 관리하는 것이다. 여기서 욕망을 동심으로 바꾸면 순수하고 투명한 동심만 남는 것이 아니고 모순과 분노의 동심도 함께 포함된다. 어린이들의 생활 속에 묻어 있는 욕망과 그 일탈을 다루어야 진정 어린이를 위한 시, 동시가 되는 것 아닌가 하는 생각이다. 욕망은 계몽해야 할 대상이 아니라 그것을 풀어냄으로써 바른 방향으로 옮겨가도록 허용해야 할 관리의 대상이다. 인간이 자연을 모방하는 이유가 여기에 있다. 자연의 순수함은 인간의 이러한 욕망을 성찰하게 하는 힘을 가지고 있기 때문에. 그렇다면 어린이들의 삶과 동심을 모방하는 동시는 그들의 삶을 성찰하는 기제가 되어야 한다. 관리되지 않는 욕망은 발광의 문제를 일으키며 인간의 삶을 뒤흔드는 심각한 문제를 불러 온다. 관리된 욕망은 꿈으로 자리매김을 하면서 삶을 바람직하게 이끌어 내는 에너지를 가지게 된다.

동심을 노래하는 것은 어린이들의 동심을 본받고 그것을 예찬하기 위해서가 아니다. 삶의 궁극적인 가치를 염두에 두고 일상의 유혹과 흔들림, 관리되지 않는 욕망을 성찰하기 위함이다. 그 고통 속에서 희망을 찾을 때 비로소 동심은 가치가 있다. 이것을 형상화하면 동시가 된다. 로만 야콥슨의 이론을 빌리면, 문학은 '상상적인 혹은 허구적인' 것에다가 '언어를 특별한 방식으로' 사용하는 것을 근거로 정의하고 있다. 다시 말하면 '일상 언어에 가해진 조직적인 폭력'을 나타내는 부류의 글이 문학이다. 그렇다면 동시도 리듬・이미지・표현방법 등 언어의 특별한 사용을 통해서 대상을 낯설게 하여야 한다.

지금까지 정갑숙 시인의 동시를 살펴보면서 제4집을 기점으로 변모되었음을 확인했다. 초기에 그가 가졌던 순수하고 맑은 동심의 눈으로 본 세계는 관념적이었다. 그래서 에너지가 굳어 있었다. 반면 제4동시집 『말하는 돌』에서는 모순과 한숨 속의 현실에서 동심을 찾았다. 굳어있던 에너지가 흐르기 시작했다고 할 수 있다. 어린이들에게 문학은 굳은 것을 부드럽게 하는 힘이다. 지금도 정갑숙 시인은 왕성하게 창작활동을 하고 있기에 그의 시적 사유를 단정하기는 힘 든다. 그를 일정한 방향으로 호출한 문학적 사유는 끊임없이 변할 것이기 때문에. 이것에 대한 고민과 해답은 오로지 정갑숙의 몫이다. 하지만 그의 동시는 욕망과 경쟁에 상처받은 현대의 우리들에게 보일 듯 안 보일 듯 전하는 힐링의 메시지로 읽힌다.

(『아동문학평론』 2013년 겨울호에서)

풍부한 서정과 동심적 페미니즘
-이영희론-

박 상 재[*]

1. 들어가는 말

이영희(李寧熙)는 1931년 일본 동경에서 태어나 포항에서 자랐다. 이화여고와 이화여대 영문과를 졸업하고 동대학원을 수료하였다. 그의 문학적 역량은 여고 재학시절인 1947년 시 「조가」가 대구의 동인지 <죽순>에 추천을 받으면서 인정받게 되었다. 1955년 한국일보 신춘문예에 동화 「조각배의 꿈」이 가작으로 당선되면서 동화문단에 등단하였다. 1960년 <새벗> 주간을 거쳐 소년한국일보 편집부장, 한국일보 문화부장, 정치부장 등을 역임하고 1981년에는 민정당 전국구국회의원으로 정계에 진출하기도 했다.

그가 최초로 펴낸 동화집 『책이 산으로 된 이야기』(1958)에 수록된 동화들은 그 때까지 발표된 동화들에 비해 본격 동화로서의 품격을 유지하고 있다. 강소천이 이 책의 서문을 통해 "옛날 이야기나 구연동화조로 출발한 그런 동화작가들에 비하면 얼마나 그의 작품이 앞으로 아름다워지고 뻗어갈 수 있을까 하는 것을 의심치 않는다"[1]고 밝힌 것만 보더라도 이영희 동화의 차별성을 짐작할 수 있다.

그는 계속하여 발간한 『꽃씨와 태양』(1967), 『날씨 굽는 가마』(1972), 『별

---

* 문학박사, 동화작가

1) 이영희, 『책이 산으로 된 이야기』(신교출판사, 1958), p.4.

님을 사랑한 이야기』(1978), 『생각의 꽃씨』(1978), 『사탕나라 꿈나라』(1979), 『도깨비와 쌍둥이』(1979), 『아기도깨비와 꽃초롱』(1980), 『꽃농사 꿈농사』(1987) 등의 동화집에서도 지속적으로 판타지를 구사하여 본격 동화작가로서의 위치를 굳건히 하였다. 그가 동화로 받은 문학상에는 제2회 해송동화상(1968), 제1회 대한민국문학상(문공부장관상, 1967), 제7회 소천아동문학상(1972) 등이 있다.

이영희의 아동문학에 대한 공헌은 환상의 영역을 확장한 점과 본격 동화로서의 다양한 모델을 제시했다는 점을 들 수 있다. 그는 작품 속에 시적 문체를 도입하여 시적 환상성을 부각시켰으며 현실에 뿌리를 둔 환상을 구축하려 했다. 또한 도깨비, 가마, 초롱, 선녀 등 전래적 소재를 도입하여 전승적 환상을 구사했으며, 동화를 본격 문학으로 끌어올리기 위하여 성인 독자를 의식한 동화도 많이 창작하였다.

이영희 자신도 '어른을 위해' 창작한 동화집 『별님을 사랑한 이야기』 후기에서 창작 의도를 감상적으로 밝히고 있다.

> 지순한 창작으로서의 동화는 지순한 어린이들을 위한 값진 선물입니다. 뿐만 아니라 지순한 것에의 향수를 가끔 슬픔처럼 아프게 느끼는 몇몇 어른들을 위한 선물일 수도 있읍니다. 극소수의 이러한 어른들, 모래알 속의 다이아몬드 가루와도 같은 이들에게 항상 애닯이 집착하지 않을 수가 없었던 것은, 그 아픔의 심정이 바로 인간이 차지할 수 있는 가장 높은 예지로 이르는 가교에 해당한다고 짐작되었기 때문입니다.[2)]

이 동화집에 대해 이상현은 "사랑의 본질을 환상적 수법으로 파악, 동화문학에 있어서의 새로운 아름다움과 사랑을 승화시킨 동화 세계의 무한한 공간 확대로 크게 주목된다"[3)]고 하였다. 이영희의 동화에는 우의적인 환상이 가장 많고, 전승적 환상과 시적인 환상도 많이 나타나고 있다.

---

2) 이영희, 『별님을 사랑한 이야기』(갑인출판사, 1976), p.125.
3) 이상현, 『아동문학 강의』(일지사, 1987), p.322.

2. 초기 작품에 나타나는 서구적 환상

이영희 동화의 가장 큰 특징은 상징적이고 시적인 어휘 구사와 다양하고 풍부한 환상의 구축에 있다. 이재철은 그에 대한 문학사적 비중을 거론하면서 "서구적 취향을 바탕으로 한 풍부한 환상력과 상징력을 가진 최초의 본격 여류동화작가로서 우리 동화를 본격으로 치닫게 하는 데 중요한 영향력을 끼쳤다"[4]고 하였다. 그의 초기 동화에는 발상과 분위기가 서구적인 것이 많았다. 데뷔작인 「조각배의 꿈」을 비롯하여 「사탕나라 꿈나라」, 「투명나비의 집」, 「옛초롱」 등의 삽화(揷話)에서 느낄 수 있는 장면과 희랍 신화의 구조를 떠오르게 하는 「오월의 딸들」과 같은 동화에서 느낄 수 있는 서구적 분위기는 그가 영문학을 전공했던 영향과도 결코 무관하지 않다고 본다.

> 공주님 바로 앞자리엔 한층 얕은 연못이 있어 쉴 새 없이 분수가 꽃불처럼 솟아오르다 헤쳐지곤 하는데 그 연못 가운데 마련된 뚱그런 무대로 붉은 옷을 입은 여자들이 나와서 춤을 추기 시작하였읍니다. …(중략)… 그 맨 앞에는 인형 같이 단정히 옷을 입은 군인들이, 번쩍번쩍한 칼이며 총이며 깃대들을 들고 늘어선 가운데, 몸에 꼭 맞은 하얀 바지 위에 샛노란 만또를 걸친 씩씩하고 늠름한 어떤 청년이 서 있었으니 그가 바로 왕자님이었읍니다.

가을날, 쓸쓸한 강나루에 매어져 있던 낡은 쪽배는 외로움과 서러움에 지쳐 잠이 들게 된다. 쪽배는 강물을 따라 흘러 내려가 큰 도시들을 몇 번이나 지나고 마침내 으리으리하게 큰 항구에 닿는다. 그 곳에서 쪽배는 화려한 파랑새호로 변신하여 먼 남쪽 나라의 왕자에게로 시집을 가는 공주를 싣고 한 달 동안 항해를 하게 된다.

공주가 등장하는 무도회나 샛노란 망토를 걸친 왕자의 모습은 서구적 분위기가 아닐 수 없다. 파랑새호의 진수식에서 군중들이 색 테이프를 던지는 장면이나 군악대의 음악이 울려 퍼지는 삽화 또한 그러하다. 이와 같은 서구적 분위기는 외국의 왕자[5]가 등장하는 「사탕나라 꿈나라」에서도 찾아볼

---

4) 이재철, 『한국아동문학작가론』,(개문사, 1983), p.238.

수 있다.

> "나는 설탕나라 프린쓰란다." …(중략)…
>
> "그래. 샛파란 바다 물 위에선 빨간 산호수를 들여다볼 수 있고, 밤이면 무성한 야자수 나무 뒤로 오렌지빛 둥근 달이 떠오르는 아름다운 고장이란다. 먹을 것, 입을 것 걱정 없고 싸움도 없는 평화의 왕국이야."
>
> 그 왕자님은 여간 자랑스럽게 이야기하는 것이 아니었읍니다. …(중략)… 왕자님은 연신 먹음직한 짬 빵이며, 돌돌 말은 빠타 빵이며, 옛날 성처럼 아름답게 쌓아 올린 크림 과자를 수없이 꺼내는 것이었읍니다.

이와 같은 서구적 분위기는 지극히 여성적이어서 작가의 페미니즘 성향을 엿볼 수 있게 한다. 이러한 기조는 희랍 신화를 연상하게 하는 「오월의 딸들」에 와서는 한층 더 구체화되고 선명해진다. '오월 어머니'는 희랍 신화에 나오는 풍요와 수확의 여신인 데메테르[6]를 떠올리게 한다.

> 「오월의 집」에는 오월 어머니와 서른한 명이나 되는 딸들이 재미있게 살고 있었읍니다. 오월 어머니는 혼자 손으로 서른 하나나 되는 딸들을 고스란히 길러냈건만, 아직도 젊은이 못지 않게 아름다웠고 저윽이 행복스러워 보였읍니다. 그는, 계란 빛깔 모란꽃 송이처럼 탐스런 모습, 부드러운 목소리 그리고 한시라도 떠나서는 살 수 없을 듯한 그리운 향기를 지니고 있었읍니다.

3. 선명한 주제 의식의 우의적 환상

우의적 환상 작품에 등장하는 소재로는 쥐, 고양이, 나비, 새 같은 동물이

---

5) 우리 나라 전래동화에는 왕자와 공주가 거의 등장하지 않는다.

6) M. 그랜트 · J. 헤이즐, 김진욱 역, 『그리스 · 로마 신화사전』(범우사, 1993), p.44.
데메테르는 딸을 찾아 사방으로 헤매었기 때문에 여러 지방과 관계를 맺게 되어, 그리스 각지에서 숭배를 받았다. 특히 여자들, 예컨대 아테네의 테스모폴리아 제전 등을 통해 숭배받았다. 참가자는 여자에 국한되고, 그녀들은 자기네의 다산과 아테네의 풍작을 기원했다.

가장 많고, 해, 달, 별과 같은 천체와 조각배, 조개껍질과 같은 무생물, 아기 용, 맥과 같은 상상적인 동물도 등장하고 있다. 어린이들의 심리적 특성중 하나는 모든 생물과 무생물에 생명이 있다고 믿는 물활론을 들 수 있다. 살아있는 동식물은 물론 조개껍질이나 조각배 같은 무생물도 사람과 대화하고 생각하고 사랑하며 기쁨과 슬픔을 함께 나눈다. 이처럼 물활론의 세계인 우의적 환상은 어린이들이 그 환상 속에 동화되고 몰입됨으로 더 많은 흥미와 재미를 느끼게 된다.

연두색 저고리를 입은 어린 뽀뿌라 나무는 이 고요한 물가에서 자라났읍니다. 그는 아버지도 모르고 엄마 얼굴조차도 알지 못하였읍니다. 그도 그럴 것이 강가에서는 춤을 즐기는 버들 아주머니와 가냘픈 갈대 아가밖에 볼 수 없었으며, 어째서 여길 집으로 삼게 되었는지도 그는 알지 못하였던 것입니다. 따스한 햇빛과 장난을 치며 흘러가는 강물을 볼 때마다 어린 뽀뿌라는 멀리멀리 얼굴도 모르는 그리운 엄마 곁으로 훨훨 날아서라도 찾아가고 싶은 간절한 생각에 가슴이 조여오군 하였읍니다. -뽀뿌라와 목련

어린 포플러 나무를 동심을 가득 지닌 어린이로 묘사했다. 연두색 저고리를 입고 햇빛과 장난을 치며 흘러가는 강물을 본다고 한 표현이나 춤을 즐기는 버들 아주머니와 가냘픈 갈대 아가를 인간 세계와 흡사한 이웃으로 설정함으로써 독자들을 자연스럽게 환상의 세계로 끌어들이는 효과를 주는 것이다.

왕거미 검 서방은 이 산중에서 이름난 욕심장이였읍니다. 욕심장이일 뿐 아니라, 무서운 심술꾼이기도 하였읍니다. 산마루턱 아카시아 가지 사이에서, 그는 비단 그물로 만든 집을 지니고 살았읍니다. 끈적끈적한 아교풀을 칠한 그물로 지나가는 벌레들을 잡아, 그 옷이랑 가지고 있는 꿀항아리랑 몽땅 빼앗아버리기로 유명했읍니다.

왕거미 검 서방이 그물집에 앉아 안경을 끼고 신문을 읽는 장면은 의인화

의 지경을 넓혀 재미를 더해주지만 자칫 사실성의 결여라는 부담 요인으로 작용할 수도 있다. 하지만 여우비가 내려 굵은 빗방울이 그물집에 걸린 것을 여우가 딸을 시집보내는 길목에 뿌린 보석(사파이어, 루비, 진주)으로 착각하는 장면은 상징적이고 풍자적이어서 우의성을 돋보이게 한다.

겸 서방이 빗방울을 보석으로 착각하는 장면은 여우비의 삽입이 있었기 때문에 개연성이 확보될 수 있다. 여우비는 맑은 날 일시적으로 잠깐 내리는 굵은 빗방울을 가진 비이고, 거미줄에 걸린 빗방울이 프리즘 작용으로 햇빛에 보석처럼 반짝이는 현상을 보여 주므로 개연성을 확보해 주는 것이다. 겸 서방은 쉬지 않고 뿌려지는 보석을 더 많이 받으려고 정신없이 그물집을 넓히다가 그물이 끊어지는 바람에 나무뿌리 위로 떨어지고 만다.

> 바람은 여우비를 걷어서 저편 골짜기로 건너갔읍니다.
>
> 푸드득—아카시아나무 그늘에서 비 개기를 기다리던 엄마 꿩이, 집으로 날아가려다 굵은 깜장 콩 한 알을 발견하였읍니다. …(중략)… 콩인 줄 알고 엄마 꿩이 주워간 욕심장이 겸 서방은, 그 해 여름이 지나 아카시아 잎새들이 노랗게 단풍이 드는 가을이 지나가도 영영 돌아오지 아니하였읍니다.

「왕거미 겸서방」의 마지막 장면이다. 욕심을 부리다가는 망한다는 주제가 선명하게 부각되는 동화이다. 주제가 겉으로 드러나 있지 않으면서도 선명하게 부각될 수 있는 까닭은 고도의 상징성과 메타포(왕거미-깜장콩) 때문이다. 이영희 동화가 평가받을 수 있는 장점은 우의적 환상에 있어서 선명한 주제 의식의 도입과 고도의 상징성 및 메타포의 구사에 있는 것이다.

4. 전래동화의 요소가 가미된 전승적 환상

전승적 환상은 '아주 오랜 옛날에 있었다'는 언어적 매직 때문에 쉽게 이야기 속으로 빠져들 수 있다. 이와 같이 전승적 환상은 이질감과 거부감이 따르지 않기 때문에 어린이들에게 친화력을 준다. 이영희가 구사한 전승적 환상의 시작과 끝을 살펴보면 옛날이야기의 수법과 흡사하다는 것을 알 수 있다.

> 옛날옛날에 이 세상엔 아직 달이 만들어져 있지 않아서 밤이면 먹물 같은 어둠이 판을 치던 때의 일입니다.[7)]
>
> 그리고 지금도 그 대감과 부자와 비서는 낭떠러지를 계속 굴러가고 있지요. 가만히 귀를 기울여서 들어보셔요. 떽떼구루루 굴러가는 소리가 들리는 것 같지 않아요?[8)]

「날씨 굽는 가마」는 전래동화의 형식을 취하고 있다. 하루에 하나씩 날씨를 구워 하늘로 날리는 도공 할아버지의 등장은 독자를 환상의 세계로 이끈다. 이 동화에는 물신주의와 한탕주의를 꼬집는 풍자성이 짙게 깔려 있다. 뇌물을 받고 앞줄에 세워주는 심부름꾼, 뇌물을 써서 새치기를 하는 부자와 영감, 물욕에 눈이 어두워 날씨를 마구 만들어 내는 옹기장이의 모습은 물신주의가 팽배해 있는 현실의 한 단면이다.

> 영감은 하인을 시켜서 심부름꾼에게 특별히 청을 넣었읍니다.
>
> "금 한 냥을 드릴 테니 먼저 구워 주시오."
>
> "딴 사람이 눈치채지 않게만 해 주십시오."
>
> 약삭빠른 심부름꾼은 금덩어리를 얼른 주머니에 넣어서 숨겼읍니다. …(중략)…논 부자는 참을성이 없어요. 멀거니 줄서서 기다린다는 것은 터무니없는 시간 낭비라고 생각했어요.
>
> "자, 얼마든지 돈은 드리겠소. 하늘 높고 말이 살찌는 가을 날씨만 만들어 주쇼."
>
> 돈뭉치를 들이밀고 부자는 가을 날씨를 얻어 갔읍니다.

이 동화에서 물신주의와 한탕주의에 편승한 자들과 대비되는 인물로 도공 할아버지와 소녀 옥이가 등장한다. 도공 할아버지는 세태에 물들지 않은 장인정신의 소유자로 묵묵히 날씨를 굽는 일에만 열중한다. 옥이는 사회적

---

7) 이영희, 「날씨 굽는 가마」, 『날씨 굽는 가마』(샘터사, 1987), p.215.

8) 위의 책, p.232.

부조리에 대항하며 병든 어머니를 간호하는데 도공 할아버지의 도움으로 어머니의 병을 고친다. 이 동화는 권선징악을 주제로 하고 있다는 점에서 전래동화의 보편적 주제와 그 맥을 같이한다.

「잉어등」은 전래동화적 요소가 가미된 동화로 삶과 죽음이 교차되는 동적인 리듬감이 환상의 특성을 살리고 있다. 잉어등은 깃대에 매달려 옛날 밤거리를 밝히던 일종의 가로등이다. 먼지를 뒤집어쓴 채 사람들의 기억 속에서 잊혀져 가던 잉어등은 어느 날 녹슨 깃봉이 빠지면서 하늘을 날아다니게 된다. 그동안 희망을 잃지 않고 자신의 빛으로 골목을 밝히기를 소원했던 잉어등이 마침내 생명을 부여받은 것이다. 잉어등은 은하수를 날며 굶주렸던 배를 채우느라 여러 가지 물건들을 삼킨다. 돌아가신 어머니께 바친 어느 소녀의 시든 카네이션, 착한 소년의 고장난 시계, 사랑하는 사람에게 보내려고 쓰다만 편지의 조각, 직녀의 베틀북, 북두칠성의 일곱 개의 보석 중 하나를 삼켜버린다. 그런데 하늘나라 임금님의 노여움과 땅나라의 홍수로 인해 잉어등은 삼켜버린 물건들을 다시 주인에게 돌려주어야 했다.

> 직녀님은 눈을 지그시 감고 나더니 은장도로 잉어의 배를 갈랐읍니다. 잉어의 배 안에서는 하얀 카네이션이 튀어나왔읍니다. 싱싱한 꽃입니다. 시계가 똑닥거리며 나왔읍니다. 바늘이 돌아가는 진짜 팔목시계입니다. 편지 한 장이 너울거리며 나왔읍니다. …(중략)… 그 무지개 팔목에 실려 하얀 카네이션과 팔목시계와 사랑의 편지들이, 꽃잎같이 바람에 흩날리며 각기 임자를 찾아갔읍니다. 하얀 카네이션은 소녀의 돌아가신 어머니 무덤으로, 시계는 착한 소년에게로 편지는 처녀가 애타게 사랑하는 이에게로…

싱싱한 꽃송이와 뚝딱거리는 시계, 너울거리는 편지는 삼키기 전의 시들고 고장나고 조각난 편지가 아니다. 잉어의 죽음을 통해 새롭게 부활한 것이다. 이렇게 삶과 죽음이 교차되는 반전의 묘미를 통하여 작품은 강한 리듬감을 획득하게 된다. "판타지를 정서적이나 정적인 면에서만 접근하지 말아야 한다. 판타지를 동적인 리듬과 함께 전개하는 법으로 알아야 한다"[9]고 밝힌 김요섭의 견해는 동적인 리듬이 주는 환상의 중요성을 강조한 것으로

「잉어등」에 나타난 환상과 맥락을 같이한다는 것을 알 수 있다.

> 그날 밤입니다. 소녀와 소년과 처녀는 밤하늘에 커다란 잉어가 날아가는 것을 보았습니다. 가슴 안에다 환히 불빛을 밝힌 잉어등이었습니다.
>
> 보석을 되찾은 공주님은 금실로 잉어의 배를 꿰매어 되살아나게 해 주신 것입니다. 공주님이 꿰매어 주신 그 바늘 자국은 밤이면 환히 빛을 뿜어서, 잉어는 옛날의 잉어등처럼, 아니 그보다도 몇 백 갑절, 몇 천 갑절이나 눈부시게 빛을 뿜게 되었던 것입니다.

죽음을 통해 부활한 잉어는 가슴에 불을 밝히고 밤하늘을 날아간다. 언젠가는 다시 자신의 빛으로 골목을 환히 밝히고 싶어 했던 소망이 이루어진 것이다. 이 동화에서 죽음과 부활은 각각 상실된 꿈과 실현된 꿈으로 대비되어 나타나며, 이 꿈의 실현은 잉어등 자신뿐만 아니라 잉어가 삼켜버린 소녀, 소년, 처녀의 상실된 꿈까지도 파급되어 이중적 구조로 나타난다. 죽음이라는 정지된 시간을 빠져나와 부활과 함께 꿈을 실현하는 「잉어등」의 역동적 환상은 꿈의 미학으로서 환상의 존재 가치를 확인시켜 주는 것이다.

하느님과 선녀들이 중심인물로 등장하는 「기다림이라는 이름의 꽃씨」 역시 전래동화의 구조를 취하고 있다.

하느님은 어느 날 여러 선녀들을 모아놓고 세상에서 가장 아름다운 사랑을 찾아오라고 한다. 첫째 선녀는 시집가는 신부의 귤꽃 화관 향기 속에 든 '이루어진 사랑'을, 둘째 선녀는 비오는 날 밤거리에서 찾아왔다는 '슬픈 사랑'을, 셋째 선녀는 외로운 냇가에 버려져 있던 반달의 그림자 조각인 '짝사랑'을, 넷째 선녀는 해질녘 잣나무숲 자락에 서려있는 한숨을 도려내어 온 '허무한 사랑'을, 다섯째 선녀는 탐스러운 황장미의 마음 그윽한 곳에 남몰래 사린 '쓰라린 사랑'을, 여섯째 선녀는 도란도란 정다운 얘기와 다정한 웃음소리가 자개처럼 박힌 불빛에서 꺾어 온 '즐거운 사랑'을 가지고 나타난다. 하지만 이런 것들은 하느님의 손에 오르기가 무섭게 모두 사그라지고 만다.

---

9) 김요섭, 「환타지와 현실」, 『心象』 33호(心象社, 1976), p.31.

작은 선녀가 얌전하게 내민 것은 한 톨의 꽃씨였읍니다. 아침마다 지저귀는 까치 소리를 들으며 달맞이꽃 꽃심 속에서 호젓이 여문 무른 씨앗—기다림으로 나날이 부풀었다가, 아무 소식 없이 꽃그림자 같은 하루가 또 가면, 달빛을 향해 꽃잎을 펴는 다소곳한 기도의 자세를 익히며 다시 내일을 바라 여물어 온 씨앗, <기다림이라는 이름의 사랑>이었읍니다. …(중략)…

"기다림처럼 아름다운 것은 없어."

사랑을 다스리는 하느님은, 상을 주고 나서 조용히 혼자 말했읍니다.

성경의 '사랑은 오래 참고'라는 구절을 연상케 하는 이 동화는 찰나주의를 경계하고 기다림의 미학을 형상화한 작품이다. 스토리의 전개 방식은 전승적이지만 문체에 담겨진 분위기는 시적 환상과 결합하고 있다. 이영희 동화의 전승적 환상은 대부분 형식과 구조 등장인물 면에서는 전래동화의 형태를 따르고 있지만, 분위기와 문체 스토리의 전개 면에서는 현대 동화의 틀을 유지하고 있다.

5. 상징과 은유를 결집한 시적 환상

동화의 특성 중의 하나는 시에 가까운 산문문학이라는 점을 들 수 있다. 현대 동화일수록 상징과 은유의 기법을 사용한 시적 환상을 많이 구사하고 있다. L. H. Smith가 "판타지는 시와 똑같이 보편적 진실을 포착하려 할 때 은유라는 방법을 쓴다"[10]고 했듯이 시의 함축적 요소인 상징과 은유는 동화의 함축적 요소인 단순 명쾌성과 그 맥을 같이한다고 하겠다.

시적 환상의 가장 큰 특징은 환상과 현실의 경계가 드러나지 않는다는 점이다. 환상이 현실 같고 현실이 환상 같아 그 구분이 모호한 것이다. 따라서 현실과 환상을 구별하는 설명이나 상황 묘사가 필요하지 않다. 시적 환상은 환상과 현실의 경계를 모호하게 하여 신비감을 자아내기도 하지만 자칫 황

10) L, H. Smith, 김요섭 역, 『아동문학론』, p.204.

당한 환상으로 전락할 우려가 있기 때문에 세련된 기술이 요구되는 것이다.

이와 같은 시적 환상은 우화적 기법으로 쓴 「별이 열리는 나무」에 잘 나타나 있다.

아름다운 숲속에서 여러 나무들 틈에 끼어 지내던 푸른 나무는 다른 나무들처럼 꽃도 피우지 못하고 열매도 맺을 수 없어 늘 외롭게 살아간다. 푸른 나무는 성격이 곧고 깔끔하여 하늘을 향하여 곧게 자란다. 그 때문에 친구 나무들은 그를 붙임성이 없다 하여 돌려세우고 새들도 어려워한다. 외로운 푸른 나무는 꽃과 열매를 달라고 하늘을 향하여 열심히 기도를 한다. 가을이 되자 다른 나무들은 가지가 휘어지도록 열매를 달고 푸른 나무를 업신여긴다. 찬바람이 불자 까마귀 떼가 나타나 나무들의 열매를 다 쪼아먹고, 폭풍이 불어 잔가지까지 부러지게 된다.

> 어두움 속에서도 영롱하게 빛나는 열매가 곧고 푸른 나무 가지마다 맺혀 있는 것이 아닙니까. 붉고 푸른 가지각색의 열매였읍니다.
>
> 그러나 이상하게도 그 열매는 곧 하나씩 둘씩 하늘로 날아가기 시작했읍니다. 열매가 아니라, 그것은 바람에 날려 내려온 아기별이었던 것입니다. 비바람이 몰아치는 밤, 푸른 기도의 나무는 아기별들의 미더운 피난처가 되어 주었던 것입니다. …(중략)… 푸른 나무엔 금빛, 은빛, 붉고 푸른 빛깔의 별들만이 아니라, 주렁주렁 눈부신 구슬도 열릴 것입니다. 그리하여, 끝내 기도를 잊지 않았던 외로운 나무를 에워싸고 어린이들은 "베들레헴"이랑 "징글벨"을 부를 것입니다.[11)]

「별님을 사랑한 이야기」 역시 우화적 기법으로 시적 환상을 구사한 동화이다. 솜구름과 안개구름의 변신은 환상의 폭을 넓혀 주고 있다.

> 솜밭 할머니는 마당에 솜돗을 깔고 솜송이를 고루 폅니다. …(중략)… 햇살을 섞어서 갓 만들어낸 솜반 한 장이 가을 바람에 날려 그만 하늘로 날아오르고 말았읍니다. 할머니가 잡을 사이도 없었읍니다. 가을바람이 약삭빠르게 꾀어냈기 때문입니다.

11) 이영희, 「별이 열리는 나무」, 『별님을 사랑한 이야기』, pp.90～91.

> 솜밭 위 하늘에서, 가을바람은 솜반에게 말했읍니다.
>
> "그까짓 솜이불이 되면 뭘해. 나하고 놀아."
>
> 가을바람에 실려 솜반은 높이 높이 날아 오르면서 가슴이 부풀고 부풀어서 솜구름이 되었읍니다.

솜구름은 하늘을 날며 여행을 하다 안개구름을 만나 꽃송이와 새로 탈바꿈하는 놀이를 즐긴다. 밤이 되자 별님을 바라보던 구름들은 별님을 사로잡아 보리라는 궁리를 한다. 솜구름은 하늘을 가리는 넓은 그물로 변하여 별님을 휘감아 안은 채 솜밭 할머니 집으로 내려와 방으로 들어선다. 하지만 별님의 자취는 보이지 않고, 솜구름은 방안의 레이스 커튼이 되고 만다. 안개구름은 별님이 맑은 못물 위에 내려와 있는 것을 보고, 못물이 되어 별님을 지킨다.

이 동화에서 중심인물들의 변신은 스토리와 환상의 영역을 확대시켜 이야기를 흥미 있게 이끌어 가는 구실을 한다. 즉 솜송이 → 솜반 → 솜구름 → 레이스 커튼 / 개울물 → 아침안개 → 안개구름 → 못물로 이어지는 변신은 환상에 생기를 불어넣는 활력소가 되고 있다.

작가는 이 동화를 통해 사랑은 소유하는 것이 아니라 지켜주는 것이라는 상징적 주제를 시적 환상 속에 용해시켜 놓고 있다.

> 도라지색의 고운 등과 은백색의 매끈한 허리를 지닌 조그만 은도미와 범선의 돛을 닮은 세모 부대를 모자처럼 치켜 쓴 해파리는 이렇게 어울려 떠다니면서, 벌써 얼마나 많은 낮과 밤을 함께 지내왔는지 알 수 없읍니다. 아름다운 바다의 낮과 밤이었읍니다. 장미색이 떠도는 보라빛깔. 그 끓어오를 듯 화려한 물결 저 너머로, 금방 갈고 씻은 수정의 공처럼 눈부시고 정결한 태양이 뛰어오르는 아침 바다. 온통 물결을 태울 듯이 진한 주황색으로 하늘을 뒤덮으며 수평선까지 내려와, 안타까운 표정으로 한동안 망설이다 물러서는 저녁 노을이 머무는 바다.

이처럼 서정적인 배경은 자연스럽게 시적 환상의 세계로 빠져들게 한다. 도라지색, 은백색, 장미색, 보라빛깔, 주황색 같은 색감 언어들은 시각적 이미지를 돋우고, 눈에 잡힐 듯한 아름다운 바다의 정경 묘사는 쉽게 상상의 세계로 빠져들게 한다.

거리에 저녁 빛이 짙어 갈 무렵, 가로등은 달맞이꽃 피어나듯 조용히 밝아옵니다. 이맘때가 되면 늘 그리워지는 얼굴이 있습니다. 꼬옥 껴안아 주고, 이마에다 뽀뽀를 해 주고 싶은 얼굴입니다. 그날, 별님네 전화번호를 알게 된 그날은 유난히 포근한 저녁이었습니다. 여태껏 맵싸하던 바람이, 마치 깜장 비단처럼 목덜미에 감기었으니까요.

'달맞이꽃 피어나듯', '깜장 비단처럼'에서 느낄 수 있는 것처럼 서정성 짙은 비유는 시적 환상의 세계로 들어가는 통로의 구실을 하는 것이다.

졸졸졸… / 반짝반짝… / 아물아물…

이제는 봄도 한창입니다.

갑자기, 물 속에서 개구리 한 마리가 올라옵니다. 점박이 초록의 몸뚱이를 껑충거리며 냇가를 뛰어갑니다. / 갑자기 탱자나무 가지에서 한 마리의 호랑나비가 날아오릅니다. 깜장, 노랑, 파랑, 빨강… 비단처럼 고운 날개를 팔락이며 훨훨 날아갑니다. / 올챙이와 범나비벌레. / 엄마 안 닮은 아기들이 자라서 엄마를 닮게 된 것입니다. / 향기롭게 화알짝. 하얀 탱자꽃이 피는 봄날입니다.

시의 특성인 압축과 생략된 문장은 상상력을 발현시켜 동화의 환상적 효능을 높이게 된다. 또한 다양한 색채어의 동원, 의성어·의태어의 사용, 적절한 비유와 상징은 서정적 문장과 함께 이 동화의 시적 환상을 고양시키는 구실을 하고 있다.

6. 소재 확장에 기여한 매직적 환상

현실적으로 나타나 보이기는 하지만 그 사실을 도무지 믿을 수 없거나 믿어지지 않는 신비한 상황을 요술이나 마술이라고 한다. 따라서 매직적 환상은 요술이나 마술, 마법의 세계와 같은 현상은 있으나 믿기지 않는 세계를 다루게 되므로 신비감과 흥미를 자아낼 수 있다.

> 가까이 가보니 그것은 낯선 번지수가 적힌 파르스름한 편지 봉투였읍니다./ 잘못 배달된 그 편지를 들고, 나는 우리 집 주소와 비슷한 겉봉의 번지수를 찾아가 보았읍니다. <그 집>은 눈에 띄지 않는 어느 엉뚱한 골목 안에 있었읍니다.
>
> "어머나, 죄송합니다. 잠깐 들어오셔서 차라도 드시고…."
>
> 주인인 듯싶은 그 여인의 나긋하게 곱고 반색해 하는 목소리에 이끌려, 나는 어느덧 집 안으로 들어서서는 그만 자지러질 뻔했읍니다. 흡사 늑대 같은 개 한 마리가 나를 향해 치달려 오더니 사납게 으르릉대는 것입니다.[12)]

잘못 배달된 한 통의 편지를 들고 어느 엉뚱한 골목 안으로 들어섰을 때, 주인공은 이미 현실이 아닌 환상 속으로 들어서게 되는 것이다. 그런데 마치 현실 속의 이야기처럼 자연스럽게 펼쳐지기 때문에 독자들은 전혀 눈치채지 못하게 된다. 독자들을 이끌고 환상의 세계를 자유자재로 넘나들 수 있는 마술사와 같은 작가라야 참다운 동화작가인 것이다.

작가는 이 동화의 허두에서 환상의 세계로 들어가는 통로를 마련해 놓았다. 그런데 그 통로는 독자들을 환상의 세계로 이끄는데 오히려 장애가 되고 있다.

> 가령, 제비가 연못 속을 헤엄쳐 다니고 나뭇가지 둥지에서 개구리가 올챙이를 키우고 있다고 하더라도, <그 집> 마당에서 일어난 일이라면 조금도 이상할 것이 없읍니다.[13)]

이와 같은 귀띔 행위는 독자들의 환상 세계 진입을 오히려 방해하게 된다. 마치 마술사가 이 마술은 절대로 속임수가 아님을 강조하는 것과 같다.

---

12) 이영희, 「불개가 있는 마당」, 『별님을 사랑한 이야기』, pp.20~22.

13) 위의 책, p.22.

마술사의 사족어로 인하여 지켜보는 관객들의 마음속엔 속임수일지도 모른다는 의구심이 싹트게 되고 경계의 눈으로 마술을 지켜보게 되는 결과를 낳게 된다. 따라서 이와 같은 허두는 이 동화에 있어서 전혀 필요하지 않는 부분이다.

우리가 마술을 보면 신기해하고 넋을 잃는 것이나 요술쟁이나 마녀 이야기에 흥미를 갖고 정신을 빼앗기는 것은 그것들이 보여 주는 불가사의한 마력 때문이다. 그런데 그 마술이 속임수라는 것을 알고 본다면 아무런 흥미도 신기함도 느낄 수 없게 된다. 마술사의 손에서 쏟아져 나오는 장미꽃이며, 비둘기며, 토끼들이 눈속임의 산물임을 알게 되는 순간 마술은 사형 선고를 받는 것이다.

「불개가 있는 마당」은 허두 부분을 제외하고는 숙련된 마술사의 세련된 마술처럼 매직적 환상이 솜씨 있게 구현되고 있다. 눈에 띄지 않는 엉뚱한 골목 안 집에 사는 나긋하게 고운 여인과 해와 달을 토하며 산다는 불개의 등장은 매직적 환상과 전승적 환상의 결합으로 환상의 농도를 높이고 있다.

> 휘둥그렇게 눈을 뜨고 있는 내 앞에서 여인은 불개의 등을 쓸어주더니, "해!"라고 소리쳤읍니다. 그러자 불개는 쏜살같이 마루턱으로 달려가, 거기에 그네처럼 매달려 있는 금쟁반 안에 동그란 불덩이를 금방 토해냈읍니다. …(중략)… 불개는 이번엔 은쟁반에 새하얀 얼음덩이를 토해냈읍니다. 마당의 무지개 한 조각을 뜯어내어 은식기에 담아 그 얼음덩이로 식혀서 만든 단묵. 그것은 입 안에서 사르르 녹는 솜사탕처럼 허무하나, 가슴 가득히 찬맛이 번지는 묘한 입가심이었읍니다.

'젊은이를 위한 사랑의 동화'[14]에 속하는 이 작품은 짝사랑의 이미지를 해(동그란 불덩이)의 뜨거운 열정이 주는 향기로움과 달(새하얀 얼음덩이)의 차가움이 주는 허무함에 대비시켜 형상화시키고 있다.

> 할아버지는 돌 하나를 난이 아빠 손바닥에 얹고는 자기 자리로 돌아갔읍니다.

14) 이영희는 『별님을 사랑한 이야기』의 표제에-젊은이를 위한 사랑의 동화-라고 덧붙임으로써 이 동화집에 나오는 동화들이 어른을 위한 동화임을 밝히고 있다.

> 이상한 돌이었읍니다. 고려자기처럼 연푸른 그 빛깔을 들여다보고 있으면, 가슴이 뻐근해지는 가운데, 그리고 싶은 그림 생각이 뭉게구름같이 두둥실 떠올라 오는 것이었읍니다. 신기한 돌에 마음이 팔려, 비행기에서 늦게 내린 난이 아빠가 찾았을 때, 할아버지의 모습은 이미 보이지 않았읍니다.15)

화가인 난이 아버지는 일본 하네다 공항에서 김포 공항으로 오는 비행기 안에서 직업이 돌장수라는 이상한 할아버지를 만난다. 할아버지는 엘도랜드라는 이름도 없는 나라 사람으로 삼백 예순 다섯 개의 색색가지 아름다운 돌을 가지고 있었다. 이 작품은 비행기를 탄 손님이 단 두 사람이라는 것 외에는 현실적이고 평범하게 전개되다가 이상한 할아버지의 출현으로 매직적 환상으로 전환된다. 할아버지가 준 돌을 들여다보고 있으면 소망이 이루어진다는 것이나, 난이 아버지가 할아버지와 나눈 말이 이 세상에 존재하지 않는 언어라든지, 마중 나온 난이와 난이 엄마도 할아버지를 보지 못했다는 내용들이 요술과도 같이 느껴지는 것이다.

> 신사와 나는 어느새 똥그란 탁자를 가운데 놓고 마주 앉아 있는 것이었읍니다. …(중략)…
>
> "이렇게 앉은 자리에서 음식을 차려낸다든지, 눈 깜짝할 사이에 미국을 다녀온다든지, 당나귀 귀에 돌멩이를 끼었다 뽑아낼 때는 달걀을 만들어 낸다든지 하는 일은 우리 마술사에게는 아주 쉬운 일이랍니다. 그런데, 어려운 일이 꼭 한 가지 있답니다." …(중략)… 식사를 마치고, 차를 마시고 어린이에게 보내는 초대 편지를 대신 쓰고 나자, 마술사는 탁자를 또 한 번 돌렸읍니다. 어둑한 차 안이 되돌아오고 그 자동차는 어느새 우리 집 대문 앞에 닿아 있었읍니다.16)

동화 작가인 나는 어느 날 '부탁 있음. 만나주시기 바람'이라는 사연이 전부인 이상한 편지를 받는다. 편지를 보낸 마술사는 퇴근시간에 회사 앞에서 작가를 기다리고 있다가 자동차에 태운다. 마술사가 브레이크를 누르자 자

15) 이영희, 「이상한 푸른 돌」, 『꽃씨와 태양』, p.121.
16) 「대신 써준 마술사의 편지」, 위의 책, pp.151~153.

동차 안에는 먹음직스러운 식탁이 차려진다. 함께 식사를 하던 마술사는 작가에게 하루에 한 사람씩 착한 어린이를 초대하여 마술도 보여 주고, 맛있는 과자도 대접하고 싶다며 초대편지를 써달라는 부탁을 한다. 독자들은 마술사가 펼치는 매직의 세계에 빠져들어 신비한 환상을 즐길 수 있을 것이다. 사람들이 매직의 세계를 좋아하는 이유는 도저히 일어날 수 없는 일들이 눈앞에서 펼쳐지기 때문이다.

> "오 참, 그 짐이 무거우시겠군요. 좀 가볍게 해 드리지."
>
> 할아버지는 선이 엄마의 장바구니를 굵은 지팡이 끝으로 약간 건드렸습니다. 별안간 바구니는 가벼워졌습니다. …(중략)… 멍하니 그림자를 쳐다보고 있던 선이 엄마는, 하마터면 소리칠 뻔하였습니다. 할아버지의 그림자가 새 모양으로 천장에 비치고 있었기 때문입니다. 그것은 틀림없는 기러기 그림자였습니다. …(중략)… 그 새 할아버지는 빵떡 모자를 벗어 들더니, 모자 안에서 찻잔 두 개와 설탕 항아리, 숟가락 사기 주전자 같은 것을 차례차례 꺼내는 것이었습니다. …(중략)… 돌 층계를 내려와 선이 엄마가 되돌아보니, 파란 양옥 집은 이미 보이지 않았습니다. 그리고 그때까지 가벼웠던 바구니가 갑자기 무거워진 것은 물론이구요.[17)]

선이 엄마는 시장에 다녀오다가 이상한 차림의 목이 가늘고 긴 할아버지를 만난다. 할아버지는 부엉바위 약수터 근처에 있는 파란 양옥집으로 선이 엄마를 초대한다. 이상한 할아버지는 북쪽에서 가족들과 함께 온 기러기 요술사이다. 선이 엄마는 차를 대접받고 작별 인사를 한 후 그 집을 나서자 파란 양옥집은 보이지 않고, 가벼웠던 바구니도 갑자기 무거워졌다. 이 작품은 매직적 환상인 요술의 세계를 그린 것이다. 기러기를 요술사로 설정하여 신기한 요술의 세계를 경험하게 하고 있다. 평소에는 볼 수 없던 양옥집이 나타났다 사라지는 것이나, 무겁던 장바구니가 요술의 힘에 의해 가벼워졌다가 다시 무거워지는 현상, 모자 안에서 쏟아져 나오는 여러 가지 물건들, 지팡이를 들고 주문만 외면 나오는 음식 접시, 사람의 모습으로 변신한 기러

17) 「기러기 요술사」, 위의 책, pp.87~92.

기…. 이러한 요술적 요소들이 판타지의 영역을 확장시켜 주고 있다. 이처럼 이영희는 동화에 마술이나 요술 같은 매직적 환상을 끌어들여 한국 동화의 취약점인 소재 확장에도 기여했다.

7. 꿈과 현실이 접목된 몽환적 환상

꿈은 현실에서 실현 불가능한 일이 생생하게 펼쳐지고 누구나 흔히 경험할 수 있다는 특성 때문에 동화에 자주 등장하는 수법이다. 꿈의 세계는 현실과 비현실의 넘나듦이 비교적 자유롭고 현실과 비현실을 함께 포용할 수 있기 때문에 환상 문학에 쉽게 접근할 수 있다. 하지만 백일몽이나 일장춘몽처럼 허무감과 무기력을 동반함으로 환상의 매력을 침해하는 주요 요소로 작용하기도 한다.

꿈은 시작과 끝이 있기 마련이다. 꿈에서 깨어날 때 놀라서 스스로 깨든 타인의 개입이나 외부의 작용에 의해 깨든 반드시 한시성이 있는 것이다. 따라서 몽환적 환상이 동화에 도입될 때 그 꿈의 시작과 끝 처리의 숙련 기술에 따라 환상의 생명도 좌우되는 것이다.

잘 짜여진 몽환적 환상은 오히려 신비감을 높여주고 환상 속에 쉽게 동화되어 공감할 수 있다는 장점을 지니고 있다. 잘 짜여진 몽환적 환상의 전형적 모델로는 루이스 캐럴의 「이상한 나라의 앨리스」를 들 수 있다. 언니가 읽어주는 책을 졸면서 듣던 앨리스가 눈앞을 지나가던 토끼를 따라 옛이야기 나라로 들어가서 겪게 되는 신비한 꿈 이야기이다. 꿈의 세계로 자연스럽게 이입되기 위해서는 '졸면서 이야기를 듣다가 토끼를 따라가는' 식의 징검다리가 마련되어야 한다. 아무런 장치 없이 무조건 꿈의 세계로 들어가는 것은 넌센스요, 황당무계한 이야기가 아닐 수 없다.

이영희 동화에 나타난 몽환적 환상의 도입부와 종결부를 살펴보자.

> 철렁이는 강물이 쪽배를 달래는 듯하였읍니다. 까치 한 마리가 푸르르 저리로 날아가자 쪽배는 서러움에 지쳐 어느덧 잠이 들었읍니다.

쪽배의 마음은 그 까치를 따라 강물을 자꾸자꾸 내려가고 있었습니다. 고을을 지나고 마을을 꿰뚫고 나루는 큰 강과 합쳐서 흘러, 큰 도시들을 몇 번이고 지나 마침내는 으리으리하게 넓고 크고 깨끗한 항구에 닿았습니다. …(중략)…

"꿈이었구나."

쪽배는 아직도 몽롱한 머리를 들어 말하였읍니다. 꿈에서 깨어남이 섭섭하기도 했으나 꿈의 그 괴로움에서 벗어난 생각을 하니 물약이라도 마시고 난 듯 가슴이 후련하였읍니다.[18]

이 작품은 몽환적 환상과 쪽배를 의인화시킨 우의적 환상이 결합되어 판타지의 효능을 한층 더 높이고 있다. 작가는 쪽배를 자유로운 몸이 아니라 매여 있는 상태로 설정함으로써 리얼리티를 확보하고 있다. 의식의 흐름 기법으로 쪽배의 마음이 까치와 강물을 따라 흐르며 꿈의 세계로 진입하도록 하였으며, 그 도우미로 까치와 강물이라는 매개물을 사용하여 자연스러운 접목을 시도하고 있다. 쪽배는 큰 항구에 닿으며 화려한 파랑새호로 변신한다. 파랑새호는 먼 남쪽나라의 왕자에게 시집가는 공주(버들골 강변에 산보 나오던 다리 다친 소녀의 변신)를 태우고 멋진 항해를 한 끝에 남쪽나라 항구에 닿게 되고 공주와 왕자는 결혼식을 올리게 된다. 사랑하는 공주를 왕자에게 빼앗긴 슬픔에 괴로움을 토하고 눈물을 흘리던 파랑새호는 몸이 흔들리는 바람에 눈을 뜨며 꿈에서 깨어난다.

이처럼 꿈의 세계로의 드나듦이 자연스럽게 설정되어 있기 때문에 몽환적 환상이 살아날 수 있는 것이다.

또한 꿈을 통한 깨달음이 쪽배의 모놀로그[19]에 나타남으로 주제가 겉으로 부각되는 결과를 낳게 되었다. 쪽배는 결국 다리를 다친 그 소녀가 다 나아서 친구들과 함께 헤엄치러 오는 여름을 기다리는 꿈을 꿈으로써 꿈의 이중적 구조를 낳게 되었다.

이 작품에 나타난 이중적 구조는 다음과 같다.

---

18) 「조각배의 꿈」, 『책이 산으로 된 이야기』, pp.31~39.

19) "아무리 호화롭고 호강하여 보이는 자들에게도 제가끔 남에게 못지않는 슬픔과 괴로움은 있는 법이로군." 『책이 산으로 된 이야기』, p.39.

쪽배(현실 세계)—파랑새호(꿈의 세계)
다리 다친 소녀(현실 세계)—공주(꿈의 세계)
공주를 싣고 항해함(꿈의 세계)—소녀를 기다림(현실 세계)

「책이 산으로 된 이야기」에도 몽환적 환상의 도입 부분과 현실 세계로의 전환 부분이 자연스럽게 설정되어 있다. 이는 그 이전의 무분별한 꿈의 도입과는 차원이 다른 긍정적 기법이라 할 수 있다.

철이는 책상 위에 올린 왼쪽 팔목을 베고 비스듬히 엎대어앉아 다시 바둑판을 글자로 메꾸기 시작합니다. …(중략)… 정신없이 까불고 뛰어 놀은 다음이라 졸음도 쏟아질 만합니다. …(중략)… 철이는 밤 빛갈의 훤한 한길에 서있었읍니다. 신나게 군악치는 소리가 점점 가까워옵니다. …(중략)…

"얘가 또 졸고 있구먼. 원 도무지 공부를 허래면 엎디어 잠이나 자는 게 일이니… 얘, 어서 일어나 나가 댕기다 오너라."

할머니는 혀를 차시면서 철이를 책상 앞에서 일으켜세우셨읍니다.

철이는 꿈을 꾼 것입니다. 그것도 아주 썩 근사한 꿈을-

철이는 꿈속에서 책이 산으로 된 골짜기를 정복한다. 그 골짜기는 찬란한 보석으로 가득 메워지고 꿈같은 무지개 빛이 서려 있다. 그것을 본 철이는 반갑고 기쁘고 후련한 마음을 참을 수가 없어서 힘껏 만세를 부른다. 꿈에서 깨어난 철이는 "그까짓 숙제쯤" 문제도 아니다 하는 용기가 솟아나게 된다. 작가는 이처럼 꿈을 통하여 솟구치는 용기와 바람직한 가치를 심어주고 있다.

「사탕나라 꿈나라」는 몽환적 환상을 자연스럽게 구사한 장편동화이다. 이 동화에 나타난 꿈으로의 진입과 꿈으로부터의 이탈 구조를 살펴보자.

그러나 이상하게도 먹고 또 먹고 암만 먹어도 솜사탕은 없어지지도 않는 것이었읍니다. 처음은 조금씩 애껴 먹던 민수도 한참 먹다가 고개를 기웃기웃하였읍니다. 아무리 먹어도 없어지기는커녕 오히려 더 많아져 가는 듯하였기 때문입니다.

"이상스럽다." / 먹고 핥으고 또 먹고…

"별일이 다 많다." / 솜사탕은 점점 더 커지기 시작하더니, 나중엔 지탱할 수 없이 뭉게뭉게 부풀어 오르는 것이었읍니다. …(중략)… 그러다가 자기 옷차림을 내려다 본 민수는 또 한 번 깜짝 놀랐읍니다. 꽃구름 비행기를 막 내렸을 때까지 틀림없이 입고 있던 사탕나라 옷이, 사탕나라로 떠나기 전에 입고 있었던 양복으로 바뀌어 있는 것이었읍니다.

부모님이 안 계신 민수는 큰형님 댁에서 얹혀 산다. 어느 날 형님댁 식구들과 창경원 구경을 갔다가, 부모님과 함께 놀러온 다른 아이들을 보며 우울해한다. 민수는 솜사탕을 사서 조용한 길모퉁이에 앉아 먹다가 꿈을 꾸게 된다. 꿈속에서 사탕나라의 왕자를 만나 온통 과자로 된 사탕나라와 구슬의 나라를 여행하며 온갖 모험을 겪는다. 꿈에서 깨어난 민수는 자신의 호주머니에서 찾은 구슬을 희망의 구슬로 생각하고 희망찬 생활을 기약하게 된다. 이처럼 이 동화에서도 꿈은 우울한 현실을 희망찬 미래로 전환시켜주는 역할을 하고 있다. 즉 부정적 가치를 긍정적 가치로 변환시켜 주는 구실을 하고 있는 것이다.

이상의 작품에서 알 수 있듯이 몽환적 환상의 세계를 경험한 주인공들은 판타지 이전의 자아보다 한층 바람직하고 긍정적인 자아로 탈바꿈한다. 즉 '부정적 자아 → 몽환적 환상 → 긍정적 자아'로의 전환은 그의 창작 정신[20]이라고 할 수 있는 사랑의 정신이 밑바탕이 된다고 하겠다.

8. 나오는 말

이영희 동화의 가장 큰 특징은 상징적이고 시적인 어휘 구사와 다양하고 풍부한 환상의 구축에 있다. 그는 20여 년 동안 동화를 쓰면서 한국 동화의 소재 확장에도 크게 기여했다. 그의 대표작이라고 할 수 있는 「조각배의 꿈」,

20) 이영희는 『책이 산으로 된 이야기』 후기에서 "사랑이 넘치는 이야기를 써 모아, 사랑스러운 동화집을 엮어, 사랑하는 어린이들에게 선사했으면"이라고 밝히고 있다.

「오월의 딸들」, 「잉어등」, 「불개가 있는 마당」 등 일련의 작품에서는 동심적 페미니즘 경향을 찾아볼 수 있다. 「조각배의 꿈」, 「사탕나라 꿈나라」, 「오월의 딸들」로 대표되는 그의 초기 동화에는 발상과 분위기가 서구적인 것이 많은데, 작품 속에 시적 문체를 도입하여 시적 환상성을 부각시켰으며 현실에 뿌리를 둔 환상을 구축하려 했다.

「왕거미 검서방」, 「뽀뿌라와 목련」 등의 우의적 환상을 담은 동화에서는 고도의 상징성과 메타포로 겉으로 드러나지 않는 선명한 주제를 담고 있다. 「잉어등」, 「날씨 굽는 가마」로 대표되는 전승적 환상은 대부분 형식과 구조 등장인물 면에서는 전래동화의 형태를 따르고 있지만, 분위기와 문체 스토리의 전개 면에서는 현대 동화의 틀을 유지하고 있다. 「별님을 사랑한 이야기」, 「아름다운 너무나 아름다운」 같은 시적 환상 동화에서는 서정적 배경과 시각적 정경 묘사를 통해 상징적 주제를 시적 환상 속에 용해시켜 놓고 있다. 압축되고 생략된 문장과 다양한 색채어의 동원, 의성어, 의태어의 사용, 적절한 비유와 상징은 서정적 문장과 함께 이러한 동화들의 시적 환상을 고양시키는 구실을 하고 있다. 「기러기 요술사」, 「대신 써준 마술사의 편지」를 비롯한 매직적 환상에는 동화에 마술이나 요술 같은 매직적 요소를 끌어들여 한국 동화의 취약점인 소재 확장에도 기여했다. 이러한 작품에는 숙련된 마술사의 마술처럼 효과적인 매직 구사로 환상의 농도를 높이면서 소재 확장에도 기여했다. 「사탕나라 꿈나라」, 「책이 산으로 된 이야기」를 중심으로 한 몽환적 환상을 구사한 동화에서는 우울한 현실을 희망찬 미래로 전환시켜 주는 꿈을 통하여 부정적 가치를 긍정적 가치로 변환시켜 주고 있다. 몽환적 환상 세계를 체험한 주인공들은 환상 체험 이전의 자아보다 한층 바람직하고 긍정적인 자아로 탈바꿈하는데 이러한 전환은 그의 창작 정신이라고 할 수 있는 사랑의 정신이 밑바탕이 된다고 하겠다.

참고문헌

이영희, 『책이 산으로 된 이야기』, 신교출판사, 1958.

______, 『꽃씨와 태양』, 숭문사, 1967.

______, 『별님을 사랑한 이야기』, 갑인출판사, 1978.

______, 『생각의 꽃씨』, 갑인출판사, 1978.

______, 『도깨비와 쌍둥이』, 견지사, 1979.

______, 『아기도깨비와 꽃초롱』, 삼성미디어, 1980.

______, 『날씨 굽는 가마』, 샘터사, 1987.

이상현, 『아동문학 강의』, 일지사, 1987.

이재철, 『한국아동문학작가론』, 개문사, 1983.

L. H. Smith, 김요섭 역, 『아동문학론』, 정음사, 1987.

M. 그랜트, J. 헤이즐, 김진욱 역, 『그리스·로마 신화사전』, 범우사, 1993.

<心象> 33호, 심상사, 1976.

상리공생의 동심, 복원과 사랑의 서사

이 동 순*

1. 동심을 운명으로

아동문학은 '동심'이 핵심에 있다. 아동문학 작품은 어른이 어린이를 대상으로 쓰다 보니 어른의 시각을 동심으로 착각한 작품들도 많다. 그래서 아동문학 작품을 쓰는 일은 기성의 문학을 쓰는 것보다 훨씬 어려운 일이다. 아동문학 작품은 '동심'을 원형에 놓지 않으면 작품은 실패하기 십상이다. 아동문학을 폄훼하는 시선을 갖는 사람들은 '동심'을 간단하게 생각하는 경향이 있다. 그러나 생각해보라. 어른이 어른이가 되어 어린이들과 공감하고 호응하며 그들의 마음과 일심동체가 되어 작품을 쓰는 일이 과연 쉬운 일인지 말이다. 이런 전제를 가지고 아동문학을 들여다보면 아동문학 작품을 읽는 순간 작품의 성패가 판가름 난다.

김옥애는 1970년대 중반 신춘문예를 문단에 등장해 왕성한 창작활동을 전개하고 있는 동화작가이다. 그는 1975년 전남일보에 「우물가를 맴도는 아이들」, 1979년 서울신문에 「너는 어디로 갔니?」가 당선되어 문단에 등장하였다. 그는 동화집 『너는 어디로 갔니?』(1980), 『잠을 자는 돈』(1984), 『손가락 발가락』(1986), 『개똥벌레의 춤』(1987), 『기차를 타고』(1993), 『바람을 보았니?』(1993), 『이상한 안경』(1996), 『갈매기가 울어요』(1996)와 장편동화 『들고양이

---

* 조선대학교 교수, 아동문학평론가

노이』(2002), 『별이 된 도깨비 누나』(2002), 『엄마의 나라』(2005) 등을 상재하였다. 그가 동화를 써 온지 40년, 그의 작가적 위상에 걸맞게 작품에 대한 연구가 시작되어야 할 시점에 와 있다.

작가에게 어린이와 함께 한 32년의 교직생활은 동화 창작의 자양분이었다. "삶과 문학은 함께 공존해 온 나의 운명"[1]이 되었다는 그의 말처럼 그가 삶과 문학의 공존을 위해 전심전력할 수 있었던 것은 그것을 운명으로 받아들인 때문이다. 누구나 짊어지고 가야하는 삶의 무게가 있고, 그 무게를 어떻게 감당하느냐에 따라 인생이 달라지듯이 김옥애는 삶의 무게를 기꺼이 운명으로 받아들여 그것을 동화로 승화시켰다. 그가 있어야할 자리가 어린이와 함께하는 것임을 운명적으로 감득하고 동심을 그리는데 평생을 바친 것이다. 지금도 여전히 동화창작에 열심인 그이기에 조심스럽지만 『김옥애 동화선집』(지만지, 2013)을 중심으로 그의 동화와 만나보고자 한다.

2. 상리공생의 동심과 서사

김옥애가 발표한 작품들 속에는 동심을 향한 열정과 매혹이 한꺼번에 녹아 있는데 그것을 한마디로 논하기는 어렵다. 다만 그가 써온 작품들 속에서 확인할 수 있는 핵심은 상리공생이다. 그가 바라본 세상은 혼자가 아닌 여럿이 함께인 세상이기 때문이다. 여럿이 함께 하는 세상은 혼자 잘났다고 뽐내서는 이루어질 수 있는 세상이 아니다. 모두가 서로를 위해 손길을 내밀어 주면서 부족함을 채워줄 때 이루어지는 것이다. 김옥애의 동화는 바로 그런 세상, 함께 하는 세상을 향해 열려있다.

김옥애의 동화는 크게 두 유형으로 나눌 수 있다. 하나는 잊혀 진 것에 대한, 잊혀져 가는 것에 대한 안타까움이 만들어내는 전통문화 복원의 서사이고, 또 다른 하나는 따뜻한 시선이 만들어내는 작고 사소한 것에 대한 사랑의 서사이다. 이 두 서사가 씨실이 되고 날실이 되어 짜내는 작품의 세계는

1) 김옥애, 『시와 동화』, 시와 동화가 있는 집, 2007 여름, 193쪽.

동심으로 빠져들게 하는 충분조건으로 작용한다. 좀 더 구체적으로 살펴보기로 하자.

1) 전통문화 복원의 서사, 세대의 벽을 넘어

김옥애의 동화는 전통문화 복원의 서사가 한 축을 담당하고 있다. 전통문화 복원의 서사는 현대인들이 이미 잊어버린 것들에 대한 호출이라고 할 수 있다. 첨단산업이 발달하고, 정보가 넘쳐나는 시대에 살고 있는 현대인들에게 전통문화는 의고적이고 미개한 것쯤으로 치부하는 경향이 짙다. 지금의 것들도 다 누리지 못하는데 굳이 옛날 것을 들먹일 필요가 없는 것으로 제쳐놓는 탓이다. 그런 세태와 경향을 어린이의 눈을 통해 때로는 비판적으로, 때로는 우회적으로 풀어가면서 현대와의 소통을 시도하고 전통문화의 가치를 다시 생각하게 한다. 대표적으로 「할머니의 요강」, 「꽃이불」, 「이상한 안경」, 「까치밥」이 여기에 해당한다.

이 4편의 동화는 이미 우리의 생활 속에서 멀리 밀려나거나 사라져버린 것들이 얼마나 소중한 것들인지를 일깨워준다. 동화 「할머니의 요강」은 제목에서도 드러나듯이 '요강'이 서사를 이끌어가게 하는 주된 갈등을 제공하고 있는 물건이다. 현대식 화장실이 요강을 대신하고 있는 요즘의 생활 속에서 요강은 무용지물이 된지 오래이다. 그럼에도 불구하고 현아의 할머니는 한사코 요강을 버리지 않고 이삿짐 속에 넣어 서울로 가져가면서 딸과 갈등을 일으킨다.

> "이건 시집 올 때 가지고 온 내 귀한 살림이다. 아끼는 게 잘못이냐?"
>
> 할머니는 분홍 보자기에 요강을 다시 쌌다. 그리고 울컥 치미는 부아를 화드득 터트렸다.
>
> "나한테 소중한 것을 넌 왜 없애려고만 하니?"
>
> "엄마, 그런 것 이제 필요 없어요. 내가 옷도 새로 사 드리고……."
>
> "너는 새 것, 새 것 하는데 새 것이 다 좋은 것은 아니다."

할머니에게 요강은 서울로 가지고 가느냐 마느냐하는 단순한 문제가 아니다. 할머니에게 '요강'은 시집올 때 가지고 온 혼수품이었다는 사실이 중요하다. 전통 혼례문화 속에서 '요강'이 혼수품이었다는 사실은 살림살이에 꼭 필요한 물건이었다는 것을 의미한다. 우리의 전통 가옥구조를 보면 화장실은 안방에서 먼 곳에 배치되어 있다. 그런 가옥구조에서 요강은 "밤이면 내 새끼들 오줌똥 받아 주던 소중한 사람살이" 역할을 담당하여 문제를 해결해 주는 도구였다. 그런데 서구식 생활문화가 정착되면서 요강은 무조건 쓸모없는 물건으로 치부되어 쓰레기통에 쳐 박히는 신세가 되었다. 할머니가 '새 것, 새 것 하는데 새것이 다 좋은 것은 아니다'고 일침을 놓는 것은 이런 세태에 대한 비판의 목소리이다.

다행이 현아는 요강을 좋아하여 물건을 넣어 두기도 하고, 요강에 앉아 놀기도 하고 과일을 먹기도 한다. 요강이 '살림살이'가 아닌 '놀이감'이 되기는 했지만, 이것을 통해 전통문화의 단절을 극복하고 세대 간에 소통할 수 있다는 것을 보여준다. 그러나 딸은 그것도 싫어서 요강을 할머니 몰래 버리고 할머니는 그 상실감에 그만 세상을 떠나고 만다. 여기서 할머니의 죽음은 단순한 죽음이 아닌 전통문화의 죽음을 의미한다. 또한 할머니와 딸의 갈등은 신구세대의 단절과 소통의 부재를 상징적으로 보여준다. 그렇다고 전통문화가 사라졌으니 온전히 복원해야한다는 주장을 표 나게 드러내지도 않는다. 이것이 김옥애 동화의 서사전략이다. 그 서사전략은 온고지신의 현명한 지혜를 요구하고 있다.

다른 세 작품 속의 '까치밥'이나 '고추장 담그기', 그리고 '목화솜'도 마찬가지로 잊혀져가는 우리의 정신문화 혹은 생활문화의 복원을 꿈꾸는 서사들로 채워지고 있다. 단순히 전통의 복원을 이야기 하지는 않는다. 그 속에 담긴 조상들의 삶의 지혜와, 가슴 따뜻한 삶이 어떤 것인지 그 상리공생의 비밀을 하나씩 풀어 놓고 있을 뿐이다.

동화 「이상한 안경」은 아빠의 수혜에 대한 지극한 사랑을 담은 작품이다. 아빠에게 수혜의 '다래끼'는 '진주알'로, '콧물'은 '맑은 물'로 보일만큼 자식에 대한 사랑이 각별하다. 수혜가 아무리 말썽을 피워도 예쁘게만 보이는 것은 '이상한 안경' 때문인데 그 '이상한 안경'은 고추장 담그는 날에도 작동한다. 작가가 의도적으로 '고추장 담그기'를 서사에 꿰맞춘 것이 아니라 자연스럽게 유치원생 수혜의 눈높이와 조화를 이루면서 서사구조 안에 자리 잡고 있다. 그러면서도 고추장 담는 과정을 자세하게 담아낸다.

> 엄마는 고추장 담글 것들을 꺼내 놓았습니다. 익은 찹쌀떡과 고춧가루와 물엿을 커다랗고 둥근 그릇에 넣고 섞었습니다. 소금도 넣고 메줏가루도 부었습니다.
>
> 엄마가 아빠에게 말했습니다. …(중략)…
>
> 엄마는 넓적하고 긴 막대로 고추장을 젓고 있었습니다. 머리를 위로 올림 엄마 얼굴에 땀방울이 젖고 있었습니다.
>
> 수혜는 엄마의 모습이 부러웠습니다. 엄마처럼 고추장을 저어보고 싶었습니다. 저 많은 고추장을 누가 다 먹을까? 엄마가 고추장을 앞에 놓고 재미있는 놀이를 하고 있는 것만 같았습니다.

고추장을 담으려면 '익은 찹쌀떡', '고춧가루', '물엿', '소금', '메줏가루'가 필요하고, 이 재료들을 혼합하여 잘 섞이도록 '긴 막대'로 잘 저어주는 과정을 거쳐야 한다. 이 과정을 자세하게 보여줌으로써 고추장 담는 법을 알게 하고 있다. 이것은 단절을 극복하려 인위적인 전략이라 아니라 자연스럽게 놀이와 만나게 하기 위한 것이다. 그래서 엄마의 '고추장 담그기'가 수혜에게는 '재미있는 놀이'가 되고 '고추장'은 이미 고추장이 아닌 '고추장으로 발자국 찍기'놀이를 할 수 있는 도구가 된다. 수혜는 급기야 "이거 작품이야." 라고 소리치며 즐거워하기 까지 한다. 엄마와 수혜의 갈등지점이 바로 여기인데 이 지점에서 어른들의 시선과 동심이 서로 다르다는 것이 확인된다. 즉 '일'과 '놀이'라는 서로 다른 시선이 교차하면서 발생하는 갈등은 전통문화를 바라보는 차이인 것이다.

우리는 고추장 담그는 모습을 쉽게 볼 수 없는 시대에 살고 있다. 바쁘다는 핑계로 혹은 비경제적이라는 핑계로 공장에서 만들어진 고추장을 사먹고 산다. 그러나 엄마의 고추장 담그기는 전통문화의 복원에 그치는 것이 아니라 '고모집'과 '이모집'에도 나눠주는 나눔의 정신을 담보하는 것이기도 하다. 사람들 사이의 정이 사라지고 나눔이 사라져 가는 것에 대한 불편함은 비단 전통 음식문화에서만 볼 수 있는 현상은 아니다. 조상들의 전통문화에는 짐승에게도 나눌 줄 알았던 것에서도 확인된다. 그 나눔의 정신을 잘 보여주는 것 중에 '까치밥'이 있다. 김옥애의 동화 「까치밥」은 그것을 잘 보여주는 작품이다.

> "저 새가 왜 우리 집을 찾아왔을까?"
>
> 나는 새가 추운 겨울을 어떻게 살아가는지 걱정되었습니다.
>
> "너를 만나러 왔나 보다."
>
> 입가에 웃음을 날리며 엄마가 놀리듯 말했습니다.
>
> "그런데 새가 홍시를 좋아하나 보죠?"
>
> "겨울에 홍시는 날짐승들의 먹이야. 까치밥이란 말 들어 보았니?"
>
> "아뇨."
>
> 사람들은 가을에 감을 따면서 일부러 꼭대기에 빨간 감들을 몇 개씩 남겨 놓는다고 합니다. 겨울에 새들과 함께 나누어 먹기 위해서입니다. 그것이 까치밥입니다.

'까치밥'은 말 그대로 더불어 살고자 했던 조상들의 나눔 정신의 핵심을 담고 있다. 먹고 남은 것이 아니라 먹을 것이 부족하더라도 감 홍시를 '날짐승들의 먹이'로 남겨 둔 것은 함께 살기 위한 공존의식이며, '추운겨울을 어떻게 날까'를 걱정하는 그 마음이 바로 '까치밥'이다. 그 감나무의 '까치밥'이 떨어지자 가게를 찾아다니면서 '까치밥'을 구하기 위해 애쓰는 아이의 모습은 '나만 잘 살면 된다'는 것이 아니라 '우리 함께 살자'는 공존의식을 체득한 행동이다. 이렇듯 우리의 전통문화는 버려야 할 것이 아니라 사라지지 않게 지켜야 할 것이고, '일부러 꼭대기의 빨간 감을 몇 개씩 남겨' 놓는 나눔을 배워야 한다. 한 나라를 보려면 그들의 문화를 눈여겨보라는 말처럼 우리의 전통문화를 사라지지 않게 지켜나갈 책임이 있다. 이에 김옥애는 동화를 통해서라도 어린이들이 전통문화의 가치를 내면화시키고 있는 것이다.

동화 「꽃이불」에서도 마찬가지로 '목화솜'이 되기까지 어떤 과정을 거치는지를 할아버지와 경아를 통해서 복원한다. 전통문화의 복원을 서사구조에 배치한 것은 세대 간의 간격을 줄이는데 기여하고 있다. 작가는 전통문화가 사라져 가는 것을 안타깝게 여기는 마음으로 서사구조 안에 넣는 전략을 구시했지만 어디에도 전통문화를 복원해야 한다는 직접적인 메시지는 제시하지 않는다. 즉 의도를 배제하였지만 배제하지 않은 서사전략이 어린이들의 시선과 맞아 떨어진 것이다. 전통문화 복원의 서사는 동심을 그리는 것, 어른들의 눈이 아니라 아이들의 눈으로 그린 세상이어서 그래서 소중하다.

2) 사랑의 서사, 따뜻한 시선으로

김옥애 동화의 또 하나의 축은 작은 것에 대한 사랑의 서사이다. 우리 인간은 큰 것에 감동하고 기뻐하기보다는 작은 것에 감동하고 기뻐한다. 그러면서도 작고 사소한 것에 대한 눈길을 주기보다는 외면하는 경향이 더 많다. 누군가의 시선이 작은 것에 머물 때 그 시선은 가슴을 따뜻하게 하는 요소가 된다. 김옥애는 이런 많은 사람들이 외면하는 것들에 시선을 두고 있다. 대표적인 작품으로 「늦둥이라도 괜찮아」, 「너는 어디로 갔니?」, 「아버지가 만난 사람」, 「세상에서 가장 예쁜 엄마」가 있다. 이 작품들은 우리가 애써 외면했던 것들에 대한 따뜻한 시선으로 돌려 나눔을 실천한다.

동화 「늦둥이라도 괜찮아」는 인간이 더불어 살아가는 것의 중요함, 아주 작은 생명마저도 소중히 여기는 할아버지의 손길을 통해 인간과 자연의 공존이 가져다주는 감동적인 서사가 그려진다. 사건은 사과나무 묘목 한 그루에서 시작되었지만 그것은 자연 전체로 확산되어 인간과 자연, 자연과 인간의 공생이 지상의 영원성을 담보할 수 있음을 확신하게 한다. 할아버지는 사과나무의 꽃이 늦게 핀 것을 알고 화분을 구해 햇빛이 잘 드는 창가로 옮겨주어 열매를 맺을 수 있게 도와준다. 할아버지는 50년 만에 찾아온 친구를 만나는 것보다도 늦둥이로 핀 꽃을 살피는 것이 중요한 사람이다. 할아버지는 생각만으로 생명은 소중한 것이라고 말하지 않고 실천으로 하찮은 생명도 보살피는 것이 살림을 산다.

> "이 일을 어찌 한담. 내가 늦둥이 나무를 어떻게 키워?"
>
> 할아버지는 안타까움에 속이 타 들었다.

"이 녀석아, 다른 나무들은 벌써 굵직한 사과를 달았는데……."

할아버지는 사과나무의 꽃이 반가우면서도 안쓰러워졌다. 한 달만 지나면 익은 사과가 곧 거리에 쏟아질 것이다. …(중략)…

"너는 훌륭해! 대단한 나무야."

할아버지는 가슴이 뭉클해졌다.

"힘들어도 포기하지 않고 해야 할 일을 마침내 해냈구나."

할아버지가 정성으로 가꾸어 살려내는 것은 단순히 '사과나무의 꽃'에 불과한 것이 아니다. 사과나무에게 '힘들어도 포기하지 않고 해야 할 일을 마침내 해냈구나'라는 칭찬과 격려는 어린이들에게 보내는 희망의 메시지이기도 하다. 사과나무가 사과를 맺은 것은 할아버지의 정성과 도움이 없었더라면 불가능했다. 그럼에도 불구하고 할아버지는 "너는 훌륭해! 대단한 나무야."라고 사과나무에게 공을 돌리고 행위, 작은 생명을 살린 할아버지의 기쁜 탄성이 바로 동심이다.

김옥애의 다른 동화에서도 작은 것들에 대한 따뜻한 서사가 도드라진다. 「아버지가 만난 사람들」에서는 '식당 주방장, 김치공장 사람들, 근로자 대기소에 일자리를 구하러 몰려든 사람들, 공원의 늙은 사람들'을 향해 따뜻한 시선이 머문다. 이들은 모두 도시 빈민들이다. 철수집도 역시 도시빈민이다. 철수의 어머니가 주식을 하다가 깡통이 되는 바람에 아파트와 자동차까지 다 팔고 빚쟁이들 까지 몰려들자 어머니는 철수에게 꼭 돌아오겠다는 쪽지를 남긴 채 집을 나가고 만다. 그러나 철수와 철수 아빠는 어려운 상황에 직면해 있으면서도 결코 좌절하지 않는다.

"아야야!"

다리에서 피가 흐르는 청년이 잠결에 비명을 질렀습니다. 자전거 탄 사람을 붙잡지 못한 아버지는 뒤뚱거리며 청년을 안고 큰길 쪽으로 나왔습니다. 아버지는 보호자가 되어 가까운 병원에 청년을 입원시켰습니다. 지갑을 털털 털긴 했으나 사람 하나 살려 낸 기쁨으로 기분이 뿌듯했답니다.

아버지가 내 얼굴을 훑어보며 물었습니다.

"철수야, 요즘 학용품 살 돈은 있니?"

"넉넉해요. 아버지는 교통비 있어요?"

"걱정 마라."

그때 그때 힘든 일을 해서 살아가는 아버지의 사정을 나는 뻔히 압니다. 전날 병원에서 쓰고 왔다는 치료비를 받아와야 아파트 관리비로 낼 수 있습니다. 자기 앞도 가리지 못하면서 술 취한 사람을 구해준 아버지. 우리 아버지는 바보가 아닌지 모르겠어요.

철수아빠는 교통비와 관리비를 걱정할 정도로 가난하게 살고 있지만 그렇다고 마음까지 가난하지 않다. 길거리에 쓰러진 청년을 병원에 입원시키고 '지갑을 털털 털'어 치료비까지 계산했으면서도 '사람 하나 살려 낸 기쁨으로 기분이 뿌듯'한 사람이 철수아빠다. '그때 그때 힘든 일을 해서 살아가는' 처지에 '자기 앞도 가리지 못하면서' 소외된 사람을 향하는 철수아빠의 행동은 누구나 할 수 있는 쉬운 행동은 아니다. 철수가 '우리 아버지는 바보가 아니지 모르겠다'고 한 진술은 아빠의 행동이 자랑스럽기 때문에 하는 말이다. 도시 빈민으로 살아가는 사람들에 대한 건강한 시선에 가치판단이 작동하지 않은 동심이다. 가난하지만 이웃들에 대한 건강하고 따뜻한 마음을 나눌 줄 아는 아빠는 철수를 건강하게 하는 자양분이다. 그런 점에서 보면 좌절을 좌절하지 않고 절망을 절망하지 않는 이 자세와 정신은 소리 없이 가르치는 산교육이다. 철수와 아빠를 통해서 가난하지만 행복할 수 있음을, 가난해도 이웃들과 함께 할 수 있다는 것은 확인한 것은 가난한 이들에 대한 왜곡된 시선을 부끄럽게 한다.

또 다른 동화 「세상에서 가장 예쁜 엄마」도 역시 작가가 향하는 지향점을 알 수 있는 작품이다. 엄마의 '보육원 아이'에 대한 돌봄은 우연하게 시작되었지만 일회적이지도 않을 뿐만 아니라 그렇다고 봉사라는 이름으로 떠들썩하지도 않다. 아무도 모르게 돌봄을 실천하는 모습을 통해서 진정한 봉사의 모범을 보게 된다.

"사실은 오늘 네 동생을 만나러 가기로 했단다."

"응? 동생이라고……. 그게 누군데요?"

나는 깜짝 놀라 다그치듯 물었다.

"친부모가 없는 외로운 아이."

"엄마가 낳았어요?"

"낳지는 않았지만 내 딸이나 마찬가지야. 그 아이가 두 살 때 만났어. 5년쯤 됐을까? 장날이었는데 어느 가게 앞에서 울고 있는 아이를 엄마가 육아원으로 데려다 줬거든. 그 후부터 그 아이의 엄마 노릇을 해 온 거지. 아무도 모르게. 장날이면 그 아이를 찾아가 보곤 했으니까. 학용품도 사주고 대론 그 아이의 옷도 사다 입히고, 그 아이가 나를 엄마라고 불러도 놀라지는 마."

엄마와 교화가 갈등은 엄마가 낳지 않은 육아원의 아이인 '동생'때문이다. '아무도 모르게' 육아원 아이의 엄마가 된 지 5년이 되었고 장날마다 찾아가 돌봤다는 말에 교화는 '엄마를 빼앗겼다'는 기분에서 나아가 "엄마는 나보다 그 아이를 더 예뻐하고 있"었다는 생각에 까지 이르게 한다. 그 순간 교화에게 엄마는 더 이상 세상에서 가장 예쁜 엄마가 아니다. 교화에게는 엄마가 자신보다 육아원의 아이를 더 사랑하는 것이라면 보통 문제가 아니기 때문이다. 외동으로 자라면서 온갖 사랑을 독차지하고 있던 터라 사랑이 옮겨가는 것을 두려워하는 것은 당연하다. 그런데 시장에서 엄마를 잃고 나서야 엄마가 얼마나 소중한 존재인지 알게 된 교화는 육아원의 아이인 동생에게도 엄마가 필요하다는 것을 인정하게 된다. 그 뒤 교화는 엄마와 웃으면서 육아원의 '동생'을 만나러 간다. 이 동화는 교화의 심리를 날 것 그대로 보여줌으로써 세상을 향해 열리는 동심을 확인하게 된다.

엄마 없는 아이에게 엄마가 되어 준다는 것은 소외된 이들에 대한 관심과 사랑이 없으면 할 수 없는 일이다. 그런 엄마의 모습이 교화의 시선을 통과해 함께 육아원으로 향하는 걸음으로 이어진다. 이것이 소중한 이유는 말이 무의미한 시대, 말이 앞서는 시대에 사는 불편함을 말끔히 제거해주기 때문이며, 말없는 움직임으로 심장을 울리기 때문이다. 시선의 사각지대에 눈 돌리는 시선은 동심이 향하는 시선이다. 잘나고 못남도 없고 네 편과 내 편도 없는 마음자리가 바로 동심이기 때문이다. 동심에 색칠하는 것은 어른들의 가치가 개입했을 때임을 잊지 않아야 이런 동화를 쓸 수 있다.

결국 김옥애의 동화에는 작은 것도 정성을 들여 살려 내고 하찮다고 업신여기지 않으며 소외된 것에 눈 돌리는 따뜻함이 깔려있다. 김옥애는 "눈이 내릴 무렵에 핀 배꽃이나 봉선화꽃"을 보고 "안타깝고 걱정스러"웠던 마음의 소유자다. 그래서 작은 것에 대한 사랑을 작품화할 수 있었던 것이다. 이런 마음을 소유하고 있었기에 세심하게 눈여겨보지 않으면 볼 수 없는 것들을 보고 그것들에게 생명을 불어 넣어주는 상상력으로 동심과의 만남을 쉼없이 이어가고 있다. 김옥애 동화는 전통문화 복원의 서사든 따뜻한 시선의 사랑의 서사든 결국 상리공생을 지향한다. 인간만을 위한, 나만을 위한 편리공생이 아니라 함께 사는 공존을 지향하는 상리공생 말이다.

3. 또 다른 작품을 기다리며

김옥애는 더불어 살아가는 것이 주는 기쁨과 행복을 동심의 서사로 엮어가는데 탁월한 능력을 지니고 있다. 문학을 운명으로 받아들이고 평생을 어린이들을 위해 헌신한 김옥애의 동화는 작가로서의 운명을 산 것이며, 그것의 귀착점은 상리공생에 있다. 그가 향한 동화의 끝자락 어디쯤에 그 문학의 본질 어디쯤에는 동심이라는 커다란 나무가 자라고 함께 자라고 있었지 싶다. 그것을 운명으로 받아들인 것, 그리고 그 안에서 세대 간의 문화의 단절을 극복해 나가고 사소한 것에 대한 따뜻한 시선을 통해 사랑을 나누어가는 이야기는 순전히 그 안에서 함께 자란 동심 탓이다.

아무나 동심을 날 것 그대로 살려서 쓸 수 있는 것은 아니다. 그렇기 때문에 아동문학 작가들의 작품을 향한 고투는 고된 수고를 동반하다. 그것을 이겨내야만 아동문학가로서 자격을 갖게 되는 것이다. 마지막 순간까지 동심을 놓지 말아야 좋은 작품이 나올 수 있기 때문에 김옥애의 동화는 값지다.

모든 인간은 태어나는 순간에 이미 이 지상에서 꼭 해야 할 일, 그 한 사람만이 할 수 있는 일을 가지고 태어난다. 만약 김옥애라는 개인이 태어나지 않았다면 이 포근하고 따뜻한 동화를 만날 수 있는 행운이 주어졌을 리 만무하다. 이것이 앞으로도 그의 작품을 기대하게 한다. 그리고 이제는 작가가 끊임없이 지향하고 있던 동심이 어린들의 심장을 뚫어 공부에 찌든 동심을 회복할 수 있게 일조하기를 바란다. 작가 김옥애가 아동문학사에 자리하고 있는 곳은 바로 여기다. 그는 40년의 창작 시간을 뒤로 하고, 다시 동심이 머물 자리를 향하고 있다. 동심을 운명으로 여겼으니 운명이 다하는 날까지 동심과 함께 할 그의 동화가 기다려진다.

경희대학교 인문학연구원 여성문화총서
여성문화의 새로운 시각 10

2014년 12월 15일 인쇄
2014년 12월 20일 발행

발행인 정 지 호
발행처 경희대학교 인문학연구원
서울시 동대문구 회기동 1번지
전화 (02) 961-0212
인쇄처 도서출판 월인
서울시 강북구 노해로25길 61
등록 제6-0364호 / 등록일 1998년 5월 4일
전화 (02) 912-5000 · 팩스 (02) 900-5036

ISBN 978-89-8477-581-7 94810
ISBN 978-89-8477-531-2 (세트)

값 17,000원